浙电记忆

（第一辑）

国网浙江省电力有限公司 编

ORAL HISTORY OF ZHEJIANG ELECTRIC POWER Vol.1

SSAP 社会科学文献出版社
SOCIAL SCIENCES ACADEMIC PRESS (CHINA)

鸣　谢

编纂本书，如履艰途。此间，幸得国网办公室文档处、国网浙江省电力有限公司领导的关心和帮助，又得公司系统各单位的配合和支持，乃至公司本部各部门的大力协助，在此一并致以诚挚的谢意。

本书付梓之际，我们不能忘记这些名字，感谢以下人员对“浙电记忆”活动的鼎力相助：周峰、姬广鹏、王聪、斯建东、王宗波、黄宇腾、应烨军、张辉、董毓华、石红星、陆勇锋、钟丽军、陈海明、徐俊钐、黄琳、王琳、王峰渊、王涛、李铭、唐琳琳、庄毅、沙力、於钢、戴铁潮、李旭东、何博、陈富强、钱隽、何洁、鹿杰、李先锋、徐长松、夏忭、钟晓红、徐敏、赵训君、章梵、梁帅伟、任雷、杨力奋、竺建国、王文华、沈朗、冯跃亮、郭强、王伟、方莉、郎建、王凯、应俊、黄俊、郑慧君、刘亚萍、徐奇锋、徐军岳、王刚、金杭勇、潘益道、赵舒雷、戴瑞海、吴敏华、陈海宏、马明、张光福、金翔、周晨、罗勇、李丽格、黄丽伟、张胜鹏、陆凡、张诗婵、范舟永、张娜、杨水清、周红辉、沈晓明、肖建宝、楼良明、潘建明、魏志峰、徐林、张继伟、边小君、戴海波、江华如、吴海平、邬建伟、吴俊健、叶国斌等。

由于时间仓促，难免挂一漏万，如有疏漏，敬请海涵。

特别鸣谢

中国传媒大学崔永元口述历史研究中心
温州大学口述历史研究所

序

《浙电记忆》终于问世了。它记载了浙江有电以来，几代浙电人艰苦奋斗创造出的光荣业绩，反映出浙江电力工业在漫长曲折的发展道路上的战斗历程，堪称一部具有特殊意义的浙电史册。

回望历史，记忆有声。中华人民共和国建立以后，在中国共产党的领导下，浙江省电力工业一摆从前的孤立孱弱，崛起发展：建成新安江等大中型水电站，形成了以水电为主的电源结构；发挥沿海多良港和全省多能源的优势，进行火、水、核、风、潮汐等多种能源综合开发；以“大机组、大电厂、大电网、超高压、高度自动化”为主要特征，跨入现代化电力工业时代。这些有力促进国民经济发展和人民生活水平提高的昭昭功绩，已经成为浙电奋斗者记忆中不可磨灭的荣光。

展望未来，电光不断。能源革命、数字革命融合发展，能源互联网趋势势不可挡。国网浙江电力聚焦国家电网公司战略目标，努力成为国家电网建设具有中国特色国际领先的能源互联网企业的示范窗口。《浙电记忆》以浙江电力发展亲历者的生命历程为主线，以他们亲述记忆的形式，经过电力档案工作者提炼、汇编成书，在向国家、向人民口述浙江电力发展中的生动事迹的同时，留下极具企业精神的文化产物。因此，这部具有特殊意义的史册，无论是对企业今后的发展，还是对新一代浙电人积极创造社会物质财富和精神财富，都可以起到极其珍贵的激励和教化作用。

星辰烁空，顾盼吾辈。浙江电力从无到有、从小到大、从弱到强的历程，正是一代代浙电人竞相弄潮的完美诠释。“努力超越，追求卓越”的企业精神，伴随着他们演绎的感人事迹而精彩绝伦，历久弥新；映衬着他们展现的励志心胸而势破碧空，气贯长虹。当《浙电记忆》描绘出浙江电力砥砺前行的壮丽画卷，一个个伟大的创举和一座座镌刻功勋的丰碑，俨然矗立在每一位后来者的眼前；一段段传奇的故事和一股股激荡的斗志，恰是催动我们继往开来的文化自信。

不忘初心，再启征程。几番潮涌跌宕，国网浙江电力将站在新的历史起点，坚毅地迈入时代进步的洪流，励精图治，勇攀高峰，用潮头争舞的身姿和一往无前的气魄，在峰巅之处跨穹霄，在方圆之内启神机，在微毫之间化千变，在临危之时守光明，展现“大国重器”“顶梁柱”力量，创造无愧于时代、无愧于人民的业绩。

历史可鉴未来，记忆当写初心。让我们以习近平新时代中国特色社会主义思想为指导，以锐意进取、永不懈怠的精神状态，以走在前列、勇立潮头的奋斗姿态，在建设具有中国特色国际领先的能源互联网企业的征程中续写新篇章。

国网浙江省电力有限公司董事长、党委书记

目 录

旧日长歌

口 述 者： 张国诚

采 访 者： 廖文就、施伟军

整 理 者： 丁静、沙力

采访时间： 2019 年 6 月 27 日

采访地点： 上海市黄浦区重庆北路

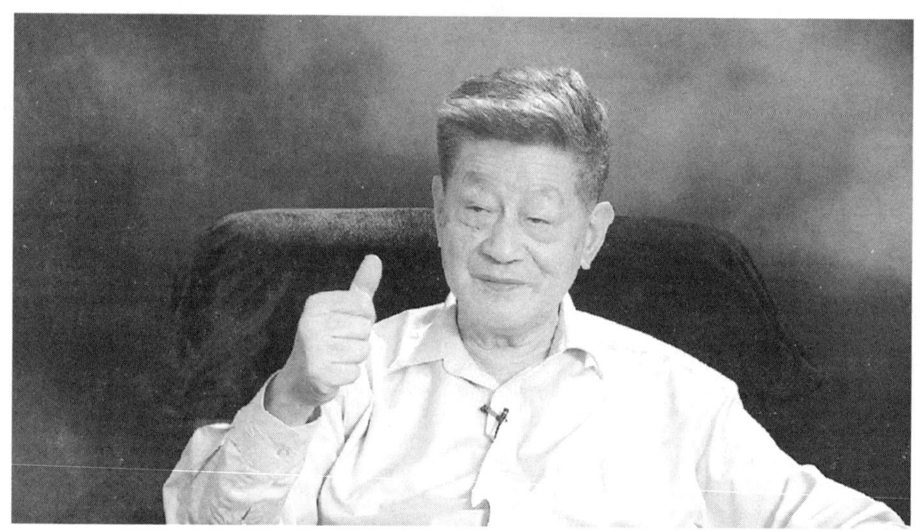

张国诚 1929 年出生，福建闽侯人，高级工程师（教授级）。1947 年 6 月加入中国共产党。1951 年 7 月毕业于上海大同大学电机系。历任上海杨树浦发电厂运行分场主任，新安江水力发电厂总工程师，浙江省电力工业局副局长兼总工程师、党组书记、局长，北仑港发电厂工程建设领导小组组长，华东电业管理局党组成员等职，兼任浙江省电力学会第六届理事长，浙江省科学技术协会理事。1990 年调浙江省计经委任总工程师。

一　生命与信念都交托给党

采访者：张局长您好，非常高兴有机会和您一起做口述历史访谈。您能否先讲一下您小时候的经历？

张国诚：我出生在福州一个富商家庭里面，但是在我出生之前，这个家庭就已经开始走向衰败了。我父亲中学毕业以后，就到上海去谋职业了。他在一个外商的西药行里面谋得了一份工作，在里面做一些会计的活。在我3岁的时候，母亲带着我一起来到上海，跟父亲一块儿生活。我后来在上海念了小学、中学、大学，所以也可以讲我是在上海长大的。

在上海这个十里洋场生活，其实也是很不容易的。我父亲这个人从来不抽烟、不喝酒，他对自己的生活有着严格的要求，所以对于子女也有严格的要求。在我小的时候，我父亲经常教导我要好好念书，他也会经常买一些儿童的书籍给我看。我印象比较深的是他买的一些讲历史的书，里面有岳母刺字的故事，讲的是精忠报国的精神，这让我从小时候就萌发了爱国的思想。

那个时候，也正是帝国主义要分化、侵略我们的时候，所以我的印象比较深刻。我还清楚地记得，有一次他给我看的书里面有一幅漫画，画了一片桑叶，这片桑叶就相当于我们中国的地图，桑叶上面画了一些蚕宝宝，代表各国列强对我们的侵略。我对这个漫画的印象也很深刻，它让我从小就感受到了列强对我们中国的侵略、欺负。那时候我们在租界里面生活，所以很多地方都有殖民地的影响。我的小学是爱国小学，那个时候日本人已经侵略了东北，我们经常会唱一些爱国的歌曲，比如《义勇军进行曲》。所以我很早就受到了一些影响，在比较小的时候就产生了一种爱国意识。

我举个例子，现在上海还有24路无轨电车，这个电车在以前是英租界的英商公司开的。那时候坐这个24路无轨电车，每次到了法租界后我们就要下来，换乘法租界的24路车，所以那时候我们是完全不平等的。

抗日战争爆发，日本人侵略进来，上海租界成了孤岛。太平洋战争爆发后，日本进而统治了上海租界，对我们中国人压迫得更加厉害了。当时日本人定了很多规矩，比如说我们看见日本人、日本的军队都要鞠躬。那时候我念初中，日本人强迫我们学日文，我们很抗拒这种行为，就是不想学日文，但是不想学日文的话就会受到惩罚。所以我们年纪轻的时候就感到内心十分压抑，有一种亡国的痛恨。后来日本投降，抗日战争胜利以后，能重新回到祖国的怀抱，我们非常激动和高兴。

采访者：正如您刚才提到的，您在上中学的时候，因为日本人的压迫，同学们具有强烈的反抗精神和爱国意识。当时还有一首《毕业歌》，很能传递这种情绪，您还记得这首歌吗？您能否唱两句给我们听听，让我们感受一下呢？

张国诚：好的，那我试试。“同学们，大家起来，担负起天下的兴亡！听吧，满耳是大众的嗟伤！看吧，一年年的国土的沦丧！我们是要陷入‘战’还是‘降’？我们要做主人去拼死在战场，我们不愿做奴隶而青云直上！我们今天是桃李芬芳，明天是社会的栋梁；我们今天弦歌在一堂，明天要掀起民族自救的巨浪！巨浪，巨浪，同学们！同学们，快拿出力量，担负起天下的兴亡！”

“天下兴亡，匹夫有责”，《毕业歌》里面主要表达的就是这个思想，这个令我印象很深。歌词里特别提到是“战”还是“降”，我们要拼死在战场，而不愿意屈膝做俘虏。所以从这一点能看出来我们中国人民是有气节的，这首歌对我们也有很好的教育意义。

抗日战争胜利以后，我们重新回到祖国的怀抱，那时候我们满心地希望我们中国能够复兴起来、强盛起来。但后来又听说国民党要开始打内战，想要消灭共产党。经历十四年抗战以后，作为老百姓来讲，我们非常希望国家不要再打仗了。但是蒋介石还要打内战，最明显的就是蒋介石利用一些特务来压制民主，你要是敢反对他，那么他就会派特务枪杀你。那时候比较有名的就是支持民主的教授李公朴，他立场鲜明，坚决反对内战，结果被蒋介石的特务杀害了。打死了李公朴并不能消灭民主的声音，所以后来闻一多教授又出来反对国民党的做法。闻一多在一次大会上公开发言，反对国民党的特务行径，结果也被国民党派人暗杀了。李公朴和闻一多他们都是知识分子，没有一枪一弹，但是国民党居然用法西斯的手段来对付他们。

采访者：您后来加入了中国共产党，是不是很早就有了入党的想法呢？当时对于共产党和国民党有哪些认识呢？

张国诚：我在育才中学读的初中，当时我们学校有个老师是一名中共地下党员，他经常会给我们看一些进步的书籍，宣传共产党的主张。当时我也参加了一些学生运动，例如在1946年6月23日那一天，上海人民派人民代表到南京请愿反对打内战，我们好多人都到火车站去送行。人民代表到了南京车站以后，结果被国民党给打了。我们亲眼看到了国民党的这些行径，所以就有了很强烈的反抗心理。

我那时候也看了一些进步的书籍，印象比较深的就是斯诺写的《西行漫记》，现在叫《红星照耀中国》。通过这本书里面的介绍，我认识到了共产党中的一些党员，他们真的是为了中华民族的革命而奋斗。除了受这些进步书籍的影响外，我还受到了一些同学、地下党员的影响。对比了国民党的血腥镇压，我在那个时候就决心加入中国共产党了。

那个时候是什么时候呢？就是1947年6月，当时中华人民共和国还没有成立。1947年6月的中国是什么样的情况呢？那时候内战正在进行中，国民党在3月份的时候占领了延安，延安那个时候是中国共产党革命的中心。我就是在1947年6月入的党，从那个时候开始我就决心要把我的生命托付给中国共产党，党代表着我们国家的希望。

采访者：您入党之后还在坚持读书吗？后来中学毕业又去了哪里？

张国诚：是的。我中学毕业以后就考上了大学，当时有三个大学可以供我选择，一个沪江、一个大同，还有一个之江。那个时候组织上希望我去念商科，因为我们党在沪江大学里面力量比较足。我后来跟组织讲，革命胜利以后需要人来建设祖国，所以我想要学工科，以后搞工业建设，组织上最后也同意了。所以我后来是到了上海大同大学读书，专业选的是电机专业。大同大学这个学校呢，当时也发生了很多学生运动，国民党的特务经常过来镇压。每到夏天放暑假的时候，他们就开除很多进步学生，有时候还要抓学生。

就是在这样的形势下，我来到了这个学校。当时学校气氛很压抑，怎么个压抑法呢？比如有个特务学生，他是带了枪过来上学的。那时候学生会要竞选，如果平时表现得比较进步的同学要参加学生会竞选的话，那个特务学生就要威胁他们。有个同学参加学生会竞选，那个特务就用垒球的棍子打他，结果把他的肋骨都打伤了。

在这种情况下，我觉得我们学生应该团结起来，所以我们就在学校里面搞一些团契。当时我就在自己班里面组织了一个星社，因为“星星之火，可以燎原”。那时候我们一个班里面只有我一个党员，我决心要像种子发芽一样，慢慢地壮大起来，所以取名叫星社。我组织同班同学参加星社以后，大家就经常一起讨论问题，还会在一起看一些进步的书籍，例如一些苏联的进步小说；没课的时候，我们还会去看一些苏联的进步电影；大家还会聚在一起议论当时的政治形势、内战的形势。

在1947年、1948年以后，整个战场的形势慢慢地发生了变化，国民党在战场上屡屡败退，所以他们就开始暴力镇压革命群众。他们在上海搞特刑庭、飞行堡垒。什么叫飞行堡垒?[①] 就是警察抓人的警车；特刑庭又是什么呢?[②] 是用来专门审查共产党的机构。在这个形势下，我们党小组里面的三名成员，其中有两人都退党了。为什么要退党？因为那个时候革命形势非常严峻，他们害怕了。1948年的时候，在当时的情况下，因为有些同志的身份暴露了，所以他们就撤退到解放区去了。

采访者：您那个时候也撤退到了解放区吗？

张国诚：没有。那时候组织上决定让我留下来继续工作，我就当了二年级的分支书记。有一件我印象比较深刻的事情，当时我们地下党开了一次会，是有关党性教育和气节教育的内容。具体是什么内容呢？就是宣传、介绍王孝和烈士的事迹。

王孝和是一名电气工人，他在杨树浦电厂上班。杨树浦电厂隶属于上海电力公司，就是我后来工作的那个地方。王孝和是工会的一名理事，遭叛徒出卖后，他被国民党抓了起来，逼他承认自己是共产党。王孝和宁死不屈，后来就牺牲了。组织上跟王孝和讲过，不能承认自己是共产党，因为国民党造谣共产党要破坏电厂，王孝和正好在电厂上班。所以他誓死不承认自己是共产党，而是大喊国民党反动政府要垮台。现在我们上海的烈士陵园里面就

---

① 上海警察局于20世纪40年代初成立的特种镇暴队，“飞行堡垒”的“发明者”是时任国民党上海警察总局副局长的俞叔平。“飞行”两字是模仿英国警察的“飞队”，喻其行动快速；所谓“堡垒”是借用美国的“空中堡垒”一词，它是第二次世界大战后期美国威力很强的空军力量，这里是喻其战斗力强。详情参见余双人《助纣为虐——国民党上海警察局的“飞行堡垒”》，《上海档案》1999年第4期，第52页。

② 特种刑事法庭，简称“特刑庭”。国民党政府为迫害共产党人和进步人士而特设的刑事审判机关。按照1948年4月国民党政府公布的《特种刑事法庭组织条例》和《特种刑事法庭审判条例》的规定，中央特种刑事法庭设于南京，高等特种刑事法庭分设各大城市。“审判”秘密进行，“裁判”不许上诉或抗告，被告人应有的诉讼权利全被剥夺。特刑庭滥施非刑，任意判处，杀害了无数共产党人、爱国民主人士和劳动群众。详情参见夏征农《辞海：1999年缩印本（音序）3》，上海辞书出版社，2000，第2079页。

有王孝和烈士的事迹，并且有他在刑场的照片。

那一次我们地下党组织在召开党性、气节教育以后，组织上要我留下来，那时候我并不觉得害怕，而且已经有了随时被捕的思想准备。因为那个时候国民党每年都要搜查、抓人，所以我就把家里的一些进步的书籍全部移交了出去。原来我还有写日记的习惯，后来我也不写日记了，还把之前写的日记也烧掉了，做好了被捕的准备。

在上海解放前的两三个月、国民党拼命抓人的时候，组织上叫我暂时不要住在家里，先到同学家里躲一躲。于是我就暂时住在了同学家里，尽量不回自己家。那时候我就跟我妹妹讲，在家里的窗户上给我做一个标记，万一有人来过，就把标记抹掉。因为有时候我还要回家里拿点东西，或者拿一些钱什么的。现在想想，我们那时候相当于过的是职业革命家的生活。

二　从杨树浦到新安江

采访者： 新中国成立后，您又重新回到学校了吗？毕业后又去了哪里呢？

张国诚： 新中国成立以后呢，当时组织上有一批像我一样的地下党员，他们之中有一部分人就不再念书了，直接参加革命工作去了。因为我念的是工科，学的东西比较有用，组织上就要求我留下来继续念书。于是我就听从组织安排继续念书，一直念到毕业。

在上海解放后的这段时间，我担任了大同大学的党支部书记。我在担任党支部书记期间也做了很多的工作，比如组织发展青年团、组织民主学生会、进行共产党的一些政策宣传等。后来还组织大家接受思想教育，服从国家的统一分配。那时候很多人毕业之后都被分配到了东北，现在丰满那边还有好多人，就是那时候我们这边分配去的。那时候为什么都到东北去呢？因为以前东北有很多工业技术人员都是日本人，后来日本投降之后，日本技术人员也都撤退了，这样我们就没有技术人员了。所以刚解放的那段时间，国家就把一些毕业生派去东北，接手日本技术员的工作。

以上就是我的入党历程和一些党内活动的经历，可以说这段经历给我后来的人生打下了一个基础、奠定了一个基调，那就是要为革命踏踏实实地工作，要全心全意为人民服务。毕业之后统一分配工作时，我就被分到了杨树浦电厂，在那里做一些基层工作。我在杨树浦电厂当过厂长的秘书，虽然时间较短，但是在那段时间里我对整个杨树浦电厂的情况都了解得比较清楚了。

过去杨树浦电厂的高级工程师都是外国人，外国人走了以后，有一些中国的工程师就被派过去顶替他们。过来的这些值班工程师年纪都很大了，但是电厂要求三班倒，因此这些同志有些力不从心。面对这种青黄不接的情况，组织上决定让我带一批大学毕业的同学过来杨树浦电厂，一块儿学习电厂的运行。比如发电机、汽轮机、锅炉等，每一个运行岗位我们都要跟班学习。经过两年学习以后，我也通过了最终的考试，之后当上了运行副值长。之后不久，我就当上了运行分场主任。

在杨树浦电厂，我大部分时间是与工人一块儿学习基本功，在这个过程中，我也看到了工人阶级的一些优秀品质。人们常常说劳动创造世界，很多成就的确是工人阶级干出来的。反轰炸也好、反封锁也好，都是依靠工人的力量，踏踏实实干出来的。当然，我们还团结了一些中国的技术人员，没有他们的技术也是不行的。所以在这一段时间，我觉得我是真正走上了电力的工作岗位，并且在杨树浦电厂跟工人在一块儿学习的经历给我很大的感触，我在思想上形成了“要依靠工人来管好企业”的意识。后来我到了新安江水力发电厂（简称新安江水电厂或新安江电厂），新安江电厂是水电厂，不是火电厂，它没有锅炉，靠的是水轮机、水库发电。因此新安江那一套东西，对我来讲确实是陌生的，这又是一个学习的过程。

20 世纪 60 年代，张国诚（右三）在新安江坝顶临时办公室指挥泄洪

采访者：您是 1960 年 4 月到新安江的，当时为什么把您调到新安江去呢？

张国诚：因为那时候新安江要发电了，浙江省委希望上海能够贡献一些技术力量。浙江原来电力方面的工业基础很薄弱，所以他们到上海杨树浦电厂来求援，然后组织上决定派我去支援他们。那时候新安江计划 5 月要发电，但是在 4 月份才告诉我这个事情，那我只好整理下行李，背个包袱就去了，去一个完全陌生的地方。那时候组织调我到新安江电厂担任副总工程师职务，负责管理运行方面的工作，这一调动对我来讲是一个很大的转变。

新安江电厂地处农村，基础设施很差。我原本在大城市生活，现在要到农村的山沟沟里面生活了。我记得第一次从上海到新安江电厂去的时候，要经过桐庐，当时还没有桥，所以要坐船摆渡过去，结果用了整整一天时间。不像现在交通发达了，走高速公路只要两三个小时就能到，当时我可是用了整整一天，晚上 5 点钟才到目的地。

采访者：当时您对新安江电厂的第一印象怎么样，您还记得吗？去了之后看到的电厂是个什么样的？

张国诚：他们厂长带我跑到坝顶，我看到一个很大的水库，就是现在的千岛湖。新安江水电厂跟杨树浦火电厂完全是两个概念，所以问题就摆在我面前了，我必须要抓紧时间学习。到这个厂，对我来讲也是一个很大的考验，因为我没有在水电厂待过，所以到水电厂后，好多东西都要从头学起来。例如怎么调节水库，怎样获取水文资料，还有气象问题如何处理，等等，总之我碰到了很多问题。

新安江电厂是我国自力更生、自主设计和制造的第一个大型的水电厂，当时还是周总理亲自题的词。那时候机组一般都是 5000 千瓦、6000 千瓦、1 万千瓦，新安江一台机器就达到了 7.25 万千瓦。这么大的一个水电站要开始建立了，这对我来讲也是一个很大的挑战。新安江使用的设备都是一些新的设备，厂里的一些工人基本上都是初中水平，所以那个时候我们面临着新人新设备的问题。现在的电厂职工起码都是大专或者本科水平，但是当时这些工人就是初中水平。这些工人来了以后，就被派到丰满水电站去跟班学习，然后才能上岗。丰满水电站实际上是日本人造的，也是一个比较大的水电厂。他们这些新工人年纪也轻，文化水平也比较低，他们面临的一个问题就是需要加强学习。所以后来我们花了很大精力让运行工人学习图纸、线路等内容，让他们清楚每个设备的情况，为的就是尽快把工人培养起来。

当时我们也面临着设计上的一些问题，因为很多设备都是我们自己制造的，那个时候质量还没有把好关，设备本身存在不少问题。面对这些问题，我们当时可谓群策群力，团结一致，一步一步向前推进。从一开始事故比较多，慢慢到后来就能稳定地发电了。

一方面是学习的问题，另一方面就是设备的问题。我过去之后，也解决了一些问题。那时候厂房里面到处都在滴滴答答地漏水，因为新安江的水很冷，只有 17 摄氏度，屋子里很多水管子遇到空气都会凝结成小水珠，所以厂房里到处都是水，潮湿得不得了。当时设计的时候，可能没有考虑到这个问题，后来我们经过摸索，掌握了规律，然后就把所有的水管外面都涂了一层保温层，这个问题就解决了。

另外一个比较大的问题是线棒的问题，这个问题导致我们的发电机经常发生事故。当时经常出现线棒被击穿的现象，击穿以后发电机就会停下来。所以那时候常常在半夜里接到厂里的电话，说是厂房出现事故，需要我们抓紧时间跑到厂房里。到了厂房之后，立刻寻找故障点，再进行修复。那时候修复起码要两三天时间，其间机组要停掉，人员进去把出现故障的线棒找出来，再把新的线棒放进去。

后来我们寻找原因，发现是线棒的绝缘没有包好。线棒里面是粉云母绝缘，很不结实，容易击穿。所以我们在逐步摸索出原因以后，就下决心要自己搞线棒，搞备品，之前用的线棒是粉云母绝缘，后来我们把它升一级，用环氧粉云母；原来的绝缘材料是一片一片地用，现在我们把它的绝缘提高了一截。换了新的线棒以后，就很少发生事故了。

20 世纪 60 年代张国诚（右一）与工友们讨论问题

我们当时下了很大的决心，最后决定对新安江电厂第一台水轮发电机进行“恢复性大修”。什么叫“恢复性大修”呢？就是把发电机全部拆开来，所有的矽钢片全部再涂胶，把792根线棒全部换新，花了一两个月时间才给它修复好。这个线棒并不是我们自己想出来的，当时我们自己派了一个老工人，先让他到制造厂去学习，学习回来以后，由他指导我们新安江自己来生产制造。当时我们还组织了一个线棒班，线棒班成员全部都是员工家属。由这些女工来包装，自力更生做线棒。

新安江这个厂是比较重要的，由华东电管局直接管，是全华东的第一调频厂。另外，它又是很大的一个水库，用来防洪、灌溉、蓄洪，这牵扯到上下游的人民生命安全，担子比较重。

采访者：还遇到过其他比较棘手的问题吗？

张国诚：还有水轮机的气蚀问题。水轮机的气蚀是什么呢？新安江的水轮机体积很大，它的叶片有一个人那么高，叶片和水流接触多了以后，上面就像被虫子咬过一样，出现很多的孔洞，我们称之为气蚀。有气蚀出现后，每次水轮机停机的时候都要进行补焊。补焊往往需要花费很长的时间，因为要把闸门放下来，还要把水抽干，这样人才能进去。

我们一直琢磨怎么样解决水轮气蚀的问题，毕竟补焊治标不治本，还是会出现气蚀。后来我们研究了一下，发现一个规律，那就是在水轮叶片一些部位会有鼓包，气蚀往往都是出现在突出部位的后面。这是靠我们的工人、技术人员经常研究和分析，才发现了这个现象。发现之后怎么解决呢？于是我们就跟制造厂一块儿研究了一下，决定要给水轮机开刀。怎么开刀呢？其实就是割鼓包，把鼓出来的部分削掉，改变叶型。当时这个行为也是有风险的，你改得好自然是没问题，一旦改不好，可能会出事故的。所以我们当时就决定先搞个试验。

水轮机有14个叶片，都是两两对称的。因为考虑到平衡问题，所以在削平的时候，不能在这边削平之后，那边却没有削。我们把鼓包削掉以后，就开始试运行，过了一段时间，感觉好像气蚀情况好转了。后来我们就把鼓包全部都削掉了，之后再试运行，结果还是很稳定。再后来这个叶型就变成一个固定的叶型了，成为一个反击式水轮机系列型谱，并且出力也提高了。

因为我们的水轮机是制造厂照着苏联的图纸做的，出现了这种很严重的气蚀现象，我们把它改进之后，就彻底解决了这个问题，克服了它的缺陷。

三　咬紧牙关渡过电厂的困难时期

采访者：您刚去电厂的时候，正好处在困难时期，当时不管是吃、住，可能都有一些困难，这方面您能具体地讲一讲吗？

张国诚：当时确实比较困难，我给你举一个例子吧，是有关洗澡问题的。因为那时候国家在经济上比较困难，基本上物资都是配给的。当时国家分配给我们电厂的煤，只够烧水、烧饭用，如果要用来洗澡，供暖气，那么煤就不够了。你想想，工人劳动了一天以后，总要洗个澡吧，但是当时就是没有条件解决洗澡问题。后来一些女同志找了一间原来的浴室，在里面烧了一盆炭，然后洗澡，毕竟冬天天气太冷。结果由于空间封闭，这个女同志就一氧化碳中毒了，人昏倒了，身上也被炭火烧伤了，之后被送到上海去了。

工人们想洗个澡都没有办法，这件事对我们触动比较大，后来我们就发动群众一起想办法。我们突然想起来当地是有石煤的，就是那种质量比较差的煤，看起来像石头一样，也可以燃烧，只不过热量比较少，所以叫石煤。后来我们就自己设计，搞了一个叫石煤锅炉，专门用来烧石煤的。

用石煤作燃料有一个缺陷，容易产生大量的二氧化硫，二氧化硫是有毒的。那怎么办呢？我们那时候没有办法，只好把这个锅炉造在山上，因为山上没有人。用这个石煤烧好水之后，再用管子从山上送下来，这样就解决了洗澡的问题。当然，我这只是举一个小例子，通过这个例子就说明那时候真的很困难。

采访者：当时的工作条件怎么样呢？比如说厂房建设得如何呢？

张国诚：我过去那边的时候，厂房里面的工作条件还可以，后来我们自己也把厂房改善了一下。当时用保温层包水管解决滴漏问题以后，也没有再遇到其他大问题。

刚才提到员工洗澡问题，之所以不能用电烧水洗澡，是因为那时候的电很紧张。当然，我们现在用电烧水洗澡没有任何问题，但在当时是不行的，

新安江水电站

那时候用电也要分配。那个时候吃的东西也买不到，比如肉类就非常难买到，很多人都得了浮肿病，但在这种情况下，大家仍坚持工作。虽然条件很艰苦，但是我们这些工人也好、干部也好，都无怨无悔。

我们好多人都是从全国各地来新安江这边支援建厂的，我对厂里的有些人印象还是很深的。比如我刚才讲到的那个发电机班的班长，厂里派他去学习线棒制造，后来我们根据他的指导，自己生产线棒。他也是上海派过来支援新安江的一个老工人，他一个人在新安江工作，家属都还在上海。所以他每年都是年三十的时候坐火车回去过年，过完年再回来。一直到后来我们的生产情况慢慢好起来了，他才回去。他回去后，就到江南造船厂工作了。

采访者：您是不是在那个时候也很少回家，过年的时候会回去吗？

张国诚：是的。包括我的老伴儿，她也放弃了自己的专业，过来了这边。她原本在山东医学院教书，本来可以留在杭州或者其他的大城市，但是为了照顾我，来了新安江。因为我那时候一个人在那边，生活也不好，人瘦得只有一百斤左右了。所以我老伴儿就跟着我到了新安江电厂，在电厂的医务室当全职医生。我在那边干了 17 年，她大概也干了 17 年，我调到杭州以后，她才调到杭州卫生学校当老师。

那时候我们基本上以厂为家，每天早晨要去一次，下班以后再到厂房去兜一兜。要是有什么事故发生的话，一个电话打过来就要跑到现场去，跟工人一块儿处理事故、处理问题。

采访者：您到电厂的时候马上就要发电了，当时新安江是不是还有两样设备没有制造出来？

张国诚：是的。当时新安江就要发电了，有两样东西没有生产出来，一个是220千伏的空气开关，还有一个是水轮机调速系统的压油泵。这个压油泵的生产要求很高，它是螺旋的。当然，现在来讲的话比较容易解决，用数控机床什么的就能生产，但是在那个时候我们自己是做不出来的。所以开始发电的时候，这两个设备都是用苏联进口的设备。过了一年以后，我们制造厂才造出来这两样设备，那时才真正实现所有的设备自主制造。

采访者：您在新安江电厂待了17年，从一开始过来到最后离开，在这17年里，您觉得电厂有哪些大的变化呢？

张国诚：其实变化体现在很多方面，例如厂里最早的时候，一台机组要三个人看，那是因为自动化设备不完善，经常出事故，所以只能靠人盯着。后来慢慢发展到一台机组由一个人看管，再后来我们用了计算机，发展到现在实现了无人值班。所谓无人值班就是机组不需要有人在旁边看着，中央控制室就可以遥控，记录、操作都可以完成。原来厂里自动化水平比较低，现在可以实现计算机控制了，我觉得这就是一个很大的变化。

除此之外，原来的设备出现事故概率比较高，现在的设备可以说是比较稳定了，并且还提高了出力。比方说原来最多能够达到7.25万千瓦，那现在可以达到8万千瓦左右，设备更新了，所以现在整个生产水平也提高了。

1977年张国诚领取“学大庆先进企业”奖状

我们有一个总的指导思想，那就是要自力更生，各方面都要走在前面。我还记得粉碎“四人帮”之后，华国锋担任了中共中央主席，召开了一个“全国工业学大庆”的会议，全国都派“工业学大庆”先进单位的代表去开会。当时由我代表新安江电厂参加这个会议，并且领到新安江电厂“工业学大庆”先进单位的一个奖状。

工业学大庆，是对我们整个新安江电厂从一开始坚持自力更生的一个最好的评价。我有个很深的感受，新安江电厂建成之后，接待过很多外宾。我曾经接待过一个尼泊尔的教授，那个时候我是总工程师，负责陪同参观，当时他就问我：“你在国外哪里学习过？”我说我从来没有去过国外。我确实没有吃过洋面包，就是在国内的大学学习。所以我觉得，我们自己培养的技术人员也能很好地把我们的电厂管理起来，并不一定都要喝过洋墨水、吃过洋面包才行。后来斯诺也来参观过，他带着夫人过来新安江参观，是外交部部长黄华带他过来的。我那时候就跟他介绍，我们怎么依靠群众，解决水轮机的气蚀问题。

采访者：您什么时候从新安江调去省局呢？再讲讲调到省局的经历吧。

张国诚：开了工业学大庆的会议之后不久，我就被调到了浙江省电力局。我在浙江省电力局待了 13 年，从总工程师到生产副局长，再到局长。对我来讲，到了省里又是一个新的岗位，也是一个新的考验。我之前从火电厂调到水电厂，有好多新的东西要学，那么再从新安江调到省局也是如此。

到了省局之后，一开始面临的问题就是缺电。因为那时候刚刚结束混乱局面，百废待兴，所有的工业都要慢慢恢复起来，当时面临的最大问题就是“电”的问题。浙江省那时候没有什么火电厂，大部分发电厂都是水力发电。水电有一个缺点，就是要靠天吃饭，如果没有水，那就不能发电。你还不能强行多发电，那样会破坏整个生态，而且一旦到了死水位，就再也发不出电了。

因为水位低，之后杭州就发生了一些新的问题，与钱塘江大潮有关。钱塘江每年不是都会有潮水吗？在过去的时候，每次潮水进来时，因为上面发电会有水下来，可以把它给顶掉，这样潮水就上不来了。后来不行了，因为不能发电，上面的水下不来，潮水就顶上去了，然后杭州所有的水厂进来的水都成了咸水。那时候杭州大概有 6 个月的时间只能吃咸水，就连罐头厂都不能生产了，因为罐头厂的水要甜的才行。

那个时候我们还会经常到农村去，因为要保工业。农村一到了晚上就一片漆黑，一点光亮都没有，为什么？因为电力有限，要保证工业用电。当时工业生产是停三开四，就是说一个礼拜有三天要停掉，剩下四天工作。所以当时人们都会骂局长，说他是停电局长、拉电局长，其实大家并不了解他的难处，局长也很难过的。因为电这个东西有一个周波的要求，如果是低周波的话，就会发生一系列的问题，所以只能拉电，那时候我们压力也比较大。

采访者：那当时有没有办法解决这个由电力引起的矛盾呢？

张国诚：那时候就因为用电的事情，大家关系搞得也很紧张。说白了就是大家都希望上面能够给他们多分一点电，为了这个事情争来争去的。当时华东电管局有个电网领导小组，组长是王林同志，他原来当过水电部的副部长。他当华东电管局领导小组组长的时候，就开会跟我们研究怎么解决这个用电的问题。他当时提出了一个观点：我们与其研究如何合理分配“蛋糕”，还不如研究怎么做大“蛋糕”。因为“蛋糕”就这么大，再怎么分都会出现问题，大家这样抢来抢去也不好，那就干脆研究一下怎么把“蛋糕”做大，“蛋糕”做大了，问题就解决了。

如何把“蛋糕”做大？王林那个时候向中央提出来，要扩大电力基本建设的投资。那钱哪里来呢？王林给出的建议是：工业用电 1 度电加两分钱，结果国务院批准了，就在华东试点。一度电增加两分钱，就解决了资金问题，然后就可以搞设备，建电厂了。

四　集资办电与直流输电

采访者：您说的工业用电 1 度电加两分钱，跟集资办电是一个事情吗？

张国诚：也可以说是一个事情。集资办电就是范围再扩大一点，哪个工厂投资，那么哪个工厂就可以优先用电。因为工厂那时候实行停三开四政策，这是没办法的办法。如果你想要多用电也可以，那么你就必须先投资，这个就叫集资办电。没有改革以前都是国家投资，但是国家资金有限，只能投资一部分。那现在国家的投资满足不了用电的需求，就只能扩大电力投资。用什么办法扩大呢？那就是大家都出一部分钱，1 度工业用电增加两分钱的费用。另外，哪个工厂要用电就必须先投资，过了一两年能发电以后就给你供电，这就是所谓的集资办电。

这个政策出来以后，调动了大家的积极性。为什么？因为谁投资得快，谁就能尽快用上电，再也不需要抢了。所以说我们浙江这边的政策搞得比较灵活，后来对其他地方的工厂也产生了影响。那时候我们在电力局下面专门搞了一个浙江省的电力开发公司，把集资办电的钱收来，发了电以后再分给大家，这样大家就没有异议了。

资金不足问题解决了以后，还有设备的问题，那时候不是说有钱就能买得到设备。我们国内几个制造厂生产的设备是远远不够的，因为那时候不光浙江缺电，全国都缺电，设备的生产也跟不上。设备不够，但是大家都要买，那怎么办呢？那个时候也是有解决措施的，那就是整改制造厂，原来不会造的设备，现在要想办法制造出来。我们那时候就支持北京重型机械厂，它原来只能生产 5 万千瓦、10 万千瓦的机组，我们后来支持它生产 20 万千瓦的机组。①

这对北京重型机械厂来讲，也是新的挑战，因为没有任何经验。那么我们就全力支持他们，跟他们一块儿研究如何把这条生产线建起来。北京重型机械厂的一个老厂长，那时候专门蹲守在我们镇海电厂，想方设法要把这个 20 万千瓦的机组生产出来。也就是这一年，我们的第一台 20 万千瓦的机组终于问世了。当时提出了一个指标，那就是浙江要达到 45 万千瓦。两台 12.5 万千瓦的机组在台州电厂，一台 20 万千瓦机组在镇海电厂，加起来 45 万千瓦。这台 20 万千瓦的机组就是重型机械厂的第一台机组，我们敢用它。

采访者：那么您在设备生产方面有没有遇到什么难题呢？后来又是怎么解决的呢？

张国诚：我还记得那一年是我当局长的第一年，我搞了一个目标，就是我们全省要打一个“歼灭战”，投产 45 万千瓦，把这个问题解决掉。设备解决了，还有人员问题，因为你还要培训、安装、运行等。当时我们一年搞 3 台机组的时候，我们的火电安装力量不够，后来我们就向上面反映，于是部里面就派了贵州那边的人员来支援我们。贵州来的安装队伍只能安装 10 万千瓦的机组，我们 12.5 万千瓦的机组他们没有装过，所以我们就派了一部分老工人带着他们一块儿干。这样一起干了一段时间之后，他们也会自己干了。因

---

① 北京重型机械厂，即北京重型电机厂，始建于 1958 年，是华北地区最大的以生产火力发电设备为主的电站装备制造综合性企业，主要生产大中型电站汽轮机、汽轮发电机和电站辅机，还生产大中型交流电动机、汽车改装车、电器产品和军工产品等。

为人手不够，后来我们也动员了一部分检修力量，就是让闸口发电厂（简称闸口电厂）的一些工人过来，帮助搞一些管道什么的。总的来讲，我们在1984年这一年，投产了三台机组，加起来一共45万千瓦，这样就大大缓解了我们的缺电局面。

那时候可以说是下了很大的决心，一定要解决电的问题。我们从元旦开始集中力量打“歼灭战”，把包括工会等各方面的力量都集中起来了，决心要把这三台机组拿下来，最终我们也是实现了这个目标。

采访者：除了资金和设备问题，还有其他问题吗？

张国诚：我们那时候通过集资办电、投资生产设备等措施，逐步缓解了我们缺电的问题。但是我意识到光解决这个问题是远远不够的，我们还需要运行人员，还需要设计人员，总而言之，我们还要自己培养人才。

我们建立了设计院，能够自己搞设计，所以现在我们有设计100万千瓦机组的能力。除此之外，我们还建立火电安装公司、送变电安装公司，那么这些方面的人才哪里来？需要我们自己培养，所以我们就搞了一个技工学校。

现在的那几个培训中心，就是在原来技工学校的基础上建立起来的。例如建德的一个培训中心，原来是搞送变电的。当时搞了两个技工学校，一个是新安江技工学校，一个是湖州技工学校；一个搞火电，一个搞送变电。我们当时还办了一个中专、一个职工大学，就这样通过办学校培养了一批人才。

我们不光搞火电，我们还搞过核电。秦山核电站的核的部分，也就是反应堆那部分，是他们搞核电的专业人员负责；它的常规部分，也就是发电机部分，是我们安装的。

通过这一系列努力之后，我们浙江电力的整个生产水平得到大幅提高。我刚上来的时候，最大机组是5万千瓦，后来达到了12.5万千瓦、20万千瓦、30万千瓦、60万千瓦，现在我们已经能够设计、运行100万千瓦机组，我们的制造厂也有能力制造100万千瓦的机组了。所以我常常感慨我们的国家发展实在是太快了，改革开放40年来，变化真的是太大了。

采访者：后来您就开始抓直流输电这一块了，请您讲讲直流输电相关的情况。

张国诚：我们当时第一个问题，就是要解决缺电问题。缺电问题解决了，那么还要解决线路问题，这样才能保证发出来的电能够送得出去。所以那时候我们开始抓全省联网。之前大部分地区都是分散的，杭嘉湖是一个网，温州是一个网，丽水是一个网，它们都是各管各的，也都是小的电网。提出全省联网以后，我们就开始着手把全省电网连成一片，电网的电压等级从最初的110千伏、220千伏、500千伏，发展到现在的1000千伏。

这里就要讲到舟山联网问题，其他地区都在陆上，比较容易解决联网问题。舟山很多地方在海上，那怎么办呢？那时候海上也要联网啊，但是海缆距离比较远，很难解决这个问题。当时正好国家要研究直流输电，我们就萌发了要研究直流输电的想法。如果我们能够研究成功，那就既解决了直流输电的技术问题，又解决了舟山的用电问题。所以我们想借这个东风，把舟山的联网问题解决了。因为那时候我们的技术还没有成熟，高塔还做不出来，就只能用海缆输送过去。海缆比较长，但是直流电的损耗比较小，所以我们决定用这个方法。我们当时申请了一个科研和生产结合的项目，我代表电力局给科委签字，相当于签了军令状，我们要保证完成。

结果出现了什么问题呢？那时候三峡水电站上来了，要引进500千伏直流输电。当时有些人提出了一种观点，他们觉得直流输电用得也不多，直接买就算了，何必花这么大精力去自己研究呢？由于这个观点，上面曾经想让我们的项目下马。于是我们就提出来，我们不光是为了研究直流输电，还要解决舟山的用电问题。如果你让项目下马，那舟山就联不上网了。基于这个理由，上面最终还是保留了我们的项目，支持我们继续搞下去。但是因为投资很慢，所以我们搞了8年，才把这个项目搞好。研发成功之后，紧接着就投产了，也取得了很大的成功，大概送电5万千瓦。5万千瓦什么概念？就是等于把当年舟山全部的负荷翻了一番，这样就很好地解决了问题。

如果舟山不联网，就会有很多问题。例如它的机组要检修的话，就必须要拉电，没有其他方法。我们的项目成功以后，它的机组就可以正常检修了，这样联网问题解决了，舟山的用电问题也解决了。后来慢慢地舟山又有了新的发展，11个地区最后都联网。

其实这个项目成功的意义并不仅限于此，我可以给你们举个例子。当时要引进500千伏直流输电设备的时候，需要有人过去谈判。因为他们的谈判人没有搞过直流输电，所以很多问题是没有发言权的。后来他们和我们商量了一下，借了我们的三个技术人员过去，和他们一块儿去谈判。人家外国人是内行，如果你不懂，那么一谈话就能发现问题的。因为我们搞过直流输电，所以能够很好地与那些老外进行技术层面的交流。对于这些外国人来说，外行他可以糊弄，内行他是糊弄不了的，所以我觉得我们过去还是起了一点作用的。

100 千伏舟山直流输电工程海底电缆铺设

采访者：由此可见，掌握核心技术和人才的重要性，对于直流输电这块，您还有什么要补充的吗？

张国诚：通过 100 千伏的直流的维护运行，我们也培养了一些直流技术骨干，所以后来有关舟山的柔性直流、直流开关试验，都是在我们这里搞的。因为我们有核心的技术人员，对设备维护掌握得更好。除此之外，比如说南方电网，或者别的地方也有直流输电，但没有我们管理得好，也没有我们运行得安全。为什么呢？因为我们掌握了核心技术力量。过去直流开关一直是一个难题，之前直流没有开关，第一台直流开关试运行安装在什么地方呢？就安装在舟山。为什么不安装在北京、上海等大城市，而是安装在我们这里？就是因为我们有技术人员，所以在这样一个小岛上安装了世界上第一台直流开关。

我觉得这个事情也给了我们一些启发，在我们这样大的一个国家，必须要有核心技术。正如最近习近平总书记讲的那样，在我们中国，一些高要求的技术设备一定要自己搞。核心技术你是买不来的，人家不会随便给你的，还是要靠自力更生。

这方面我自己也有体会，例如最近看到国家在做大飞机，大飞机我们国家原来也是做过的，研发出来以后就停滞了。为什么停滞了？因为那时候有人说我们生产的飞机效益不好，耗油多，所以还是继续购买别国生产的飞机。但是到了现在又提出我们要生产大飞机，因为中国不能一直这样受制于人。

我们中国有几个领域确实很受制于人，其中一个就是芯片，中国每年进口芯片用的钱都已经超过了石油生产。这次美国和我们打贸易战，就是因为我们缺乏芯片生产的能力，所以中兴没有办法，只能够认输，8 亿、9 亿的美元只能乖乖交出去了。但是这次华为就顶住了，为什么？因为就算你美国停止供应，华为自己也有备胎，这就是有眼界。所以我们这么大一个国家，一定要有核心技术，不能总是依赖别人。从我个人的整个人生经历和工作经历来讲，从杨树浦电厂到新安江，最后到省电力局，让我形成了一种观念，那就是要自力更生、奋发图强。所以我也一直坚持往这个方向努力，这就是我的一些个人体会。

采访者： 您觉得您还有哪些要补充的吗？

张国诚： 你们之前也采访过农电，农电牵扯到农业，其实我们国家基础产业还是农业。中国大部分人民还是农民，解决农电问题也是真正地为老百姓服务。以前农村用电很困难，现在农村里面家家户户都能用上电，我们也感到很欣慰。

我现在回顾一下我的一生，我感觉我还是比较幸运的。我这一辈子，革命也参加了，工业建设也参加了，见证了我们国家一步一步发展起来的历程。我记得当年做地下党的时候，有一个同志跟我一样，也是从中学入党，后来读大学，结果他在新中国成立后不久就生肺病死了。大概是在 1950 年病逝的，那时候他还很年轻，非常可惜。那时候肺病叫痨病，跟现在听到癌症一样，没有办法治疗。

所以我一直觉得自己还是比较幸运的，革命成功后搞工业建设，也算是搞了一辈子建设，见证了电力一步一步发展的轨迹。此外，我能够有机会看到国家站起来、富起来，现在看到中国强起来，能够在国际上有一席之地，我感觉还是很欣慰的。

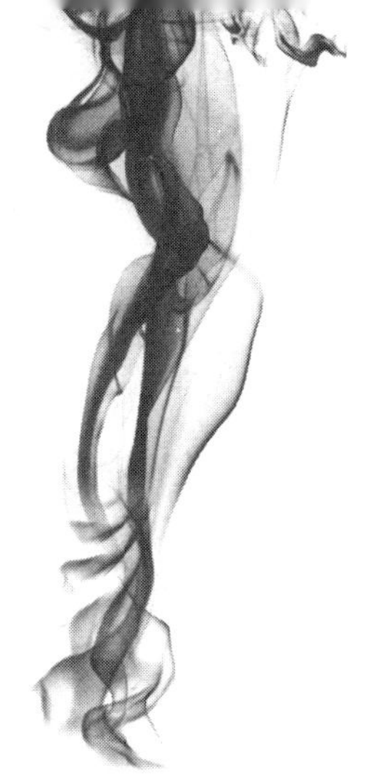

破解电力难题

口 述 者：张蔚文

采 访 者：瞿万昌、廖文就

整 理 者：庄毅、丁静

采访时间：2019 年 6 月 29 日

采访地点：国网浙江省电力有限公司媒体演播室

张蔚文 1943 年出生，浙江慈溪人，高级工程师。1966 年毕业于南京工学院动力工程系，1974 年 1 月加入中国共产党。1977 年 3 月起，曾任浙江省电力工业局办公室副主任、主任、副局长、党组成员，北仑港发电厂工程建设领导小组组长，浙江省电力企业管理协会第一届理事会副会长，浙江省电机工程学会第六届副理事长等职。1990 年 3 月起，历任浙江省电力工业局（省电力公司）党组书记、局长（总经理）。1994 年调入宁波市委工作。

一　改革开放初期，浙江省面临电力短缺问题

采访者： 张先生，您好！很高兴您能参与本次采访。本次采访主要是想请您回忆浙江电力的发展过程。您早年在半山电厂工作过一段时间，对吗？

张蔚文： 我大学毕业以后分配到西南电力建设局第二工程公司，在四川、贵州搞电力基建近十年。1977 年 3 月我被调到杭州半山发电厂，那时候半山发电厂刚开始建设两台 5 万千瓦机组。后来浙江省水利电力机构分设，成立浙江省电力局，我就被调到省局了。

采访者： 请您回忆一下浙江省电力局成立初期的情况。

张蔚文： 我是在 1977 年年底，也就是浙江省电力局刚成立不久，从半山发电厂调到浙江省电力局办公室任党组秘书的，在葛洪升、王占一、李志刚、刘福诚、张国诚等一批电力老领导身边工作。在这些老领导的带领下，我见证了整个浙江电力系统的发展。后来，我逐渐进入领导岗位，任办公室副主任、主任、副局长、党组书记、局长，直到 1994 年 4 月调到宁波工作，前后将近二十年在浙江电力系统工作。

1988 年，浙江省委副书记葛洪升（左一）和浙江省电力工业局局长张国诚（右二）、副局长张蔚文（左二）在北仑港发电厂工地办公

采访者：在您任职浙江省电力局期间，有哪些记忆深刻的事情？

张蔚文：在我的记忆当中，印象比较深的事情，是浙江缺电，严重缺电。文革以后，电力建设滞后，经济发展很快，电力供需矛盾非常突出，成为制约浙江发展的关键，也是经济生活矛盾的焦点。如何使浙江电力快速增长，满足迅猛发展的浙江经济社会的用电需求和日益增长的人民用电需要，是浙江电力人的使命和根本任务。为了实现这个目标，葛洪升、王占一等老领导带领全局上下，怀着强烈的使命感、责任感和事业心，形成一种拼搏、严谨、艰苦奋斗的优秀品质，以及没条件创造条件上的坚韧品格，勇攀高峰、争创一流的开拓创业精神和人民电业为人民的优良服务作风。

采访者：当时浙江省用电紧张的原因和情况能详细说一下吗？

张蔚文：当时全国都缺电，但浙江省缺电最严重。华东电网是由上海、江苏、浙江、安徽四个省份组成的，各省用电都很紧张，所以华东电网由华东电管局负责分电。江苏省基础好，电厂多，供电量多，用电量多；安徽省有煤，可以多发电多用；上海用电基础好，加上华东电管局代行上海电力局事宜，分电比较有利；浙江装机量少，全省还没有联网，确定分电比例时基数最少，只有15%，新安江、富春江的水电是华东电管局直管，浙江不能用。改革开放后，浙江经济发展最快，用电需求大幅度攀升，所以缺电局面比其他省份更紧张，供需矛盾更突出。这就导致浙江经常“停二开五”①、“停三开四”，拉闸限电停电现象十分频繁，严重影响企业的生产和人民的生活。为了把有限的电力管好、用好，多用电、少拉电，我们加强了用电管理，实施计划用电，多用低谷电，削峰填谷，提高服务力，科学灵活调度，稳定用电秩序。但是浙江用电缺口很大，拉闸限电很严重，甚至华东电网全网出现低周波，华东电网网局调度实施了220千伏拉电，造成大面积停电，有一次东海舰队起吊军用设备时，突然停电，设备悬在半空中，非常危险。

采访者：当时如何解决浙江省缺电局面呢？

张蔚文：新成立的浙江省电力局的首要任务是增加用电量，缓解电力供需矛盾，稳定用电秩序。为了完成这一任务，可以说是千方百计，竭尽全力。第一，向华东电网要电，多分电，当时这是很难的，但也是最快最有效的措施。

---

① 改革开放初期为缓解用电紧张的情况，实行一周停电两天、工厂停工两天的政策。

我和用电处的同志一次一次地准备材料，葛书记一次又一次地跑北京、上海，跑华东电管局、电力部、国务院各个部门，反映浙江严重缺电情况，讲述种种理由，为浙江多争取电，甚至还帮助华东电网挖掘潜力多发电，安徽、江苏的电厂低谷多发电，安排浙江企业低谷多用电。我们在这方面做了很多工作，成效也比较明显，浙江实际年用电量增长接近20%，保证了浙江每年GDP增长15%～16%，双夏用电达到23%～24%。这在一定程度上缓解了浙江电力供需矛盾，同时也有力地促进了华东电网的工作。在葛书记的建议下，成立了华东电网领导小组，这是全国第一个电网领导小组，第一任组长是李鹏，当时他是国家电力部部长。电网发电机组低谷电增加了，机组发电利用小时有了很大提高，普遍达到7000多小时，降低了煤耗，还有一个意想不到的效果是，长期以来没有解决的新安江水库移民问题，得到了妥善解决。当时葛书记争取到新安江水位在103米以上发电，浙江可以自用。库区移民退耕还库问题，得到电力部、国务院、财政部的支持与重视，相关部门出台政策，解决了移民困难，移民退耕还库，提高了水库水位，新安江水库建库以来第一次达到107.6米，此后新安江水电机组在高水位运行，有力提高了电网的调峰能力。

第二，就是努力保持电力设备的健康水平。当时“文化大革命”刚结束，一些电力设备不是很健康。所以我们坚持“应修必修，修必修好”，进行技术改造，使设备达到满出力的水平，以提高设备的可用系数和可用率。与此同时，我们开展安全生产达标活动，严格规章制度，实行两票三制①，加强职工培训，持证上岗。这些都是保证安全生产、严谨作风的体现，因为只有做到满发、满供、满出力才能多发电。

采访者：电力设备出故障的话，当时是怎么解决的呢？

张蔚文：电力系统设备出故障要停机检修，按规定，向调度申请停机抢修时间，检修时间都是编制好的。我们发供电系统的职工，“抢”字当头，争分夺秒，缩短抢修时间。这方面的例子有很多，比如，我们发电厂的锅炉受力面故障要停炉抢修，但锅炉还没降温到适合的温度，我们抢修队员穿着石棉衣服就进去了，在灼烈的高温下抢修，这是一种“抢”的精神，全局上下都以社会多用电为使命，争时间，抢速度，顽强拼搏。我们除了电力设备抢修外，很多电力设施建设包括设备安装都按照定额合理工期来规定竣工投产的

---

① “两票”指工作票、操作票，“三制”指交接班制、巡回检查制、设备定期试验轮换制。

周期，为了社会早日用电，我们发供电所有职工持续加班加点，严格工艺，精心施工检修，所有项目都提前发电供电。

这种向时间要电的拼搏精神在自然灾害面前表现得更为突出。那几年，浙江洪水多，加上台风，几乎年年有灾，好多地方都断线倒杆一大片。为早日恢复灾区供电，电力职工抢修队伍往往第一时间到达现场，冒着高温酷暑、蚊虫叮咬，翻山越岭，夜以继日地抢修。1988 年 8 月 8 日八号台风，杭州全市停电，全省供电职工自带干粮，连续奋战七天七夜，使全城恢复供电。

二　千方百计发展电力

采访者：那时候国家是计划供电，有什么办法可以在计划外发电吗？

张蔚文：当时处于计划经济时期，国家配备电力指标，有明确的发电量计划，按照计划供应电煤，安排运输计划，华东电网按计划发电量分配各省市负荷电量，各省自己有煤可以超发自用，但浙江缺煤无油，那时不光电力需要煤，人民生活和其他工业生产也需要煤，各行各业都缺煤，全国都缺煤，连计划内的煤也减供。为了多发电，我们组织了很大力量去省外的煤矿要煤，有些效果，但仍严重缺煤。

采访者：那个时候去哪里买煤呢？

张蔚文：我们到山西、内蒙古、河北、陕西等地买煤，反正有煤矿的地方都去，最早是到山西买。除了煤很紧张以外，运输计划也缺，用来拉煤的火车皮也很难搞到。没有煤就没有电，没有经济的发展，怎么办？我们想到浙江乡镇企业的优势，它们可以用各种办法买到煤。加上各级政府要电迫切，我们搞了“来煤来油加工电”活动。谁送煤送油，我们就加工电，就给谁用电，这极大地调动了各级政府及乡镇企业的积极性，浙江市场经济发达，政府组织乡镇企业用当时北方矿区紧缺的电视机、家电、服装去换煤，效果很好，保证了我们发电用煤，且多发多用，缓解了浙江电力供需矛盾。这是一个做法。

采访者：第二个做法是什么呢？

张蔚文：第二个做法就是，合作办电、集资办电、群众办电。电力企业是外延性企业，电力电量的增长主要靠发、供电力设备的迅猛发展实现的，实践使我们认识到，解决缺电问题，满足社会用电需要，关键是要做大“蛋糕”，多建设电厂，多建设输变电设备。电力企业是资金密集型、技术密集型企业，需要大量资金，当时电力体制是高度计划经济体制，由国家一家办电，电力系统一家管电，靠国家财政拿钱，电力项目、电厂项目、输变电项目都要国家拿钱，国家计委、国务院批，因此浙江项目很少，已经严重不适应经济、社会用电需要。为打破这个格局，葛洪升局长说服浙江财政拿出 1 亿元人民币，浙江省电力局首先与电力部、国务院合作办电，很快拿下台州电厂一期、二期、三期项目。地方与国家合作办电的招，全国是先从浙江省电力局开始的。但是浙江财政也很紧张，光靠财政拿钱，仍然打不开局面。因此，我们想了个集资办电的办法，上报国家审批的浙江电力项目中，明确是自筹电力资金，不要国家一分钱。

采访者：这些投资的资金怎么来的呢？

张蔚文：以电生电，多种办法筹集。和现在不一样，当时是固定电价，但是在计划煤、计划电以外，我们超发的电，也就是加工电的电价可以放开，来煤来油加工，每度电成本加收 2.2 分，计划外超发电加收 2.2 分，我们就通过这个方法来筹集电力资金。此外，还有其他各种办法筹集资金，也就是搞集资办电，集资办电的原则就是：“谁投资谁用电、多投资多用电”。

采访者：是鼓励企业多投资吗？

张蔚文：我们是和各个市县合作，那时候省、市、县各级政府对用电都很重视，因为有电就有一切，浙江省集资办电的力度是最大的，除了靠多发电收取的一度电两分钱的电费外，多数靠集资办电这种做法，谁认购多少，就给他多少电。

采访者：您能具体讲讲浙江省集资办电的情况吗？

张蔚文：电力项目都是国家计委、国务院来批的。如果要用国家财政的钱，项目很难批，但是如果我们自己筹集资金，那项目就容易批准了。所以我们拿出了很多集资的钱办项目，后来浙江的装机基本上都是靠集资办电的钱实现的，包括台州三期两台 12.5 万千瓦、镇海电厂两台 20 万千瓦、长兴电厂、温州电厂、半山电厂的 12.5 万千瓦和萧山电厂等。萧山电厂是我们和萧山地方合作的，嘉兴电厂的两台30万千瓦机组也是以集资办电的方式建起来的。北仑港发电厂（简称北仑电厂）进口设备等用的是世界银行的贷款，但前期费用、土建等配套费费是我们集资办电的钱。除了火电厂外，还有一些水电厂也都是靠集资的钱实现的。后来整个浙江的电力有很大的发展，到1992~1993年，我们有了另外一种集资办法，就是用市场经济的办法来发展电力，因为用电很紧张，省里很重视，就给了我们一个上市指标，我们就把台州电厂拿出来准备上市。我们专门成立了浙江省电力开发公司搞集资办电。可以说浙江省的集资办电在全国搞得最好，最红火，资金最雄厚，上的项目最多。

采访者： 集资办电也算是开辟了一个发展新思路，对吧？

张蔚文： 对。浙江市场经济催生了集资办电，这大大促进了电力的发展，也使电力体制产生了一系列变革。

超计划煤、超价煤的出现，使我们认识到计划外的电也可以加价，电力负荷电量从此成为商品。来煤来油加工电的出现，意味着在政府配置负荷电量的同时，出现了市场配置负荷电量。

合作办电、多家办电、群众办电打破了国家独家办电一统天下的格局，出现了多家办电、多家管理的新格局。

群众办电、市县建设热电联供，电网收取过网费，发电企业与用电单位相连，出现了厂网分开的新的电力管理体制，等等。

这一系列新举措，在市场经济发达的浙江，冲破了计划经济下高度集中的电力体制桎梏，促使电力行业发生了一系列重大变革。这一方面有力促进了电力的迅猛发展，另一方面也为电力体制深化改革打下扎实的基础。

采访者： 浙江能源集团和电力系统之间是什么关系？

张蔚文： 电力体制改革前，浙江电力是一家，浙江省电力工业局、浙江省电力公司、浙江省电力开发公司是一套班子三块牌子。2001年，全国电力体制改革以后，电网、供用电部分划为浙江省电力公司，保留浙江省电力工业局，浙江省集资办电资金建设的电厂，也就是浙江省电力开发公司省属自筹资金部分建设的电厂，作为浙江省电力开发公司的资产，2001年2月，经浙江省人民政府批准，浙江省电力开发公司和浙江省煤炭集团公司组建了浙江省能源集团有限公司。

三　披荆斩棘，迎难而上

采访者：浙江省的电力发展为浙江省带来了哪些变化？

张蔚文：浙江省的电力发展后，一是极大地促进了浙江经济的发展，浙江从经济小省变成经济强省；二是使浙江的电力水平逐步提高，电力装机的主力机组从5万千瓦、12.5万千瓦、20万千瓦到60万千瓦，北仑电厂现在已经到了100万千瓦；三是实现了全省电网的联网。那时候国家是根据电厂项目装机来审批输变电项目的，原来的台州电网、温州电网是孤立电网，基本上是靠小水电、小火电支撑的，台州电厂、温州电厂建设以后，台州电网、温州电网都联入省网，后来直流输电投产后，舟山电网加进来，全省就联网了，所以电网也是随着我们电力的发展而发展的。当时省委书记王芳在报告中说：台州电厂建设救活了浙江半壁江山。通过建设电厂，特别是北仑电厂的建成投产，大大提升了浙江省的电力水平，达到了国内国际一流。

采访者：当时台州电厂和镇海电厂的设备还是咱们自己造的吗？

张蔚文：对，那时候基本国产化了。12.5万千瓦、20万千瓦的设备是当时国内九大厂——上海汽轮机厂、上海电机厂、上海锅炉厂、哈尔滨汽轮机厂、哈尔滨电机厂、哈尔滨锅炉厂、东方汽轮机厂、东方电机厂、东方锅炉厂生产的，但是60万千瓦的设备，国内还不能完全国产化，主要设备还都是进口的。

用世界银行的贷款，通过国际招标引进全套先进设备、先进技术，应用分散集中计算机控制系统控制的电厂——北仑电厂，从全国来说是第一家。这对于浙江电力、国家电力达到国际水平来说，是很好的机遇，也是很大的挑战。

采访者：面对这些挑战，当时你们是如何应对的？

张蔚文：我们对整个工程有着一系列的不适应，有很多很大的挑战，但是我们选择面对这个挑战，因为建设北仑电厂是国家给我们最大的机遇，是电

北仑电厂鸟瞰图

力打翻身战最好的时机。所以全局上下都动员起来，抓住机遇，迎接挑战，把优秀的人才、精兵强将都调到北仑电厂。我们将省火电公司、镇海电厂、台州电厂、中试所①和华东电力设计院各方面的有生力量都组织起来，集中到北仑工程现场，一起同心同德将强迫适应变为主动适应，努力搞好北仑电厂的建设。

首先，我们花大力气抓培训。北仑电厂项目开始的时候，就安排一些抽调来的人学外语，交叉地学计算机和热机，后来组织起来到国外去参与设计。设备招标以后，我们组织很多专业人员到设备厂商培训、参与设计，参加 8 个岛的设计联合会议，熟悉情况，解决问题；把生产人员安排到澳大利亚的电厂培训；把省机关的有关人员安排到法国 EDF② 培训；组织职工现场就地培训，熟悉图纸、作业指导书、技术方案和各种标准——ASME 标准③，欧洲标准、美国标准；建章立制，要求大家严格按照工程建设规律，按程序、作业指导书来进行操作，这是一个很艰苦的过程。我们培养的这批人发挥了很大作用。

大幅度提高工程建设装备水平，大到国外采购大型移动式吊机、重型运

---

① 中试所，浙江省电力中心试验研究所的简称，现为国网浙江省电力有限公司电力科学研究院。

② 法国电力集团，Electricite De France。

③ 美国机械工程师协会（American Society of Mechanical Engineers）的标准。

输车辆，小到各类专业工具，都按实际需要添置、更新换代。

在调整管理方式适应按岛划分的同时，管理手段有了重大调整。数量巨大的设备材料、图纸资料、技术方案、作业手册、技术记录等都实施计算机管理，由此推动了发电厂、供电系统及省局各项管理的计算机应用，有力地提升了工程建设、电厂、全省电力系统的管理水平和效率。

培养一流的建设人才。现代化工程建设需要一流的建设人才，工程开始时我们缺乏这方面的人才，但我们有一批年轻的、优秀的技术和管理干部，我们给予信任和重用，在工程建设中给他们压重担。他们刻苦学习，积极实践，主动迎接挑战，带领职工努力学习掌握新技术、新工艺、各项工程规律和国际惯例，为项目成功发挥了重大作用。

对一些重大难题组织力量攻关，比如软土地基施工的问题、主蒸汽管焊接问题等，我们把国内最好的专家都请过来，一起研究、攻关，采取一系列措施，保证工程施工质量。

为了确保北仑电厂工程建设顺利完工，大家团结协作，密切配合，坚守在现场。虽然现场施工很艰苦，条件也很差，大家白天黑夜连着干。有的人放弃休息，半年一年不回家。春节期间火电公司加班，我们就把员工的家属接到现场，一起在施工现场过年。在北仑电厂建设中，涌现出了很多可歌可泣的动人事迹。

四　北仑电厂建设的示范性意义

采访者：北仑电厂的建设对后来电厂的建设带来哪些影响？

张蔚文：经过这些年发展，北仑电厂现在成为全国最大的火力发电厂，它的设备水平、经济效应都是国际一流的。经过浙江省电力局上上下下齐心协力，我们整个电厂、电网都升级了。我们以前的电网是22万千瓦的，从电厂到兰亭变电所（简称兰亭变），再到瓶窑变电所（简称瓶窑变），全部是50万千瓦的，都是用世界银行的贷款购买进口设备。杭州和宁波配电网络的自动化程度都大大提升了。我们的施工单位也完全按照现代化的施工理念、方法、手段，全部达到国际水平。浙江火电公司很吃香，现在是我们全省、全国的火电安装公司里面首屈一指的。后来的秦山核电站、大亚湾核电站都把他们请去了，常规岛①的建设，包括核岛②的建设都请他们去了。

改革开放后第一个全面引进设备，转变一系列观念、管理方式，甚至改变我们国家电力系统电力安装的各种规范和验收、启动、安装的标准等，很多经验是从北仑电厂的建设中总结过来的，后面我们又进行补充和完善。所以北仑电厂对浙江、整个国家的电力发展发挥了十分重要的作用，特别是培养了一批一流的建设人才。

采访者： 能说说这个电力发展规划的故事吗？

张蔚文： 北仑电厂建设之后，我感到要真正解决缺电问题，就要把电力项目抓好，光靠施工、调试还是不行的，必须要从源头开始，从电厂规划、选址、设计、设备先行开始。只有抓住了源头，工作才能主动。后来我们组织力量对全省进行了踏勘，做了一系列前期工作，在柴松岳省长的指导下，组织力量编制了到2010年的电力发展规划，目标是到2020年浙江电力能够发供电平衡，能满足浙江经济社会进步发展和日益增长的人民生活用电需要的电力发展规划。

然后，我们和电力部计划司、国家有关部门的一些专家一起制定了2010年浙江电力发展规划，我们向浙江省委常委做了汇报。这个规划最后讨论并通过。这也是全国首部制定的高质量、高标准的电力发展规划。后来浙江建设的一些电厂厂址都是当时选的，包括现在三门核电站的厂址，当时我们花了钱去平整、围垦、开山。可以说，当时我们做了一件很大的事情，为后面电力发展创造了很好的条件。

浙江省真正解决缺电局面，是习近平同志到浙江任省委书记的时候。

我是2002年2月从宁波回来，到省政协任职。习近平同志带领我们到上海、江苏去对接。在这期间我了解了一下，那时候用电很紧张，不仅浙江缺电，上海也缺电，整个华东电网都缺电，连周边的福建也严重缺电。

原来我们在电力发展规划中有一大部分电从上海、江苏、福建、安徽送过来，但实际上不可能实现。所以我在陪同习近平同志考察江苏途中写了一个报告，这个报告通过张曦秘书长交给了习近平同志。习近平同志看了以后，

---

① 常规岛，指核电站中一座包含利用核蒸汽发电的汽轮机发电机组及辅助系统的建筑物的俗称。

② 核岛，指核电站中一座装设以核反应堆为中心的核蒸汽系统及核辅助系统和专设的安全系统、乏燃料储存系统等设备的建筑物的俗称。

很重视，考察回来后，召开了浙江省的第一次财政领导小组会议，专门讨论浙江电力发展规划。习近平同志听了讨论以后明确表态，电是整个国民经济的命脉，电力必须先行，要打破严重缺电局面，要千方百计抢建一批、立项一批电力项目，加强、加大电力规划容量，使浙江电力能够保证浙江的经济社会发展需要和人民日益增长的用电需要，同意乌沙山电厂为抢建项目，要积极组织力量调查踏勘，明确一批抢建项目，抓紧验收。

再加上当时我们国家电力体制改革，原来是国家电力公司一家办电，后来变成两家电网、五大发电集团。浙江省也实行厂网分开，由浙江省电力公司负责供电、用电。原来负责集资办电的浙江省电力开发公司与浙江省煤炭集团组建了浙江省能源集团，这样大大加快了电力的发展速度。浙江省的缺电局面是习近平同志实施“八八战略”① 解决的，他高度重视，七次到浙江省能源集团视察，做了一系列重要指示，打破了浙江缺电局面。

为了发展电力，满足整个社会经济的发展需要和日益增长的人民用电需要，浙江电力系统几十年来从上到下团结一心，不畏艰苦地奋斗。我们各级领导特别是老领导，都有一种强烈的使命感、责任感，都有拼搏、严谨、艰苦创业的奋斗精神和没条件创造条件、争创一流、勇攀高峰的创业精神，形成了人民电业为人民的优良服务作风，这对我以后的工作影响很大。我到宁波工作以后，也发挥了这种精神，可以说终身受益。电力系统在发展过程中形成的拼搏创业精神培养了我，现在回忆起来，我很感谢电力系统。

北仑电厂全景

---

① 2003 年 7 月由时任浙江省委书记的习近平同志提出，发挥“八个方面优势”，推进“八个方面举措”的重大决策部署（简称“八八战略”）。

采访者：您现在对当时交给习近平同志的报告内容还有印象吗？

张蔚文：我在报告里分析了整个华东电网的电力形势和浙江省对电力的需要，提出了缺电量，以及应当采取的相应措施，那是一个紧急报告。

采访者：北仑电厂的情况您讲得非常详细，我们之前一路过来，都没有遇到能给我们讲讲北仑电厂的。

张蔚文：因为你的采访对象都是供电系统的，北仑电厂属于发电系统。在北仑电厂建设的过程中，我们培养出一批一流建设人才。现在他们这批人已经到全国各地了，包括浙江省电力公司、南方电网、华电、国电、中电投等，电建公司划到浙江能源集团，他们都是作为电力骨干在领导岗位上继续发挥更大作用。

采访者：北仑电厂其实在浙江电力发展上是一个很大的转折点。

张蔚文：对，里程碑式的。北仑电厂项目用世界银行 10 亿美元贷款建成，通过国际招标全面引进国际先进设备、技术，这是国家对浙江电力的充分肯定，对缓解当时浙江严重缺电局面、优化全省电源电网结构、提升浙江电力水平接近甚至达到国际一流，具有十分关键的作用。这是浙江电力发展的里程碑，是中国电力发展史上一项标志性工程。

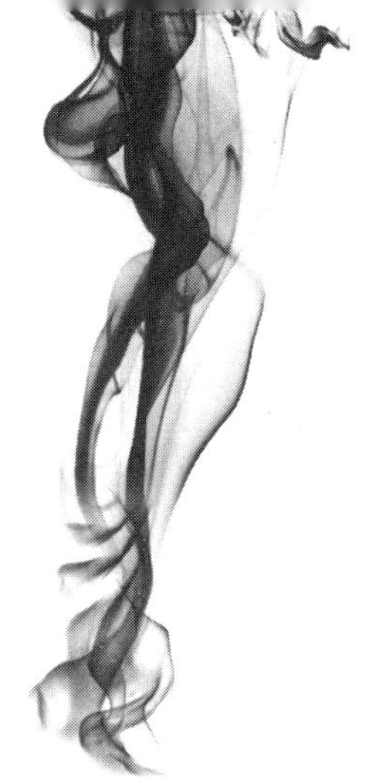

不朽千江水

口 述 者： 蔡在明

采 访 者： 何洁、张林强、唐琦雯

整 理 者： 鹿杰、丁伟、廖文就

采访时间： 2016 年 7 月 19 日

采访地点： 杭州市胜利新村

蔡在明 出生于1926 年，上海浦东人。1946 年大学毕业进入杭州电气公司总厂，从事电务科供电股管辖的线路班的工作。新中国成立后，推动杭州电气公司调度室的成立，并参与编写浙江省第一版调度规程。1962 年起，担任浙江省电业管理局中心调度所（后名称有所变化）负责人、主任工程师、副主任、所长等职位。1973 年起，参与浙江省第一台计算机的购买与使用，以及此后调度自动化的工作。1984 年，调到总工办管科技处，负责“可靠性管理”工作。

一　落脚杭城　与电结缘

采访者：蔡主任您好，您能讲讲您刚工作时候的情况吗？

蔡在明：你们想晓得这些事情啊，那好，那我说说。我是从上海大同大学毕业的，1946 年到杭州。那个时候没有调度。当时只有一个闸口发电厂，后来拆掉了，就是现在的水澄花园。当时，闸口电厂有两台 7500 千瓦的机组。它是 20 世纪 30 年代初期建的，一直到 40 年代前期，都是算很不错的，很漂亮。

当时杭州市区老百姓都已经用上了电，主干路上也有了路灯。闸口电厂的发电机发出来的电压等级是 13.2 千伏或者 13.26 千伏（统称 13 千伏），电厂共有三条线，其中一条到艮山门电厂；一条到鼓楼，鼓楼有两个变压器，2500 千伏安，就在一座小旅馆下面，现在已经拆除了；还有一条到拱宸桥，供两个电力大户使用。鼓楼出来是 4 条 5.25 千伏的配电高压线路，其中一条到建国路，和艮山门电厂的两个变压器连在一起。

杭州闸口发电厂

采访者：当时建设的机组，是国产还是进口的呢？

蔡在明：闸口电厂，发电机、汽轮机是 BTH 公司的。锅炉是煤粉炉，那个时候煤粉炉是很少的，是当时最先进的了，那时很多的锅炉都还是炉排炉。那个时候，闸口电厂只要发动一台机器，杭州就够用了。当时还有一个电厂叫艮山门电厂，也有两台机组，一台是GE的，600千瓦的机组，还有一台是BBC的，2000千瓦的机组，一共2600千瓦。当时，BBC的2000千瓦机组是反动式的，也是比较先进的。锅炉是B&W的，就是Babcock & Wilcox，这个在世界上是很有名的。

当时的艮山门电厂是作为备用电厂，所以那个时候没有调度。怎么办呢？那时候有机务科和电务科，电务科下面分两个股，一个是用电（股），一个是供电（股）。我实习结束后定岗，就是到供电股的线路班。当时，凡是技术人员，每天下午4点到第二天早上8点值班。

当时，发电厂有时会跟我们说当天负荷怎么样，大家只是简单地沟通联系，无所谓调不调度。直到新中国成立前，还是这个样子。

年轻时的蔡在明

二　未雨绸缪　筹建调度

采访者： 最初的调度是怎么样的呢？

蔡在明： 到了1950年，我们感觉原来那样子不行，就专门调3个技术人员负责值班，那个时候叫控电组。成立控电组的时候我就去了，我们3个人值班，都是大学毕业的。这就是调度的雏形。

为什么这样呢？因为那个时候的电网，杭州最高的电压等级是 14 千伏，发电机出来就是 14 千伏。电厂出来之后有两个变电所，一个是在清河坊的鼓楼，那儿有 2 台变压器，每台功率是 2500 千瓦。鼓楼的 2 楼是一个开关室，里边的开关都是手动的，刀闸是一根一根拉的。

还有就是艮山门电厂也有 2 台变压器，是西门子公司产的。艮山门电厂既是发电厂，又带着变压器，因为它发出来的电也要上网。艮山门电厂有多少电上网呢？那时候二级电压是 5.25 千伏，整个杭州市区里布局的都是这个二级电压。

这么多的线路，就要分段了，所以电杆上面有很多油断路器，可以分一段一段的，还可以两个杆子接起来。比如说，有一条线是从鼓楼到艮山门，另一条线也是鼓楼到艮山门，还有一条线也是鼓楼到艮山门，这几条线之间，还有横穿的联络线，所以这些线路里边，开关不少。于是，你这边停电，我可以那边供；你那边停电，我可以这边供。所有这些操作，就得要人去操作。那个时候，我们就是管这些事。

采访者：之后的情况是怎么样的呢？

蔡在明：在 1952 年的时候，杭州市里办了个工资改革的培训班，总共去了 3 个人，一个是办公室总务科的职员，一个是发电厂的工人，还有一个是我。培训了一个月，结束后找了 3 个试点单位，杭州电气公司就在其中。电气公司很快就完成了这次人事薪资改革，工人分 1 ~ 8 级，技术员分 1 ~ 3 级，再往上是工程师。

工作期间的蔡在明也是运动健将

后来，大概到1953年，我去上海进修，去学习他们的管理方法。那个时候，上海有好几个电力公司，一个是上海电力公司，这个是美国人造的，叫SPC，全称就是Shanghai Power Company，还有闸北水电、南市电力公司、浦东电力公司。它这个网并了以后，得有个专门来管的，否则就管不起来，所以上海就成立了调度中心。

回来以后，我就感觉我们当时那样不行。我们杭州有两个厂，也应该有一个调度。开始的时候，我们两个厂还没有并网，那时候这个厂检修了，另一个就开出来给你供电，等检修的厂又投入运行了，另一个才歇下来。1953年，我们就开始建立调度，把两个厂弄成并列运行，这时候才正式叫“调度”。成立调度以后，原来3个人变成了4个人。4个人里有一个领导，那个时候叫“三班半”，领导就是顶这个半班，这样其他三个人可以休息。那时候继电保护还没有人管，再后来就有一个同志专门管这个事。

采访者：那时候调度通信的工作是怎么样的呢？

蔡在明：当时我们闸口是一个发电厂，鼓楼是一个，艮山门是一个，当时就是在高压线下面放两根线，从闸口电厂放到鼓楼，又转到艮山门。这个放出来的通信线，感应电压很高，如果要打电话，需要站在绝缘台上。绝缘台就是下面四个绝缘子，拿一个木板搁在上面。电话挂在墙上，要手摇的。因为通信都在一根线上，一摇电话，大家都听到了，谁知道是叫谁呀？那时候我们就约定：“一短一长”，就是闸口发电厂；“一短两长”，就是艮山门发电厂；调度这里呢，“一长”就是一长。当时就是这么过日子的，后来电话慢慢地从手摇的变成摆在桌子上的。

采访者：那时候是杭州地区的调度吧？那时候的调度主要管什么呢？

蔡在明：浙江省那时候还没联网，要调度什么东西呢？宁波等其他地方是没有调度的。那么，我们的调度要怎么调呢？那时候，苏联专家来过，关于电力方面的资料，写了六本书，都还蛮厚的，一本讲锅炉，一本讲汽轮机，一本讲电厂发电，一本讲变电所，还有一本讲线路，这是前面五本，第六本就是讲调度。我们就是用那6本书为基础，编了我们的调度规程——1953年的调度规程。之后，我们又慢慢体会：发电厂不是有值班值长吗？值长管机电炉、水等。那我们调度管什么？就管发供用，管用电负荷。因为原来发电厂负荷是多少我们不知道，相应的需要开几台锅炉就都不知道了，所以那时候我们不止管炉子，还管配煤。因为这个用电高峰，大概是多少，用电量要知道，要告诉发电厂的。由于电厂里的煤，有低质煤和高质煤，那这种煤烧到什么时候烧完了，接下去要烧哪种煤，都得跟电厂讲清楚，还要跟发电厂的值长商量好高低质煤的配备，否则配煤配得不够，如果用电上去的话，怎么发电啊，要出事的。

1958 年 10 月流动列车变电所电力调度组的调度人员合影
（他们是浙江电网较早的一批调度人员）

采访者：浙江省的调度从什么时候开始呢？过程是怎么样的呢？

蔡在明：浙江省什么时候有调度呢？1960 年左右，新安江发电了，后来省调也成立了。因为输电线路是新安江到杭州，杭州再到上海。那时候，我们只有一座变电所，就是杭州的永宁变，220 千伏降压到 110 千伏的，110 千伏再降到 35 千伏。闸口电厂跟永宁变是通过两条 35 千伏的线路并网的。

当时，石青局长问我："省调往哪儿摆呢？"我说："往哪儿摆，首先得考虑解决通信问题。没有通信，调度还调什么呀？"那么怎么办呢？我说要不这样吧，选在西华大楼，就是杭州解放路的井亭桥那边，那儿有个 7 层高的大楼。我的考虑是，通信问题要解决的话，就要跟电信局摆得近。电信局有信号，离它最近就是那个地方了。所以，当时的省调大楼就在那儿建了。不过建了没多长时间，浙江省和杭州市的调度就合并了，合并以后，就搬到了鼓楼。当时调度的工作，高压部分就由省调管，10 千伏这部分，就交给杭州市调了。

采访者： 省调和杭调合并在一起的时候，当时的省局和杭州公司也在一起吗？

蔡在明： 不在一起的。当时省局都在鼓楼，杭州的调度也在那儿，但是杭州局在建国南路。合并之前，杭州的调度也是在建国南路。

1961 年省水利电力厅电业管理局调度搬至鼓楼的调度所办公

采访者： 您前面提到省调筹建考虑通信问题，那省调的通信和原来杭州调度的通信相比，是怎么样慢慢发展起来的？

蔡在明： 20 世纪 60 年代之前，杭州城区内如果发生了线路跳闸，主要靠老百姓电话告知哪里停电了，另外就是我们根据失电情况自己去巡线查找故障线路。

我印象最深刻的有两次跳闸事故。一次是 1956 年的“八一”台风，当时，杭州大面积停电，调度电话也断掉了。排查后，我们发现是电话杆全部倒了，一边要恢复通信，一边要恢复线路运行，忙了三天三夜才把电都送上。另一次也是在 1956 年，那时候毛主席在杭州开会，住在刘庄。刚好是夜里主席入睡之后，发生线路跳闸，刘庄这边没电了。公安局局长赶到调度台，催促尽快送电，经过电力工人连夜抢修，及时恢复了送电。这件事之后专门安排了两路电源给刘庄供电。

1960 年的时候，东北地区是重工业生产基地，经济发展很快，东北电网也搞得很好，尤其是东北电网初步实现了事故告警功能。那时候，我和同事陈博亮专门去东北考察这项技术。回到杭州后，我们调度中心也慢慢搞起了事故告警。我们在调度室里设了指示灯，跟闸口电厂匹配，如果闸口电厂的出线发生故障，指示灯就会亮。当时，高压线路故障由变电站值班员打电话主动汇报，调度这边也是看得到的。不过，低压线路故障告警的问题还是没法解决，就仍由用户打电话告知。那时候，省调还管 35 千伏的线路，都管到消弧线圈接地的。因为有时候它一相接地是不跳闸的，但是第二相接地就跳了，所以得管接地，得在调度上找，究竟在哪一条线上，在哪一段，找出来以后要告诉下面的人，让他们去找具体位置。后来，电网越来越大了，110 千伏的多了，35 千伏的也多了，就管不过来了。那么省调就把这些电压等级的电网调度都划下去了。

采访者：那时候您在省调担任什么职务呢？

蔡在明：1962 年华东电管局成立以后，我们省调成立了。那时候我是主任，叫主任工程师。后来“文化大革命”期间，我停职了四五年。到了 1972 年，我恢复工作。当时省调成立了领导小组，一共 5 个人，我就管生产，再之后的职位就是主任、副主任、副所长、所长。到 1984 年，我年纪大了，就调到总工办管科技处。当时部里边刚刚开搞“可靠性管理”工作，我就管这个事，以及管理一些资料。

三　上下齐心　向涛弄潮

采访者：您前面说起筹建省调的时候，还提到局长石青，能讲讲您对他的印象吗？

蔡在明：那个时候，石青是我们的局长，比我大 8 岁。他是南下干部，原来是浙江省电力工业厅的副厅长，后来是我们电管局（浙江省水利电力厅电业管理局）的局长。石青实际上是他的假名字（石青原名李名声），因为他是革命同志，所以以前会有化名的，后来到了单位也就用石青这个名字了。

省调成立以后，后来发展到运用计算机的阶段。刚刚上计算机的时候，这个事情，我可以讲，是我们老局长石青拍板的。

采访者：运用计算机是什么时候呢？起因是什么呢？

蔡在明：是在1974年1月份。因为在那之前，出了一个大事故。原先，新安江发电送到上海，我们杭州变电所在线路中间。我们杭州变电所到湖州变电所的一条线路，跟下面农村的一条线路发生闪络了。闪络以后就短路了，结果上海跟新安江两头的系统就失稳，发生摇摆了。它这一摇摆，震荡中心正好在杭州变，所以杭州变的电压特别低。这样的话，这个35千伏的线路跟我们杭州电网也不行了，全散了。这次事故以后，我们就专门找了两个人到上海去了。那时候上海有一个计算机中心，只有一个，在湖南路，那是要申请的，不管谁去申请都可以，就是要花钱的。我们去了以后，就是为了算算我们各种调度的方式，主要是计算调度系统的稳定，算了很多数据。我们根据计算就知道，这个单相故障之后的重合闸时间是多少，以及在这个过程当中，会不会造成系统失稳。这其实和输送容量有关系，输送容量小的时候是没关系的，输送容量大的话就不行了，所以要计算。

当时我们去算了好几个月，算完以后，我们又到了交通大学，因为那里有动态稳定的实验室，里边大概有4个发电机，可以在那里调整、模拟。后来我们感觉这样不行，因为老要往上海跑，而且申请的时候，不是我们想要几点钟计算就能在几点钟计算的，有时候安排在半夜里，仅仅给使用1～2个小时，这怎么行呢？所以我们就想自己买。

那个时候，这个计算机是上海的一个计算机公司销售的。其实这个公司没有技术力量，是复旦大学帮这个公司做的。了解了这个情况，我就想找这个公司再买一个，让他们再生产一个。当时的一台计算机就要一个房间那么大，还有一个房间是电源，那时不是50周的电源，是400周的电源。那个时候一个打印机重600公斤，只能打点，不能打字，输入的语言是0101……，所以就是一盘一盘的磁带，就这样输入的。那个时候的内存，是磁芯，一个比芝麻还要小的磁珠，后面要穿x、y、z三条轴线。这些都是一些灵光手巧的小姑娘才能穿得起来的，其他人还穿不起来的。这个磁芯才多少？48kb，这还算大的了。外存是什么样的呢？是磁鼓，就是一个圆筒的样子。一排一排的磁头在转的时候就记录了，当时配了两台磁鼓。后来磁鼓不够用，又买了两台磁鼓，一共4台。所以人家就讲笑话，说我们在鼓楼倒腾吭哧吭哧的磁鼓，真的成鼓楼了。

采访者： 为什么说这是石青拍板？中间有什么曲折吗？

蔡在明： 因为那时候买这样一台计算机，要 90 多万元。当时是 1973 年、1974 年，我们浙江省电力的技改资金，一年多少？才 300 万元，拿 90 多万元买计算机，那是很不容易的。

另外，当时为什么能够买到这个计算机呢？那时候是计划经济，不是有钱就行的，有钱也不一定买得到。当时我们还有另外一个局长叫李旭，这个计算机是他写信去弄来的。当时国家的四机部①有一个副部长，是李旭在延安当电信科科长时的部下。这样我们才有了这个计算机。

而且，当时我们买来计算机，还没法运到杭州，怕震动。计算机要是震坏了，就等于调度系统的脑子给震乱了。后来怎么运？船运！顺着京杭大运河运到杭州以后，再用车子去装。因为路上总会有颠簸的，所以车子的轮子还要放掉一些气，这样才慢慢地运过来。

另外，当时用计算机的条件很苛刻，要恒温、恒湿，为此我们还专门买了空调。这是当时我们浙江省的第一台计算机，型号是 CJ－719，上海的型号好像是 TQ－16，是同一个类型的。我们是这个类型的组长，全国的组长，最先进的。

所以说，这件事就是石青同志拍板的，当时他对调度很重视。弄计算机嘛，我是最感兴趣的，后来我还做过调度自动化的事情，当过计算机领导小组的组长。

采访者： 调度自动化的情况是怎么样的呢？

蔡在明： 计算机上来了，后来我和耿如光做调度自动化，省里还给了 3 台 ZERO 牌的计算机。当时引进计算机，主要有三个牌子我们认为是比较标准的，一个是 ZERO，一个是 IBM，还有一个叫什么我记不清了。但是，当时的这个 ZERO 的机器，它不是搞自动化的，等于说比 PC 机还要简单。当时，耿如光怎么办呢？他都不用这些程序，重新编，裸机重新编程。他确实不错，虽然只有中专毕业，但这事情做得确实是好。

---

① 四机部：中华人民共和国第四机械工业部。1963 年 9 月从第一机械工业部拆分出四机部。其主要负责电子工业。

我们甚至做到什么程度呢？因为数据要打印，而我们 24 小时都有数据，打印数据的时候，计算机就要停。假如打印 10 分钟，那这 10 分钟里，电网就没法监视了。后来，耿如光就自己做了一个类似储存空间的东西，把数据传到里边去打印，他自己就还在那儿监督，真不错。

后来，大概是在 1983 年吧，我们去北京参加电力部的会议，谈到这事，人家讲："你们行！你们那么简单的东西，能够解决电网自动化的问题，不简单，真是不简单啊，而且价钱也不贵。"

还有一个事情，大概也是 1983 年，我们去大连开会。那个时候电力工业部部长是李鹏，他特别让我们介绍的。18 年，归我们省调管理的层面，没有发生过稳定事故。为什么呢？因为我们有计算机以后，算的方式很多。其实关键的问题，就是电网的负荷最大到多少？负荷最大的时候，发生的是单相故障还是两相故障？切断故障需要的时间是多少？什么时候去切断故障？万一重合上去，继续运行还是故障，又怎么办？主要是在这些问题上。知道这些数据以后，就可以确定电网中的什么位置一定要保护。那时候浙江省的 220 千伏线路上边，除了距离保护，还有高频保护，双套设备。所以，各省有很多人到我们这里来参观，一听我们的介绍，都会惊奇：你们还是双套保护啊。

后来，大概到 1985 年吧。那时候的 PC 机，一般一台 5 万元，186 型号。当时浙江省计委就规定，计算机的费用在 5 万元以内，我们可以从成本里出。当时其他省都不行，它们都是要从技术改造资金里边出的，不能从成本里出。我们能出成本，那就好办了，所以我们买得特别多。跟现在比起来，那时候根本是没有办法想象的。

采访者：除了关于计算机的事情外，还有哪些人和事，是您印象比较深的呢？

蔡在明：另外还有几个事情印象也特别深，一个是"带电升压"。那时候，为了新安江到衢州的那条 110 千伏线路的带电升压，张国诚还去过衢州，还给我打过电话的。当时，张国诚是新安江水电厂的总工程师。从新安江方面来讲，张国诚应该比我更清楚，110 千伏开关站在一个层面上，220 千伏的开关是从大坝上出来的，得重新放线。

采访者：那是什么时候的事情呢？为什么要带电升压？

蔡在明：带电升压这个工程，是 1974 年开始设计的，到 1976 年的夏天完工，完工之后准备启动。那时候，带电升压的就是新安江到衢州这一条线路，中间有一个龙游变电所。在带电升压之前，这条到衢州的线路不是“一进一出”[①] 的，因为原来这条线路是110千伏从新安江送到衢化（衢州化工厂）。衢州化工厂有个变电所，它的母线上，一条线路是新安江水电站过来的，一条线路是黄坛口电厂过来的。那么，后来衢州地区的电力负荷大了，要重新建，所以就建了一个衢州变电所。这样的话，我们希望能把地区的负荷跟衢州化工厂，都接在这个新建的220千伏的变电所里，黄坛口水电站的线路也接过来。否则的话，我们公用发电厂，一个黄坛口电厂，一个是新安江电厂，是没法调度的，我们得调度用户变电所[②]。此外，因为衢州整个地区的负荷上去了，得带电升压改造。我只是知道这个事情，因为杆塔不够了，所以就给它“戴帽子”。

采访者： 杆塔不够，“戴帽子”是什么意思呢？

蔡在明： 这个铁塔不是钢铁做的结构吗？横担不够的话，就给它换个横担。因为110千伏和220千伏的铁塔横担间隔不一样的，带电升压改造，就要一个一个横担换过来。

采访者： 带电升压工程您参加过吗？

蔡在明： 这个工程，施工一年多，具体线路上的施工我没有参加过，也没去看过。因为我当时不是管这个事的，是搞调度的。直到最后要启动的时候，我去的，石青局长也去了。当时大概是1976年7月的下半月，带电升压完工以后准备启动。启动的话，这条线路就要暂停对衢化的供电，这个时候怎么停呢？

采访者： 停了之后衢化会没电是吗？

蔡在明： 有的！黄坛口水电站供电给它呀！因为衢化有自备的电厂，所以我们提前把黄坛口水电站的水蓄满，在我们带电升压启动的过程中，它就可以满足衢化的用电。但是，他们（衢化）不配合，他们反对。衢化是大厂，他们大概自说自话吧，不听这个方案。

那后来怎么办呢？那个时候，在衢州变电所接到衢化的110千伏的线路

① 一进一出：指变电所的进档线和出档线。进档线，电力线路由终端杆塔到变电所架构之间的线档称作进线档；出档线，就是从变电所母线分配电能后的线路。

② 用户变电所：也叫用户变电站，即向工矿企业，交通、邮电部门，医疗机构和大型建筑物等较大负荷或特殊负荷供电的变电站。这里指的即是220千伏衢州变电站。

上，我们做了一个“接头”。这个接头也不算开关站，就是有进档、出档功能的一个站。因为衢化不配合操作，我们就带电拆头①，因为我们算了一下，这一条线路长只有 11 公里，电流电容不大的，带电可以拆头。我们弄好了“接头”，让他们合闸刀，他们不接受。石青说那就算了，我们闸刀就放在那儿，反正电已经送到了，我们就走了。之后，黄坛口水电站的电用得差不多了，发电量就减少了，衢化的电炉一启动，周波一下子就降下来了，没办法了，他们就只好合闸刀了。所以，整个线路带电升压改造，就没停过电，110 千伏线路，每天在供电。带电作业这个事情有点难，但是他们做得很好。

采访者： 带电升压技术，技术是国外的还是我们自主的呢？

蔡在明： 浙江最早的带电作业大概在 60 年代后期，技术都是自主的。这个技术，等于说是等电位操作②。等电位的话，电压多少就无所谓了，但是不要接触其他东西；一旦接触其他东西，那就不行了；就跟鸟停在电线上一样。所以，我们才能带电从 110 千伏升压到 220 千伏。做这个带电升压的工作不需要调度，因为它不停电，也就不用我们操作。

采访者： 那时候率先实行带电作业工作的是谁呢？

蔡在明： 是浙西供电局，当时还没有后来的地市局。浙西供电局从新安江出来，经过淳安县、龙游、衢州，一直到黄坛口、江山，这一串地方都是浙西供电局的供电范围。我记得带电升压启动的时候，经过三天三夜。我们调度的人去了 2 个。2 个调度员，8 小时一班。因为那时候要现场调度，光靠调度所是来不及的，调度所还有一个电网要管理，不能光管理这一条线，所以专门去了 2 个人。

采访者： 您好几次提到石青局长，还有跟他有关的事情吗？

蔡在明： 石青局长很好，思路也特别清晰。还有一个也是石青拍板的，就是海盐的核能电站——秦山核电站，那是全国第一套核电设备。那个时候，这一套设备准备上马，石青和我都去华东电管局开会。那次会议上，各省都

---

① 带电拆头：带电作业的工作内容之一，与其对应的另一个工作是带电搭头。

② 等电位操作：在高压带电设备上有很多缺陷，采用间接作业法很难处理。作业人员进入带电设备的静电场直接操作，这时人体与带电体的电位差必须等于零，称等电位作业。

不接这个项目，江苏也不要，安徽也不要，它们觉得核电不安全。我跟石青同志讲，这事儿我们要上，我们在沿海的位置摆一个。他说好的。所以我们就要来了，这才把核电站摆到海盐。

采访者：您觉得要来秦山核电项目的好处是什么？

蔡在明：我们得实践呐，不实践不知道它怎么回事啊。实践好了，掌握核电的情况，对以后怎么做就有数，所以秦山核电站的二期工程、三期工程中，机组才能一台接一台地上马。还有后来的三门核电站，选址的时候我去过。那儿很好，在海边上，老百姓也很少，也没什么污染的。只不过，三门核电站上马的时候，石青已经退休了，但是第一台核电机组的项目是他拍板要来的。石青虽然不是电力专业的，但是他很有魄力。我讲的几个事情上，他的魄力都是不错的，都是大动作。

秦山核电站

采访者：您还有哪些觉得比较有意义的事情想要讲讲吗？

蔡在明：我再顺带说一下变压器的事情吧。现在的大变压器啊，一种是上面盖子拿掉，可以吊芯①；另外一种呢，就是底部拿掉，油放光再检修；再有

① 变压器吊芯是为了解决变压器内部故障和隐患的维修检修方式，一般油浸式变压器（也称湿式变压器）出现故障或铁损试验不合格，需要吊出铁芯来重新烘烤、叠装，再重新套装、压服、烘烤、总装、试验。吊芯时直接松开变压器大盖螺栓，将芯子（铁芯和绕组）连同大盖一起吊起。

一种，是一半拿掉，可以检修；还有一种，是下面1/3、上面2/3，拿掉也可以做检修。衢州变电站里的变压器，就是这种下面1/3，上面2/3的类型。为什么要提这个事呢？因为“带电升压”启动的时候，不是要冲击试验吗？冲击以后，他们发现了一个问题。什么问题呢？变压器上、下两层之间的橡皮垫子，冒出火花了。那个时候，他们不敢继续弄了。后来，我去看了一下，响声①没问题，冲击的时候冒火花，冲击完又没了。这是什么问题呢？其实，这是因为下面占1/3、上面占2/3，冲击的时候会漏磁，上下都有漏磁。如果是上下各一半的那种变压器，漏磁的时候电压不高，而1/3和2/3这种，漏磁时电压就有高低了，所以噼里啪啦地冒出了一串火花。其实这是没什么影响的，就是冲击的时候电流大，总有漏磁的，通了电之后，就没事了。这种事情，你们现在碰不到了。

采访者：那个时候为什么要选这种类型的变压器呢？

蔡在明：那个时候没办法，卖的就是这种变压器，而且那时候也不会注意这个问题。

采访者：跟您生活的那个年代相比，现在真的是变化太大了。

蔡在明：你们现在正是幸福的时候。

---

① 响声：变压器在正常运行中会发出连续均匀的“嗡嗡”声，如果产生的声音不均匀或有特殊的响声，一般会视为异常现象，判断变压器声音是否异常，可借助于“听音棒”等工具进行。

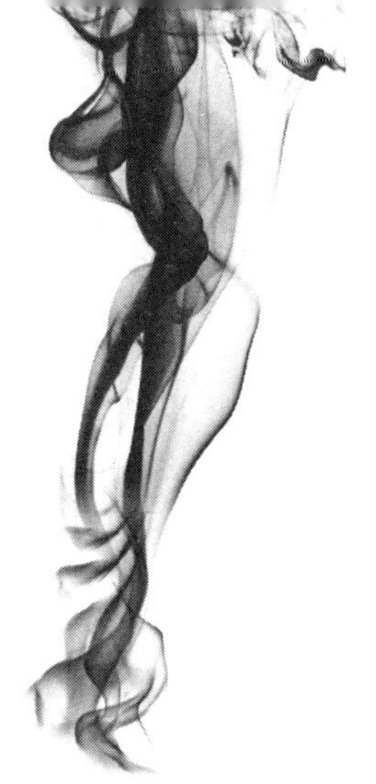

江河往事

口 述 者：何尹

采 访 者：鹿杰、廖文就

整 理 者：唐琳琳、陈楚楚、龙瓯燕

采访时间：2019 年 3 月 19 日

采访地点：杭州市水澄花园

何尹 1927 年出生，祖籍江苏省苏州市。1945 年考入大同大学，并在大学期间参加革命活动，1949 年大学毕业后，曾在重庆某兵工厂工作，1950 年来到丰满水电站，成为新中国第一代水电人，任丰满水电站电气分场主任；1955 年，短期担任官厅水电站总工程师；1960 年，调入新安江水电站工作；1968 年年初，调入富春江水电站，先后任“筹建组”组长、总工程师。

一　青春革命岁月

采访者：何老，您好！您是哪一年出生的？您是哪里人呢？

何尹：我 1927 年出生，老家是江苏苏州的。

采访者：听说您是新中国成立前考入大学的大学生，这在那个年代可是很罕见的，您能谈谈这段生涯吗？

上海大同大学校景

何尹：好的，那个年代大学生确实比较少见。1945 年，我 18 岁，考入上海大同大学①，就读于电机系电力专业。我和电力打交道的岁月，就是从这时候开始的。

1949 年，我从大同大学毕业，正好赶上上海解放，当时我们怀揣着建设社会主义祖国的理想，考虑的并不是找什么工作，而是积极参加革命。当时中国人民解放军第二野战军受命解放大西南，刘伯承、邓小平决定从中央和解放区选调一批新闻、邮电、财经、公安等方面的干部，同时招收上海、南京的大中

---

① 大同大学（Utopia University）：位于上海，是民国时期一所著名的综合性私立大学，尤以理工著称，在其 40 年的大学历史中，一直是上海乃至全国私立大学中的翘楚，素有“北有南开、南有大同”之说。

中国人民解放军西南服务团

学生、青年职工，组建中国人民解放军西南服务团①。我先是报名了陈毅率领的南下服务团，可因缘际会，没能去成，于是加入了西南服务团。

采访者： *您在大学期间就已经投身革命了吗？这段经历对您以后的人生发展有什么影响呢？*

何尹： 我在大同大学就读时，受到比我大一岁的姐姐影响，以及其他有着进步思想的同学影响，积极参加革命。那时候，处在内战边缘的中国，局势异常复杂，在上级党组织的带领下，我和同学们积极参加游行示威，要和平，要民主，反内战，反饥饿。我们成为宣传革命思想的桥头堡，十几个人组成团契，开展丰富多样的活动，比如唱歌、野游、聚会等形式，吸引普通群众关心革命，支持革命，帮助普通学生转变思想。

1949 年，我的姐姐上了国民党的黑名单，时刻面临生命危险，在组织的安排保护下躲到了同学家里避险。即便是面对这样的压力，我们姐弟二人的革命意志都没有动摇分毫。

---

① 中国人民解放军西南服务团：1949 年夏，渡江战役胜利后不久，中国人民解放军第二野战军受命解放大西南。出征前，刘伯承、邓小平决定从中央和老区选调一批新闻、邮电、财经、公安等方面的干部，同时招收上海、南京的大中学生、青年职工，组建了“中国人民解放军西南服务团”。消息一经传出，随即在上海、南京、安徽等地掀起了一股“南下热”，万余进步青年报名参加西南服务团。经过近三个月的汇合、整编和集训学习，1949 年 10 月 1 日，西南服务团 16000 余人整装出发，挺进西南边疆。

1949 年 5 月 27 日上海解放

在上海解放前夕，我受上级指示，积极加入人民保安队①，保护公共财产，防止敌特分子破坏，为中国人民解放军未来接管城市做准备。我被派遣到了上海国际电台，和其他几位并不认识的革命学生一起，就在国际电台楼道里打地铺，日夜守护。

那时候，上海城外炮火连天，解放军已经打到了虹口区。在沦陷区生活了多年，我盼着解放军到来已经很久了。有一天，一觉睡醒，我发现解放军同志露宿在了上海街头，他们军容严整，对老百姓秋毫无犯，这给我留下了毕生难忘的印象，当时我就想，这才是人民的子弟兵！

---

① 上海人民保安队：1941 年 4 月中旬，中共上海市委决定将名称不一的护厂、护校组织统一为上海人民团体联合会人民保安队以及上海人民团体联合会人民宣传队。全市共有人民保安队队员六万余人，人民宣传队队员四万余人。

采访者：看得出，青年岁月对您的人生影响很大。那么，您跟着西南服务团一路向南，又经历了哪些难忘之事呢？

何尹：因为这是一趟远途，或许我就在某个地方扎下根了。于是，我利用业余时间，回苏州家中看望了父母，父母尽管不舍，仍然支持我的决定。

我跟随西南服务团，于 1949 年 7 月份到达南京，在前国民党财政厅办公大楼接受了三个月的培训。当时主要培训政治革命思想，在那里，我第一次系统地学习了马列思想和社会主义新民主主义的理论，思想进步很大。

同年 9 月份，西南服务团开始行军，去重庆。我们先是坐火车到河南，再坐火车转向湖南益阳。我和同学们在火车上通过听广播，见证了新中国成立的盛典。到湖南益阳后，西南服务团分成几个支队，支队下面又分了几个大队、中队和小队。我们以一个大队为单位，开始步行去重庆。这一走就是三个月。作战部队在前方和国民党军队作战，炊事班紧跟在后，保障后勤补给，服务团的年轻学生和技术专家们垫后。我们这些年轻学生的职责就是在解放军接管城市后，迅速走上各个岗位，担负起城市里的民生大计。

当时路很难走，路上有不计其数的矮寨，一个矮寨就是上千米高的山头。我们每天行军多时一百里，少时六七十里，今天登上这座山头，回头看看昨天露宿过的山头，一座接一座地甩在身后，就这样我们走到了重庆。一路上，服务团没有出现一个逃兵。

一开始，我加入的是工会工作组，跟着有经验的老前辈学习如何开展工会工作。到重庆后，我被派往一家兵工厂，负责工厂的工会组织。这家兵工厂原先专门生产优质钢，制造炮筒，但在炮火蹂躏下早已瘫痪。在动力部分恢复投产的过程中，我利用大学时期学到的电机知识，对兵工厂的恢复投产做了一定贡献，就这样我把已经放下的电学知识又拾了起来。

这段时期，给我印象最深刻的，就是参观工厂附近的磁器口渣滓洞，这里曾是臭名昭著的国民党反动派屠杀之地，江姐等烈士就是牺牲在此地。走进渣滓洞现场，牢房阴暗，刑具森然，墙上深褐色的斑斑血迹，依然刺目，我当时内心深受冲击。我深深感到：全国不解放，老百姓是不会有好日子过的。

我在重庆待了大半年时间。1950 年，当时的重庆市市长刘伯承响应党中央号召，选派精英工程技术人员赶赴东北支援建设，先后组织了几批赴东北支援招聘团，每一批 500 人。我所在的磁器口较为偏远，较晚才得知招聘信息，我参加的是第二批，和我同一批报名参加的还有四位大学同学。他们也在以后的人生岁月里，投身到新中国电力事业中。

我们从重庆坐船一路到了武汉，然后乘火车一路北上。经过北京时，我们这些支援团成员们强烈要求逗留半天，去看了看天安门，满足了长久以来的心愿。

最后，我和其他四名大同大学的校友，来到了位于沈阳的东北工业部。当时我们有两个选择，一个是去东北最大的火电厂——抚顺电厂，这个电厂地理环境以及条件设施都不错；另一个选择就是去丰满水电站，丰满水电站位置偏远，周围荒芜，设施简陋，生活艰苦。我当时就想着——干革命就要去最艰苦的地方，我和同学们全都主动选择了去丰满水电站。

二　丰满水电站岁月

采访者： 您 1950 年到丰满水电站（有时也称丰满发电厂、丰满电厂）工作。那么，丰满水电站给您的第一印象是什么？当时您有没有想过，这个选择使得您光荣成为新中国水电事业的第一代建设者？

丰满水电站

何尹： 丰满水电站的历史，是当时旧中国悲惨的写照，它的历史值得我们永远铭记。

我去丰满水电站后，逐渐了解了它的建设过程，以及这一过程中中国老百姓遭受到的苦难折磨。丰满水电站，位于松花江上游，松花江的源头是长白山天池，所以水力资源丰富。中国东北地区的日本侵略者，从 1937 年开始建设丰满水电站。日本关东军司令部指令其扶植的伪满洲国政府出钱出力，通过骗招、摊派等形式，强行征集了 20 万名劳工，参与丰满水电站的建设。

建设过程中，日军和伪满洲国警察设下层层铁丝网，站岗把守，一旦进入丰满大坝工地，就像进了地狱，劳工们每天要干活十多个小时，稍有懈怠就会遭到拳打脚踢。他们衣不蔽体，食不果腹，有的劳工甚至把麻袋或者水泥袋剪出几个洞，当成衣服套在身上。睡觉没有房间，劳工们只能在地上挖出壕沟，睡觉时人躺进去，上面找个遮盖，就当是被窝了，这种被窝被称为“马架子”。这期间的残酷野蛮、灭绝人性超乎想象。

更令人发指的是，混凝土浇灌时，日本人竟然不顾还有劳工没有爬出坑，就下令浇灌，许多劳工当场就被从天而降的水泥活埋地下。现在，在丰满劳工纪念馆旁边，还有一带沟坡被称为万人坑，那里有三条 100 多米长、6 米宽、4 米深的天然沟渠，扔弃和浅埋了无数的中国劳工。当年劳工死难的情景真的是凄惨恐怖，我当时最深的感受就是——如果全国不解放，老百姓真的没有好日子过了。

至于说第一代新中国水电人，这个我不敢当。当时丰满水电站里既有中国工程师，也有日本工程师，不过基建技术和水电站运行方面的技术，还掌握在日本工程师手里，我们还有很多知识需要学习。

采访者：您能说说当时在丰满水电站的学习过程吗？当时丰满水电站是怎么样的组织结构和上班模式呢？

何尹：丰满大坝是当时的亚洲第一高坝。丰满水电站先后经过日本人、苏联人以及国民党之手，已经有比较成形的管理体制，有一个发电所、一个工程局。我和同事蔡洋被分配在发电所配电室，其他三位同事分配到工程局设计室。当时丰满水电站的发电机组是美国制造的 1 号和德国制造的 4 号机组，原先由日本生产制造的 7 号、8 号机组被整套拆送到苏联去了。直到 1953 年，中苏谈妥 156 项重点项目支持，苏联才把 7 号和 8 号机组归还丰满，并援建了 5 号和 6 号机组。

当时配电室一共三个值，实行三班倒，上班密度很高，但我们这些年轻人连短暂的休息时间都不舍得荒废，休息时间也会主动来到配电室，翻看图纸，学习水电相关知识。

遇到不会的问题，我就去请教日本工程师。我在大同大学时，学习的教材全都是英文教材，所以懂英语，那时候也就有了用武之地，能用英语和日本人做简短的交流，向他们请教技术问题。日本工程师总有一些技术是藏着掖着的，不过我们不着急，而是想方设法地耐心询问，慢慢套取技术。

当时学习环境也特别好，我身边几乎都是有着旺盛学习欲望的年轻人，其中有一位尤其出色，他就是后来担任电力部副部长的赵庆夫。赵庆夫从一线运行人员做起，慢慢学习，步步扎实，不但很快成为值长，还获得“1950 年全国电业劳动模范”称号。

后来，赵庆夫总结锤炼出来的“赵庆夫安全运行法”，还曾被推广到全国，用于防止误操作。这些安全运行法则里的一些内涵，现在仍然被流传了下来，比如定期巡视设备。在当时，我们每天每隔两个小时就去巡视一遍。其中影响最深远的是操作票制度。倒闸操作时，监护人唱票，操作人复诵，核对无误后再执行，这套制度一直沿用到今天，对电力安全生产运行起到了不可估量的作用。

起初，我们在操作时很不习惯唱票，觉得像讲相声。但很快，大家就意识到操作票制度的优点所在。在后来的运行工作中，我们不断改进完善操作票制度，可以说，只要严格按照操作票制度，是不会误操作的。督促大家努力学习的，除了自身的热情外，还有现实压力。日本工程师迟早要走，丰满水电站肯定要由咱们中国人自己来接管，我们当时内心都想着：我们的管理操作绝不能落后于日本人。

采访者：您在丰满水电站的工作过程中，还遇到过哪些印象深刻的事情呢？

何尹：丰满水电站有着复杂的现实情况，这是由它的建设历史遗留下来的。当年日本人严酷监工，残害了大批中国劳工。劳工们虽然没办法逃跑，但他们把满腔的怒火都转化为消极怠工行为，导致整个丰满水电站建筑质量差，隐患多，这也给了我们另一番启示——残暴是得不到好结果的。

我一共在丰满水电站待了十年，十年里经历了无数大小事故。正是经过这些事故的历练，以及对事故真诚痛切的反思，才有了以后推广全国的安全运行条例，里边的每一个字，可以说都是血泪教训。

新中国成立初期，丰满水电站负责向沈阳供电，有两回 220 千伏线路把电送到沈阳。在朝鲜战争的时候，丰满水电站的供电给沈阳提供了后方支持，但由于供电紧缺，丰满水电站常常超负荷运转，这增加了运行风险。

有一年冬天，11 月份，天气严寒，上游突然来水，水流很大，溢流坝上面有两个孔洞开始泄水，大坝峡谷间的水汽在酷寒下形成雾汽，湿蒙蒙的一片，严重影响机组安全运行，能见度相当低，运行人员行走于大坝峡谷之间，就像盲人一样。

有一个晚上，那时还是上中班，全厂突然停电，一片漆黑，室外又雾气笼罩，根本看不清楚机组和出线运行情况。沈阳调度打来电话，命令强送。当班值长姓刘，是一位老资历的运行人员，他意识到情况不对，扛住压力，拒绝强送，而是要求零起升压，但沈阳调度不同意，再度要求强送。在刘值长的坚持下，最终没有进行强送①。后来天色转亮，厂里派人出去勘察情况，发现丰满水电站送往沈阳的两回 220 千伏线路，六根导线全部倒塌，连铁塔也倒掉了。我们分析原因后发现，是水量的大幅增加，导致溢流坝泄洪，水汽在导线上结了厚厚的冰柱，铁塔承受不住重负，直接倒塌了。幸好刘值长坚持拒绝强送，否则会导致事故扩大，影响更为恶劣，这位老值长因此得到了表彰。

回想那一晚的事故，我依然觉得后怕。因为我是当天的夜班值长，倘若事故晚发生一个小时，发生在夜班，我是否能够抵住调度压力，坚持自己的判断，拒绝强送呢？

当时丰满水电站还常常遭遇另一类事故——系统振荡。由于机组很少，送电时就不可避免地产生系统稳定问题。虽然见多不怪，不过我们也积极总结事故经验，形成了一套比较有效的应对系统振荡的举措。

1954 年，后来担任国家总理的李鹏从苏联留学归来，当时，他来到丰满水电站担任总工程师。李鹏精通俄语，而且很懂水电站相关知识，经常和我们进行工作交流，同事们一起进步，在水电站运行方面积累了相当的经验。因此，丰满水电站成为当时全国各个水电站学习的基地和模仿的榜样，各省水电站定期派遣人员来丰满水电站学习水电运行经验。

采访者：您在丰满水电站的丰富经历，很让我们受益，您能说一说在丰满水电站的个人生活经历吗？

何尹：丰满水电站离市区较远，进城出城很不方便，直到我有点积蓄，用分期付款的方式贷款买了一辆自行车后，才能在休息日到附近城镇逛逛。

1955 年，时任丰满水电站厂长的李旭同志为了解决厂里面的单身问题，特意招聘了一批女职工，这些女职工后来大多成为水电站职工的家属，随着他们辗转全国各地。

我在 1953 年一次厂里的团组织会议中，认识了我后来的爱人。当时在会场上，我看到一位很安静的姑娘坐在那里。我从同事那里知道了这个姑娘的

① 强送：是指在电力系统中电气设备故障后未经处理即行送电。

名字，她叫皮雅茹，是吉林人，刚入职丰满水电站人事科没多久。后来，在同事帮忙介绍和我的追求下，我们两个人确定了恋爱关系。

1955 年，电力工业部要从丰满水电站抽调精兵强将去北京官厅水电站参加筹建。当时人员都已经安排妥当，可一位老师傅却因家里有事推脱了，于是组织上又找到了我，我当时是电气分场的主任，自愿服从组织安排。

组织和同事们替我担忧，如果我调职到官厅水电站，那岂不是要和恋人吹了？于是在同事的撮合之下，我提出结婚的请求，姑娘答应了。我们两人结婚之后，我就调任官厅水电站担任总工程师。

过了四个月，丰满水电站一台机组发生故障。水电站领导意识到太多精英从丰满水电站调走，于是向电力工业部打报告，申请将部分优秀职工再调回丰满水电站，我因此重新回到了丰满水电站。

1957 年，我利用年假和爱人以及刚出生不满一岁的儿子，一起回了趟苏州老家。在这之前，虽然平时和家里保持着通信，不过我母亲还是挂念着我。她本以为我长期不回家，是因为参加革命断了胳膊腿儿，真是儿行千里母担忧啊。

1960 年，我和爱人皮雅茹一起被调到新安江水电站工作，从此我就扎根在浙江了。

三　在新安江水电站和富春江水电站的岁月

采访者：您在新安江水电站有什么难忘的经历呢？

何尹：1960 年，新安江水电站第一台机组正式发电，急需水电人才，我在组织安排下，从丰满水电站来到了新安江。

机组第一次启动，我负责运行操作。能不能保证安全投产，是当时的重中之重，机组启动后进行并网操作，很多年轻运行人员不敢操作，我经验毕竟丰富一点，自己上阵操作。当时的操作难点是要做到精准的同步同期操作①，那个年代可没有现在这样高度自动化的系统，没有电脑计算同步逻辑，

① 同期操作：电力系统运行过程中常需要把系统的联络线或联络变压器与电力系统进行并列，这种将小系统通过断路器等开关设备并入大系统的操作称为同期操作。同期，即开关设备两侧电压大小相等、频率相等、相位相同。同期装置的作用是用来判断断路器两侧是否达到同期条件，从而决定能否执行合闸并网的专用装置。

只能凭借运行人员的操作经验，一旦操作慢了，可能会引发振荡，严重时会毁坏机组。

新安江水电站

我还记得，当我顺利操作完成后，背后衣衫都被汗水湿透了，以前在丰满水电站积累的运行经验，在那个时候派上了用场。

后来，在新安江送杭州变 220 千伏升压改造工程中，我和其他的班组成员担负起零起升压的操作任务，最终我们不但圆满完成任务，还从中总结出了宝贵的操作经验。

采访者：那您后来是怎么和富春江水电站结缘的呢？

何尹：起初，富春江水电站一度因洪水冲垮围堰而停工。1965 年 10 月，国家计划委员会、建设委员会和水利电力部批准，富春江水电站开始准备复工续建。

1968 年年初，“文化大革命”在全国蔓延，抓革命和抓生产之间，产生了严重的矛盾冲突。眼看富春江蓄水在即，可运行生产方面毫无进展，我心里焦急万分，主动找到领导，申请去富春江参加筹建工作。那一年的 1 月 23 日，我和另外三人被派往富春江，成立富春江水力发电厂筹建组，我担任组长。

我和筹建组的其他三个同事吃住在工地上，住的都是临时搭建的简陋棚子，一个个细节把关。到 1968 年年底，富春江水电站开始蓄水，我特意从丰满技工学校要了一批毕业生，这些学生后来都成为富春江水电站的技术骨干，如今他们也都退休了。

富春江水电站

采访者： 看得出来，您在富春江水电站的建设中可谓亲力亲为，从头到尾参加了建设。那么，富春江水电站和新安江、丰满水电站有什么区别呢？

何尹： 富春江水电站规模较小，只有两个小的水源作为库容，受洪水和雨水影响比较大。当时的富春江水电站归属新安江水电站管辖，一般晚上都是停机的，停机下来，正好可以配合检修试验，到需要发电时再发电。“文革”期间，新安江水电站实行军管，富春江水电站也派驻了军人站岗。

富春江水电站虽然机组小，但有其优势，可以作为新设备改造、自动化研究以及新技术的试验田。可以这么说，新安江和富春江水电站为后来的三峡水电站建设提供了相当宝贵的经验，也给葛洲坝和三峡水电站提供了不少人才。尤其是水库调度方面的专家人才侯广忠——他对如何经济用水、如何更好地利用水库非常有经验心得。侯广忠后来担任过葛洲坝水电厂厂长，并荣获“全国劳动模范”光荣称号。

采访者： 在富春江水电站建设过程中，您有哪些印象最深的经历？

何尹： 在新安江水电站建成初期，周边设立了不少水文站，来水有多少，降雨量有多大，都要靠观察员亲自观测后，发电报告知下游和站内，再经人工计算得出，如今这些都已经实现了计算机自动化测量。

1968 年，我在富春江参与筹建，负责带人查勘水文站的选址。由于富春江水源不充沛，所以对水位查勘、控制水位要求更高，我们带领观察员一步一个脚印，几乎把富春江周边地区都走遍了，一共设置了十多个水文站，完成了查勘任务。这一段上山入林的经历，给我留下很深的印象。

采访者：您现在已经退休多年，回顾您的水电岁月，请问有怎样的感想与感悟？

何尹：我到退休前，一共在水电站工作了35年。现在回想起当年的生活，确实艰苦，却是苦中有乐。

改革开放之后，有一位稀客从遥远的日本来到杭州。她就是当年丰满水电站工程局总工程师小川的女儿——小川芳子。

小川芳子和她爱人一起来到北京，又辗转到杭州。当时，她来的目的就是探望曾经一起在丰满工作过的好友。曾和小川芳子一起在工程局工作过的有吴君平，以及孙炳麟，可惜孙炳麟当时已经过世了。

小川芳子邀请吴君平及我一起聚餐，说起了许多当年的往事。那时候，老师傅们会用铁质饭盒从家里带饭，单身职工则吃食堂，晚上值夜班的时候，还会有一位炊事班老师傅做夜宵给他们送来。在丰满的时候，生活清苦，尤其是冬天寒冷，骑自行车或者步行走过跨江桥时，眼睛鼻子全是结了冰的雾气。我从小就患有支气管哮喘，常常忍受着病痛折磨坚持上下班。

直到我去了新安江，同事给我介绍了一种特效药，哮喘症才得到了根治。现在想想，真不知在丰满水电站那十年是怎么熬过来的，可能真的就是革命乐观主义精神吧。

2009年，我带着家人重新回到丰满水电站游览参观。距离之前和丰满水电站的一别，已经过去了整整半个世纪。曾经位于江水西面的宿舍区，仍然是宿舍，但当年的老楼早已拆除，建起了新的楼宇。

江面上的跨江连桥，在丰满水电站建成时还只是一座浮桥，再后来浮桥改建成了石桥，到我去参观的时候，这座石桥仍然连接着松花江两岸，从石桥向上仰望，可以看到庄严的丰满大坝，大坝还是当年的样子。我曾经日日夜夜值班的配电室，也早已改迁，变成了现代化、自动化的中控室，不过从新的中控室望去，山山水水，还是原来的样子。

干电力也是干『革命』

口 述 者： 许存德

采 访 者： 张学飞、李菁

整 理 者： 张学飞、李先锋、朱晓雯

采访时间： 2019 年 3 月 20 日

采访地点： 朗和杭州国际医养中心

许存德 1922 年出生于上海，祖籍浙江宁波，1940 年进入杨树浦发电厂当工人，1943 年年底开始接触革命工作，1944 年 10 月参加革命，次年 3 月加入中国共产党；1954 年 2 月从部队转业进入电力系统，曾任中国共产党杭州电气公司党委副书记，杭州市电力工业局、杭州市水利电力局副局长，浙江省水利电力厅电业管理局副局长；1962 年 8 月调到杭州市电力局，任局长；1973 年 3 月至 1978 年 6 月，兼杭州市电力局党委副书记；1972 年 7 月至 1978 年 6 月，任杭州市电力局党委副书记；1978 年 6 月任杭州市电力局副局长，1979 年 12 月离休。

一　早年经历

采访者：许老，请您先简单介绍一下自己。

许存德：正式访谈前呢，我想先申明两点。一方面呢，我没有读过书，因此，对于过去的有些问题回忆起来比较困难。比如说在离休以后，我在很长一段时间内都非常想写一部自传，但是由于文化功底不行，识字和写字都有困难，因此这个事情就搁浅了。另一方面呢，因为年纪大了，今年我已经97岁了，所以记忆力、思维能力都变差了。这也是我感到比较遗憾的事情。比方说我今天认识了一个人，叫得出他的名字，但是到了第二天就忘了，完全叫不出来了。有时候自己写的字，到了第二天也不认识了，所以有些问题讲起来有些困难。对于这次的采访，好在我之前看了提纲里的问题，有一定的思想准备。但是因为我准备的时间比较长，对于有些问题，我可能还是要回忆一下才能回答你。好在有这么一个提纲，我能够按照提纲来梳理，然后把我印象比较深的事情讲一讲。有些问题我自己也想不起来了，那我也就不提了。

我是1922年1月在上海出生的，现在已经97岁，但是和身份证上面写的日期不太一样。我们过去是按照旧历，也就是农历来算生日的，我的农历生日是12月23日。我常常开玩笑说，如果按农历出生这么算的话，那我刚出生就两岁了。后来需要改身份证，因为改身份证的同志理解错了，他把我身份证的出生日期减少了两年，变成1924年出生，实际上我1922年出生的。

我的出生地在上海。在我6岁的时候，我的父亲去世了。我的母亲原来是一名纱厂工人，父亲去世之后，我母亲变得非常辛苦。我还有一个3岁的妹妹，为了生活，我母亲还得去继续做工。那么两个孩子怎么办？就只能放在亲戚家，这里寄养一段时间，那里寄养一段时间，一直寄养到我12岁。我父亲的哥哥，也就是我的伯父，他是开工厂的，当时已经发达了，我母亲想把我寄养到他那里读书。后来我伯父讲，读什么书啊，厂里当学徒就行了，学点手艺，将来还可以混口饭吃。所以我从12岁开始，就在他那里当学徒了。自从我父亲死了以后，我从来没有踏进过学校，因此也没有读过书。

那么我靠什么识字呢？多亏了我的一个堂伯父。在我当学徒的时候，我有一个堂伯父是负责管传达室的。这个堂伯父念了八年书，却不怎么识字，但是对于《三字经》《百家姓》《千字文》这些书，他居然都可以背出来，倒背顺背都可以做到。晚上睡觉的时候，他的床铺和我的床铺距离很近，就隔着中间一个过道。后来我想了一个办法，就是去买了一本《百家姓》，每天晚上让他念四句，然后我认四句。“赵钱孙李，周吴郑王，冯陈褚卫，蒋沈韩杨……”每次都是他先念，我照书上写，写了之后我自己默默背记。就这样学了大概一两年，《百家姓》《三字经》《千字文》都读完了，字基本上都认识了。虽然字都认识了，但我不知道这些字该怎么用。于是我又买了一本《康熙字典》，对照着字典去查每个字的含义。通过这种方法，我有了最初的积累，打下了一定的文字功底。

后来到了部队以后，他们问我是什么文化水平，我就说是初中、高中水平，其实那都是随便讲讲的，实际上我一天学校也没进过。我的出身情况基本上就是这样，其他的也就不多讲了。

采访者：您伯父当时开的厂生产什么东西？您在伯父的厂里具体做什么工作？

许存德：那个厂叫源兴昌机器厂，是用来造纺织机、印染机等机器的。我12岁在他那里当学徒的时候，厂里一共有一百多人。我觉得他们这些资本家就是这个样子，学徒收得很多，厂里近一半都是学徒，因为学徒是不能拿工资的。学徒一般是要做三年满师，我当学徒的时候是12岁，厂里规定满师要16岁，所以等我满师的时候，我的十几个师弟都已经满师拿工资了。我在厂里当学徒的时候，我自称为“学徒伯伯”，因为我到16岁满师的时候，我的师弟都当师傅了。

学徒四年基本没有工钱，只是管吃住。一个月发4角钱，用来理发、洗澡。满师了以后一般就是一个月发6元钱。我满师的时候只有16岁，人也很小，拿5元钱一个月的工资，但是已经算是老师傅了。我一开始对伯父家怀着挺深的仇恨。我这个人呢，反抗性是很强的，别人要是胆敢欺负我，我定要动手打过去的。我记得有一次我叫一个师弟做一个什么事情，但是他不太愿意，反抗了一下，于是我就动手打了那个师弟。在旧社会，师兄如果教训师弟的话，作为师弟一般是不好还手的。那时候我还小，但我的师弟们都已经十七八岁了。我当时想顺手拿个棍子，结果把棍子一抽，一个一个堆起来的铁棍接二连三地倒下来，把这个师弟压坏了。这个师弟压伤了以后呢，就赶紧被送到医院去了，之后我就被开除了。因为我这个人很有反抗性的，当时厂里的很多人都叫我“老爷”。

被厂里开除以后，我自己也不太愿意在外面当学徒，毕竟我已经学了四年半了。但是年纪这么小，肯定也当不了老师傅的，于是就做了一段时间的临时工。做了一段时间以后呢，又失业了，有将近一年时间都没事干，就跟要饭的乞丐一样。当时我有几个朋友在旅馆里做服务员，就是在上海的先施公司那边，那里的客人基本上都是有钱的资本家，客人吃剩的饭也都是很好的，于是我就拿过来吃。我当时正处于身体发育的时候，这一年一下子长了很高。那段时间可以说是吃得相当好啊，虽然是要饭，但也吃得不错，一年时间里个子就长高了。

二　不要这个“金饭碗”了，我们要去抗战

采访者：您在工厂的生活持续了多久？后来又去了哪里？

许存德：我在厂里当学徒的四年，可以说是技术学得已经很好了。当时恰巧赶上杨树浦发电厂[①]招工，我姑妈在里面有一些关系，她想把我介绍进去。杨树浦发电厂那时候是外国人的，想进去的话，需要参加考试。当时大概有二十几个人参加考试，最后录取了四个人，我就是这四个人其中之一。

和外国人初次见面，他们就很喜欢我，因为他们看得出来我的技术是比较高的，于是杨树浦发电厂就录取了我。杨树浦那个发电厂的简称叫“杨厂”，杨厂给的工资很高，上海人把它称为“金饭碗”。我刚进去的时候，大概三个月的工资我是不能拿的，因为我姑妈之前已经跟里面的几个人讲好的，这就跟行贿一样。这个钱要送什么人呢？一部分是给医务室的医生，因为检查的时候发现我有沙眼，这些外国人的厂是不要有沙眼的人的。我其中一个月的工资给她。

杨树浦发电厂第一个月工资是73元，我记得很牢的。在外边一般的工厂里，也就十来元、二十来元或者二三十元一个月，我在杨树浦发电厂做了两年多。

采访者：您的姑妈当时是在这个厂子里做什么的？

许存德：姑妈的一个邻居是杨树浦发电厂办公室里的，我也是通过这个关

① 中国建造较早的大型火电厂，位于上海市杨浦区，1913年由英国商人投资建成，初时装机容量为1.04万千瓦，到1924年，装机容量达12.1万千瓦，成为当时远东第一大电厂。

系进去的。到杨树浦发电厂做了两年多以后，我变得很富有了。家里本来什么都没有的，因为处于抗战时期，日本人进来把我们家里都烧光了，连个凳子都没有了。当时租了别人家的阁楼，晚上睡觉就在地上铺席子睡。在那里住了两年多，我工资变得很高了，家具也买齐了，我也穿上西装了，那是我人生中第一次穿西装。

在杨树浦发电厂的时候，我受到了党的教育。那个时候日本人已经占领上海了，大家对日本人都是恨之入骨的。

采访者：您进这个厂子做工的时候是哪一年？那个时候您多大了？您还记得当时发生了哪些事情吗？

许存德：是在我 18 岁或者 19 岁的时候进去的。大概是 1940 年前后，日本人当时已经占领上海了。我记得太平洋战争爆发就是在 1941 年，爆发以后，杨树浦发电厂也被日本人占领了。美国人那个时候都到集中营去了，杨树浦发电厂就是日本人管，就连门岗都是日本兵。

抗战的时候，按照日本人的要求，我们经过日本人的岗位是要鞠躬的，不过我从来不向他们鞠躬。如果不鞠躬呢，日本人就要上来打你一巴掌，或者用枪托来敲你。因此我妈妈很担心我，认为再这样下去总有一天我会被日本人给敲死的。其实我也没有那么傻，不想鞠躬怎么办呢？我每次经过日本人岗哨的时候都低着头走，看上去像是鞠躬了，实际上我不是鞠躬。我觉得我还是有这么一种爱国的精神和反抗精神，藏在我的内心深处。日本人占领杨树浦发电厂以后，我就准备离开了。这个时候为什么想离开呢？因为我们在电厂里聊天的时候，就谈了“国民党不抗战，共产党抗战”的一些事情。这个故事讲起来很长。日本人进了杨树浦发电厂以后，我们志同道合的几个同志就决定不要这个“金饭碗”了，我们要去抗战，去找共产党。之所以做这个决定，主要是因为中国共产党对我的影响很大。

实际上杨树浦发电厂也有中共的领导，当然，这个是以后才知道的。虽然我们都知道在我们发电厂员工之中肯定有中共党员，但是具体谁是中共党员，大家都不知道。我们也会猜想，认为某某大概是中共党员，结果多年之后和熟人谈起这件事的时候才知道，当时我们猜的人一个都不是中共党员。厂里确实有几个人是中共党员，但是当时真的是一点也看不出来。

在杨树浦发电厂，杨小和当时是学徒，他是其中一个中共党员。还有一个人是欧阳，平时穿个长袍，剃光头，看上去就跟个小老头一样。他是一个大学生，也是中共党员。厂里有好几个中共党员，后来偶然碰到他们，我们一起谈天，他们讲："哎呀，那个时候不知道你有这个思想，如果知道你有这个思想，一定要把你留下来的。"杨树浦发电厂当时有一个支部，支部有一个书记，我也是后来才知道。后来我在部队里当干部以后，他就是我所在师里的政委，二十军五十九师，叫何振生。我转业以后到上海去看他的时候，谈到了杨树浦发电厂，才知道当时的杨树浦发电厂恰巧就是他领导的。

采访者：你们是怎么从这个厂子里出去的？出去之后又遇到了哪些事情呢？

许存德：当时在这个厂里，加上我一共有三个人要找共产党，另外两个分别是杨丁荣、范玉华，我们是 1943 年年底的时候离开杨树浦发电厂的。杨丁荣和我们分别一段时间后，写了一封信回来，他在这封信里说他的目的已经达到。我们都以为他已经找到共产党了，于是我和范玉华去找他，结果到了那个地方一看，他居然穿着伪军的衣服。实际上他不是当共产党了，而是已经做汉奸了。他的舅父是镇里的一个什么镇长，他给他舅父当卫兵，是这样的情况。

之前从杨树浦发电厂走的时候我是很坚决的，直接就辞职了。和我一起的另一个同志，他没有辞职，只是请了长假，回来以后他就继续工作了。我不好意思再回去了，因为我已经辞职了。我辞职以后，我姑妈就把他的儿子搞进去了，顶替了我的职务。就这样，我又失业了，只好做做临时工。

又过了一两个月，才真正得到了党的消息。那时候我一个师弟在苏北的一个新四军的修造厂里修枪，制造手榴弹。我写信告诉他我要去看他，他也同意了。于是我到了苏北南通，师弟的家就在这里，他把我带到了部队。部队有一个姓贺的科长，找我谈话，在得知我要参加部队之后，他表示非常欢迎。

1943 年春天，日本人组织大扫荡。我们部队当时实施精兵简政，部队分散活动，暂时不接收新兵。所以他们叫我先回上海，保持联系，等时机成熟会派人来找我的。于是我又回到上海，继续做临时工。过了不到一个月，果然有人来找我了。不过直到现在，我也不知道当时找我的这位同志的尊姓大名，就只知道别人叫他小毛。他告诉我说是共产党叫他来找我的，现在部队暂时还不接收人，但是需要我在上海帮党做一些工作。做什么工作呢？其实就是做采购，采购一些部队里需要的东西，比如修枪厂里面需要的工具、材料、原料等，采购以后由他负责送到解放区。

实际上我做的就是地下工作，只不过我过去不懂这个。当地也有一个负责人，不是常驻上海的，来的时候住旅馆，在旅馆里找我们汇报工作，或者交代任务，告诉我们需要买什么东西。这个负责人的名字我们也是不知道的，见大家都叫他“娘舅”，我也叫他娘舅。我的简历上写的是1944年10月份参加革命，实际上1943年年底我就已经开始参加革命工作了。因为我第一次做简历的时候，也没有想那么多，我觉得之前做的都是一些帮助性的工作，所以填写党员资料的时候就写了1944年10月，就从参加部队那天算起，也就是真正入伍的时间。

采访者：那您当时在上海除了采购外，还负责哪些工作？过程是否顺利呢？

许存德：当时在上海搞这个地下活动，我也算是做了好多事情。因为工作需要，我们假装在开厂，当时就租了一个工厂，和几个师兄弟做检修工作。毕竟还是要生活下去的嘛，当时做地下工作生活也是需要自理的。我当时搞了一个小厂，自己给工厂取的名，叫协兴祥机器厂，我自称厂长，其实厂里只有我们三个师兄弟。我们当时租的这个厂是一个停工了的厂，里面有三四部车床，还有点工具。这样有了工厂之后呢，采购东西会更加方便一些。部队里那时候需要很多材料，特别需要什么材料呢？做炸药的材料。过去部队打仗，子弹很多都是捡来的。子弹打出去以后，我们可以把子弹的壳子捡回来，然后把后面的芯子掏一掏，装一些新的材料，例如做炸药的硫黄、硫硝等。这些材料之中，很多在上海是禁止随意出售的，但部队又需要这些材料。上海当时管制比较严格，好在我是厂长，有了这个身份就好办多了。材料买来以后，由小毛负责运送到解放区。

事情并不总是一帆风顺的。有一次我就碰到了一个骗子，他说去解放区有一个关口，那里有一个负责人他认识，让我花点钱，可以给我打通这个关系。于是我就向领导汇报了这个事情，娘舅听完后说可以试一试。那时候我花了点钱，至于具体多少钱我现在记不起来了。后来这个人就没有任何消息了，这个钱就这样被骗了去，这下我没办法向组织交代了。再后来呢，我记起这个骗子还有一些质量很好的衣服，都放在他的一个朋友家里。于是我也伪造了一个条子，说是他叫我把那些西装取走。我觉得既然钱注定是要不回来，还不如就把他的衣服拿来卖几件，把钱还给组织。尽管如此，卖衣服的钱还是不够偿还的，不过也没有办法了。这个骗子很快就得知他的衣服被我拿走了，然后他就要抓我。他这个人跟流氓没什么区别，在当地还是很有势力的，那么这个时候我在上海肯定是待不住了，因为我已经暴露了。

于是我就找到了娘舅，告诉他我已经暴露了，上海这个地方我可能待不下去了。之后我就通过娘舅，到达了解放区。我所到的这个部队不在苏北，而是在上海浦东。当时小毛带着我到的部队，还不是直接到部队，而是先到了南汇县武工队。我去的时候也穿着西装。这个武工队有七个人，有一些武器。至于我嘛，只有一支枪（许存德示意挂在右腰，应系手枪），但是这支枪是没有子弹的，只是装装样子而已。

采访者：您当时在武工队做什么呢？过了多久到正规部队呢？

许存德：武工队主要干什么呢？就是抓汉奸，抓吸毒的。抓汉奸自不必多说，为什么要抓吸毒的呢？因为人吸毒以后，会做很多的坏事情。后来我就在这个武工队里待了两三个月吧。当时新四军浙东三五支队①分出来个浦东支队。浦东支队 10 月 12 日召开新四军成立庆祝大会，蛮重要的会议，我们这个武工队都要参加。

第一次看到部队，我觉得他们可神气了，都已经有自己的武装了，所以我坚决要求到部队里，就跑去跟他们的领导谈话。和领导谈完之后，他也同意我到部队去。因此我正式入伍、参加革命的时间实际上是 1944 年 10 月 12 日，是开大会的那一天，也是新四军成立的那一天。到部队之后，我从普通战士做起，过了三四个月就当上了班长。我在部队表现很好，虽然只是一个新兵，但我战斗比较勇敢，所以领导当时对我的评价就是“战斗勇敢”。

部队的事情呢，那讲起来就多了，我一时半会儿也说不完。我当班长之后，又当了文化教员、指导员……一直到抗战胜利的时候，我已经当上了连队指导员了。

采访者：1945 年日本人投降的时候，这个消息你们是怎么得到的？

许存德：那时候国民党的报纸都是公开的，看报纸就知道了。我们是浦

---

① 抗日战争期间，江南大片国土沦陷。中国共产党江苏省委即在江南敌后，组织了一些抗日武装，建立游击基点。在浦东南汇泥城曾建有连柏生同志领导的一支武装。先以“南汇县抗日保卫团”为名，从一个中队发展成一个大队，即“南汇县抗日保卫团第二大队”，连柏生同志任大队长。后来该部通过统战关系，取得了“第三战区淞沪游击第五支队”的正式番号。中国共产党领导的浦东部队就此改称为“三五支队”。

东支队，当时我们的力量比较弱小。国民党也有忠义救国军，抗战的时候，我们两支队伍名义上是合作的。虽然“西安事变”以后国共走向合作，但实际上碰到还是会有矛盾。你要消灭我，我要消灭你，就是这样子的。日本人投降以后，我们看到日本人也不打了。他们日本人不会缴枪，但也不会再打了。有的时候恰巧面对面碰上，也不会再像从前那样兵刃相见，大家都不打了。

后来，国共合作破裂了，我们南方的部队北撤到山东。先到溧水，经过整编，游击队被整编成正规军，我们被编入二十军五十九师。

采访者： 您是否还记得在抗战期间共参加过多少次战斗？有哪些战斗印象比较深刻呢？您有没有负过伤？

20 世纪 50 年代初，中国人民志愿军指挥员们
在朝鲜元山精密计算坑道方向、水平（左二为许存德）

许存德： 从抗日战争到解放战争，再到朝鲜战争，我参加过的大小战斗不下百次。我也很好奇，参军十一二年了，参加了将近一百次战斗啊，我是一滴血没流过。打仗的时候，一旁的子弹嗖嗖嗖地从我耳边飞过，最近的时候一颗子弹从棉袄前面穿到后面，（许存德示意右肩锁骨处和背后相应位置）两个洞，后面的背包也打穿了，但就是皮肤没有碰到过子弹。战斗的时候，可以说是炸弹、炮弹满天飞，最近的一个炮弹就打在我前面。我还记得解放战争的时候，有一次攻打莱芜，一个炮弹打到距离我们很近的位置。我们当时一起的三个人，一个腿打断了，一个身体负伤了，我的帽子被打成了半个，棉大衣都打破了很大一块。救护人员跑来以后，叫我用手抓抓看，结果发现我的手还是好的。然后让我把衣服都拉开来看看，只是皮肤上面刮了一条血痕，血都没有流出。子弹从我身上的衣服打进来再射过去，但就是没伤到我的身体。这种情况出现很多次，我也觉得很奇怪，确实很巧的。

许存德于 1953 年 12 月 30 日获得朝鲜三级国旗勋章证书（内页）

还有一次和国民党作战，国民党的飞机往下面投放炸弹，我们三个同志在防空洞里躲着，从洞里往天上看飞机，我们当时很喜欢看这个。这时候一个炸弹落下来，爆炸地点距离我们很近，整个城墙都倒下来了。救护人员过来救我们的时候，我的半个身子已经被压住了。我被救出来也没有什么事情，第二个拉出来的也还好，也没牺牲，第三个同志被挖出来以后，发现他已经牺牲了。这讲起来几天也讲不完。

采访者：您参加战斗的时候，特别是看到这么多战友一个一个地在身边倒下，会不会感觉到害怕？

许存德：不怕。我们过去学过一支俄罗斯的歌，叫《英雄们刺刀刺不到他》，这是我最喜欢的一首歌，我在部队里也会经常唱，“英雄们子弹见到他怕，刺刀戳不到他……”前面的歌词我都忘记了，这两句我最欣赏了。

我们部队还参加过孟良崮战役①。打孟良崮的时候，我们是增援部队。当时部队行军途中经过一条通过山口的路时，突然出现好多国民党军，他们用机枪封锁了这条路。正好这个时候乌云大作，下起了大雨，整个天空都快要黑下来了。国民党军队用的是露天机枪啊，这阵大雨的时候他们也什么都看不到了。那么我们的部队就趁机飞快地冲过去，与增援部队会合。部队刚刚过去山口，雨就停了。

这种事情讲起来其实还有很多，也有很多比较神奇的事情。我离休以后

① 孟良崮战役是解放战争时期，中国人民解放军华东野战军于 1947 年 5 月在山东省蒙阴县东南孟良崮地区对国民党军进行的进攻作战。

许存德于朝鲜战争期间获得的两枚战斗勋章及证书

本来想动笔写自传的，但是很多字都已经记不起来怎么写了，句子也组织得不好，到最后还是放弃了。

三　搞电力建设也是革命的一部分

采访者：您是参加完朝鲜战争之后转业到电力部门的吗？

许存德：嗯，是的。朝鲜战争回来以后我就转业来到了电力部门。我们过去都习惯了游击队的打法，朝鲜战争回来以后部队要整军，要进行正规化的建设。我那个时候已经当教导员了，属于正营级干部。当时部队要求每天系风纪扣、打绑腿，对此我有些厌烦。整军过程中，部队里有些身体不好的军人就转业了。我当时也有了这个想法，我想离开部队到地方上工作，我觉得搞地方建设也是革命的一部分。

1954 年，我因为腰痛住院长达三个多月。那时候国家对于部队有个规定，慢性病达到三个月以上会被动员转业。住院三个月以后，部队领导征求我的意见，问我要不要转业，我直接就答应了。整军之后的部队，我本来就不太习惯，也想着要转业。所以医院的领导就帮我递交了转业的申请，递交以后很快就获得批准了。我们当时的师领导叫何振生，就是刚才我提到的政委，他知道我要转业的事情之后，写信叫我回去一次。我们部队当时在萧山，我就从萧山回去了一趟，政委招待了我。政委询问我为什么要转业，我和他说不是我想转业，而是部队已经决定让我转业了。由于我的腰不太好，在那边已经住院三个月以上了。

我之所以要转业，其实有两个因素。一个因素我刚才讲了，就是身体原因；还有一个因素，我和我们政治部主任关系不太好。何振生政委对我其实还是非常关照的，他也看出了我的顾虑。他说你的工作已经给你安排了，要调离那个独立营，到五十九师当团政治部主任。我当时在部队的职务是教导员。我和他说："我已经决定转业，那就不想了，转吧。"决定转业以后呢，部队对我还是很尊重的，也有征求我意见，列出了三个地方让我选择：第一个地方是上海，因为我是从上海走出去的；第二个地方是宁波，因为我的祖籍是宁波，宁波机器厂缺少一个厂长，准备叫我到宁波去当厂长；第三个地方是杭州，因为那个时候部队在萧山，我对杭州还是很感兴趣的。我考虑了一下，最后还是决定选杭州，之后就被分到了电力厅。现在的杭州电力局那时候叫杭州电气公司。

采访者：这个电气公司已经完成公私合营了吧？您过去之后担任什么职务呢？

许存德：是的，已经公私合营了。因为1954年的时候，已经解放四五年了。当时的杭州电气公司董事长是一个资本家，名叫翁谊安①。其实所谓的董事长就只是挂一个名字而已，公司里90%以上的工程师都是过去留下来的。我刚到这个电气公司的时候，公司本来想让我当人事科科长或者办公室主任的，但是董事长不同意。毕竟他还是董事长，公司还是要尊重他的意见的。杭州电气公司当时的党委书记叫徐让，他了解这个情况之后，叫我到闸口发电厂当支部书记。对于党的工作，董事长不太好干涉，因此他也没说什么。在调到闸口发电厂之前，我在人事科那里待了一段时间，了解了人事科的一些情况。

我刚来的时候，杭州电气公司共有五百多人。公司下面四个部门：闸口发电厂、艮山门发电厂、杭州供电所和营业所，营业所就设在公司一层。公司的员工，除了组织上派进去的一些南下干部、党委书记外，大部分人都是过去留下来的。在我90岁的时候，我想测验一下我的记忆力如何，试试看能

---

① 翁谊安（1896～1977），江苏武进人。毕业于英国杜伦大学造船科，获硕士学位。1921年回国，历任上海求新造船厂工程师、大同电化公司经理等职。他曾集资组建企信银团，投资于闸口发电厂，银团改组杭州电气公司后，任公司常务董事、总经理。1951年10月，杭州电气公司公私合营后，翁任副董事长兼第一经理。1962年4月调浙江省水利电力厅电业管理局。1964年11月退休。1977年5月病逝于上海。

否回忆起我刚到电气公司的时候那30位工程师的名字。那时候我生病住院了，我在医院回忆了一个礼拜，终于把30个人的名字都记起来了。

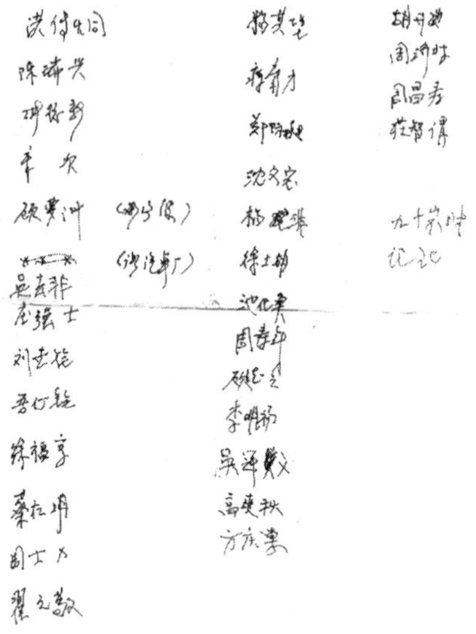

许存德90岁时回忆并手写的1954后杭州电气公司第一批工程师名单

采访者：这30名工程师之中，有没有印象深刻的人？

许存德：印象深刻的人嘛，就是洪传炯，他过去是杭州电气公司的总工程师。电气公司经理是组织上派来的，叫陈伯亮，党委书记徐让，其他大部分都是解放以前留下来的。这些工程师非常听从党的话，对组织上也是蛮尊重的，而且这些人为电气公司做出的贡献还不小呢。

当时闸口发电厂就只有两台7500千瓦的机组，艮山门发电厂有一台3300千瓦的机组。对于当时发电厂每天的负荷是多少，我的印象还是很深的。闸口发电厂两台7500千瓦的机组在那个时候基本上发不满的。后来“大跃进”就开始了，杭州市的生产力发展起来了，用电量也高了。到了1956年，闸口发电厂扩建，又增加了两台1万千瓦的机组。当时除了发电部门外，还有一个基建部门，基建部门过去是利用水力、火力发电。扩建两台以后，发电量还是不够用，省里决定又造了个半山电厂。现在的半山电厂是1955～1956年建起来的。

我在闸口当支部书记的时间不长，人事方面发生了一些变化。自从扩建发电厂以后，电气公司改名电力局，不过具体时间我忘记了。改电力局的时候，党委书记也换了，调来了一个人叫张书仁，他来担任党委书记。我也提拔了，不再是闸口发电厂的支部书记，成为电力局党委副书记。

采访者：1956 年的那一次强台风①，您还有印象吗？当时抢修大概花了多久？

许存德：有印象的，那次台风是很大的，对电力的破坏也是很大的。破坏以后的抢修，这个事情印象还是蛮深的。张书仁在调到电力部门以前，在龙井那边的农村当党委书记。我们也经常去龙井那边，并且帮助他们拉了一条 10 千伏的线路。10 千伏的线路到龙井以后，他们就开始用电炒茶了。

采访者：能否谈一谈当时电力局的专业化分工情况？

许存德：专业分工是闸口发电厂扩建以后的事情。原本的供电单位仅限于杭州市区范围，后来主要任务是抓供电。主要线路扩充最早先到余杭，把 10 千伏的线路、35 千伏的线路扩展到余杭。余杭之后，紧接着就扩到了萧山，萧山需要搞跨江线。没过多久，萧山的电也通了，临安、桐庐等周边地区的线路也逐步扩大了。新安江用的是 220 千伏线路，新安江水电站建造好以后，电力能够输送到杭州了。杭州局也建了一个 220 千伏变电所，我经常过去那边的，因为我当时是党委副书记，也管生产部门，经常会去看看。我刚到电气公司的时候，除了闸口发电厂、艮山门发电厂、用电管理所、营业所外，35 千伏变电所只有一个，在公司下面有一个部门叫配电间。新安江和杭州的 220 千伏变电所建成之后，萧山也建了一个 110 千伏变电所。随着容量逐步扩大，发（电）供（电）就分离了。

过去的那个电气公司是杭州市的一个市属公司的下属公司，和省里的那个电力部门是什么关系呢？其实就是一个业务领导关系。电气公司的行政领导不归省局管，由杭州市管辖，党组织也由杭州市领导。

1956～1957 年，省委讨论决定，把杭州电气公司改成杭州电力局，跟省电力厅、电管局合并。并起来之后，市里的干部由市里调走。至于水利电力厅我没有多少印象了，那时候我们叫水利电力局。水利电力局呢，其实就是一块牌子、两个班子，实际上是水管水、电管电的。市局和省局并起来以后，

---

① 1956 年 8 月 1 日 22 时，5612 号台风 Wanda（温黛）在浙江省舟山专区象山县南庄登陆。登陆时中心气压为 900hPa，风速为 68m/s。

水利电力厅的人都由杭州市领导，包括我们当时电力局两个副局长也是市里派来的，这个时候也都调走了。我和陈伯亮就跟着省局并过去，并到电力厅电管局。我到电管局后，名义上是电管局副局长，但具体工作并没有分工。后来，发电、供电分开以后，成立了杭州市电力局。现在的供电局是原来电气公司的一个供电所，也就是电气公司下面的一个车间。并起来以后，发电厂独立了，杭州供电所改为杭州供电局，作为县级局，待遇是县级待遇。

采访者： 20 世纪 60 年代杭州市用电最大、最多的大户企业是哪家？

许存德： 当时大户就是五大厂——华丰造纸厂、杭一棉（杭州棉纺厂）、制氧机厂、杭州钢铁厂等。当时必须要保证这五大厂的用电，因为它们是重要的企业，电厂需要保证它们的用电。这五大厂很少会出现停电的状况，因为一般都是双路电源，一条电路出问题了，还有另外一条。中央单位一般都是这样的，都是双路电源。

毛主席来杭州的时候，我就看见过他一次。我还清楚地记得，当时他带了一个十一二岁的小孩。他住的地方，基本都是双路电源。还有一次见到毛主席是在北京，那时候我到北京出差，住在北京供电局，晚上参加群众游行，经过天安门的时候看到了毛主席。我一生中看到过毛主席两次。

四 “行善”与“存德”：奉命于危难之际

采访者： 您当副局长的时候，领导们是怎么分工的，您分管哪一部分？

许存德： 我除了专管局全面工作外，具体分管用电管理所和人事部，具体生产归生产副局长楼松教主管。虽然我是钳工出身，但电力方面的技术我还是比较生疏的。人事部那边，例如进新人这方面，我们局是没有权力的，进人的行政权力都在省局，由省局发放指标，他们给我们几个指标我们就招几个人。

采访者： 您重新回到岗位是 20 世纪 70 年代吗？

许存德： 是的。20 世纪 70 年代后期，有些部门就开始恢复工作了。我这个人呢，从当局长开始，职工关系一直都是很好的。我的名字是

“许存德”，“德”这个方面我是很注意的。我向来都是积德，从来不做缺德的事情。一般职工有什么困难，我尽量帮助解决，因此职工同我关系也是很好的。比如说我们单位在这个时候开始招人，分给我们知青队三个指标，也就是说从知青队中招三个人。我的大儿子就是从知青队中由大家选出来的，也就是推举上来的。那个时候我基本恢复工作，正局也恢复了。当时有那么多的待业青年和知青，他们的就业问题怎么解决？我就想解决这个问题。正好这个时候中央有一个精神，就是可以全民办集体企业。

当时我们局里的好多工作都是请外面的人做的，比如修自行车。当时的线路工大部分骑自行车来上班，自行车坏了就得到外面修，修了以后都是单位付钱的。当时我就想，这种事情能不能我们自己做？于是我想成立一家集体企业。搞集体企业是要自负盈亏的，但是这样可以解决职工子弟的就业问题，我当时的想法就是解决职工子弟就业问题。后来搞这个集体企业的时候，有些人同意，有些人反对。有些干部担心：你搞个集体单位，以后工资发不出怎么办呢？资金哪里来呢？这确实是个问题。但是我认为不会发不出工资的，因为之前好多工作让外面人去做其实也是要付钱的，那么我可以付给自己嘛。

开始一分钱没有，但是资金可以逐步积累，当时我就是这样想的。我当时提出向财务科借一万块钱，工资发不出来的时候我可以垫付，但是财务科科长不同意。他问我有什么资格可以借公家钞票？于是我就跟他解释，说这个钱也不是我自己用，就怕工人工资发不出来的时候可以暂时垫付一下，但是他不同意。

最早一批知青取消以后，几十个人来了这边以后都住在一个地方。他们能到哪里去呢，总要一个房子吧？于是我就想到那个乌龙庙仓库，那里有好多废品仓库是空的。后来我找到供应科科长，跟他商量能否腾一个仓库出来给他们做一个基地。他当时不同意，后来我做了很久的工作，他才勉强同意。接下来我就开始找人，找那些没有恢复工作、没有实际职务的人，大概找了三四个人。他们中有干部，有工人，我让他们来带队，再抽几个工人，带一带知青。凡是我们电力局要请外人做的、付外面工资的活，我就让这个单位做，然后给这个单位付工资。

虽然一分钱也没付，一分钱资金也没有，公司就这样搞起来了。有时候公司也会向局里寻求帮助，问他们借借工具，把简陋的仓库改为基地，就这样子他们搞起来一个承装公司。当时所有知青点被撤掉，知青是没有用工指标的，局里就让他们全部来承装公司了。除此之外，待业人员、职工子弟，以及其他城市过来报名的，公司加起来将近有一百人吧。

采访者： 办承装公司遇到哪些阻力呢？后来发展得怎么样？

许存德： 当时也有人反对我，主要是怕工资发不出来。有的怕影响他们自己的一些利益，也不同意。不过局里执意要办，他们也没有办法。开始的时候，公司就是做一些运输的活，还组织了一个运输队。

过了几年，公司业务开始有起色了，工资能够发得出去了，员工能够维持生活了。我离开已经三十多年了，公司办了没几年我就离休了，但现在发展得非常好，资产已经好多亿了。

采访者： 除了办集体企业之外，您还做了一些什么工作？

许存德： 具体工作的话，其实也没做什么，我总结起来就是“行善积德”。比如说，经我手开除的人是没有的。当时要解决一个什么问题呢？我们电力部门也是由省局领导的，省局领导当时成立了一个集体农场。当时搞集体农场基本上都要赔本的，所以很多人面临着失业的问题。这时候怎么办？我当时就和省局讲了，让他们全部到电力局来。但是有一条要求，不要把他们放在关键部门工作，可以到供应科、修配厂、线路班等部门工作。所以我把集体农场要失业的人全部调到电力局，解决了他们的就业问题。这些人有闸口发电厂的，有艮山门发电厂的，现在还有部分健在。在这些事情上面，我想自己还算是积德了。

我在电力局有个外号叫“好好先生”，别人经常在背后讲，所以后来传到我耳朵里了。叫我“好好先生”，是因为我经常扮演“和事佬”角色。

五　一些感悟

采访者： 您从事了这么长时间的电力工作，能否对现在的年轻人提一些建议和希望。

许存德： 电力部门嘛，我就是两句话了。第一，安全第一。电力部门安全问题很重要，尽量不要出人为事故；第二，假如有事故，要尽快组织恢复生

2005 年，许存德在浙江省电力公司纪念抗日战争胜利 60 周年暨老共产党员座谈会会场留影

产，其实还是想强调安全第一。反正我就是希望电力部门的人能够遵守规章制度，严格要求自己，其他方面我也提不出什么意见。

采访者：您现在这么长寿，有什么长寿之道、养生之道吗？

许存德：我总结起来就是一个字：德。我这一辈子，尽量不做坏事情。比如我们电力局有个炊事员，生病去世了，留下一个十几岁的孩子，孩子的母亲也没有工作。本来局里有一个顶职制度，可以让儿子接手父亲的工作，但是这个孩子还不满 16 岁，所以不能顶职。这时候我就不管会不会犯错误，直接布置人事部门，把他先招进来当临时工，到了 16 岁以后顶他父亲的职务。

还有一件事，我们局之前有一个临安的技术员，他的老婆是一个农村的民办教师。后来这个技术员去世了，这个时候他家里就很困难了。于是这个技术员的老婆开始找我们党委书记，但是党委书记不理会她。这个时候有人给她出主意，让她不要找其他人，就找老许去，所以她最后找了我。找了我之后呢，我就去找了临安那边的支部书记看看能不能把她先招进来当临时工，有指标的时候再解决指标问题，后来这个事情就解决了。这样类似的事情其实还有很多。当时我用童工来当临时工，那也是犯错误的行为，我当然是知道的，但是不管批评也好，处分也好，我愿意担着。

我的心态一直都比较好，有些事情也蛮怪的，比如年轻时候好多毛病后来突然就好了。比方说我以前得过疟疾病，8 岁开始发病，因为病人会感到忽冷忽热，所以这个病也叫冷热病。一直到我 22 岁的时候，每年都要发作

2015 年，国网浙江电力公司纪念抗战胜利 70 周年暨老战士座谈会后留影（左三为许存德）

的。发作的时候我浑身发抖，身体冷过以后就发热，然后才慢慢停下来。每年总有个把月是这样。过去没有钱，出疟疾了就吃点奎宁。到 22 岁的时候，我已经在部队里了。疟疾发作之后，部队的卫生员给我治疗，他也不知道哪里听来的方法，让我吃 24 颗奎宁，而且要一天之内全部吃完。怎么吃呢？比方说三点钟要发作了，那我两点钟先吃四颗，四颗吃了以后，每隔两小时吃两颗，要 24 小时吃光。后来我再也没有发作。不发作以后，我把这个情况告诉了部队里面的医务员，结果那个卫生员被医生狠狠批评了一顿，他说 24 颗奎宁一起吃搞不好会出人命的。这个药理方面的我也不太清楚，但是说来也奇怪，我从 8 岁开始得疟疾，持续发作到 22 岁，吃了 24 颗奎宁以后，到现在也没有复发过。

我还得过胃溃疡，就是十二指肠局部有溃疡，有个指甲盖这么大的溃疡，在部队里一直发溃疡。到电气公司以后，我也经常看病，但是一直看不好，每年都会发作。发作的时候非常疼，特别是喝酒以后更疼。后来我到市医院看了一个有名的中医师，吃了几十副中药也没好。后来我突然想起，吃饭的时候有时候喝点酒，过两小时它就不痛了。后来我每天吃饭的时候都会喝一点酒，喝了就不痛。酒买不到，我就到农场里找关系，买了三十斤酒，后来全部喝光，就一直没再发作。后来退休的时候这个溃疡疤也没有了，完全好了，到现在也没有复发过。

采访者：现在您的状态很好。

许存德：还好啦，我就是久病成医，慢慢地懂了不少东西。

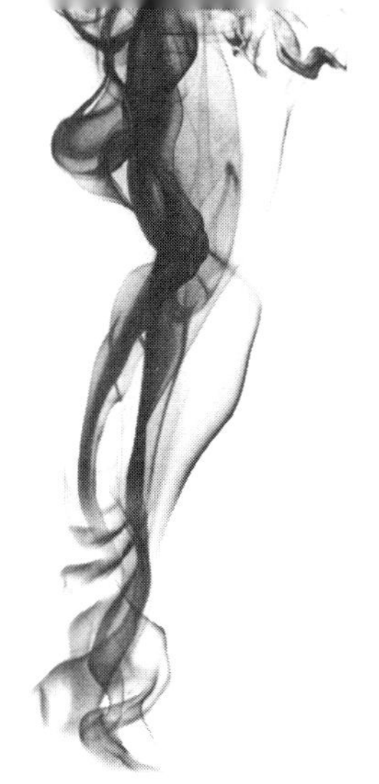

践行电力先行官

口 述 者： 张身康

采 访 者： 李菁、张学飞

整 理 者： 张学飞、朱晓雯、姜奕晖

采访时间： 2019 年 3 月 19 日

采访地点： 杭州市水澄花园南苑

张身康 1934 年出生，浙江省吴兴人；1956 年高中毕业后被分配到杭州供电局，1960～1978 年任高压工区主任、生产技术科科长；1978 年成立杭州电力局后担任副局长，1980 年任局长，后任党委书记，1990 年调任浙江省电力公司工会主席。

一　初入电力系统

采访者：张主席，您好！请问您的出生日期与出生地？

张身康：我 1934 年出生在浙江省湖州市吴兴县，就是现在的吴兴区。我今年虚岁 86 岁。

采访者：您当时家庭成分是什么？

张身康：家庭成分是中农，家里有五六亩田地，但实际上我们不太会种田，都租给别人种。当时家里还是很困难的，我父亲在上海的亚浦耳灯泡厂①做收账的，很少回家。

采访者：您自己见到电灯是什么时候？

张身康：我在湖州读小学的时候就看到电灯了，当时我们乡下还没有电灯。我在湖州中学读书，当时是住校的，一个学期回家一次。那时候高中毕业就可以报名参加工作，由于家里比较贫寒，我就没去上大学（1989 年，我取得了安全企业管理大专学历）。1956 年 9 月浙江省重工业厅发来通知，让我去杭州梅花碑重工业厅报到，报到之后把我分配到杭州供电工区（杭州供电局的前身）基建工程队去搞基建。就这样，1956 年我进入电力系统。

采访者：刚去电力系统的时候，这些电的知识您是怎么学的？

张身康：我到杭州供电工区基建工程队后，自己买了些有关电力方面的书来看。另外，当时基建工程队有一正、两副共三个队长，队长李明初，新中国成立前一直在电力部门工作，是个老工程师。当时基建工程队技术组有五个组员（两个中专生、两个高中生、一个初中生）和一个组长，李明初组长

---

① 亚浦耳灯泡厂，全称“中国亚浦耳灯泡厂”，成立于 1923 年，由我国近代著名实业家、电光源专家胡西园（浙江省镇海人）创办，是中国第一家生产灯泡的工厂。1959 年 10 月，根据国家的要求，该厂更名为“亚明灯泡厂”，同时将原有商标“亚浦耳”牌改名为“亚”字商标。

给我们上技术课，内容包括电工学和生产方面的技术规程。后来他调到省电力安装公司当经理，最后又调回省电力局安全鉴定处当处长，一直到退休，现已过世。

采访者：你们参加完这个培训之后，最开始从事的是什么工作？

张身康：开始就搞技术工作，比如说熟悉送变电情况、开工作票等技术管理工作。

采访者：你们是要下到地方去工作，还是在杭州城里工作？

张身康：下到地方去，我们跟着基建工程队的老师傅一起出去的，特别是线路要施工的时候。当时我们去施工的时候连铺盖卷都要带上，同吃同住在施工现场。外面很艰苦，到农村我们都要住在一块儿。

采访者：当时你们到农村去工作的经历，您还有没有印象？

张身康：我们是这样子，比如说搞线路，变电、基建是流动性的，我们就跟基建队伍一起走。我刚开始是实习助理技术员，1958 年升为技术员，1988 年 9 月由浙江省电力局评为工程师，1991 年 12 月被华东电管局评为高级职称。

二　杭州变电所的建设及其改造

采访者：请您谈谈浙江省最早的 220 千伏变电所的工程。

张身康：我先把这个电压等级讲一讲，标准电压是 10 千伏，1956 年我进来的时候，杭州市的电压等级是非标准电压，是 5 千伏到 14 千伏的电压等级。1957 年，我们开始搞基建线路，第一条 35 千伏的线路是杭海线（杭州—海宁）。这条线路弄好以后，我们又到萧山、绍兴那边去，这是第二条 35 千伏的线路。当时我们建了一座 72 米的高塔，这塔能让线路跨过钱塘江，那时候有这样的技术算是很了不起的。1960 年的杭州 220 千伏变电所是浙江、杭州电力系统发展史上一座里程碑，是我们电力安装发展史上一个转折点，为什么这么说呢？我下面详细讲一下。

1959 年，当时局里还没有生产技术科（简称生技科），领导决定让我领队，带领共 34 人到鞍山、抚顺供电局①培训学习超高压输变电运行、维修、调度管理。我主要跟他们技术科的几个人专门学习管理，其他人搞线路的学线路，搞变电的学变电，管调度的学调度。学习为期一年，1959 年年末回来以后，组织又让我组建并负责杭州供电所高压工区。

1959 年在辽宁省鞍山市留影
（左起：单玉照、张身康、邵成江、许达坤）

杭州变电所（以下简称“杭变”）② 是从 1960 年 2 月份开始组建的，到 1960 年 9 月 26 日，新安江水电厂开始发电，9 月 28 日杭变投产。那时候生活条件很艰苦，先生产后生活，杭变刚投产，职工宿舍尚未建成，我们都住在控制室二楼电缆层中搭起的竹条床舍内，早晨起来大家一起做广播体操。变电所人员大部分是杭州电校毕业的学生，当时大家都觉得有机

---

① 当时鞍山供电局和抚顺供电局都较早建立了 220 千伏变电所。

② 杭州变电所工程是浙江省最早建设的一个 220 千伏变电所工程，是联络新安江水电厂与华东电网的枢纽变电所。第一期工程由上海电力设计院设计，浙江省电力安装公司负责施工。1960 年 2 月 15 日开工，1960 年 9 月 28 日投运。装有 3 台 3 万千伏 · 安单相变压器组成的主变压器 1 组，同容量备用变压器 1 台，三级电压分别为 220 千伏、121 千伏、10.5 千伏。主变压器每相重 100 吨，采用自制铁轮平板车从艮山门车站运抵所址。参见《浙江省电力工业志》编纂委员会（编）《浙江省电力工业志》，水利电力出版社，1995，第 35 页。

会到220千伏变电所工作很有荣誉感。后来杭州输电线路和上海连通，并入华东电网。

采访者：队伍里的34个人主要来自哪里？

张身康：大部分是从杭州电校集中起来的，那时候杭州电校被称为“杭变的黄埔军校”。

采访者：刚建成的时候，这个变电所有多少职工？

张身康：大约30个职工。

采访者：杭变当时的情况怎么样？

张身康：那时候的杭变没有大学生，只有一个北京电校毕业的中专生，他是第一技术员，还有另外五位技术员和四位正副主任。我是正主任，另外三个副主任，分管变电、线路和通信，还有个搞通信的副主任，后来调到省公司通信组去了。

杭变的保卫工作是由中国人民解放军的一个连负责的，时任浙江省第一书记江华到杭变视察后，建议我们搞一个泥围墙。泥围墙弄好后，结果一年就坍塌了，坍塌后我们砌成砖围墙，四周墙角处设有岗亭，有解放军24小时保卫值班。

采访者：杭变主变压器每相有100吨重，是怎么安装的？

张身康：这么重的变压器，在运过去之前，途中的每一个桥梁都要考察，并且全部要加固。总共有7台变压器，工作量很大，都是基建工程队起重班运送的，省送变电公司做技术指导。

采访者：这个设备是从哪里采购的？

张身康：除了一个220千伏空气开关是苏联的外，杭州变电所其他的设备都是国产的，大部分是上海电机厂生产的，还有沈阳开关厂，而且一直用到后来，变电所主变总容量从18万千伏安改成42万千伏安，都没有出过大的事故，所以这些国产设备还是不错的。我还记得当主任时，还是很保守的，规定对220千伏变电所的继电保护的距离保护都是严格保密的。

采访者：您能不能回忆一下，当时变电所一天的工作情况？

张身康：变电所的主要工作是：24 小时抄表，每小时抄表一次，定时到现场巡视设备，看有什么异常情况。碰到变电、线路检修，严格按操作票倒闸操作，做好监护，严防误操作。后来我走上领导岗位，主要做一些技术管理工作。从 1960 年 9 月 28 日 220 千伏变电所投产，到 1961 年杭州变电所打算从杭州局划到省局去，省局的人事干部来调查，决定把一些人调出去，然后第二天就把我调到生技科，并任命我为生技科科长，这个生技科科长当了 17 年。到 1978 年党的十一届三中全会，杭州市电力局成立，我被提任为主管生产的副局长，到 1980 年我又被任命为局长。

1960 年 7 月张身康在杭州变电所留影

采访者：您在这个杭州变电所只待了一年，是吗？

张身康：杭州变电所建好并投产后，我就到生技科了，实际上生技科也管变电所检修工作，工作还是蛮多的。1970 ~ 1971 年，生技科也要下放，那时候叫“赶鸭子”，我就又到杭变当了一年主任。一年后恢复科室，我就又回到生技科当科长。

采访者：当时变电所的用电情况怎么样？

张身康：当时用电很紧张，县里用电比杭州市更紧张，杭州市一个周要停三天开四天，而县里基本上一个周只有一两天供电。但允许你自己发电，原来小火电一律不允许，小水电可以。一般县里要到华南去买煤，煤买来再去申购电，就是拿买煤指标到华东电网换购电，所以那时候用电相当紧张。

采访者：变电所的用电负荷一直在不断地增长？

张身康：对，1960 年的时候还好，到 1969～1970 年，用电负荷就很紧张。我们于是采取了一系列措施，就在变电所主变器上装风扇和水喷雾冷却等，但也不能阻止主变上层油温升高而发出警报。后来我们决定扩建 5 万千伏安调相机①。再后来其他变电所把用电负荷分化出去，它也算是完成了历史任务。

采访者：当时杭州城的用电大户都有哪些？

张身康：杭钢用电最多，有一个毛纺厂用电很多。它们可自备发电，用电基本上可缓解，一般不参与“停三保四”②。

采访者：居民用电参与“停三保四”吗？

张身康：居民用电一般每周停电一天，局里有一个用电管理所，专门规划不同城区轮流停电的顺序。

采访者：当时有没有遇到一些重大的事件？

张身康：1980 年，我当局长的时候，局里出过一次线路工触电身亡事故，后来对他家属进行了经济赔偿，安排子女进我们电力系统工作。触电事故后大家都吸取教训，采取一些办法堵住了出漏洞的地方，并从管理上加强规范。

采访者：杭州的电要送到宁波和绍兴地区，当时在技术上做了哪些调整？

张身康：技术上没有做大的改动。电从杭变送出到达绍兴和宁波那边，就形成了一个大电网。以前的浙江电力系统，嘉兴没有供电局，宁波那时候算

---

① 调相机，即同步调相机，是一种特殊运行状态下的同步电机，其应用于电力系统时，能根据系统的需要，自动地在电网电压下降时增加无功输出。在电网电压上升时，调相机吸收无功功率，以维持电压，提高电力系统的稳定性，改善系统供电质量。

② 停三保四，即一周内停电三天、供电四天的供电政策。

比较大，但也没有成立电力局。杭州电力局，相对杭州电力基础比较好。杭变 110 千伏线路到了他们的 110 千伏变电所，就归他们管了。以前嘉兴、石门有个 110 千伏变电所都归我们高压工区管，后来他们成立电力局，才把嘉兴、石门都划拨过去。

采访者：后来杭州变电所进行了一次扩建，主变总容量从 18 万千伏安增到 42 万千伏安。

张身康：对，这个工作量很大，技术难度也很大。要把变压器吊起来，7 台主变由单相三绕组改成单相自耦式主变，线圈都要重新绕过。自己做的两个 20 吨大油罐，几台滤油机同时开动，把油抽出来。主变吊芯组装现场 24 小时连续进行，工人三班制循环。每台单相变压器容量由原来的 3 万千伏改为 7 万千伏，一共有 7 台（其中 1 台备用）。我们 100 多人（包括老总、宣传部门和保卫部门）吃住基本上都在杭变，晚上住在变电所的招待所里，饭菜（米饭、番薯）从食堂挑过来，深夜有一些人肚子饿了，就地挖番薯煮上一锅。那时候，我作为生技科科长，晚上要过去看一看，一起分析遇到的问题。现场搭起大帐篷，主变吊芯、组装，工人三班制操作，每天现场露天作业，工人们都很辛苦。

采访者：这个工作完成以后，对当时农业和工业有什么好处？

张身康：改造好以后，用电基本放开。“停三保四”也取消了。电力放开以后，各个变电所得到了发展，110 千伏和 220 千伏变电所变多了，500 千伏变电所也开始出现。等到杭州变电所的服务分化后，它的地位也降低了，后来也把那个调相机拆掉了。

采访者：当时变压器改造工作中，您觉得最困难的是什么？

张身康：整个变压器绕线圈和 7 台主变吊芯组装是最困难，都是露天 24 小时作业。

采访者：当时的技术主要是你们自己解决的，还是在外面请了专家来？

张身康：都是我们自己解决的。变压器是沈阳变压器厂生产的，绕线圈都是我们自己搞的，他们也派了专家来，我们之间没有什么分歧。因为我们也没有搞过，基本上会听取他们的意见。

1962 年张身康在杭州供电所前留影

从 1971 年 10 月到 1972 年 12 月，杭州变电所变电容量改造工作总共耗时 14 个月。改造完成以后，这个 42 万千伏变电容量，当时上海都没有，工人们都戏称这是“亚洲第一”。此项技术改造工程还获得浙江省科技大会和杭州市科技大会优秀科技成果一等奖。那时候参与工作的人都发了纪念品——一支刻了“杭州变电所直变容量‘翻一番’”的钢笔，部分老同志评上了先进人物。之前我们开过座谈会，评价老同志对杭变都有贡献，那时有老工人讲：现在自己参加改造的那 7 台“老母鸡”已经完成历史使命，都退了。我们年纪也大了，快退休了。

三　在杭州电力局的工作和生活

采访者： 您当时到杭州电力局生技科的具体工作内容有哪些？

张身康： 我当时到生技科的主要工作内容，一个是指导和管理变电、线路的技术工作；另一个是每年的编制生产计划审核，以及安措、技措的编制工作，一个季度开一次生产会议，安排电力平衡等问题。1961 年之前，我们生技科总共有 12 人，基本是中专生、中技生。到 1962 年才有交通大学、浙江大学的毕业生分配到我们生技科来。

采访者：1980 年您当局长以后，做了哪些工作来缓解用电紧张的问题？

张身康：那时候讲企业要上等级。杭州电力局是比较老的电力企业，省里也想把杭州电力局作为一个试点。我当局长的时候，主要工作是企业整顿上等级。1982 年，我们是浙江省第一家企业整顿验收合格的，也是第一家“创六好”① 企业。当时，我们主要是从修订原来的规章制度、加强管理等方面采取措施。

20 世纪 70 年代末 80 年代初，张身康任杭州市电力局副局长期间留影

采访者：在职工集资方面，当时你们做了哪些工作？

张身康：职工集资基本上没有什么。县里面怎么弄，我不清楚，我们这里基本上没有。那时候，为了解决职工子女就业问题，搞全民办集体企业。职工子女进到系统里，时间长了有些人就变成了正式职工。

采访者：当年你们办了一些什么类型的集体企业？

张身康：主要还是生活方面的集体企业多一些，比如一些搞餐饮的集体企业。

---

① “六好”要求，即领导班子好；思想政治工作好；执行方针政策、经济效益好；企业经营管理好；服务质量好；三者兼顾好。

采访者： 这方面有没有一些经验和教训？

张身康： 有。比如有时候把钱借出去，希望收利息，后来有些钱就收不回来了。这个也要谅解，因为那时候大家都在搞，全民办集体企业。假如你一个人做主，把钱借出去，那你自己负责；如果是领导班子集体讨论决定的，那就要千方百计地把钱要回来。

采访者： 1982 年任命您当局长的主要原因是什么？

张身康： 我连续干了 18 年的生技科科长、两年负责生产的副局长，对生产方面比较熟悉，另外主要也是我勤劳实干。1986 年，省里要调我到省公司去当纪委书记，那时候党管干部，市里不同意，就没去。

采访者： 能给我们讲述下局长的日常工作吗？

张身康： 很累很累。我当局长的时候，市局离宿舍很近，走路走得快的话，连十分钟也用不上。所以每天吃过饭以后，我就过去工作，在局里工作效率比较高。

采访者： 当领导以后，除了工作上的事情外，职工家里的一些问题，是不是也会来找您？

张身康： 这个也有的。我当局长的时候，组织上要我们调三个职工到当时的江西供电局，支援小“三线”，要一个搞用电的、一个搞通信的、一个搞检修的。当时调动没有什么讨价还价的说法，组织让去就得去。我调到省局当工会主席的时候，我跟徐乾康局长[①]说：“我有一桩事，你恐怕不知道，就是我当局长时组织上决定调三个人到江西去，并且说他们在那边成家就算了，但如果他们想要回来的话，江西那边同意，我们还是会把他们调回来的。”后来我打电话去问，江西供电局那边说，搞通信和搞检修的职工都在那边成了家，不回来了，另外一个用电的职工，他虽然已经结婚，但没小孩，想要回来。我就跟组织上讲这事，最后把他调回来了。他前年在用电管理所退休了，表示很感激我。

我跟一些同事说：“你在领导岗位上的时候，在不违反政策的前提下，能够照顾职工尽量照顾他们。不能因为把职工调出去了，就不管了。”当然，违

① 原杭州市电力局局长。

反政策的话，就不行。

采访者：报纸上报道过，你们是“五好家庭”①，这方面您夫人做了很多工作吧？

张身康：我们家 1985 年被评为全国“五好家庭”，当时全国妇联书记处书记王庄淑在省妇联主任陆苏、杭州市妇联主任姚莲娟的陪同下来到我家看望慰问，“五好家庭”主要是我夫人的功劳。她是独生女儿，我有个哥哥去世以后，也是自己一个人，所以我们两家人就住在一起。她妈妈喜欢吃辣，我妈妈喜欢吃甜，两个人口味不同，这些方面她都照顾得很好。比如说买东西，每个人都要摊平，一人一件，两亲家的关系蛮好。我主要忙外面的工作，家里的事基本不管。

采访者：两个孩子的教育也是您夫人负责的吗？

张身康：我两个儿子，大的是我妈负责带大的；小的是她妈负责带大的，一家带一个，但吃住都一起。

采访者：20 世纪 80 年代，你们的住房面积大概是多少？

张身康：那个时候很艰苦。最挤的时候，6 个大人，加俩小孩，共 8 个人，住在 24 平方米的房子里。我爸爸过世之前，基本上住在老房子里。我妈妈也没有来过我现在住的这个房子，她住的也是原来的老房子。现在这个房子是到省公司以后分的房子，这里原来是闸口电厂。它完成历史使命后便拆了。我们系统里有二三十个电厂，大容量的电厂来了，老电厂的服务基本上就不需要了，就都要拆掉。杭州市解放以后，建设闸口电厂、艮山门电厂，现在也都没用了。

采访者：请问在工作中，有哪些像印象深刻的老同事？

张身康：老同事，就是我搭档徐乾康。20 世纪 80 年代末，他接我局长的班，当时他当局长，我当书记。那时候，我感到当局长压力大、责任重，就怕出事故死人，他当局长时也死过人。当书记还是比较清闲，主要是掌握政

---

① “五好家庭”的标准是：政治思想好、生产工作好；家庭和睦、尊敬老人好；教育子女、计划生育好；移风易俗、勤俭持家好；邻里团结、文明礼貌好。

策。那时候有人说："党委领导也要实行厂长负责制，书记和局长要是坐不到一条凳子上会有矛盾。"我说："我们没有矛盾，虽然两个人两个办公室，但我们晚上下班之前会一起碰碰头，还是很默契的。"老徐刚当局长的时候，有人说他架子很大。我知道他性格就是这样子，走路总是往下看，不平视，路上遇见也不打招呼，但他人还是很不错的。

采访者：您和局长如何分工合作？

张身康：我当局长的时候，书记是原来闸口电厂的党委书记。他是部队来的，炮兵司令，老革命，现在过世了。当时有情况我都向他汇报、商量，他在业务上不太懂。再后来，他当局长，我当书记，我们合作得很好。不管懂不懂业务，大家都要配合把工作搞好，我们没有矛盾。

采访者：1962 年生技科调来两个大学生，后来的发展怎么样？

张身康：一个叫吴镠镠，浙江大学毕业的，后来当了总工程师；一个叫周照宗，交通大学毕业的。当时我当副局长时，周照宗当生技科科长；我当局长后，他又当副局长，接了我的班。后来我推荐他到省公司当副总，一直当到退休。吴镠镠工作比较细心，态度认真。周照宗工作也很认真，你交代给他们的工作，他们勤勤恳恳去完成。后来周照宗担任省公司副总时也是这样。

采访者：这些人到你们单位的时候，都不是党员吧？

张身康：都已经是党员了。说到入党问题，我讲一个事情，有个分管经营的副局长，也是浙江大学毕业的，但她家庭出身并不好。我在杭州变电所当主任的时候，她被分配在电力局计划科。后来她们计划科到杭变参观，杭变的警卫是解放军，要看她们的档案。档案看后，警卫说她不能进去。这就是当时的唯成分论。

最后我当党委书记的时候，她申请入党，没人给她当介绍人，我说我给她做入党介绍人，她工作认真负责，有责任心，热爱党，重在表现。对此她很感激，每次过年都会给我打电话。原来她在计划科当科长，管财务，后来当经营副局长，管生产经营。她管财务管得很具体，我说："你这样子，把下面人的手都缚牢了。你自己搞宽松点，叫他们做就好，不用管这么细，你现在是副局长了，不是财务科科长了。"她这个人很不错，工作也很好。

采访者：1988 年杭州遭遇强台风，您还有印象吗？

张身康：有啊，1988 年台风是杭州遭遇破坏性最大的一次台风，不过那次台风当中没有人触电死亡。当时我已经当书记了，徐乾康当局长，我们住在同一幢宿舍，到局里很近。台风来了以后，我跟徐乾康两个人一起赶到局里去，每天晚上大家都集中在一起开会汇报。大家决心很大，每天都要弄到夜里十一二点钟，台风过后 3 天就全部恢复了送电。

采访者：那一次你们的损失有多大？

张身康：损失很大，很多设备都坏了，线杆大部分都倒了，用户基本上都停电了。很多需要更换的设备，我们自己仓库都有储备，那时叫作备品备件。我们用 3 天时间加班加点地把它们安装起来。

1988 年 8 月台风后张身康（戴眼镜者）等指挥现场抢修

四　工作感悟

采访者：您退休前到省公司当工会主席了，做这个工作，您自己有什么心得？

张身康：省公司工会主席同副局长一个级别。会费主要是从工资当中提出一部分。这个费用基本上用在慰问职工上。大家认为工会主席最好当，因为大家都欢迎啊，工会人员都是去送慰问品的。职工生病了，你要去看他们，每年职工有点什么困难，你要去补助。工会主席不像局长的担子那么重，工会工作环境也比较和谐，大家都很客气。我在省公司当工会主席时，我对局长比较体谅。我1990年当工会主席后，1991年杭州电力局党委书记的职务还挂在那边，到1998年才退休，退休的时候我已经64岁了。

采访者：您在电力系统工作了一辈子，您对现在年轻的电力人有什么建议和希冀？

张身康：难忘的岁月！我在电力部门领导岗位上度过了38个春秋，在38年的风风雨雨中，我兢兢业业地为电力部门做了一点工作，体会最深的一点是：工作一定要踏实诚恳；另一点是：对人不要有两种态度，都要一视同仁，平易近人。

采访者：您有什么其他的人生经验想和年轻人分享一下吗？

张身康：那倒没有什么经验。主要希望年轻人平时工作生活要平易近人。我当局长和书记时，他们说我没架子。我说："这有什么架子，当领导不是我自己封的，是大家信任我做的。"

采访者：现在电力企业的效益比较好，您觉得有没有什么危机感？

张身康：我看我们电力部门没有什么危机，过去在电力部门工作都叫"金饭碗"。因为电在生活中总是要用的，所以我家里三代都是在电力部门工作。这里有我和我夫人，儿子从部队转业回来也搞电；我孙女在天津大学毕业后到澳大利亚留学，后来又通过国网公司统一考试，目前在杭州局电力调度自动化部门工作。

我看"电"总归还是一个先行官，电力必须要先行。比如没有电，工厂就动不起来。工厂要想效益好，首先要有电供给它，停电就会影响工厂的生产。所以，电力部门目前不会有什么危机感。我跟其他人讲到我曾经在电力部门工作过，还是会感到比较荣幸的。

永耀电亮

和合之光

口 述 者： 余福懋

采 访 者： 徐丽丽、龚亚珍

整 理 者： 徐丽丽、陈明芳、龚亚珍

采访时间： 2019 年 3 月 29 日

采访地点： 国网宁波供电公司

余福懋 1930 年出生于浙江宁波，祖籍湖南长沙，1948 年 1 月进入宁波永耀发电厂工作，从检修工、工务科输电股工务员、供电所副主任做到永耀电力公司副经理；1978 年 2 月任宁波地区电管局副局长；1979 年 3 月任宁波电业局副局长；1985 年 8 月任正处级巡视员；1990 年 12 月退休。

一　早年经历

采访者：余局长，您好！特别感谢您接受我们的采访。首先请您简单介绍一下您的基本情况，包括出生年月、籍贯、家庭情况。

余福懋：我 1930 年 10 月（阴历）出生在浙江宁波江北，祖籍湖南长沙。我 7 岁在宁波开明街小学上一年级。抗日战争爆发以后，我们为了躲避日本飞机的轰炸，就逃难到湖南长沙我祖父的家里。当时祖父也在宁波，我们一起到长沙。我老家在长沙县，不是长沙市，家里有房子、田地和山地。逃到长沙后，我接着读一年级，13 岁小学毕业。抗日战争时期，日本人占领了长沙，我只好在小学老师办的补习班读中学。所以，1945 年抗日战争胜利时，我已经在小学老师办的补习班读了一年多中学课程。

1947 年，国民党在南昌修复浙赣铁路，因为我叔父在江西工作，便让我到江西鹰潭铁路工作，一直到 10 月份我都在那里当供应铁路材料的材料员。后来我父亲在宁波生病去世了，我不得不回到宁波。本来我请假一个月，之后还打算回江西工作。家里面还有妹妹、弟弟，我母亲对我说："你江西也不要去了。"后来我就在我父亲工作过的宁波永耀电力公司工作。

20 世纪 40 年代末永耀电力公司外景

采访者：您父亲在宁波永耀电力公司做什么工作？

余福懋：就是核算员，主要做会计和收银类的工作。我通过永耀公司副经理周信涛的关系，进入永耀发电厂做练习生。练习生与学徒差不多，不同的是，练习生做一年就可以提升为职员当办事员，但做学徒要三年。

我进发电厂实习时，发电机、汽轮机、电机、电路、检修，轮流来学。首先是学检修，我从来没有接触过这些设备，要怎么办呢？就是坚持学习，除了白天的工作时间外，空闲时间我自学了《热工原理》《电工原理》，还有中学的数理化。我的老师很多，有工人老师傅，也有老一辈的工程技术人员，他们都是我的老师。我有不懂的地方就向他们虚心学习。那时候我做得最多的是技术工作，包括修锅炉。锅炉烧一段时间后会出现故障，修锅炉这样的工作我做了很多。

采访者：那个时候都有哪些设备？

余福懋：正式运行的有一号炉、二号炉、四号炉三台锅炉。厂里有三台发电机：第一台机组是德国产的 AEG，有 3300 千瓦；第二台机组是瑞士的 BBC，有 3200 千瓦；第三台机组也是瑞士产的 BBC，有 1600 千瓦。那时候白天发电时经常用 BBC 的 3200 千瓦机组。吃晚饭时，家家都用电灯，负荷上升时可以再开一台发电机，就是 AEG 的 3300 千瓦。开机也是有讲究的，老轨到了才能开机，不到不许开机，二轨、三轨都做辅助工作，锅炉间师傅准备好以后，其他各部门都要汇报，各就各位后，才开机。老轨是我的师傅，所以我就去看怎么开机。

采访者：那时候全天供电吗？供电范围有多大呢？

余福懋：平时全天供电，晚上再增加一台发电机。那时候供电范围就只有宁波的市区和郊区，包括现在的慈城。

采访者：1948 年的时候，宁波地区白天就有电可以用吗？

余福懋：有电可以用，白天都有电。

采访者：主要是照明用电？

余福懋：除了照明用电以外，还有工厂用电。一些规模比较小的纺织厂、印刷厂、火柴厂，供电是白天一台机组，晚上两台机组，两台锅炉。但是到1949年，国民党很多军队跑到宁波来了，那时候用电最高负荷近5000千瓦。

采访者：那你们是怎么应对用电量骤然增加的局面呢？

余福懋：发电机白天晚上都要开，有时要开三台发电机，但是电费收入很少，国民党军队用电不付钱，他们的家属用电也不付钱，其他政府机构也都不付钱，所以那时候公司是亏本的。

那时候，我家中的经济情况不好，我就住在厂里的宿舍。永耀发电厂职工也可以免费吃饭，从早到晚一日三餐都是免费供应的，不需要付伙食费。如果晚上有夜班，到了11点以后，我也可以吃厂里免费供应的点心。那时候吃饭，餐厅摆满方桌子，六个人一桌，厂里把名单都贴到桌子上，按名单就座吃饭，四菜一汤，两荤两素，待遇还是好的，过年过节还要加菜。那时候很多人都到厂里面吃饭，回家吃饭的人很少。

采访者：但是厂里的待遇还是没有您在铁路上的待遇好。

余福懋：铁路上工资高，其他福利还是这里好。本来我想回江西的，母亲一直说："你不要去，兵荒马乱，你去那里以后能不能回来还不知道呢。"我觉得我母亲的话有道理，待遇少点儿就少点儿，就安心在这里工作了。后来我与输电股的主任顾锡圭住在一个宿舍里，他喜欢与我住在一起，因为我晚上空下来就开始学习高中的课程、电工理论和热机电机的书籍，有时候我还要向他请教，电路方面的知识就是他教给我的。他有时候回家住，就把晚上电话值班的任务交给我，我就代替他值班，我们两个人的关系很好。主任不在岗位的时候，外面线路有什么故障，也是我去处理的。那些工人大部分是文盲，晚上我安排他们工作，他们也服从安排。我是发电厂的人，他们是线路老师傅，我可以开出工作票来给他们做。那个时候出去工作都需要工作票，去外面检查也要开工作票，有工作票就可以领材料，没有工作票就不能领材料。那时候我半夜也起来安排工作，开了工作票后，半夜安排他们去检查。

我们永耀电力公司的结构就是这样子，上面是公司，下面有工务科、总务科、营业科、会计科等科室，我们属于工务科，负责管理发电厂线路。

在厂里待了一年后，我练习生期满，他们把我叫到办公室，当时的工务科科长是总工程师张鸿卿，那时候他已经七十多岁了，他说："你可以到办公室工作了。”因为线路也学习了，发电厂也学习了，我去发电厂讲一些事情的时候，工人还是听的。

二　新中国成立后宁波电力的新发展

采访者：1949 年 5 月宁波解放，解放的同时好像有军代表进驻永耀电力公司，您当时有什么印象吗？

余福懋：宁波解放的第二天，解放军军管会派来三个代表到开明街经理室，首席代表是王少云，他来接收永耀电力公司。三个代表中，王少云是我后来很熟悉的人。他上午到开明街，下午就到发电厂，同工人都打了招呼，也到我们办公室打了招呼。大家谈了谈，他说：“现在还是让王文翰、周信涛来管理这个厂，我们军管会驻厂，你们有什么事情可以找我们。”他对我们年轻人很热情。1950 年，我们厂成立一个团支部，书记是我们发电厂三轨董兴惠，我是第一批团员，有 12 个人。王少云对我们团员很亲切，有什么事情和我们大家一起谈，例如车间里面有什么事情，发电厂的工人思想情况怎么样，线路工人怎么样，等等，大家一起做工作。当时线路工人的思想工作由我负责。

余福懋（后排左起第二位）

1954 年中共宁波市委干校第十一期工业第八组全体同学合影（后排左二为余福懋）

到 1953 年入党之前，我大部分时间工作在线路上。因为线路方面愿意去的人很少，工人师傅文盲多，我就去做一些老师傅的思想宣传工作。主任就管生产工作，叫输电股。我在那里同工人一起出去检修，我会爬电杆的，空手也会爬。但是没有那些老师傅厉害，我会爬屋顶的，还不能把人家的瓦片踩碎。那怎么走瓦片才不会被踩碎？这个要学的，要走屋梁中间，一步一步轻轻踩过去，不能踏踩过去。瓦片踩破，人家房子会漏水的，居民就有意见，这些都是要考虑的。

采访者：那您在线路方面工作时遇到了哪些问题，又是怎么解决的呢？

余福懋：修线路的时候，我就觉得旧社会时期永耀电力公司的线路装置不合理，同时由于国民党的封锁，材料供应非常困难。那时候宁波市委号召克服困难，特别是电力部门要克服困难。

我遇到的难题是材料短缺问题和线路损耗问题，这些要我们电力部门想办法。关于材料问题，我到线路部门工作后发现可以通过改变线路结构来解决。线路的结构原来是一根杆子三根横担，上面有高压线、低压配电线、路灯照明线等。通过调整后增加一个瓷瓶，省掉了一根横担。省掉的横担干什么呢？扩建的时候可以拿出来用。省掉一个横担就可以省掉一根角铁，省下来的角铁可以用到其他地方。

关于线路损耗问题，我们通过把电杆与电杆之间距离拉长来解决的，当时电杆间距有 20 多米也有 30 米的，于是我参考洪传炯的《架空配电学》，计算出杆距 40 米时损耗最合理。但是我还没有把握，就跑到杭州去找洪传炯经理，他很热情地接待了我。我把宁波的情况给他说了一下，又把我的想法告诉了他，他很支持我的想法。后来他到浙江省工业厅当副厅长，我也去找过他，他还请我到杭州酒家吃过饭。我请教了他好几次，他都很支持我，那我就把线路都改了。实施的时候，我向工人老师傅大力宣传这个事情，但是他们的反对意见很大，都不想改。我说现在的线路结构既不安全，又费材料。改革后的线路结构是经过科学计算的，省工省料又安全，但是弧垂不能超过一定的数值，我做了一个 T 字形的工具挂在横担上，新架的线路弧垂不超过 T 字形挂板，刮台风的时候才不至于碰线。后来他们觉得我讲得有道理，就开始执行了。最后事故率降了下去，材料也节省了很多。角铁、钢材节省出来很多，但导线怎么来节省呢？过去导线都是用铜线。后来我到杭州开会，他们也考虑了这个问题，他们认为高压可以采用铝线，低压配电线还是要用铜线。这样，我把我们的高压线全部调为铝线，把高压线铜线调下来到工厂加工，这样我们需要的各种铜线都有了，解决了铜线的来源问题。另一个问题是电杆。那时候我还是供电工区副主任，就找铁匠和木匠，把杆子拔出来，两根拼成一根，把烂掉的杆子割掉后再拼起来，这样就节省了电杆。同时要用水泥杆代替木杆，原来的水泥杆是我们自己浇的。后来新安江那里专门制水泥杆，材料问题就解决了。新中国成立初期，我们不仅克服了材料的来源难题，还有富余，所以一定要创新，要改革，不能守旧。

关于线损问题，当时线损很高，发一度电，线损20%多，所以线损必须减下来。这个损耗从哪里来呢？没有调查就没有发言权。我就到用户家中去调查，不管普通用户还是工业用户，我全部都要调查。我发现一个主要问题，过去居民每户都不装电表，一盏15瓦的灯就按照15瓦的灯用电情况收费，没有电表。如果装15瓦灯的用户，他还使用别的电器的话，你就查不到了，这个损耗相当大。

首先我就建议采取有表用电的措施。那时候我向杭州的电表厂订货，电表的质量不是最好的，但是比没有电表好。到宁波后，我建议家家户户一律装上电表，装不起电表的家庭一起拼电表，不允许无表用电，这一举措解决了偷电的问题；其次是解决过去迂回送电的问题，我改变过去的绕圈圈式的送电模式，直接放线通电，损耗也降低了；最后是实施有计划的检修，那时候用电量比较小，一个配电变压器的供电区域装一个总表，当天去抄分表，当天能跟总表对上，查核线损确定改造方案。

当时负荷大的线路都是单相送电，即两根线送电，我们改为三相四线送电，采取分相供电，把电流分流，降低损耗，也提高了供电电压，解决了部分区域低电压问题。这样改造以后线损最低降到10%左右，还是符合配电线路的线损常规的。我们有计划地检修所有的变压器区域，不是什么地方坏了修什么地方，而是全面检修，都把线路换新，换下来的旧线重新加工。这样子持续两三年，从1953年开始到1956年结束。

采访者：1953年，永耀电力公司开始公私合营，变成公私合营永耀电力公司，您能简单讲述一下这个过程吗？

余福懋：1953年公私合营，公方同志大约有三人，包括宁波市委派出的隋宏同志，他担任支部书记；私方代表大约有五人，以周信涛为主。合营以后，公方代表担任经理，私方代表担任副经理。当时公司组织了一个董事会，董事会由八个人组成，我也是董事之一。公、私方的代表和董事都到宁波开会，第一次开会是在梅龙镇，会议上隋宏同志代表公方向董事会报告企业经营情况，私方董事也做了半个小时的报告，接着会计科科长孙仲略报告了当年公司的财务收支和股票分红情况。那时候有车马费津贴，董事长、副董事长每人500元，一般董事每人400元，公方董事长、董事的车马费一律缴公。

采访者：公私合营之后，下面厂里的运行和之前相比有没有什么变化呢？

余福懋：下面体制变了，第一个是发电厂设厂长，厂长专门管发电厂这块；第二个是供电所管线路；第三个是营业所（营业科）。其他的科室也变了，总务科管总务工作，生技科、计划科、财务科、保卫科都建立起来了。公私合营以后，机构都改了。

采访者：后来您被评为先进电力工作者，以及到北京被毛主席接见的过程，您能否详细讲一讲？

余福懋：毛主席接见是4月25日，我印象非常深刻。第一天开会时电力工业部部长刘澜波跟我们说："明天中央首长要来接见你们，你们都要做好准备。第一，胡子要刮好，衣裳都要穿整齐，皮鞋要擦油。第二，国务院有大卡车来接你们，凭票上车，不要争先恐后。我是大组长，一个车子选一个小组长，我们大概有四部车子，我会来指挥的，你们服从命令听指挥。"刘部长讲了以后，大家下午急匆匆地到理发店理发、剃胡子，衣服都穿得整整齐齐的，皮鞋都擦得锃光瓦亮。第二天上午八点钟，刘部长来了，我们排好队，每人发一张票，票上印有位置编号，大家按照编号上车，车上有国务院的同志计票。我们按照编号找座位，刘部长检查之后车子才出发。我们到怀仁堂后花园草坪上以后，刘部长说："今天毛主席和其他中央领导来接见我们，他们现在正在开政治局会议，会议休息的时候会来看我们。你们都要站好，毛主席来了以后你们就鼓掌，不要喊口号。"我们等了半个小时，毛主席从怀仁堂出来了，他穿了一套淡灰色华达呢中山装，披了一件风衣，戴着一顶淡灰色干部帽，穿着黄色皮鞋。他走出院门的时候，身边的同志把他的大衣接过去了。他走过来的时候，我们拼命鼓掌，跟在毛主席后面的有刘少奇、周恩来、朱德、彭德怀、邓小平、林彪等。周总理统一指挥，毛主席同我们招手，一些领导也向我们招手。周总理指挥各位首长都坐到自己的位置上，摄影师拍了两张照片。拍好以后周总理站起来对着大家招招手，毛主席也跟我们挥手。拍好照片以后，出了东华门，刘部长讲："晚上开招待会，看京戏。"

采访者：这次的经历一定特别难忘！那20世纪60年代宁波的发电设备是否有所更新？

余福懋：发电负荷增加了，经常三台发电机同时运行，分别是3300千瓦、3200千瓦、1600千瓦，加起来8100千瓦，后来8100千瓦的负荷都不够用了。我们又修好两台损坏的650千瓦德国产的AEG。修这两台机器也很不容易，汽轮机的叶片坏了，一个是转子上的叶片，一个是汽缸上面的叶片，要修好这个叶片需要解决材料和工艺两个方面的问题，所以我联系并陪同修理汽轮机的同志到上海汽轮机厂看叶片的制造过程。

第一次是我自己去的，第二次是与我们电厂副经理桂友法、厂里的技工一起去的，看上海汽轮机厂的叶片怎么制造。桂友法是搞技术出身的，在这方面的水平比较高，他看了叶片制造的过程后认为我们制造不出来那样的叶片。那里的叶片都是专用设备制造的，效率很高。

我们没有办法，零部件也配不到。后来大家在厂里面研究，先化验它是什么材料，化验后发现叶片是不锈钢的，太原钢铁厂有这个钢，后来我跑到太原钢铁厂把这个材料拿来，但加工困难，最后决定用无缝钢管来代替不锈钢，才把这两个汽轮机叶片修好。

这两台650千瓦机组可以发电后，又增加1300千瓦，总千瓦数达到9400千瓦，后来负荷上去了，9400千瓦又不行了。我们就租电力部的列车电站，把装在火车上的两台2500千瓦机组运到宁波来，又增加5000千瓦，达到1.4万千瓦，还是不够用，最后实行计划用电，即分区停电。

当时宁波市成立了计划用电办公室，由我负责。一个副市长挂名当主任，我当副主任，每天在调度室里调度哪里停电，这肯定不是长久之计。后来浙江省电力局和计委研究要向宁波送电，送电有两个原因：一是宁波地区缺电问题必须解决；二是杭嘉湖平原实行电灌以后，粮食增产显著。宁绍平原是浙江省粮食主产区，浙江省委决定解决宁绍平原的粮食问题，农村要实行电力灌溉。

浙江省委决定以后，1963年组成萧山到上虞工程指挥部，调我去当副主任，主任就是重工业局局长李高斗。宁绍地方上的情况他都很熟悉，我就管业务、线路和变电所建设。浙江省电力局调来基建处王乃甫处长。还有一位鲁定智同志，他负责各县抽水机埠的建设。我们四个人组成一个领导班子。

领导班子有了，下面还需要工程技术人员。我们把在宁波、绍兴地区的、浙江大学毕业后分配到各地的发配电方面的工程技术人员调进来，差不多调了20个技术员组成工程指挥部。1963年下半年开工后，变电所是关键，绍兴变电所比较好解决，上虞变电所是关键。当初国家规定不能占用粮田，所以上虞变电所选址定在一个山坡上的高地上，我们需要把山炸平。但是那年冬天又结冰又下雪，钱江建筑公司就没有办法做这个工程，混凝土浇下去就结冰报废了。后来我说："不行，一定要做，明年（1964年）5月一定要通电，浙江省委第一书记江华指示的，这是军令状，不管采取什么措施，明年5月份一定要通电。"后来我找钱江建筑公司的经理和工地的两个工程师商量，我说："我看了资料，主要是温度问题，我想这样搞，混凝土浇筑用热开水浇，沙子、石子用大锅子炒热，用这个办法行不行。"他们说："怎么保温?"我说："用稻草保温，或者烧炭保温。"后来建筑公司说要增加预算，我说："可以增加预算。"

还有就是建控制室、开关室的厂房，空心板要用吊机吊到墙上，那时候起重机没有，就是用人工抬，八个人冒着严寒抬一块空心板，这就是大无畏的精神！冬天我们把控制室、厂房都搞好，户外构架也立好了。送变电安装公司一看，有条件安装了，就一边安装，一边放线路，但是要实现第二年5月份通电，还缺少设备。

但是设备没有到货，这又是一个难题。订的设备——华通开关厂的开关、上海电机厂的变压器都在上海，我又找到宁波地委阎世印书记，请他写信，因为上海机电局局长是他的老战友。我请机电局的刘局长帮忙打电话都沟通好，我再拿着介绍信到各个厂去催取设备。幸好当地领导支持，浙江省又打电话给上海市计委说："到5月份，我这个电灌工程一定要上马，关系到宁绍平原的粮食丰产的问题，请上海市要支持。"这是第一个方面。

第二个方面，我跑到华通开关厂，厂长说："你到车间请车间主任过来，我已经安排好了。"我到车间里面才发现，车间里有一半是宁波人，车间主任是宁波东钱湖人，大家都是宁波老乡啊。车间主任就说："这个算是宁波家里面的事情，我们干，你这个单子拿来，什么开关，什么型号，我优先给你，现在仓库有的先给你。"因为是老乡关系，大家都很客气的。这么一来我们的工程速度大大提高了。

到了4月底，浙江省委第一书记江华到我们工地上来检查工作，有关的厅局领导，包括浙江省计委、建委领导都在工地等他。工地也没有什么东西，就借了几张长板凳给他们坐。工地上条件差，就用大锅炉烧一锅开水给他们喝。我们省局的石青局长也在，石青局长讲："小余啊，江政委那里还是你汇报，具体情况我不了解。”我说：“好。”等了半个小时，省委第一书记到了。我去迎接他。他看见我们很客气地说：“你们辛苦了。”到了山上，各个厅局长、主任都在那里欢迎他，他就没有这么客气了，笑容也没有了，说：“你们都来了，这个工地有什么问题？”大家都说不出什么问题，我已经提前向他汇报了，可以保证5月通电，他很高兴。他说：“表扬你们5月份能通电，要总结你们的经验。”

这个变电所后面有一座很高的山。他看到以后就批评道：“后面这座山那么高，假如敌人一个手榴弹丢下来，这个变电所不是报销了吗？你公安厅干什么吃的，施工期间有没有到这个工地来看过？”公安厅的人说：“我们没有来过。”江政委说：“没有来过？你们干什么吃的！这么重要的变电所都不来督察。”他批评得很厉害，大家都不敢说话。后来江政委说：“想个补救的办法。”石局长问我：“小余，你有什么好办法？”我说：“别的办法没有，变电所已经建好了，围墙也已经打好了，要么这样，用水泥柱子拉上带刺的铁丝网，绕山围起来。如果外面人要跑进来，先要穿过带刺的铁丝网。”江政委说：“可以，你们想办法就行了。”这个事情就这样解决了。

后来我们就在变电所外围装了铁丝网。到了5月份，上海这个变压器也制造好了，运输的时候却碰到一个大问题。4月下旬，王醒副省长来视察工作的时候，我就向他汇报，变压器可以走铁路从上海运到工地，那里正好有条公路，可以运到我们变电所。但是那个路口在曹娥江大桥和百官站中间，如果从这个地方卸货就需要停掉整个杭州到宁波的铁路，才能把变压器卸下来。这个事情我们是解决不了的，需要请省政府解决。王醒副省长去了以后，马上打电话给杭州铁路局的领导，解决了这个问题。后来，王醒副省长打电话给我，让我去杭州解决这个问题，我们带了省电力安装公司起重的技师到浙江省府大楼王醒副省长的办公室，王醒副省长说：“我跟铁路局讲好了，你到铁路局找姓郭的领导和他谈谈。”后来我们跑到铁路局找到负责同志，跟他说了大致的情况，他把地图拿出来，把调度人员也叫来。他问我们需要多久能把变压器拉下火车车皮，还专门给我们调度一个车皮和火车头拉一万千伏安的变压器。当时我们没有吊机，安装公司的起重技师说用最简单的办法：“你要借给我们一些枕木，我们要在铁路边搭一个平台，平台上面放四根钢轨，钢轨上面擦抹牛油，车的尺寸都量好，钢轨的尺寸正好是平板车的位置。当火车停好以后，我们用千斤顶把变压器顶起，钢轨插到变压器下面，然后用上面的钢丝绳把变压器捆扎好。用汽车通过滑轮把变压器从车皮上拉过来，通过抹牛油的钢轨，把那个变压器从钢轨上拉到枕木的平台上。拉上以后，火车就可以走了。”他听了我们方案之后就同意了。但是他说：“你要保证在半个小时内，把这个变压器拿掉，如果拿不掉的话，就会影响列车的运行。”

那天变压器运来的时候，我们很紧张，准备工作早就做好了，在曹娥车站火车把变压器拉过来了，停得正好。后来很顺利，半个小时不到，我们就把变压器拉下来了。当时铁路局的副局长和浙江省局领导也在现场，怕我们出事情，最终我们半个小时就完成了任务。在那里我学到很多的知识，体会最深的是工人的智慧、力量是无穷的。

采访者：您能给我们简单谈谈上虞到宁波输电线路的历史吗？

余福懋：上虞投产以后，接着就是宁波。从上虞到宁波的线路当中，余姚、慈溪还没有电，都是靠小发电机发电的。当时宁波电力紧张，省里决定先建上虞至宁波这条线路。1964 年以后，从上虞开始全线开工，基本用原来的班底，没有再用钱江建筑公司，而是改用宁波的建筑公司，因为钱江建筑公司成员很复杂，不好管理。

从上虞到宁波，有七十几公里，省政府要求 1965 年实现宁波变电所通电。我们日夜加班拼命地干，并且把沿线的农民都动员起来运输线路、水泥杆、铁塔等材料。宁波难搞的地段是余姚、鄞县、四明山地区，当时浙江省领导与宁波专区领导一起开会，组织沿途的公社大队都分段包干。水泥杆、铁塔、导线都要分段包干运输，保证土地开挖，很多设备材料都是农民拉的，尤其到四明山的时候，都是沿山路走，工程很复杂。特别是天气热的时候，四明山上有很多眼镜蛇，当地大队书记和农民就提醒施工人员都要注意。这个工程比萧山通上虞要艰苦，都是沿着四明山走。线路分工包干以后，工程进度很快，材料供应也很快，指挥也比原来熟练了。

到 1965 年，工程进度又卡在变压器设备上了，设备要到北京去订货。北京是部里面分配，得是部里面物资会议定下来给你这个指标才行，指标分在什么地方就是什么地方拿货。我们希望在北京订货去上海拿货。国家计委的物资局，包括我们电力部的物资供应司才能决定下来。我记得 1959 年在北京电力干校学习的时候与部长和司长很熟悉，当时刘部长经常到干校与同学们交谈，他说：“你们没有经过局（厂）长班培训，你们就不能当局长或厂长，一定要拿到文凭才可以当。”所以我们要轮流去培训，我在那里培训了半年多，部长、司长都认识。我到北京找他们，找到的都是我曾经的老师——计划司的司长、物资司的司长。我再到国家计委拿订单，尽量争取把上海的设备给我们。当时国家计委分配物资监管的同志大多是上海人，我们宁波话与上海话差不多，占了这个便宜，所以物资管理的同志把上海电机厂、上海开关厂的设备给我们了。

设备订好之后又遇到变压器的运输问题。上海到宁波又不一样了，要走海运。海运变压器不能用一般的轮船，只能使用海军的登陆艇。东海舰队的海军驻扎在宁波，由市里面的领导帮我们联系，我们去找 4300 部队的一个参谋长，他说："市里面已经说了，派个 400 吨的登陆艇，从上海下海，用登陆艇把变压器运到宁波，但是变压器太沉，而且重量是集中的，登陆艇的 400 吨重量是分开的。所以需要在登陆艇里面搭一些木架子分散重量。"这样，我们在船里加上枕木、钢轨，把重量分散，从上海把主变拉到吴淞口，运上登陆艇，运送到宁波的时候上岸又是个大问题。到宁波江北码头拉上来的话，要过灵桥，变压器太重可能会把灵桥压坍，而且也不能保证变压器安全，所以这个路线不行，最后我们决定从江东上岸，等江东滩涂涨潮水，从江东和丰纱厂把它拉上来。

上虞至宁波线路通电那天，省政府的刘剑副省长、宁波地委书记、宁波市委书记参加通电仪式。110 千伏变电所通电之后，宁波的用电负荷就上去了，计划用电问题也解决了。通电以后大家又开始讨论余姚、慈溪的用电问题。

采访者：那您能讲讲余姚变电所的事情吗？

余福懋：余姚变电所是 1965 年开始建的，省里要求 1966 年一定要通电。我们首先确定了余姚变电所 110 千伏的负荷，打算用 35 千伏电压向慈溪送电，这样就可以一次性解决两个县的供电问题。国家计划里面没有这个项目，变压器要自己解决。省里面了解到贵州有一台闲置的一万千伏安变压器，于是浙江省计委与贵州打好招呼之后，让我们去贵州拉变压器。

第一次我们派黄世英同志去，他到贵阳以后打电话给我说："这个变压器，贵阳是拉不来的，变压器的主人在昆明，变压器在贵阳，而且手续很复杂，人家同意不同意还不知道。"听罢黄世英同志的话，我马上跑到杭州向省局汇报这个情况，浙江省计委又写介绍信，让我们到贵州省计委、云南省计委商量转交变压器的事宜。

我先到贵阳与黄世英会合，他把情况向我介绍了一下。原来变压器是贵州省送变电公司的，但是变压器的主人家在昆明。从贵阳到昆明乘汽车要三天，而且还存在安全隐患。所以，当时贵阳那边建议我乘飞机去昆明，那时候乘飞机要经过领导批准的，我就打电报给省局石局长，他拿着我的电报到省计委，省计委马上就批了，我记得那时候从贵阳到昆明机票五十多块钱。

我到昆明后立刻到了昆明的送变电公司，公司里有许多上海人，一听我是宁波人，工作人员也很客气，他说：“今天正好你跑来，再等一天，我们到越南边界去施工了，变压器问题很好解决。”看到我的介绍信后，经理马上写了一个条子，盖了个图章，批准我们到贵阳仓库拉变压器。我拿到这个批准的条子后，第二天就乘火车回贵阳了。当时贵阳到昆明的火车刚好那天正式通车，被我赶上了，我的运气也挺好的。回到贵阳后，我和黄世英两个人找到这个仓库，发现余姚变电所用不了这个变压器。它是发电厂用的升压变压器，电压等级是 110 千伏/35 千伏/6. 3 千伏。

随后我马上打电报给省局，省局要求我们先把变压器拉回来。运输变压器不是简单的任务，从仓库里面拉出来还要申请火车计划车皮，我跑到贵阳铁路运输局跟运输局领导说：“我们 5 月份一定要通电，供电与否对那里农业影响很大。”我和他说了以后，运输局领导说：“这样子，我先查查运输计划，如果有一个车皮多了，就给你。如果没有多的，我们再想办法，尽早给你解决。你一定要填计划申请表格。”我说：“好，我马上填表，马上申请，但是我没有图章，只有签名。”他说：“你介绍信有就算有了，这个章不要盖了。”我说：“我身上钱也没有了。”他说：“这样子，你运到以后付钱，我和你写好，运到余姚工地以后，你再汇钱给我们。”他对我们非常支持。贵阳这个事，我非常感谢他，他非常支持我们的工作。

火车把变压器运到余姚以后，省局好几个工程师同我们在现场研究，最后决定改装 6. 3 千伏侧电压，主变的结线是 Y/Y/△，需要把 6. 3 千伏△改结成 Y，改好正好是一万零五百伏。

当时我们决定把这个线圈的线头全部割开，线圈可以不改，这个接头拆开，重新焊接。我们发电厂的工人许信槐焊接技术水平非常高。我就找到他把这个事情跟他说了，他说可以啊。但是焊条要用银焊条，大家设法找银子，我回家把小孩的银项圈、手镯都捐献了。大家凑起来总算解决了焊条问题。关于焊接还是存在两个问题：一是线圈都是绝缘层，不能烧焦的，如果焦了会把绝缘层破坏掉，将来要出事故的；二是焊接的时候要怎么降温。省局在现场的工程师向上海变压器厂咨询意见，上海变压器厂说变压器在空气中暴露不要超过 4 个小时，避免它受潮，受潮了就有问题了。因此，我们选择在阳光明媚的天气进行焊接，太阳出来后，我们把变压器用吊机吊起来，吊好马上割开，割开就焊，我同许师傅说：“你焊的速度要快，速度慢了把绝缘层烧焦了，这个情况是不行的。”开始焊接之前我们在变压器上搭了一个布棚，防止他焊接的时候火星溅到变压器油上面，一切急救措施都做好，结果割开以后他焊得很快，一个小时就解决问题了。然后我们测量线圈有没有接错，测量了半小时，发现没有焊错，也没有接错，就把线圈放进去装好，装好就通电，给它用低压电通进去，高压出来。第二天就把它拉上基础，到 5 月中旬那天通电的时候，我非常担心变压器出毛病。变压器通电的时候，大家与变压器保持了一定的距离，万一变压器里面短路，造成爆炸，要伤人的。大家聚在那里等，开关“砰”地一声响上去后，通电顺利，大家纷纷鼓掌！电送出去后，余姚、慈溪的用电问题都解决了，到 1966 年这个工程就算完成了。

采访者：20 世纪 70 年代宁波又进行了一个浙东输变电工程，您能介绍一下这个工程吗？

余福懋：浙东输变电工程主要是以奉化 220 千伏输变电为主，电由富春江电站送出来。220 千伏进奉化变电所，110 千伏、35 千伏送出。一条 110 千伏线路送穿山，经过横溪，另一条线路一直到象山，穿山、象山港那里都有国防用电需求。国防用电其实用得不多，但是要保证它安全，不能断电。地方上借此机会就可以用电了，相应地我们就建了西周变电所，一个是穿山变电所，另一个就是横溪变电所。这三个变电所建得很快，220 千伏这个系统建好了，就解决了奉化、宁海、象山三个县的用电。

采访者：它的初衷是保证国防用电，但是同时周边地区都受益了。

余福懋：对。奉化、宁海、象山本来是没有电的，这个工程的贯通解决了用电难的问题，奉化、宁海、象山负荷也上去了。负荷提升以后，奉化的 220 千伏变电所也可以供应绍兴地区的新昌、嵊县用电。还有一条线路通过宁海到台州的三门地区，这个负荷更大，9 万千伏安也不够了。通电两三年后，奉化变电所满负荷了，就要上第二台 9 万千伏安，但是国家没有计划。后来省局与上海电力公司协商，把金山石化总厂不常用的变压器调到奉化，上海电力公司非常支持，还派工人把变压器拆下来。金山石化总厂也非常支持，厂里直接供应我们吃饭，还提供车子，并帮助我们把 9 万千伏安的变压器拉上大平板车。

把变压器拉到奉化也不容易，一路要经过许多桥梁，快到奉化时有个桥过不去，我找到交通厅的邵厅长说：“变压器在这里过不去了，你要想办法。”邵厅长就派公路局局长和工程师到现场来，当时省局局长葛洪升也到现场了。

我们从溪坑里面搭个便桥，用枕木钢轨把变压器运进奉化变电所，这样一来，第二台 9 万千伏安变压器就顺利投运了，新昌、嵊县、宁海、象山、奉化五个县包括穿山的用电难问题就得到解决了。

采访者：奉化变电所的变压器是藏在山洞里吗？

余福懋：都藏在山洞里，很隐蔽的。那里山连山，如果站在公路这边根本找不到变电所的。但是内行人根据线路找，就能找到变电所，根据地形是找不到变电所的。奉化的变压器安装以后，浙东输变电工程就全部完成了。

三　改革开放时期的宁波电力

采访者：前面您讲了新中国成立初期的宁波电力发展状况，接下来请您简单谈谈改革开放初期您参与的电力项目。

余福懋：改革开放时期宁波建了四大工程，一是浙江镇海石化厂，二是镇海发电厂，三是镇海港港口，四是宁波渔业基地。这四个项目的用电问题需要我们去解决，当时我与黄世英一起到镇海开会，省计委的程主任说："明天国家计委和北京派人来，在这个会上，要解决两个问题，第一是水的问题，第二是电的问题，这两个问题解决了，项目可以批。如果会议上他们问你有没有水，你一定讲有水；问你有没有电，你一定要说有电。"

第二天开会的时候，北京来的同志先问水利局的人："这几个工程用水怎么保证？宁波的雨水情况怎么样？年降雨量是多少毫米？"水利局的人就说："水可以保证的。"问了电的问题，我说："我们有 220 千伏变电所和 110 千伏变电所，可以保证用电。"他们对我们的回答很满意，四个项目就批准了。

他们问我怎么保证施工用电？我说："我用宁波变电所 35 千伏供电，放条线路到镇海，在那里建个 35 千伏临时变电所，可以保证镇海电厂、港口，石油炼化用电。"渔业基地在上面，35 千伏直接下就可以了。这个方案定下来以后，我们把材料备好马上施工。我们施工速度很快，早上天一亮就开工，晚上天黑收工，中午就在工地吃饭，我们同吃同住。施工进行到甬江边上三官堂的庄桥海军飞机出口的时候，他们不允许我们建较高的建筑物，我就到海军司令部去找领导，商定之后决定建筑的高度不能超过 23 米，超过 23 米对飞机就有影响。我回来算了一下，决定尽量把线路压到 19 米，尽量保证飞机的安全，实在不行就用电缆。

采访者：您见证了宁波电业局成立的过程，您能简单谈谈建立过程吗？

余福懋：成立宁波电业局是电力运行的体制需要。系统内 110 千伏线路以上属于中央企业，我们永耀电力公司属于地方管辖。当时葛洪升任省局局长，他到宁波召集我们开会，他问："怎么解决电力运行的问题？"他向宁波地委和市委都征求了意见，电力公司想让地委管，宁波市委想让市委管，两个意见不统一。当时我提议说："电力不分地区的，我们的电不仅要送绍兴，也要送台州、舟山，不能限于地区或者宁波市，我们干脆把宁波市的'市'字取消，就叫宁波电业局，电送到任何地方都可以。"葛局长说："这个办法很有道理。"在座的同志也都同意了，随后，葛局长说："余福懋起草文件，起草好马上送到杭州来。"我第二天就把这个事情弄好了，带上起草的文件，与原来工会主席计淙两个人一起去了杭州。那天正好葛局长在开党组会议，他听到我来了，马上叫我去找他。我把起草好的文件给他看，他一看说蛮好，当时党组成员听了后都说蛮好，所以宁波电业局就成立了。

采访者：您能再谈谈宁波发电厂和镇海发电厂的事情吗？

余福懋：镇海发电厂要发电的时候，浙江省局决定把宁波发电厂停掉，技术工人全部到镇海发电厂上班。文件下达以后，党委开会并推荐我去做动员工作，动员宁波电厂工人到镇海电厂去上班。当时我觉得我不适合做动员工作，所以在会议上就说："这个事情应该书记动员，我动员不太好，我是管线路和送变电的。"同事们就说："发电厂对你印象很好，所以要你去。"张书记也说："我是宁海调过来的，不熟悉发电厂的事务，还是你去吧。"大家就决定让我去。后来，我仔细想想要我去动员也可以，发电厂里面的工作人员我很熟悉。

但是我提出："决定要去镇海发电厂上班的人，一个都不许'开后门'留下来，不论有什么背景，都不许'开后门'，一律都要到镇海去。"当时发电厂大会堂开动员大会时吵翻了天，个别员工的家属也跑来了。我上台做报告，首先宣读省局文件，把到镇海电厂工作的意义讲清楚，把宁波电厂必须关掉这个道理跟他们讲明白。随后我又说："镇海电厂是现代化火电厂，宁波电厂是老电厂。机电炉值班的同志如果不去学习现代化设备技术，个人是没有发展前途的，宁波电厂关掉之后，如果不去镇海电厂上班就会失业。而且镇海距离宁波只有 18 公里，每天汽车接送，那不是很好？在上海上班，路上花一个小时是经常的事情，到镇海半个小时，在镇海电厂，你们技术也可以提升。”大家听了之后觉得我说得有道理，当时不论是机、电、炉、修，办事员一律到镇海电厂上班。会议开完以后，我就坐到发电厂厂长办公室，便于大家有事情不清楚可以问我。结果，我坐到办公室以后只有两个同志来问我，吃住问题怎么解决，我就说：“镇海电厂的厂长书记今天也参加会议，吃、住、行的问题都安排好了。”

后来我到镇海发电厂去访问他们，问他们工作好不好，一部分同志说很好，有的人当了班长，有的人做了组长，有的人做了司机。镇海发电厂福利比宁波电厂好，伙食也很好。当时有些同志说：“余福懋，你跑到镇海电厂，他们要骂你的，会把你赶出来的。”我说：“我不怕的，骂就骂两句嘛，不会赶出来的。”我去了以后，他们都很客气。看到他们安心工作，我也放心了。后来他们说：“还是你动员工作做得好，否则我们就被耽搁了。”所以对工人同志一定要做思想工作，而且还要做到位，比如工作问题、生活问题、家庭问题都要考虑，要帮助的。

采访者：您还有什么印象深刻的事情吗？

余福懋：首先是带电作业。我记得 20 世纪 60 年代基本建设结束以后，我管生产时就提出了带电作业，也就是在高压线上带电工作，当时的线路大都是 10 千伏的。带电作业的好处是不停电，这对工厂、企业、居民都有好处。当时我们专门挑了一些技术水平比较好的线路老师傅到杭州、上海参加带电作业培训。1968 年开始，我们的带电作业班培训效果很好，解决了许多问题。但是带电作业也是有条件的，不是所有东西都可以带电作业。要想带电作业要满足五个条件：第一，天气晴朗，没有雾霾，有雾霾容易出事情；第二，风力要小于三级；第三，工人那天精神状况要良好；第四，线路的结构和人身的距离要足够；第五，不能有太复杂的接线，要接简单的线。所以我就规定了一些条件，不符合条件的作业就不做。

还有一件事是关于设备改造的。1965 年投产的 110 千伏宁波变电所，采用的设备都是仿苏联的，隔离开关使用的是破冰式的隔离开关。当时 110 千伏的余姚变电所、宁波变电所都采用破冰式的 35 千伏隔离闸刀。有一次，110 千伏宁波变电所大修，运行工王师傅去拆接地线的时候，破冰式的闸刀自己掉下来并导致三相短路，一下子电弧就烧到了人。事故发生时我们立即打电话到第二医院，第二医院的医生说：“王师傅烧伤太严重，电烧伤没有办法，其他火烧伤有办法。”那怎么办呢？我们就想到了华东电管局的上海电力医院，专门医治电力职工的电烧伤，我们马上想办法把王师傅送上海。那时候宁波到上海的交通不便，坐火车要 8 个小时，坐汽车要 10 个小时，宁波到上海没有飞机。我们就申请 4300 部队海军给我们一架直升机，用直升机把王师傅送到上海电力医院，把王师傅送到上海以后手术很顺利，最后把他医好了。

这种情况发生以后，我重新看了闸刀的操作情况，希望浙江省局把所有破冰式的闸刀调为我们国产的平开式闸刀。我们局里管一次设备的工程师知道我调整闸刀后说：“余局长，你这个花费太厉害了。”我说：“人的生命是第一位的，苏联的闸刀设备在我们这个地方是不适用的。”更换国产闸刀后保证了我们变电所的安全运行，以后就没有发生过类似的事故了。不论是奉化变电所、宁波变电所，还是今后变电所的建设设计审查的时候，都要考虑到这些安全措施的。领导一定要下决心，否则工人伤亡事故还要增加。

还有就是调换 220 千伏、110 千伏的 MKП 多油量开关，这是苏联的油开关。MKП 开关实际速度太慢，跟继电保护配合不起来。系统发生故障的时候开关要切断，系统要求开关在 0.1 秒或者 0.2 秒内跳闸，但是 MKП 开关跳闸至少需要 0.5 秒，如果不跳闸就会引起系统振荡。此外，这个是多油量开关，每桶的油量将近 8 吨，发生火灾容易爆炸，变电所的安全没法保障。后来我们换成少油量开关，速度快，需油量也少，体积也小得多，所以现在都是采用少油量开关，再先进一点的采用六氟化硫的开关。那时候我是提倡使用六氟化硫开关的，六氟化硫开关性能很好，但是我们的条件不允许，就改用少油量的。在避免系统事故、工人伤亡事故方面我做了这些努力。

最后，镇海石化厂建成时，为保证炼化厂安全，是由我局的 110 千伏静德变电所，两路 35 千伏双回路给它供电的，看到湖北荆门石化总厂由于停电引起爆炸的通报后，我和郁宗麟同志就到石化厂里跟书记、厂长说：“你自己要有自备的发电厂，我们的系统不一定可靠，停电的话发生爆炸、火灾，这个责任太大了。”刚开始他们不同意，我又说：“你们同行都知道，荆门石化总厂发生爆炸，你一定要自备电厂。”后来他们建了一个 1.2 万千瓦的发电厂，我说：“主供电源你自己供，我们是备用电源，这条线路的安全我们可以保证，如果需要检修我们会通知你们。”我们就是通过这种方式来保证石化总厂的用电的。所以，石化总厂从投产到现在，几十年来没有因为电的问题出毛病。

从『一线两变』到『银线飞架』

口 述 者： 叶立祥

采 访 者： 赵琳娣、吴莹

整 理 者： 徐钧、邹凌宇、杨佳慧

采访时间： 2019 年 3 月 14 日

采访地点： 国网嘉兴供电公司

叶立祥 1939 年出生，福建福清人，1957 年考取浙江大学电机系工业企业电气化专业，大三时转入发配电专业，1962 年大学毕业后被分配到嘉兴供电局工作，1979 年成为中国共产党党员，同年任副总工程师，1981 年任副局长兼总工程师，1983～1998 年任嘉兴电力局局长，1998 年退休。在任嘉兴电力局局长期间，1990 年桐乡成为全国第一个大电网供电的农村电气化县；1990 年嘉兴年销供电量首次突破 20 亿度，成为大型供电企业；1995 年嘉兴市成为全国第一个实现全市农业初级电气化的地级市。其后海盐、海宁等县相继实现农村初级电气化，实现了嘉兴境内每一个县至少有一个 220 千伏变电所的目标。

一　早年经历

采访者： 叶局长，您好！请您先介绍一下您的个人信息。

叶立祥： 我是福建福清县人，福清县就是现在的福清市。我在 1957 年之前一直在福清县福清一中读书，1957 年高中毕业的时候，我就到福州参加高考，当时全国招收考生至少有 10 万人，最后我成功考到浙江大学的电机系。以前我的家庭成分是工商业地主，我的老祖父是做生意的，买了点地就变地主了。

采访者： 您当时高考的时候有没有受到家庭成分的影响？

叶立祥： 受影响。当时我考上浙江大学也不容易，因为当时比较讲究成分，但最后我还是被录取了。当时我考的是浙江大学电机系工业企业电气化专业。我读到大学三年级的时候，基本上基础课过关了，专业课读了一部分。后来院系调整，学校要搞一些比较尖端的院系，就把一些出身不好的学生调整到发电厂、电力系统、电力网专业，现在叫发配电专业。我转到发配电专业读了一年多，前后一共读了五年。转过去之后，有一部分发配电专业的基础课我们没有读，有老师给我们专门补课。补了一个学期左右，基本上我们能跟上发配电专业同学的学习水平，就在 1962 年毕业了。

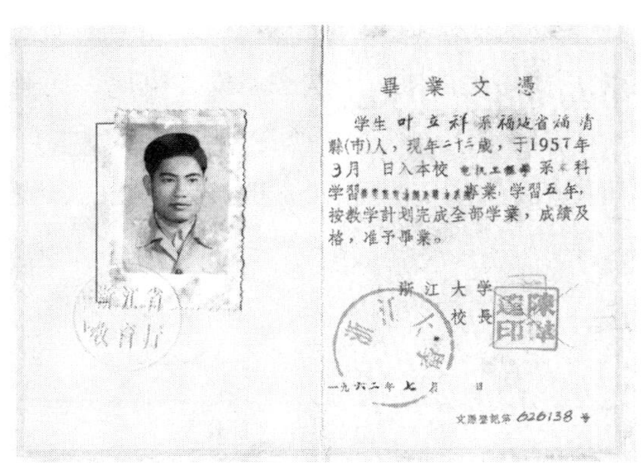

畢業文憑

学生叶立祥系福建省福清縣(市)人，現年二十三歲，于1957年9月　日入本校　　系　科学習　　專業，学習五年，按教学計划完成全部学業，成績及格，准予畢業。

浙江大学
校長

一九六二年七月　日

文憑登記第 626138 号

1957 年 9 月颁发的叶立祥浙江大学毕业文凭

采访者： 如果不是转专业的话，四年就能毕业是吗？

叶立祥： 转不转专业都要读五年。1956 年开始就是五年制。我们 1962 年毕业以后，相当一部分被分配到浙江省，还有一部分被分到上海，还有少数的同学被分到全国各地。我们这一届在1962年之后的分配还算可以的，比1961年那届分配要好一点，因为1961年那届基本上都分到浙江，后面就分不掉了。到1962年10月22日，我被浙江省电力局，当时叫电业局，分配到嘉兴。嘉兴供电局是在1962年7月份成立的。我跟我爱人是同学，还有一对同学，他们从学校直接被分配到嘉兴供电局。1962年毕业被分配到嘉兴供电局的，一共有七个人，包括我们两对夫妻，还有另外三个人，也都是浙江大学的。浙江大学有七个人被分配到嘉兴。当时嘉兴供电局在7月份成立，实际上是一个架子，没有配备人员。我们这些被分配的人过来了，还有一部分1961年被分到县里再被调上来的人也过来了。另外就是嘉兴原来有一个工业专科学校，里面的一批老师被调了过来。最后一部分是嘉兴农校的人，再加上湖州调过来一部分领导班子，一起凑到嘉兴供电局。当时是嘉兴供电局，不叫电力局，叫供电局。

采访者： 当年你们同班同学大部分被分配到电力系统了吗？

叶立祥： 我们同班同专业被分到嘉兴的有四个人，其他相当一部分在浙江省电业局，也有被分到浙江省电业局中调所、杭州电业局、设计院的。被分在浙江省的人占大部分，被分在上海的有十来个人，去上海的大部分也都在上海电业局，电厂也有一部分。很少人被分到国内其他地方，大部分在江浙。

采访者： 您在大学五年里有到电厂里实践过吗？

叶立祥： 我到电厂实习过两次。一次去新安江电厂，还有比较小的，在衢州的黄坛口电厂。我在新安江电厂主要是跟班，了解发电厂生产的过程。那个时候新安江电厂刚建成没多久，在1958年前后建成的，我们去的时候应该是三年困难时期。

二　扎根基层

采访者： 您刚到嘉兴电业局的时候具体从事什么工作？

叶立祥： 我刚到这里的时候，当了两年调度员。那时候的调度工作很简单，调度要靠电话，我一般用塑料板画一条简单线路，方的是开关，两个圈圈是变压器。当时我就靠电话加上模拟板来指挥系统运行，这样系统就很简单了。再一个就是负责 24 小时接收下面的用电情况汇报，用了多少电，每个小时报一次，然后把用电量再加起来，再报到省调度所去，就这样汇总当天的系统运行情况。还有一个是发布操作命令，根据计划安排，哪些地方要检修了，就进行操作，操作也很原始，就是调度员开操作票，开好操作票就发布命令到变电所，变电所也跟着写好，第一步、第二步、第三步、第四步按顺序写好，再重复一遍，听听有没有错，没有错的话可以执行了，就这样子。

那时候都是口头传达命令，调度的主要任务一个是负责系统操作、运行，再一个是汇总当天运行情况，还有一个就是安排检修方式，若设备要检修，提前几天申请，申请以后安排好就可以调整负荷了。调度当时还有一个任务是继电保护，继电保护就等于变电所开关，需要整定电气设备，出故障它会自动跳掉。当时调度就分两个组，一个调度组，一个继电保护组，调度组兼管运行方式，人很少，只有八九个人。最早是两班倒，后来三班倒。调度人员就睡在调度所里面，晚上十点钟安排好了就睡觉，早上六点钟起来。就这么一个简单的操作，我搞了两年。两年以后，1964 年，我被调去搞继电保护，继电保护搞的时间比较长，1966 年“文化大革命”时我还在搞，当时比较乱，我们成立个小班子，实际上负责正常工作。我是比较保守的，用他们的说法就是支持掌权派。我不是自吹，我的业务能力还可以。32 名小班子成员中，我是唯一一个保守派，其他都是造反派。我就搞生产，有工作做，不去参与那些自己不想参与的活动。当时的一个党委书记，他人蛮不错的，现在已经过世了，他不唯成分论。我们搞技术的，都有一点自觉性，自己能做的工作一定把它做好。我搞继电保护一直搞到 1978 年。

采访者：那位党委书记叫什么名字？

叶立祥：他叫李开元，是党委第一任书记，他不唯成分论，他认为工作做好就行。根据工作需要，我 1978 年 12 月份就入党了，1979 年转正。我是嘉兴供电局唯一有行政任命的工程师，在当时工程师中算中层干部了。1979 年我就当副总工了，1981 年我当副局长兼总工程师，1983 年我当局长，当到 1998 年退休。

采访者：“文化大革命”开始时对生产有没有造成冲击和影响？

叶立祥：还可以，下面的生产单位，基本任务还是要搞的。变电所必须有人值班，线路也要抢修，不去也不行，基本情况还可以。说一点影响没有也不可能，因为电力系统有个特点，它是要发电、供电、用电同时完成的，哪个环节出了毛病都不行的。

采访者： 嘉兴供电局何时招收大学生？

叶立祥： 那时候大学生就业还是分配制，不是像现在自己找工作。那时候不是想要大学生就能要到的，要靠上面分配，大学生来得比较少。之后每年都有一两个大学生分过来，1962 年一批，后来 1963 年一批，1964 年一批，很少，只有几个人。相当一部分职工是从县局下面调上来的，再加上重点分配来的，还有原来在电力系统、外面工作的人。

采访者： 您刚才说 20 世纪 70 年代那两次招工，主要是招什么工？

叶立祥： 主要是招值班工、线路检修工、巡线工。当时嘉兴还没跟湖州分局，有一条从杭州到常州、谏壁的 200 千伏线路要检修、运行，我们在湖州的五一大桥专门设了一个检修队。

三　嘉兴地区供电格局变迁

采访者： 嘉兴在新中国成立前就有民营的电厂，是吗？

叶立祥： 嘉兴很早就有民营电厂，当时是用蒸汽机发电的，所以电厂很小。在嘉兴电力局成立之前，嘉兴比较大的电厂是民丰纸厂的自配电厂，它的自配电厂就靠自己厂的蒸汽，也就 3000 多千瓦吧，发电量不算多。其他像一些纺织厂、绢纺厂，它们本身也要用蒸汽，就用一小部分来发电。嘉兴供电局成立的时候，最大的电厂就是湖州的独立电厂，它是向外供电的。原来还有一个长兴煤矿电厂，是靠自己供煤发电的。当时嘉兴用电基础设施主要靠大电网，这个小电厂是管自己的。可以说嘉兴在大电网没有来之前，就是每个县自己管理自己，晚上照明发电。

采访者： 嘉兴当地的工业用电怎么样？

叶立祥： 嘉兴基本上都是轻工业用电，主要原因就是纺织工业多，绢纺厂、毛纺厂，还有棉纺厂，当时嘉兴还有一个冶金厂，要倒闭了，没有什么工业基础，当时这些厂子的用电基本上能保证，因为大部分工厂有自己供电的发电机。嘉兴用电当时主要是居民用电，加上部分工业用电，再加上农村用电。农村用电也主要用来照明、排水灌水，到内涝的时候肯定要保证农业排灌用电，工业也要给它让电的。现在水利部门采取更好的措施了，嘉兴县已经有好长时间没有出现内涝的情况了。那时候我们在一个很小的民房里办公。当时是建设初期，工作条件比较简陋，人员也是四面八方来的。嘉兴的电网是原来杭州电网的组成部分，嘉兴原来没有供电局，没有人管电，是归杭州管的。从 1961 年开始，在杭州到嘉兴，经过石门，一条 110 千伏线路是从杭州半山拉过来，后来设立了一个石门变电所，在桐乡的石门，再一个就是嘉兴变电所。1962 年刚刚建局的时候，一条 110 千伏线路，挂两个 110 千伏变电所，这个容量很小，主变压器是 15000 千伏安。我们当时的党委书记，称“两变一线，是命根子”，就是说一根线、两个变电所，嘉兴的供电就靠它，它没了就完了，就是这个意思。1962 年有了“两变一线，是命根子”以后，再加上部分地方小电厂和 35 千伏网络，这样就组成一个网了，这种“两变一线，是命根子”的供电格局维持了相当长一段时间。

1969 年，当时嘉兴下辖九个县，包括现在的湖州和嘉兴。到 1969 年杭州到常州通了一条 200 千伏线路，这条 200 千伏线路接通以后，就在湖州挂了个“灯笼”，挂灯笼的意思，就是 T 接，即线路上面直接挂一个 200 千伏变压器，1969 年嘉兴有第一个 220 千伏变电所。这个电既供湖州，又供嘉兴，是一条很长的线路，当时叫“湖嘉线”。经过石门供到海宁，初步形成一个 110 千伏的区域性网络，还没有真正成网。从湖州到嘉兴，有一个 220 千伏变电所，还有好几个 110 千伏变电所，管着这九个县市的供电。当时用电水平很低，城市基本上就是部分工厂用电，农村就是照明，供电不普及。还有农村的农灌用电，就是农村排灌，嘉兴是一个内涝地区，一下大雨，水排不出去，土地都会被淹掉，农村都要建机埠来排水，机埠不是长期运行的，土地需要开就开，不需要开就不开。当时嘉兴农村用电水平还处于比较低级的阶段，安全水平比较差，农村私搭乱建的情况比较多，除了机埠之外，打稻机也要用电。老式打稻机是人力摔的，有电之后就用打稻机打稻谷，线路拉来拉去的，造成农村触电死亡人数比较多。当时就嘉兴来说，农业触电死亡人数在全国应该算高的。

采访者：农村因触电死亡的人数大概有多少？

叶立祥：一个地区七八十个人，数量还是比较多的。这主要是因为私搭乱建，再就是因为移动设备，农村人缺乏用电安全知识，也没有人去培训他们。当时农村的死亡人数引起大家注意，我们也开始考虑怎么加强农村用电管理。讨论结果主要是提高安全水平，逐步对管电人员进行培训，还要建立一个组织，叫农电站，逐步达到现在的水平。从农电站开始，农电工要集中培训，要持证上岗，培训以后才能开始工作。再通过技术措施，推广触电保安器，有人触电保安器会把电源断掉。这样农村用电死亡人数就降下来了。再一个就是进行农村低压线路改造，也就是搞农村初级电气化建设。当时在桐乡县，现在是桐乡市了，搞了个试点：对全部农村低压线路进行改造，进户要采取安全措施，主要是安装触电保安器。这样一来，农村用电水平从人员管理、设备方面逐步开始提高，扭转了比较被动的局面。漏电保护器的培训是我们管“三电”的同志、管用电的副局长去开的，我不大清楚。原来我在任的时候，局里的领导班子是这样的：一个局长，一个管生产的副局长，一个管用电的副局长，还有管行政后勤的副局长，一正三副。

采访者：这个时期整个浙江省是电力输入省，是吗？

叶立祥：早期用电就靠新安江发电供到杭州，由杭州 220 千伏变电所供到湖州。浙江火电原来很少，有个闸口电厂，后来有了半山电厂，再后来在湖州安吉有一个梅溪发电厂（简称梅溪电厂）。后面电厂的规模就大起来了，台州、镇海、嘉兴都有了火电厂。

采访者：改革开放以后浙江省成立三电领导小组，这个情况您了解吗？

叶立祥：“三电”是这样的：一个是安全用电，一个是节约用电，还有一个是计划用电，因为当时用电有缺口，不计划安排就要乱套的。计划用电实际上就是用电量要上面分配，什么时候用电也要上面安排。用电紧张怎么办呢？那就考虑采取轮供方式。比如说一个礼拜机组开五天停两天；更紧张一点则开四天停三天。省里这么多地区，各自分配多少负荷，全都要平衡好。当时电厂少，电源少，需求大，供电供需不平衡。为了缓解这个供需矛盾，很多地方搞了集资办电，就是地方上有资金，就可以投资电厂，那么电厂供一部分电给集资方用。

当时嘉兴怎么集资呢？就是每度电加点钱。当时一度电加两分钱。原来多少钱一度电记不清了，反正当时总共是五毛多。居民用电可能没有加，工厂用电每度电加两分，这个钱集中到三电办公室。这个钱用来做啥呢？用去投资建变电所，因为即使有电，没有变电所也不行。建变电所要 100 万元，县里面给五六十万元，剩下的三四十万元由集资办电的各方筹措。另外一个是买用电权，把资金投到电厂里去，投多少，就分配多少电。还有一个是组织煤，这个很复杂。电厂里面煤也是计划供应的，要组织煤到电厂去加工，比如我组织了几十万吨煤到你的电厂进行加工，谁组织煤来，这个电就供给谁。举一个例子，当时我们跟嘉兴的一个领导到上海华东电管局去搞煤，把煤送到望亭电厂去加工，望亭电厂的电就通过电网送过来。煤要到煤矿里去弄，要有资金去买煤，买了煤也不是真正把煤拉回来，而是要通过相关渠道，上级把指标拨到电厂里去，电厂再把电送过来。

采访者：就是把这个买煤的指标拿到后再给电厂吗？

叶立祥：是的，就等于国家计划这部分煤。没有煤就发不了电，所以国家就组织煤用来发电。当时这些都由三电组织机构负责。三电是地方政府部门的一个办事机构。三电办公室的主任，大部分是由当时的计经委副主任兼任，还有一个副主任就由电力局管用电的副局长兼任，业务工作有相当部分是电力局在做，地方政府挂名，但重大事情都要由地方政府决定，电力局只是负责办事。这个三电办公室在我退休时还有，我退休是在 1998 年，维持了相当长时间，它是电力紧张时候的副产物，当时需要这样一个组织来适应现实需要。即使一些大的企业用电也要分配的，没有办法，分配多少电就用多少电。如果它们想要更多的电，可以去投资，这是唯一的办法。嘉兴当时主要靠加两分钱的方式，来解决这个难题的。政府同意每度电加两分以后，就可以筹集到一部分资金解决问题。因为当时搞计划经济，变电所项目基本没有资金，要自己想办法。

采访者：当时有没有想过在本地办一个大的电厂，增加供电？

叶立祥：这个没有，地区部门想不起这个事情的，这是大事了，都是省局计划处去确定的。这个办电厂不是小资金能实现的。

采访者：除了集资办电之外，还有余热发电，对吗？

叶立祥：在电力比较紧张的情况下，有一些自己本身要用蒸汽的企业，它蒸汽用过以后，还可以利用蒸汽余热，温度比较高，还能推动汽轮机去发发电。这个技术容量很小，大部分只有 750 千瓦，嘉兴的绢纺厂、毛纺厂有蒸汽余热发电，其他没有。当时用电紧张，有个几百千瓦的话，也可以应应急的。

四　调任嘉兴供电局局长

采访者：您在1983年任嘉兴供电局局长，年纪算是比较年轻的，是由于当时干部年轻化的政策吗？

叶立祥：我1983年44岁了。拨乱反正后就不唯成分论，重在个人表现了。当时组织对干部队伍有一个要求，要知识化、专业化。在这个情况下，1983年从省局到基层的一些领导，也已经关注到这个问题了。我的老书记，他的政治敏锐性比较强，他1978年开始就启用几个有一定专业知识、年纪相对轻一点的干部，包括陈渭贤，他被任命为计划科科长。当时按照管理规定，单位人事调整要报到省局，有的要报到地委去批。老书记比较重视技术干部的任用。1983年调整以后，我们班子里的知识分子占多数，例如我、陈渭贤，后来林桂钱也进来了。行政班子除了搞后勤的，大部分都调整成年轻的了。

我前任局长是部队退下来的，叫卢俊生，现在过世了。1983年嘉兴供电局班子调整，省委、省政府决定把嘉兴的地区撤掉，建立两个市，一个湖州市，一个嘉兴市。因为电力部门跟地方关系相当密切，湖州也要成立一个湖州供电局，我的前任局长就被调到湖州去，筹建湖州班子。他筹集了三个人的领导班子，一个是他自己，一个是原来跟我一起当副局长的杨军涛，还有一个叫沈玉亭。嘉兴电力部门从1984年开始调了相当一部分同志到湖州供电局去。当时调的原则就是要选能够独当一面的人，要去那边打基础。还有一部分，是原来就在湖州的。大部分同志1985年春节之后就调过去了。

采访者：那就把您这里很多人才挖走了？

叶立祥：这个不叫挖走了。因为湖州本身有一点点基础，再一个那边需要人，这里能独当一面的人，都要去的。还有一些夫妻档，为了影响家庭少一点也要调过去，调了几十个人。我当时表过态的，我说你们调过去，那边工作开展起来，他们肯放你们，你们想回来，我这边统统要，后来陆陆续续调回来几个人。

采访者：您 1983 年当局长后，第二年这边就有一次大的雪灾，对当时的生产有影响吗？

叶立祥：1984 年 1 月份雪灾很大，雪是在快开春的时候才下的。湖州变电所停掉了，路全部被雪封了，进不去了。但是我前任局长卢俊生，他向部队要了一些坦克，直接就开进去。这个影响主要就是湖州变电所一旦一停掉，嘉兴就完了。当时还有一个南湖变电所，南湖变电所问题不大。湖州变电所一旦停掉，西边的一片就不行了，这个影响有点大。之前还有一次，大雪封山了，封山了人就进不去了，线路断了，变电所通信也跟着断了，因为当时主要靠载波，不是微波。若不去亲眼看看变电所设备状况，就无法向上面汇报，我就跑进去，跑到现场里面看了情况以后，又要跑到湖州邮电局，打电话到省调度所，告诉省里湖州变的设备状况，上面的领导才可以考虑恢复通电。那个变电所是出于“备战、备荒、为人民”而建造的，建在一个山坳里面，交通很不方便。当时是通过从湖州到安吉的公路走过去的，还要沿着一条岔路进去，大概两公里，在一个山坳里面。那边原来是劳改农场，很偏僻。这个地方我们去得多了，我没有当局长之前，主要是搞继电保护，那边是个重点区域。那个地方一直交通不方便，好多“文化大革命”期间被打倒的嘉兴领导到那边去蹲过，包括张明祥、邢儒在内，都在那边蹲过的。那个变电所走进去要花半个多小时，下雪的话就要走一个小时，脚踩下去一深一浅的。那次大雪后抢修，我们发现设备没有什么问题，但是通信中断了，外面没办法知道里面的情况，里面也没有办法向外面讲清楚情况，所以非得亲自去看看才行。

采访者：那个变电所当时有多少工作人员？

叶立祥：当时一个班有三个人，三班式运转，加上行政领导，一个变电所就十五到十八个人。我们还管过独山变电所，它在跟安徽交界的地方。那个地方从嘉兴开车子去要四五个钟头才能到，路况很差。

采访者：您当局长之后，第一项大的工作是什么？

叶立祥：我当时想达成的目标是一个县至少有一个 200 千伏变电所。当我离开的时候，每个县都有 200 千伏变电所。我 1998 年离开的时候还没有 500 千伏变电所，王店变电所还没有开始建。

采访者：1985 年你们成立了嘉兴农电管理站，当时主要的目的是什么呢？

叶立祥：农电管理站，就是加强农电管理，当时农电已经相当普遍了，乡镇企业也多，农电管理就专属农电管理站，它不属于我们电力系统这个编制，是属于农村的，由乡政府来管。

采访者：那当时要负责调整农电的价格吗？

叶立祥：这个不调整。农村用电是我们电力部门一个供电销售单位负责配变，下面设一个总表，就是我们的计量口子，再下去就是农电站负责。可能这个口子上面收的电费，实际上跟他们乡下面收的电费有差距。那就要看差距大小了，差距大的农民肯定就负担重了，这是一个普遍问题，农电站相对来说收大于支。后来通过农村电气化改造，农村也实施了一户一表。低压线路改造规范化后，安全水平也提高了，计量口子也比较透明，这个弊端就逐步消失了。

采访者：当时有一个说法就是电力要更好地为农村、为农民、为农民经济服务。你们在这方面具体做了些什么？

叶立祥：我们一个就是在技术上做指导，第二个在行政上跟他们搞好关系，就是加强管理，农村成立农电管理站以后，就可以按照我们的要求加强管理，培训一批人。当时农电管理站的农电工培训有两方面，一个是加强管理，一个是技术培训。这样他们下面就有基础了，没有基础不行的。通过农村电气化建设、“三农”服务以后，农村用电水平有了提高。

专业技术职务
任职资格证书

经评审委员会评审，确认叶立祥同志具备高级工程师的任职资格。

一九八八 年六月 日

编号：浙电高工 0325

中华人民共和国水利电力部于 1988 年 6 月颁发的叶立祥高级工程师专业技术职务任职资格证书

采访者： 请您回忆一下嘉兴综合自动化变电所的建设情况。

叶立祥： 大概是1996年，当时有建设这个变电所的需求，因为当时嘉兴的一个中心任务就是要解决用电问题，原来陆上架空线比较多，正好我们想搞一个全户内式的综合自动化变电所，地方政府也希望我们能拿掉原来的“蜘蛛网”。后来我们就在中山路那个地方，也就是原来嘉兴电影院的旁边，弄了块地方。这个地方放下户内变电所是没有问题的。当时我们国内的设备不行，要用西门子的设备。

采访者： 您事先有没有出去考察一下？

叶立祥： 没有，设备自动化这部分我们就主要靠南瑞，原来是水利电力部下面的一个单位，也就是国电南瑞。

采访者： 1997年嘉兴7个县各自有了一座220千伏的变电所，对吗？

叶立祥： 变电所老早就有，我走的时候基本上都建成了。嘉兴当时有南湖变电所，后来嘉兴还有一个禾兴变电所，禾兴变电所是110千伏升压升上来的。接下来就是海宁双山变电所、平湖瓦山变电所，平湖瓦山变电所是嘉兴电场输送工程带进去的。

五　农村电气化典型

采访者： 桐乡是农村电气化的典型，对吗？

叶立祥： 在早期农村触电死亡人数上，桐乡在嘉兴9个县里面还是比较多的。第一个是因为早期农民缺乏用电知识，第二个是缺乏安全的保障。那么我们就开始考虑农村怎么加强用电管理的问题。农电管理站成立以后，我们办过好多农电培训班，农电工要持证上岗，这个就给农村安全用电打下一个比较好的基础。其他方面的话，桐乡1985年以后搞了一个低压网络改造，就是388配电系统。原来这个用电安全问题，很大部分是因为私搭乱建，这个低压线水平很差，有的用木杆插插，挂挂线，人走过去都碰到了，弄不好就出事情。桐乡1985年在嘉兴供电局范围内，是第一个实现农村初级电气化的县。所谓初级就是对农村配电网络安全措施进行一次改造。1990年桐乡成为全国第一个大电网供电的农村电气化县，到 1990 年嘉兴年销供售电量首次突破 20 亿度，按照当时的规定它就是大型供电企业。1995 年嘉兴市成为全国第一个实现全市农业初级电气化的地级市，5 个县市都实现了农村初级化电气，后来海盐、海宁等县陆陆续续都评上了，最后全部实现农村初级电气化了。

采访者：嘉兴成为全国首个实现全市农业初级电气化地级市的原因是不是经济发展得比较好？

叶立祥：最主要的就是乡镇企业发展得好。当时到农村去，我听到的都是织布机的声音。特别是嘉兴港区这一带，家家户户有织机，都进行家庭工业生产，这部分用电相当大。原来嘉兴丝绸纺织业比较发达。

采访者：从葛洲坝到上海的送电线路，在嘉兴境内有 142 千米，这么远的距离怎么做维护呢？

叶立祥：一百四十几公里的直流线路，原先在湖州五一大桥有一个我们的派出机构，负责这里的 200 千伏线路、葛洲坝这条线路，以及另外一条从杭州到常州的线路。这几条线路的运行、检修、巡线工作，我们专门有派出机构来管理。五一大桥这个派出机构叫运行维护站，没有出过什么状况。这个站我们老早就建立了，在“文化大革命”后期就有了。

采访者：到 1996 年的时候你们已经编了第一部《嘉兴电力工业志》，这个工作是什么时候开始想做的？

叶立祥：这个做得很早，因为嘉兴有电的历史比较早。嘉兴有电的历史大概有一百年，当时有一个小发电厂，有小的蒸汽发电机。我们开始做得不是很规范，上报以后多数工作还需要进一步完善。后来省局派了两个人来指导，我们也选了几个人成立一个班子，他们在弄。

采访者：您本人第一次用电是在什么时候？

叶立祥：我在福建读书时家里没有电，高中也没有电，说实话那时候小电厂发电的时间很短，晚上就那几家用电灯，一般家庭肯定没有，低压线都没有，照明靠蜡烛和煤油灯。第一次用电是在我住的地方，隔壁有一个医院，它有电，我从此就晓得用电灯。

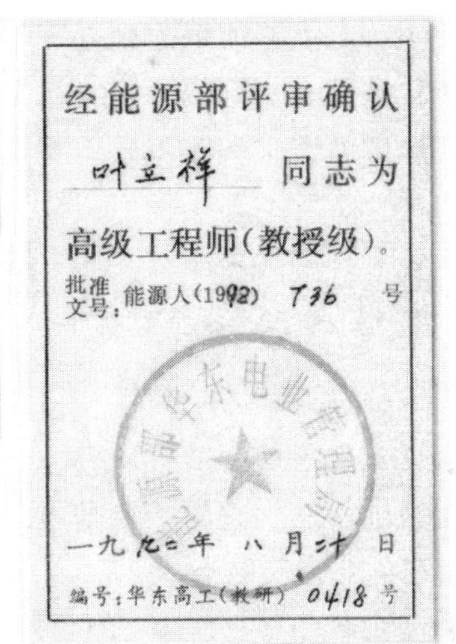

经能源部评审确认
叶立祥 同志为
高级工程师（教授级）。
批准文号：能源人（1992） 736 号
一九九二年 八月廿日
编号：华东高工（教研） 0418 号

1992 年 8 月 20 日颁发的叶立祥高级工程师（教授级）评定证书

福清县这个地方原来也很落后，实际上没有电（网）。一直到 20 世纪 80 年代才开始有电，可能就是福州电网过来的。相对来说，它比浙江要落后一些，因为当时它是海防前线，各方面建设可能也会受到一点影响。

六 追忆似水流年

采访者： 您工作以来，特别是当局长以后，哪一段时间的工作是最辛苦、最累的？

叶立祥： 最累的时候应该就是我们过去供需平衡矛盾比较大的时候。这主要是因为资金有问题，我们搞个双山变电所，当时省供电局丁有德局长问我："老叶，850 万你干不干？省里就这么点钱。"海宁当时乡镇企业很发达，双山变电所在海宁也是一个重点工程。钱就这么多，要怎么样把它用好呢？不足部分怎么办？这个要动动脑筋。在供需矛盾大的时候，我工作不仅吃力，身上的工作担子也是比较重的。如果是上面安排项目下来，那时候仅仅就是组织实施，用不着跑什么地方。

采访者： 刚才您说双山变电所的建设只拨了 800 多万元，缺口有多少？

叶立祥： 当时总共要 1000 万元。1987 年跟现在不一样，现在 1000 万元可能搞个110千伏变电所还不够。不够的钱怎么办呢？一个是要在设计上面动动脑筋，分步实施，不能什么都一步到位。还有就是该叫地方拨点资金的时候，地方就拨点资金，要地方拿资金就要跟政府打交道，一些地方工业发展比较快，政府也有这个积极性。

采访者：主要还是因为嘉兴地区民营经济发达，对吗？

叶立祥：嘉兴民营经济发达的就两个地方，一个海宁，还有一个桐乡。海宁发展皮革业，桐乡原来也是发展纺织业，还有一个巨石集团，生产玻璃纤维的。桐乡在嘉兴也是走在前面的。它的工业基本上是以轻工业为主，也没有什么大的能耗企业，就巨石集团大一点。

采访者：您工作压力大的时候，有没有睡不着觉的情况？

叶立祥：不会。当时就是供需矛盾，跟地方打交道是比较难打的。我这个人不善于打交道，比较严肃，跟地方政府打交道的能力、水平还是比较差的。跟地方政府打交道，我有时候有点头痛。

采访者：电力部门属于每一个地区的重要部门，各个部门还是比较支持电力发展的吧？

叶立祥：一般地方领导对电力工业都比较重视。当然，我也碰到过问题，有一次开大会，我跟市里领导顶起嘴来了。为啥呢？因为我们电力部门有规定，不能转供电，但是地方有个企业，它的转供电抄表的关口归我们管，电是人家分供出来的。它的表好像倒转了，就是进来的线接反了。倒转以后呢，它向地方政府反映，说电力部门要给他们退钱的。于是，在大会上市长问我，老叶这个情况你了解不了解。我说不了解，我们只管关口，下面我不管的。他当着好多人的面批评我，开大会啊。我也不买账，我站起来讲，这跟我没有关系。有的人不了解，电力部门有电力部门的规定。转供出去的电正确与否，由转供单位负责。这跟我们没关系的。这在大会上我们就顶起来了，市长不开心的。

采访者：这个对您的日常工作没有影响？

叶立祥：没有影响。在这个场合，他点我名的时候，就对我有看法。我当时也是听不下去的，不是我工作失误嘛。如果是我工作失误，批评我是可以的；但如果不是我工作失误，而是其他单位的失误，批评我也不对。还有一件事情，后来嘉兴调来副市长陈德荣，他原来是杭州钢铁厂的总工程师。当时嘉兴有一个王江泾热电厂，按照我们电力系统的惯例，这个热电厂的电主要由我们接上系统，通过系统再供出去。嘉兴当时有一个钢铁厂要搬到王江泾，去吸收王江泾电厂的电能，这样可能效益要好一点。陈德荣副市长刚来嘉兴不久，就来找我，叫我晚上吃顿饭，他就提出个要求："我这个嘉兴钢铁厂，要搬到王江泾去，叫王江泾电厂直接供电给他可以吧？"我说："不可以。"因为我们当时规定电厂不能直接向用户供电，要并上系统才可以向用户供电，要走正常流程。这个我不能决定，我上面还有管我的领导。我们可以一起吃饭，但是这件事情没有商量的余地。地方上有些事蛮难办的。后来他这个想法没有实现，按当时的规定这个实施不了的，电厂不能直接向外供电，现在听说可以了。

采访者：那单位内部呢？

叶立祥：单位内部跟我搭档的几个领导，都还可以，各有各的脾气，相互理解就行了。但是我有个规矩，就是我决定了的事情，你不能随便改，改事先要告诉我。这个涉及领导的威信问题。要改，要讨论过，相互都得比较理解。像班子里的几个成员，一个原来是我同学，他管生产，我们相互比较了解了；还有一个管用电的，他曾经在"文化大革命"时期跟我一道跑变电所，每天一起跑来跑去，都很熟悉的。领导班子总的来说比较团结，工作比较舒畅。

采访者：现在嘉兴电力局所在的这块地，是您在任的时候拿下来的，当时这里是什么单位？

叶立祥：当时这里是一个煤球厂，为酒厂生产煤球的。酒厂后来倒闭了。当时跟地方商量，想搬过来重新弄，原来那边的楼空间很小，不够用。跟地方政府打交道稍微难点，本来中山路那块地还要大一点，被其他单位挖掉一块。在我退休以后，他们还造了三幢职工宿舍，原来这块地比现在还大一点。

采访者：您能回顾一下电力系统个人收入的变化吗？您刚工作的时候，每个月收入是多少？

叶立祥：这个我记得很清楚的。工作第一年 43 块 5 毛钱，第二年转正了

嘉兴电力局部分领导班子免冠照（左下角第一位为叶立祥）

就 56 块钱，电力系统指标高一点，如果按照地方标准就是 53 块，我们是 56 块，再加上 6 块 5 毛钱的奖金，就是 62 块 5 毛钱，一直 1977 年才加了一级工资。我爱人 1979 年加的一级工资，连着 15 年没有动过。当时物价便宜，有这点钱，上有老，下有小，也应付过来了。我们现在讲给孙女听，她们不理解。到退休那一年，退休工资是 1300 块钱。我还延迟了一年退休，是 1999 年年底退的。现在逐年加嘛，连加了 14 年，还可以。

采访者：您在这边退休之后，又到省里去做了什么工作？

叶立祥：当时省局规定，当过局长的可以延迟三年退休。当时这部分人退下来后，都到省局去帮忙，做啥呢？当时省局有一个基金委，实际上就是退下来的同志到那里去发挥余热的地方，主要搞下面 110 千伏变电所功能的设计审查。去的同志基本上都是正高了。我和我同学林桂钱、湖州赵天明、衢州陶建章是县地区局去的，有四个人，其他都是省局各处室退下来的。当时丁有德退下来挂帅，专门搞 110 千伏输变电工程的设计审查，弄了三年多。退休之后，接我班的原来是江西赣州供电局的，也是在我任局长期间调到嘉兴供电局来的，后来省供电局把他调到丽水去当局长。我退下来后，他就回到嘉兴了。

采访者：请您回顾一下从事电力工作以来，印象最深的，或者最有成就感的一项工作。

叶立祥：我本身呢，对电力工作这个行业也比较爱好，工作上的事情自己能尽力解决的就尽量解决好，有些生产难题，我也是敢于拍板的。总的来说，不讲有多大贡献，把工作做好就完了。遇到生产难题我能够动动脑筋，解决一部分问题，比较大的例子就是我升高工的时候写的一个总结。湖州变电所原来是 35 千伏系统，电压很低，出线电压就 33 千伏，到用户那边 30 千伏都不到，人家不好用的。要想办法把这 35 千伏段电压提高，后来给它装一个升压变，比如说电压只有 33 千伏，我可以升到 35 千伏或者 36 千伏，就装了一个串联变压器。串联变压器装上去以后，电压是提高了，但是还要解决另一个问题——如何实现不停电投入输送。电压有低有高，低的话，串联可以解决；高的话，就要动动脑筋来解决保护问题。后来我们用了一段时间，这个改造实际效果还是不错的。改造变压器，串联变压器是我们自己生产的。当时也是一个比我高一级的大学校友设计的，运行效果还是可以的。我多年当一把手的经验就是要尽心尽力把工作做好，不要三心二意。

采访者：你们单位有没有搞一些三产之类的企业？

叶立祥：三产也有，这个是社会潮流，当时企业都办三产。办三产我们主要是办和输变电有关的，例如，一个是设计，一个是施工。相当于肥水不外流，原来给送变电做的我们自己做。主要行当就是输变电设计施工，还有一部分就是跟低压设备有关系的开关厂。嘉兴各个县供电局都办了开关厂，输变电工程这一块，除了 220 千伏省局规定一定要省输变电来施工外，其他的我们就自己做，还帮用户做。我们办的主要是跟电力有关的三产，无关的就基本不成功，也试过办了一个服装买卖公司，后来垮掉了。

采访者：你们用的设备除了自己生产的，还需要从外面大量采购。随着民营经济发展，民企也会进入这个市场，这方面怎么防止出问题？

叶立祥：这个通过招标解决。这些企业一般不会找到这边来，因为企业的设备门槛达不到。我其实已经搞招标了，当时没有这么规范，就几个单位评。

当时主要设备一个是线路上的东西，例如导线、铁塔，还有一部分电缆。变电站的东西就是开关和变压器。这个东西肯定就要找名牌厂了，一般厂是不行的。像开关嘛，是杭州西门子的开关，变压器大部分是江苏溧阳的，都是竞标比较过的。主要设备肯定来自有相当长运行历史的、经过考验的厂家。那个时候我对主设备还是比较重视的。那个时候的一些东西已经相当成规矩了：设备可靠安全是第一位的。再一个就是设备基本上没有出过事情的几个厂家。

采访者：当时职工子女就业方面是怎么安排的呢？

叶立祥：子女就业主要还是安排在生产开关柜的设备厂，当时有相当长时间我们招工不招职工子女的，1975 年、1978 年是招职工子女的高峰，以后基本上不招工了，就是退休几个，补员补几个，但是退休以后要补员不能让自己子女顶。按规定退几个就向社会招工补几个。当时招工由我们教育科出题，命题考试，再面试一些进来，职工子女也要平等竞争。再一部分，好多是学校分配进来的，我们省公司下面有一个学校，加上原来的浙西技校，还有省职业高中，有一批人毕业也分配到这里，现在很多地市局的领导都是浙西技校毕业的。

七　寄语未来

采访者：现在提倡的红船精神，第一条是敢为人先。

叶立祥：这个发扬红船精神的口号是在曾挺健当局长的时候提的，我当时已经退了……实际上我们很早就有这种精神了，讲穿了就是要提高服务质量，什么时候都要把用户放在心里面，急用户所急，想用户所想，把用户摆在第一位。只不过他们把它总结提高了，跟嘉兴革命圣地结合起来了，嘉兴南湖红船是一张名片。

采访者：您去看过秦山电站吗？

叶立祥：投产那一天我去过的，包括前期施工用电都去过的。整个秦山施工过程中的用电是我们海盐供过去的，我们主要工作就是协调电厂送出工程了。跃新变电所跟秦山送出工程有关系，其他变电所没什么太多关系。秦山核电站还没有开工的时候李鹏同志来过。他路过我们这里，我到我们运输队去接的他。

采访者：秦山的电是否归你们管？

叶立祥：秦山核电站一期并网发电是通过我们 220 千伏跃新变电所进行的，它是两回路送过来的，再转供出去，大概有 500 千伏直接到网电。它都要上系统，不上系统不能用。秦山核电站开工我没去。我是投产那天去的，代表嘉兴电力局去的。

采访者：您对核电怎么看？现在有人说核电不够安全，特别是日本出事以后。

叶立祥：这个我认为关键还是怎么能够掌握好它。掌握好它就会为人类造福。其实核电我不懂，但是我很相信它。秦山核电站运行二三十年了，也没啥事情。当时也有人恐惧，因为秦山是人口比较密集的地方，距嘉兴就几十公里的路。但是这么长时间下来也没有什么事情，重在设计的时候考虑得全面一点，做好预估、防范。

采访者：您对现在年青一代的电力工作者有什么想说的吗？

叶立祥：一代胜于一代，青出于蓝胜于蓝。

南太湖畔的光明之梦

口 述 者： 赵天明

采 访 者： 沈贺铭、蔡雪丹

整 理 者： 刘东东、张珏、沈英

采访时间： 2019 年 5 月 29 日

采访地点： 国网湖州供电公司

赵天明 1937 年出生，浙江诸暨人，1956 年考入浙江大学电机工程学系，1961 年到浙江水利电力学校任教，1962 年由于学校机构调整再分配到嘉兴电力局从事物资管理工作，之后被调到生技科从事安全管理工作。1970 年，他出任嘉兴电力局副局长；1984 年湖州电力局成立时，他担任副局长兼总工程师；1986 年带领湖州电力局，建设完成了第一座自行设计施工的 110 千伏菱湖变工程，9 月荣立湖州电力局菱湖变工程建设二等功；1992 年 12 月 27 日，带领湖州电力局上下克服设备、技术和资金等诸多困难，成功投产 220 千伏莫梁变工程。1996 年，在他和湖州电力人的不懈努力下，湖州首条 500 千伏交流输电线路——瓶斗 5905 线建成投运，为湖州在全省率先进入特高压时代奠定基础；1998 年 7 月退休。

一　步入电力行业

采访者： 赵老，请您先简单介绍一下自己，比如说您的出生日期、出生地？早年教育情况是怎样的？

赵天明： 我于1937年出生在浙江诸暨乡下，当时我们家是大家庭，祖父这一辈一共有八个兄弟，因为我母亲去世得早，读书择校方面完全由父亲安排。父亲工作流动性很大，我就跟着父亲到各个地方读书。那时候变动挺快的。

采访者： 后来您是如何考上浙江大学就读电力专业的？

赵天明： 我去浙江大学读书是在1956年，当时家里一位亲戚向我推荐去考浙江大学，电气专业则是父亲给我选的。我父亲讲："中国将来是要搞电气化的，你学电吧，或者同电有关的专业，以后对国家发展有帮助。"父亲同我讲"苏维埃政权加电气化就是共产主义"①。于是我就选择了电气专业。

采访者： 您的大学生活是怎样的，毕业后分配到哪里？

赵天明： 我们读电气专业就是要理论联系实际。那时候浙江省正好在建设半山电厂②，我们就到工地勤工俭学，参加劳动，跟着老师傅学习，也就是从那个时候开始我对电焊产生了兴趣。等到毕业分配工作的时候，我被分配到建德的浙江水利电力学校③当老师。那时候的校长叫孙初明，原来在浙江省电力厅，也就是原来的水电厅任职。当时我主要教高电压工程电工材料，一

---

① 即列宁在1920年提出的"共产主义就是苏维埃政权加全国电气化"著名公式。

② 半山电厂，即现杭州半山发电有限公司，其前身为杭州半山发电厂，坐落在杭州市北郊大运河畔，始建于1959年，2000年1月1日改制为有限责任公司。现役五台发电机组（2×135兆瓦煤机，3×350兆瓦燃机），原有两台50兆瓦煤机已经退役。总装机容量为1320兆瓦，是杭州市的主要保安电源。

③ 即现浙江水利水电学院，前身是创建于1953年的中央人民政府燃料工业部杭州水力发电学校；1958年，升格更名为浙江电力专科学校；1960年，浙江省对中等专业（技术）学校进行较大规模的调整压缩；同年9月，浙江电力专科学校中专部迁往浙江省建德县，与浙江省杭州水利学校、国家水利电力部建设总局下属新安江机电安装技工学校合并，成立浙江水利电力学校，定址新安江汪家，由浙江省水利电力厅主管，分别参与组建浙江水利电力学校和杭州工学院；1962年，学校撤销并入浙江大学；1975年，学校重建并于1978年更名；1984年，浙江水利水电专科学校成立；2013年，升格更名为浙江水利水电学院。

赵天明在浙江大学校门口

年后因院系调整，浙江水利电力学校就被撤销了。随后我被分配到嘉兴，正好赶上嘉兴电力局成立。

嘉兴电力局前身是嘉兴电厂，老电厂负责人姓施，叫施美珏。电力局成立以后，他调到嘉兴电力局的生技科当科长。

采访者：1969 年，湖州建设第一座 220 千伏的变电所，这个工程您当时了解吗？

赵天明：当时成立了华东电网，220 千伏的湖州变电所是华东电管局定下来的。那时候我在嘉兴电力局搞防雷工作，之后单位安排我去负责湖州变电所工程建设的安全工作。当时我经常跑工地了解情况，但是前期变电所选址等比较重要的决策我都没有参与。

采访者：1970 年湖州地区遭遇了雪灾，雪灾对电力设施有什么影响吗？①

赵天明：这个影响太大了。那时候我正好从技术员提拔为嘉兴电力局副局长，重点联系原吴兴供电公司的党委书记李应伍，他是抗战老干部，我们大

① 20 世纪 70 年代，受资金、技术、经济、地理环境等条件限制，湖州地区许多电力设施相对简陋、电网建设技术相对落后，抵御自然灾害的能力较弱。1970 年，湖州遭遇特大雪灾，湖州电网遭受大范围影响，电杆倒塌、电线断线，给人民生产生活带来严重影响。

家都很尊敬他。

雪灾以后，我跟李应伍联系："湖州现在受灾太严重了，大家要全力以赴。"他说："小赵，你放心好了。"但后面出现的问题就是抢修力量不够。当时我是分管生产的副局长，吴兴公司负责生产、基建的队伍都是分开的。抢修开始之后，吴兴公司分管生产的经理王阿喜向我汇报说抢修力量实在不够，我就打电话给李应伍书记请他帮助协调让基建的队伍参与抢修。那时候我自己身体也不太好，胃不大好，又担心灾害情况，急火攻心，当天晚上还吐血了。当时我就说："一定要在十天内恢复送电！"最后大家相互配合抢修，终于在十天内恢复了供电。那次大雪受灾的重点是吴兴、长兴这两个地方。而安吉地区因为还没有联网，就没有停电。

采访者：还有1972年7月20号，这边出了一次大的"闪络事故"，叫作"7·20电力瓦解"①，这个事情您有印象吗？

赵天明：这个有印象的。线路交叉跨越的距离很重要，上面是220千伏的高压线，下面低压线距离一旦过近，导致放电以后，变电所继电保护开关就会跳闸。一旦开关跳闸之后，整个电网就瓦解了。当时我分管生产，这个事故是由交叉跨越引起的，事故发生以后我们马上调查原因，并且抓紧抢修。从上至下一级级分工，上面一级电网先把总的工作量分好，分好以后，部署下面一级级维护下去，电网事故一般都是这样处理的。

二　见证湖州电力的发展

采访者：您当时是怎样调到湖州的呢？

赵天明：1983年嘉兴和湖州撤地建市的时候，当时组织上将我从嘉兴调到湖州来，负责筹建湖州电力局，从整个嘉兴地区来考虑，人员调配都比较细致周到。

湖州电力局成立的时候，首先从嘉兴局推荐人员组建班子和工作队伍，这个过程我是有参与的。原嘉兴电力局党委书记卢俊生，他原来是驻上海部

① 即1972年7月20日，由于线路交叉跨越，220千伏长湖2246线与低压线路发生闪络，系统振荡造成13个变电站、23座110千伏变电所停电。

队的解放军，属于军区电力部门的人，应该是个军代表。原嘉兴电力局副局长杨军涛，原来是中央组织部的，调到嘉兴地区之后，就被分配到嘉兴电力局当副局长，他的老家在湖州。还有原梅溪发电厂①厂长霍正绪，原来在部队里面也是个正团级的干部，梅溪发电厂离湖州比较近。这样一来，他们三个就参与湖州电力局的筹建中来了。

最初筹建湖州局的几个人，和我合作的时候都相处得非常融洽，他们对我的评价是“好好先生”，觉得我在技术方面经验比较丰富，就向当时的湖州市长袁世鸣提议将我调过来，于是组织上就将我调到湖州局来了。等 1984 年湖州局正式成立之后，我担任副局长兼总工程师，分管生产、基建、科技工作。

水利电力部华东电业管理局

关于同意成立湖州电力局的批复

（83）华东电劳字第 1313 号

浙江省电力局：

你局浙电劳（83）第 268 号“关于要求成立湖州电力局的请示报告”收悉。为了适应撤销嘉兴地区建立湖州、嘉兴二省辖市新的体制和区域划分，有利于电网的管理，经研究，同意成立湖州电力局，其人员在嘉兴电力局现有职工总数内合理安排。

水利电力部华东电业管理局

一九八三年十一月三十日

1983 年 11 月 30 日，华东电业管理局批复同意成立湖州电力局

---

① 梅溪发电厂，坐落在浙江北部的安吉县梅溪镇苍山西麓，东距湖州市 48 公里，南邻西苕溪，距安吉县城 28 公里，是浙北地区的一座主要火力发电厂。浙江省革命委员会生产指挥组于 1969 年 7 月 22 日，报请国家计划委员会和水利电力部同意，在湖州市区附近，利用长兴的煤矿资源，兴建一座 5 万千瓦的火力发电厂。经过 1 年半时间在湖州、长兴、安吉等地多处踏勘，在“靠山、分散、隐蔽”的战备方针指导下，于 1970 年 8 月 1 日确定厂址设在安吉县梅溪镇龙口澄闻寺旧址。初定建设规模为 2 台 2.5 万千瓦机组，其间几经反复，最后才于 1973 年 8 月 23 日，经水利电力部批准建设 2.5 万千瓦和 5 万千瓦机组各 1 台。梅溪发电厂工程由浙江省水利水电勘测设计院设计，浙江省水利电力局成立梅溪发电厂工程处并负责筹建，浙江省电力安装公司安装设备。根据当时战备需要，梅溪发电厂经 1970 年 11 月 26 日现场设计审定会议确定：主厂房建在苍山西麓的山岙里，110 千伏开关站设在主厂房北面山岙中，2 台主变压器装在厂房北面的山脚下，煤场及输煤系统设在主厂房南面，靠山隐蔽。同时，规定烟囱高度不能超过苍山山顶。由于烟囱仅高 76 米，造成厂区周围农田和居民区煤灰污染严重。改革开放以来，该厂通过企业整顿，发扬“团结、实干、开拓、向上”的企业精神，到 1990 年年底，梅溪发电厂共有职工 694 人，其中固定职工 567 人，合同制工人 127 人，各类专业技术人员 97 人。投产 18 年来，累计发电量 88 亿千瓦。1986 年 7 月 17 日，1 号主变压器发生烧毁事故后，该厂认真总结教训，采取有效措施，连续 4 年无考核事故，创安全运行 1628 天的好成绩。1989 年 4 月被命名为省级先进企业。

采访者：1986 年的时候湖州电力局第一座自行设计施工的 110 千伏菱湖变（菱湖变电所）工程建成，请您讲讲这个经过，又是在什么背景下要建这个菱湖变？建设过程里有没有哪些让您印象深刻的事件？

赵天明：当时菱湖地区蚕桑丝织业发达，经济发展迅猛，用电量激增，单靠原本的 35 千伏变电站已经无法满足当地的用电需求了，希望电网结构优化、供电能力提升的呼声越来越高。当时决定要将电压等级提高，在菱湖建设一个 110 千伏的变电所。菱湖变当时的选址，主要考虑了以下几个因素：一是地势，要离开水面而且要稍微高一点；二是交通要方便，因为要运输大型变压器，需要 100 吨以上的交通工具和道路承载能力；三是旁边障碍要少一些。当时我分管生产、基建工作，带领计划科的同事多次到现场勘查，也听取了许多意见和建议。在充分考虑地理位置、交通情况后，与地方上协商一致确定了菱湖变的具体位置。那时候菱湖变建设施工条件并不乐观，最差的是交通状况。菱湖地区陆路贫乏，所有人员、设备往返湖州都要靠轮船，当时单程要整整四个小时，还要运输 100 多吨的大型变压器，施工难度相当大。当时我们工人吃住都在菱湖，有些人一个月才能回一次家，甚至有的工人孩子出生的消息都是在杆上施工时工友告知的。湖州电力的建设者们手扛肩挑、蹚水过河，终于顺利完成了 110 千伏菱湖输变电工程建设任务。

1986 年 7 月湖州电力局第一座自行设计施工的 110 千伏菱湖变电所建成投产

采访者：菱湖变是交给别的安装公司安装的，还是你们湖州电力局自己安装的？

赵天明：当时有些设备的安装对我们而言还是有一定难度的，尤其是开关的安装。那时候，我们联系了省局和省送变电公司，还有省里面一些安装公司，寻找帮手来协助我们安装设备。其中一些人我也比较熟悉，就请了他们来现场帮忙安装设备。

1986 年 9 月赵天明荣立湖州电力局菱湖变工程二等功

采访者：1988 年 6 月，你们自己设计施工安装的 110 千伏新市变（新市变电所）建成投运。请问新市变的建设经过是怎样的？

赵天明：新市变也是一样的过程，就是原先的供电量已经满足不了这个地区的用电量了，就决定在新市建设一个 110 千伏变电所。当时我们已经能够自行安装所有设备了，所以新市变是我们湖州电力局第一座自行设计施工安装的 110 千伏变电所。

采访者：在 20 世纪 80 年代初期，还有 20 世纪 80 年代中期，民营经济大发展，特别是这一带缫丝业用电量比较大，造成供需差距很明显。电力部门采取了哪些措施来解决电力紧缺问题？

赵天明：当时我们向浙江电网买电，向浙江省里面买电。那时候，省里面电量是有控制额度的，我们就在利用峰谷电上面想办法。总的来说，就是两种方式：一是多用谷段电，高峰的时候用电量紧张，八点多开始第一个用电高峰就到了，那时候大家都在抢着用电，这个时候就要尽量少用电，尽量到晚上谷段时候再用；二是买电权，直接付钱去买用电权。通过这两个方式，电力紧缺的问题基本上也就解决了。

采访者：1992 年 12 月 27 日，湖州电力局首次承建的 220 千伏莫梁输变电工程建成。220 千伏输变电工程建设有什么难度吗？

赵天明：220 千伏工程的难度有几个方面：一是设备，220 千伏的设备与

110千伏的设备相比，开关、变压器包括继电保护设备相差都很大；二是批复手续比较烦琐，当时建设220千伏变电站要华东电管局批准，我带着规划部门的同事多次往返上海才拿到批复文件。

采访者：220千伏莫梁变（莫梁输变电所）建设过程当中顺不顺利，有没有什么困难？

赵天明：建设过程中也遇到了这样那样的问题，工地上我经常去的，去看看是否有问题，或者有什么困难需要解决。我认为坐到我这个位子是要像这样子的，不要当了副局长以后就自我觉得高人一等，不管处在什么职位都必须要有责任心。

莫梁变是我们自己采购设备，自己确定选址的。向省里面争取到这个项目之后，我们就马上联系了省送变电公司帮助我们一起施工，当时省里也是很支持我们的，于是220千伏莫梁变工程的建设就提到日程上来了。因为我是现场启动的总指挥，我一休息的话，就要换人来指挥，而且要和省送变电公司的同志协调，我想能坚持还是继续坚持吧。项目启动是分级的，一个工程项目启动要分好几次进行，现场总指挥至关重要，在我的带领下大家一起咬牙坚持下来了。

1992年12月27日，湖州电力局首次承建的220千伏莫梁输变电工程建成投运

采访者：莫梁变电所建好以后，对你们当地供电情况有什么改善吗？在这个工程以前，供电和停电是怎么安排的？

赵天明：当时这个地区的用电情况在莫梁变建成投运后得到了有效改善，

原来只靠一个220千伏湖州变供电，莫梁变投运后，整个湖州地区的用电紧张情况就缓解了。

那时候各个地区的用电量是省里面统一调配的，不能超过省里面拨给我们地区的负荷，负荷就是给我们的用电量。一是要积极向上争取，二是要买用电权。当时上面每时每刻都关注你们用多少千瓦、多少度电，超过了分配给我们的用电量，那就要停电了。当时用电紧张，我们地区的用电量也是要进行再分配的，要做好下面三个县局的调配和解释工作。

采访者：当时的市领导有没有跟你们专门打过招呼，必须保证哪些企业不能停电？湖州要保的企业主要是哪些？那居民用电量又是如何调整的？

赵天明：当时湖州首先要保证的就是丝织厂。毕竟湖州是以缫丝为主的，丝织厂停下来的话，湖州的经济损失就不得了了。其次像医院这些基础公共设施机构也是必须要保证正常用电的。居民用电量就分区分片地轮流停电，分区分批停。要保证顺利推行下去，我总结下来主要有两点：第一个是事先要通知到位；第二个是每个片区的用电量要有保证。那时候上下都要协调好。

采访者：1996年的时候湖州的第一条500千伏交流输电线路，就是瓶斗5905线建成投产，这个工程能不能回忆一下？

赵天明：当时华东电管局的局长周祥根为了建设天荒坪抽水蓄能电站的事情，来找了我好几次，请湖州局协助工作，一个是保证施工用电，另一个是与地方上沟通，一来二去，我们就比较熟悉了，他对我也很信任。

那个时候我们湖州地区的电主要是从杭州瓶窑送过来的，筹建瓶斗5905线的时候周局长帮助我们争取了政策上的支持，就这样把湖州局的第一条500千伏输电线路架设起来了，缓解了湖州地区用电紧张的情况。

采访者：您刚刚提到的天荒坪，在施工过程当中您经常去现场吗？

赵天明：是的，当时我也多次去过现场。天荒坪是抽水蓄能电站，需要先把水抽上去，到时候水再放下来冲击发电机组，靠势能转化为动能来发电的。天荒坪（抽水蓄能电站）工程量也很大，那时候国家下任务给华东电管局，周局长作为主要负责人压力很大，请我们湖州局协助工作。比如高空架线施工，就需要当地人帮忙抬上去。周局长他们到现场去，在当地还是人生地不熟，需要有当地人在中间帮忙协助。我就经常到当地去和大队的农民解释，动员他们。我去的时候经常用自己工资给大家买点东西，想着让大家辛苦之余能够稍微改善一下，当地的农民都很感动，后来干活也都非常卖力。当时安吉县供电局的主要负责人也是我在浙江大学的同学，我们也配合得比较好，最终天荒坪（抽水蓄能电站）顺利投产了，是当时亚洲最大的蓄能电站，也对市里面调节电网高峰谷峰起到了作用。

天荒坪抽水蓄能电站上水库全景

采访者：请您介绍一下“余热发电”，湖州有哪些企业开展得比较好？

赵天明：“余热发电”就是电厂或者企业的锅炉燃烧的时候，压力和温度都比较高，我们的一些发电设备正好可以利用蒸汽带动，发电机也能够开动起来。在发电过程中使用蒸汽，这是一种“余热”。另外一种是蒸汽从管道出来后遇冷凝结，冷凝之后还是有余温，利用余温又可以使得一些发电设备再次发电，这就是“余热发电”。“余热发电”在丝织厂开展运用得比较好，丝织厂运行都是用这方面的技术。

采访者：梅溪电厂运行起来之后，主要是供湖州用电吗？当时电厂选址为什么决定建在山里头呢？为什么现在把它废弃了？

赵天明：梅溪电厂首先供安吉地区用电，其次供杭州地区用电。因为梅溪电厂实际上是省里面投资，运送电量给杭州的。当时选址决定建在山里主要是战备考虑，那个时候电厂是关键的战略要地，所以新中国成立前后，电厂也就成为敌人飞机轰炸的主要目标。电厂万一被炸，电力没有了，照明也没有了。还有一部分出于社会稳定的目的。最后决定废弃梅溪电厂也是因为电厂的发电量太小了，而且靠烧煤来火力发电，梅溪地区煤炭资源少，需要从外界运输进去，非常不方便。再者，现在电网规模大，梅溪电厂的发电量和规模也就不值一提了，于是就废弃了。

采访者：湖州电力技术学校您了解吗？当时主要有哪些问题？

赵天明：那时候市里领导认为这个电力学校是电力系统的，属于我们电力局管。那时候我也刚从嘉兴地区调过来，我就接手了。当时学校主要有两个问题，一个是生活上的问题，一个是教育质量问题。具体来说：一是学生、老师觉得伙食不好，二是有些教师讲课效果不好。

采访者：您在任的时候，你们有没有自己办一些企业？

赵天明：也办的。我们办的“第三产业”，叫作集资办电。集资办电主要有三个途径：第一是卖用电权；第二就是买功率小的发电机，利用其来发电；第三就是利用场地。以前湖州电厂的发电量实际上是很小的，仅有几千瓦。后来省里投资的梅溪发电厂运行后，通过电网再到我们湖州来，我们主要就靠梅溪发电厂。那时候电量很紧张，都不够用，集资办电也就慢慢兴盛起来。不过那时我主管生产、基建、科技，这方面就不太参与，由当时经营局长分管。

三　工作感悟

采访者：最后想请您讲一讲人生经验，对年青一代的电力人说几句鼓励的话。您干了一辈子的电力工作，现在已经八十多岁了，您对年青一代的电力人有没有什么好的建议？

赵天明：我认为，做事情首先思路要清晰，现在的核心价值观的确是说到我们心坎里去了。我们小的时候，国家不强大，现在我们在党中央领导下，国家逐渐强大起来，电力事业能够发展得这么好、这么快，同这个核心价值观是有关系的。所以我认为年轻人要认认真真地学习习近平新时代中国特色社会主义思想，无论做什么，都要脚踏实地去干。

采访者：核心价值观里面，您觉得最重要的一条是什么？

赵天明：爱国，最关键是要有爱国思想，这个是最主要的。没有爱国思想的话，其他都谈不上。有些事情牵扯到个人利益，但个人利益必须服从国家利益，没有国家你还能干什么啊?! 所以爱国就是爱家，这个我深有体会。其次是敬业，还有就是要诚信、友善，这些都是我们处理人同人相处关系的核心。

现在这个时代，特别是年轻人，要珍惜现在的时代。这是我作为一个共产党员，对年青一代的希望。中国发展到现在，能够如此富强，没有党中央的英明决策是不可能办到的，所以要珍惜，一定要有爱国思想，爱国就是爱家。现在我们人同人之间都是同志关系，要友善、敬业、诚信，这都是处理事情的一些方式方法。

古越电网开新篇

口 述 者：陈云祥

采 访 者：金秀峰、叶国萍

整 理 者：孟永平、王乾鹏、于季文

采访时间：2019 年 3 月 25 日

采访地点：国网绍兴供电公司

陈云祥 1941 年出生，江苏启东人，1968 年从南京工学院毕业进入绍兴电力局，从事线路带电作业和高压试验工作；1980 年 6 月起历任修试工区副主任、生技科副科长、办公室副主任和主任；1987 年 8 月起担任绍兴电力局副局长，2001 年 11 月退休。作为电网技术专家，陈云祥参与建设了绍兴第一个自行设计的 110 千伏输变电工程（黄泥桥输变电工程）、绍兴第一座 220 千伏变电站牌头变（电所）、绍兴首座 500 千伏变电站兰亭变（电所），并在 20 世纪 90 年代使绍兴电网自动化水平在国内处于领先水平，为绍兴电网和经济发展做出了很大贡献。

一　求学经历

采访者：陈局长，您好！特别感谢您接受我们的采访，我们先从您的家乡和家庭情况讲起。

陈云祥：好的。我 1941 年 11 月出生在江苏启东县，现在叫启东市。地理位置是东临黄海，南靠长江，实际上它是长江下游的冲积平原，地形像山东半岛。我家祖祖辈辈都是农民，家里也没出过大学生，我是靠自己考上南京工学院的。

采访者：您当时为什么选择考这个学校呢？

陈云祥：那时候没有人辅导我们填志愿，也不知道哪个志愿好，哪个志愿差。我读初中、高中的时候，启东还没有普及电，晚上学习都是用汽油灯的。在 1960 年左右，启东建了一个配备 6000 千瓦机组的电厂，县城里才开始有电。我们中学里正好有一个专门粉碎玉米的电动粉碎机，我当时在那里参加劳动课，那台机器对我产生了启发。我看到高考志愿表里有个南京工学院动力工程系，我对这个专业很感兴趣，当时就填了动力工程系，动力工程系下面有发电厂电力网及电力系统专业，我就报考了这个专业。那时候大学生招得少，全国大学生十来万，五六个人中能考上一个。

采访者：当时您在工学院学了哪些课程？

陈云祥：刚进去的时候参加了两个礼拜的校办工厂实践，我们拿一个铁棒来煅铁，煅好以后，还要锉床、刨床、钻床、电焊。我们去工厂实践的时间很短，就两个礼拜。除了实践还有理论学习，刚开始我们都是上基础课，例如高等数学、物理、化学、党史、英文、电工基础、电机学、高压等。本来我们要做毕业设计的，但受限于当时的条件，毕业设计就没有做。后来由于时代的原因，学校都停课了，专业课学了一点皮毛，对我后面工作的影响不大。

采访者：当时你们那一届毕业分配的情况是怎么样的？

陈云祥：我们毕业都是直接分配的，一个班级 30 多个人全国进行分配，最远的同学到了新疆，还有的同学去了云南、江西、湖北、山东、江苏、浙江等省份。我1966年得了胸膜炎，在学校医院住了两个月院，当时还有两个同学得了胸膜炎，四班有一个同学比较严重，没多久就去世了。由于我得了胸膜炎，我向组织申请在分配上照顾一下，江浙一带气候条件好一点，有利于病情恢复。

采访者： 所以当时您就被分配到绍兴了，对吗？

陈云祥： 对。那一年分配来的人比较多，有十来个中专生，还有5个大学生，有北京电力学院的、武汉水利学院的，还有我们南京工学院的。那时候进来的5个大学生，一共调走三个，北京、广东、广西的大学生都被调走了。我们学校里同一个专业的学生分配了两个到绍兴，还有一个叫张信道。

二　初入绍兴电力局

采访者： 您对去供电局报到那天的情景还有印象吗？

陈云祥： 当然有。到火车站后，我拎着只破箱子，因为不认识地方，就搭了一辆三轮车到浙东供电局，当时的浙东供电局在一个很小、很破烂的地方。当时报到的学生有被分配到线路的，有被分配到变电运行的，还有被分配到用电管理所的，我被安排在线路工区的带电作业班。

采访者： 具体是做什么呢？

陈云祥： 带电作业、检修线路，还有在变电所带电拆搭头、插头。我记得第一次上去带电作业的时候，没有屏蔽的衣服，现在带电作业屏蔽的衣服是铜丝、镀银的衣服，当时是铜丝袜底用一根铜线引上来在腰里系牢，再用一根转移棒。我第一次爬上去拆一个3.5万千伏的搭头，天气很好，风和日丽的，但是觉得身上的汗毛都竖起来了，耳朵旁边呼呼呼地吹过一阵风，我对第一次带电作业的印象很深。带电作业的要求很高，因为人体和导线一样都是带电的，要保持安全距离，比如说3.5万千伏，一定要人体对地保持40厘米以上的距离，110千伏的话距离要超过1公尺，否则会触电。

采访者：您是江苏人，刚开始来局里工作，听得懂绍兴话吗？

陈云祥：那时候刚来不久，听不懂绍兴话。我第一次配合 10 千伏线路施工作业的时候，一个老师傅是绍兴人，他在杆上作业，让我把地上的东西拿上去给他，什么手枪夹头、U 字轧头拿上来，他讲的绍兴话我根本听不懂，我左看右看，也不知道他让拿什么东西。后来他讲“呆笃笃”（很笨的意思），我好像有点听懂了，他大概是在骂人。后来我就把所有东西捆住一起吊上去。我对这次作业的印象特别深。

采访者：您大概花了多长时间去适应？

陈云祥：简单的几句常用语学起来也挺快的。绍兴话一定要注意听，最起码能听懂，但还是不会讲。还有就是学会爬杆子，那时候我们属于知识分子再教育，都要参加劳动。在 20 世纪 60 年代，分配来的大学生大多被分到诸暨参加线路劳动。我第一次上杆干活是在新昌县，参加 10 千伏线路架线，那天天气很冷，地上的雪还没有化掉，我爬上去之后，出了一身汗。把腰上皮带与杆扎牢后，我一只手抱牢杆子，另一只手去扎线，但是一只手怎么干活呢？干不成的，下面的监护人要我用两只手扎线，但是我抱牢杆子的手不敢放，半天才放开，用两只手扎好了线。我对这次上杆扎线的印象特别深。后来活干多之后，胆子就变大了，包括 3.5 万千伏放线，我都敢在横担上睡觉了。检修线路需要爬杆，刚开始工作都需要一个适应过程。实事求是说，当一个基层工人不容易，不要认为自己在学校里学点东西就很厉害了，到了基层，真的连小学生都不如。

采访者：您第一次爬杆子是在新昌架线，当时架的是哪条线呢？

陈云祥：那是农村电网的 10 千伏线路，线路的名字我记不清楚了。20 世纪 60 年代末，农村电网已经比较多了，所以在线路基建方面，我们干活干得比较多，大部分是职工自己做，那时候比较少用农民工，基本没有临时工。“文化大革命”的时候，其他方面的用电相对较少，农业用电反而增加，那时候我参加了好几个农村电网的线路施工，包括海涂那里，我们也立过电线杆子，海涂水泥杆很难打洞，刚打下去，污泥就冒出来，洞又被埋上了，只能慢慢来，把洞打得大一点。

采访者：您是江苏人，1968 年来到绍兴工作，这之后您经常回家吗？

陈云祥：不经常回去，因为在绍兴成家了，我爱人也是江苏启东人，家里的老人都在那边，一两年、两三年总要回去一次。回家比较少。一开始交通也不方便，只有火车、轮船、汽车，从上海到启东，坐船要七八个小时，到了十六铺码头再下去。现在回老家就快了，通了高速公路，自己开车三四个小时就到家了。上海到启东也有高速公路，上海、启东就隔一条长江，离得比较近，高速公路通了以后从上海过去一个小时就到了。

三　参与新昌黄泥桥输变电工程

采访者：您能具体说说您刚到绍兴电力局时，绍兴电网的情况吗？您当时参与了哪些工程？有哪些印象比较深的经历？

陈云祥：我来的时候绍兴电网比较薄弱。整个绍兴地区，110 千伏变电所只有两座，一个是绍兴变（电所），另外一个是上虞的梁湖变（电所）。但是那时候农网建设各方面都需要用电，绍兴电力局第一个自行设计、施工的 110 千伏输变电工程，就是黄泥桥输变电工程，我被调去负责线路设计。搞线路设计的就两个人，除了我，还有一个叫蔡海生的师傅，他当过我们局的局长，后来被调走了。我是 1968 年进绍兴电力局的，1970 年、1971 年负责线路设计，我还要边干边学。那时候我们的条件比较艰苦，我到浙江省电力设计院学习线路设计，回来以后就用玻璃钢板自己做模板。

采访者：您的线路设计思路能具体说一说吗？还有选址相关的情况。

陈云祥：整个线路设计要从勘探开始，先探测路径，看好路径再测量，然后在图纸上设计。踏勘的时候我们要从新昌跑到宁波的奉化，因为这条线路是我们从奉化 220 千伏变电所引出来的，一直到新昌黄泥桥变（电所），所以要全线勘探。我参加变电所选址会议，因为黄泥桥输变电工程要从奉化变出来。选址有两个特点：第一个特点是，奉化变所址是由部队首长决定的，我记得是东海舰队的副司令拍板决定的。第二个特点是，在“备战、备荒、为人民”① 的

① 毛泽东在 20 世纪 60 年代提出的关于做好未来反侵略战争的思想。当时苏联领导集团推行霸权主义政策，对中国施加军事压力；美国仍以中国为敌，正在进行侵越战争。中国面临着两个超级大国发动侵略战争的危险。1965 年 1 月 12 日，毛泽东在关于第三个五年计划的谈话中提出“备战、备荒、为人民”的观点。参见邓光荣、王文荣《毛泽东军事思想辞典》，国防大学出版社，1993，第 297 页。

背景下，整个奉化变的变压器全部放进山洞。黄泥桥变电所所址是绍兴军分区的一个首长拍板定下来的，所址定好以后，我们进行线路勘探，选好几条路径后，再具体测量，测量以后再设计图纸。在图纸设计方面，有些数据需要计算，比如导线风偏，导线风偏需要测摇摆度。因为有些线路有高差，所以有些杆塔上挂的导线需要加重锤，把导线拉过来，计算风偏度。

采访者：建这个变电所的过程，有没有遇到什么困难？

陈云祥：当初我们国家缺乏资金，还缺乏钢材，所以黄泥桥变电所是一个简易的变电所。1971 年，我们专门到北京的清河变电所参观，最后黄泥桥变电所省了一个 110 千伏的进线开关，用隔离触头替代，110 千伏线路大量采用陶瓷横担，因为当时的各种条件都比较差。

采访者：这条线路是从奉化拉过来的，用的是富春江电厂的电吗？

陈云祥：奉化变的电源是从富春江发电厂拉过来的，这条线路就是富春江到奉化的富奉线，由绍兴电力局负责这条线路的接收。我参与了这条线路的全线验收，从四明山奉化段开始，经过绍兴会稽山，再经过金华地区的龙门山，一共经过三座大山。绍兴电力局管理的第一条 220 千伏线路就是这条。线路验收以后，送变电公司调来一批绍兴人到绍兴电力局，负责 220 千伏线路的检修。

采访者：那时候是由浙东供电局主持浙东输变电工程，对吧？

陈云祥：我们来的时候，浙江省只有几个供电局：杭州供电局、嘉兴供电局，还有浙西供电局，浙西供电局后来叫金华电业局。那时候还没有宁波电力局，只有宁波高压供电公司，因为那时候电源是从新安江水电厂送过来的，从杭州送到绍兴。宁波高压供电公司原先是宁波管辖的，宁波后来成立宁波电力局，富奉线建好以后再移交给绍兴电力局的，所以我们参与线路验收。

采访者：黄泥桥输变电工程的线路拉到新昌后，对新昌的用电情况影响大吗？

陈云祥：当然大了，黄泥桥输变电工程的线路拉到新昌后，整个新昌就有大电网的电可以使用了。在此之前新昌没有大工业用电，因为新昌是山区，水资源比较丰富，小水电站比较多，大多都是供农村生活用电，大量的工业用电是支撑不起来的，但是生活照明、小工业用电还是能提供的。

四　改善绍兴电网电压低的情况

采访者：您来的时候，还存在一个问题，就是整个绍兴电网电压低，您当时参加了串联补偿小组，请您具体讲讲当时的情况。

陈云祥：在整个浙江省里面，绍兴电网最薄弱，因为在20世纪80年代末90年代初，绍兴的乡镇企业发展速度比较快，供电量的增长跟不上经济发展的速度，所以要加快绍兴电网建设。绍兴的电源全部靠杭州送过来，因为绍兴处于线路末端，电压比较低，日光灯都经常亮不起来，这个问题最终要解决。那时候浙江省局领导还比较重视绍兴的电网建设。我1972年被调到高压试验班，参加的串补试验比较多。串补装置①与参数的配置各个方面都要研究。有一段时间，我们夜以继日做试验，一边做高压试验，一边做串补试验。

20世纪70年代高压试验班成员（二排左二为陈云祥）

采访者：您能分别介绍一下这两种试验吗？

陈云祥：高压试验就是，电力方面所有电气设备，包括变压器、开关、电

---

① 一种利用现代电力电子手段对交流输电线路进行串联补偿的装置，可以提高线路功率极限和电力系统稳定性。

压互感器、电流互感器、电容器、绝缘瓷瓶、线路的绝缘子等，都要通过高压试验。比如变压器要做介损，要做泄漏电流、绝缘电阻等，根据试验结果判断是整体不好，还是局部放电。串补试验就是要改善电压质量、提高电压，在我们的电力系统中，都要对电压质量等进行研究。

采访者：当时是怎样成立串补小组的呢？人员组成有哪些？

陈云祥：这个串补小组大概成立于 1968 年，而我是 1972 年加入串补小组的，人员的组成还是比较广泛的。绍兴电力局里也有几个同志参加，我们局里原来有个史班，他负责搞串补无功补偿，后来他被调到浙江省中试所去了。串补小组主要是由省公司组织的，省公司原来的生产技术处（简称生技处）负责人方复明、金华电力局总工程师郑庆钧都参加过串补小组的试验。

采访者：大家当时的工作状态怎么样？

陈云祥：当时大家的工作积极性很高，白天晚上都要做试验，为什么要做呢？因为投切电容器对系统影响比较大，对生产电子产品的工厂、纺织厂都有影响。电容器组要找参数，试验反复做的次数比较多。我负责示波器测量，开始用八线示波器、135 电影胶卷，拍了照片，再洗出来看。后来用十六线光线示波器，光照可以了，测量究竟好不好，可以看波形图。每做一次试验都要调整接线，调整投切电容器的参数。

采访者：您参加串补小组期间，有什么难忘的经历吗？

陈云祥：后来这串补小组也有点名气，我们参加过几次会，到处做试验，去过衢州的江山、宁波的横溪。1974 年我参加过与电科院（国网系统电力科研研究院）的合作，到甘肃省 330 千伏秦安变电站做弧光短路系统试验，电科院、武高所（武汉高压试验所）等都去了。那时候我们负责 330 千伏的电容器组测量，A、B、C 三相测量，我们去了一个多礼拜。后来这个试验做完后，我们就被邀请到刘家峡水电站参观，刘家峡水电站是原来最大的水电站。还有一个印象比较深的事情，就是 1976 年唐山地震，北京供电局邀请我们串补小组给他们做 110 千伏电容器补偿站的试验，去了以后，我们住在北京供电局招待所，正好唐山地震，试验做不成我们就回来了。过了一段时间我们再去，住在地震棚里，结果又碰到余震。

采访者：你们当时取得了哪些突破？

陈云祥：这个试验我们只是参与，主要是以原来省公司的方复明、史班等人为主。1978 年，邓小平同志召开全国科技大会，我们串补小组获得全国科技大会奖。目前国网绍兴供电公司系统试验站的前身就是浙江省串补小组。

采访者：后来整个绍兴电网的电压都提上来了吗？

陈云祥：不仅仅电压提上来了，原来绍兴的电网结构不好，后面进来一批人在绍兴搞系统试验，当时中试所也要搞系统试验，但是试验基地还是绍兴的条件比较好。原来省局的中试所，现在叫电科院，也有个无功管理的技术，包括电压、高压方面都在这里做。系统试验站在国内是有点名气的，它是 110 千伏等级电压直接供电的，主要是无功电压检测中心，每年部里来检查验收，考察检测中心工作量、质量怎么样。现在的系统试验，后来也参与和主导无功电压方面的国家标准的制定，包括行业标准，有十来个标准。

五　建设诸暨牌头变电所、绍兴九里变电所

采访者：从 1980 年开始，您担任修试工区的副主任，这个修试工区主要做哪方面的工作？您在任期间，牌头变、九里变建成投产，请您讲讲您参与这两个变电所投运的相关经历。

陈云祥：那时候我们修试工区主要是做 110 千伏以上的变电设备，一次、二次检修试验，是继电保护，包括仪表、油务等，都是修试工区的工作。牌头变、九里变这些工程都参加过，比如牌头变选址会议我也去过，后来牌头变投产我也参与过。牌头变电所是火电公司设计施工的。这个变电所是当年设计、当年施工、当年投产的。当时绍兴电网用电比较紧张，设施比较薄弱，这两个变电所的建设都很重要，同年建设，同年投产。我记得牌头变由我们局里的蔡海森、朱成先两位领导负责，九里变由张柏荣和潘继良两个人负责，两个变电所都在 1980 年 12 月投产。我对牌头变的印象最深，有一台主变有问题，牌头变的主变是奉化变山洞里的主变退下来的，矽胶装反导致里箱都是矽胶，这处理起来比较困难，处理了好多天。牌头变比较远，但是每年的检修我都去，因为我们那时候主要负责验收，也要负责检修试验。九里变也一样，检修、试验

都是我们修试工区负责。因为我参加了牌头变的验收，所以九里变电所验收就没有去，不过修试工区有人去。这两个变电所之后的检修都是我们负责的。

采访者： 当时为什么要建九里变呢？

陈云祥： 主要是因为绍兴电网太薄弱了，所以要建九里变。九里变建成以后，解决了绍兴一大片地区的用电问题。在那个年代，绍兴小水电、小火电发展比较快，因为电网缺电，有的地方供不上电，只能靠小水电、小火电发电，当时的企业用电都是“停三开四”，经常停电，所以要加快电网建设。九里变建设时，交通运输还没有那么发达，变压器运输比较困难，大卡车要通过的桥梁都要加固。比如施家桥，河面整个桥都要加固卡车才能通过。在线路方面，包括通信线、其他线都要处理。南方桥梁比较多，所以桥梁加固工作量也蛮大的。九里变建成以后，绍兴电网的变化应该是比较大的，原来绍兴变的电都是通过萧山送过来的，后来就是九里变作为主供来源，因为九里变、五云变附近几个变电所，包括后来又建的一些变电所，都是九里变拉出来的线路。

220 千伏九里变电所控制室

采访者： 九里变电所建成投产是在 1980 年，九里变后来有一个大规模的改造，主要针对哪些方面进行改造呢？

陈云祥： 大规模改造的原因，一是原来的设备落后，二是自动化改造的需要。不过九里变电所的大规模改造是在我退休以后进行的。后来绍兴电力局自动化改造任务比较重，还有一个老旧设备改造工作，我在任的那段时间，九里变好像没有什么大的问题。

六　兰亭变二三事

采访者：您是否参与了兰亭变电所的建设和投产工作？请您讲讲相关经历。

陈云祥：兰亭变电所我接触比较早，因为我当过修试工区主任，也当过不到一年的生技科副科长，后来我们原来的办公室主任调到上海去了，就叫我当了两年多的办公室主任，接触兰亭变就是我当办公室主任的时候。我参与过兰亭变选址的会议接待工作，浙江省副省长吴敏达也参加了。因为浙江省副省长吴敏达要参加会议，我还要往政府跑，跟市政府联系。兰亭变电所是浙江省第二个500千伏变电所，第一个是杭州瓶窑变，浙江省比较重视。我听说兰亭变电所所址选择争得挺激烈的，当时有两个所址，一个是兰亭，还有一个是萧山十三房，省公司基建处极力争取兰亭变电所，最后决定把变电所的位置定在兰亭。确定兰亭变电所所址以后，就要配合绍兴局的基建、运行和值班人员进行培训。从1986年年底到1987年年初，我还是办公室主任，我们书记、局长带我去安徽繁昌变、江苏扬州的江都变考察基建流程，回来以后就做决策，局里派了几个人到兰亭变配合他们搞基建。当时基建过程中绍兴局主要负责配合，安装单位、设计单位、建设单位都不是我们，我们只是配合做政策处理，配备一些运行人员。在投产之前，我们局里配了三组人马，一组到杭州的瓶窑变，还有一组到江苏无锡的斗山变，另外一组到江苏扬州供电局江都变，进行培训。培训中途，我也去看过他们。培训人员回来以后，到兰亭变电所参与电气安装工作，有一部分运行人员很紧张，因为运行准备工作需要一个熟悉过程。兰亭变电所电气安装过程中，因为我是主管生产的副局长，就经常去看看他们怎么安装。

采访者：据说兰亭变电所在建成后长达一年的时间里都没有变压器，对吗？

陈云祥：对，那时候没有变压器，只有一个开关站。500千伏线路从北仑港过来，兰亭相当于开关站，再到瓶窑，通过兰窑线。第二年兰亭变电所分三期投产。第一期的三台设备都是日本富士公司的，因为兰亭变电所的设备，大部分是从华东地区东线调过来的，存放时间比较长，安装过程中我也了解一些情况。

1987 年 3 月 22 日，浙江省委副书记、副省长吴敏达（前排三）等领导查看 500 千伏兰亭变电所所址

七 “双达标，创一流”

采访者：您从 1987 年开始担任绍兴电力局副局长，那个时候电网主要着力发展哪些方面？

陈云祥：变电所的基建、投产我都必须参与的。我当副局长，主要分管生产，还包括一些治安保卫、交通、民兵工作。总体来说，所有工作都围绕电网的安全运行开展。那时候关注整个电网建设的实际上还是一把手张奕模，他非常重视电网建设。我记得我们局里领导班子好多年都配不全，没有基建副局长，也没有总工程师，只有行政上的一正两副。有时候一把手需要亲自出马，比如拖运变压器，就得把办公室主任调出来负责拖运、政策处理等。当时只配了三个副总，局一级领导人数比较少，但工作量比较大，有什么事情，大家都商量着一起做。20 世纪 90 年代，我们解决了绍兴电网的一个大问题，现在 500 千伏变电所有五到七个了。

采访者：改革开放之后，绍兴工业发展飞快，用电量需求很大，您当时会有压力吗？采取哪些具体措施缓解供电压力？

陈云祥：管理电网和变电所，一方面，设备必须要安全，尽量减少停电；另一方面，建设的电网必须安全运行，围绕安全运行必须开展一些工作，比如电网检修管理、运行管理，还有电网的改造工作、老旧设备改造等。这段时间，为了提高管理水平，也属于“借东风”——大概是 20 世纪 90 年代开始，华东地区开始实行“双达标，创一流”，即“安全生产、文明生产双双达标，创国内一流、国际一流现代供电企业”，这对我们的管理工作也有好处。特别是“双达标”，即一个是要求安全生产，出了事故就一票否决，还有一个是设备整治，这个工作量很大，管理上的要求也很高。我们局里不是最早实施“双达标，创一流”的，宁波电力局比我们早，江苏有好几个电力局也比我们早，而且各地的“双达标”我也去看过，考察完以后很有启发，再回来组织职工实施“双达标”，这确实调动了职工的积极性。

采访者：“局长责任负责制”，对您的工作有什么影响吗？

陈云祥：对我的工作倒没有影响，局长负责制提高了我的工作效率。因为遇到大事情，通过领导班子集体讨论决定；遇到小事情，由局长一个人拍板。作为我来说，只管生产，向局长一个人汇报就好了，一把手对我的工作比较支持，工作开展起来比较顺利。

八　绍兴电网自动化水平提升

采访者：请您具体讲讲绍兴电网自动化的情况。

陈云祥：那时候我们局里已经好多年没有总工程师，我还兼任科技领导小组组长。一方面，我们绍兴局有一个特点就是设备增长比较快，设备比较多，而人员比较少；另一方面，“双达标，创一流”要求很高，实际上对我们工作效率提高有好处。在自动化方面，我们也比较重视，比如调度自动化、变电所自动化、配网自动化等，自动化方面进展比较快。变电所的自动化，为后来的无人值班、少人值班制度打下了基础。我们绍兴局无人值班制度实行得比较早，比人家稍微早一点，计算机应用也比较早，例如 MIS 系统、微机生产管理系统、办公自动化系统、图像监控系统等，后来安全生产、运行管理软件也开始通过计算机系统来处理。

采访者：机械化水平提高后，很多变电所的检修工作、线路检修工作可以通过设备或者仪器来完成吗？

陈云祥：我们的一把手比较重视自动化。我记得变电所自动化搞得比较早，变电所第一套用了南自院（南京自动化研究院）的自动化系统，山东的泰安供电局用得也比较早。我们回来以后，也造了一个大和变，是第一座110千伏综合自动化变电站，还有220千伏渡东变电所，都是综合自动化变电所。后来的自动化改造速度比较快了，调度自动化水平提高以后，能够实现无人值班。

采访者：您说绍兴局自动化做得比较早，大概是什么时候开始的？

陈云祥：应该在1990年左右吧，那时候自动化配套了，比如通信设备必须牢靠，原来我们的通信是搞变电所联络，用调度的载波，后来就是微波，省公司也造微波，我们原来偏门有个微波塔。后面我们又与电科院合作，一点多支，最后是光纤，光纤网我们绍兴局就是内外联通得比较早的。通信条件具备以后，为遥测、遥控、遥信、综合自动化、无人值班、少人值班等方面，打下了基础。调度自动化以后，开始用SCADE系统、WG400系统，后来引进德国ABB公司的SPIDER系统，那时候我们和电科院通信组合作，一起弄的。2000年左右，我们国产的技术与设备也成熟了，山东有一个东方电子技术与设备都比较成熟，调度自动化电力系统用上去，包括我们集控站，各方面都比较方便。自动化变电所改造以后，大量的110千伏及以下变电所作业变成无人值班，后来220千伏变电所也实现无人值班，这个工作比其他的稍微早一点，所以后来这些都是作为“双达标，创一流”的一个优势条件上去的。我们绍兴局作为自动化达标、双达标单位应该是部里第一批获批的，创一流供电企业也属于第一批，山东有一家，我们一家，后来就比较多了。那时候“双达标，创一流”工作稍微好一点，那一两年的接待任务也多。

九　处理事故，吸取教训

采访者：改革开放以后，因为用电紧张，很多企业都有自己的发电设备，这会给你们管理带来难题吗？

陈云祥：管理上有一个难题，就是怕倒送电。我们在管理上的要求比较高，对安全方面的要求也比较高。比如电力作业，先查企业内有没有小火电，特别是柴油发电机，一般县里都有，柴油发电机会对电网作业安全带来很大危险，我们也采取了不少措施，防止各类事故发生。但是最终还是发生过一次事故，叫“9·10”事故。我记得那是1991年9月10日，当时用电管理所钱清供电所的一条10千伏线路在施工，需要把旧导线换成新导线，线路的电源切断之后，有一家企业用自己的柴油发电机发电，因为厂内的低压线带电，在换线时旧导线碰到低压线，使接地线带电，一个线路地面电工碰到接地线时触电死了。我那天正在开会，后来到现场，仍然有人在做人工呼吸，我也去做人工呼吸，实际上人早死掉了。后面我们召开了现场会分析死亡原因，与会大部分人员不相信在接地线上会触电死人。后来我们从理论上解释，当发电机中心点电阻与接地线的接地电阻相联时，电压大部分分配在接地线上，当时在水稻田里的线路接地线，接力棒达到61厘米，是符合标准的，他是碰到接地线上出事。因为我们在水稻田现场看到，接地线旁边有三只小青蛙都死掉了，是触电出事的，它是分布电压，比较高。最后结果就是，对钱清供电所所长记大过处分，这处分算轻的，因为有管理上的漏洞。在我们电力系统，安全规范上要求措施做到了，还是出事，说明我们做得还不够，这个教训是很深刻的。企业柴油发电机、小火电倒送电，对我们来说是一大隐患。

采访者：绍兴有时候也会刮台风，台风引起了哪些事故？1988年7月24日，台风导致大面积停电，这个事您有什么特别的记忆吗？

陈云祥：绍兴是风水宝地，真正大台风不多，但是有几次台风也挺大的，引起大面积停电，还有就是下大雪和雷击事故。1988年最大的一次台风过境后，嵊县110千伏变电所进水了，10千伏开关室、控制室等进的水有1米多深，外面的所有设备都进水了，而且进的水不是清水，都是黄泥水，水退去以后，剩下的就是泥浆，清洗比较困难，要打扫干净。当时雨下得太大，很多地方都被淹了，这个变电所地理位置高一点，结果变电所值班人员出不来，外面的人进不去，一开始要靠坐船进去，后来打电话问他们还有没有米。那时候我们抢修了三天，晚上没有灯，不好抢修，只有回到旅馆住下。天很黑，我们也体验了一下没有电、没有灯的滋味。再就是设备试验，试验合格的设备接着使用，试验不合格的调换，我们整整处理了三天时间，当时整个嵊县城里设备都没有电。

1988 年陈云祥视察受灾的嵊县变电所

十　设备更新

采访者：从您进绍兴电力局到退休，绍兴局主要有哪些变化？

陈云祥：人员增长不多，设备增长得挺快的。绍兴电力局的汽车少，人家输变电设备比我们少，但是汽车比我们多。我们的汽车少，每个礼拜要开协调会，安排汽车的使用。我们设备比较多，包括设备更新、无人化改造等。实际上工作量后来省了不少，原来我们都是充油设备比较多，开关都是油开关，从 10 千伏到 110 千伏都有，有些设备必须要调换。比如说原来的 110 千伏开关，是苏联的 DW3，一台 110 千伏开关，有 10 多吨油，停电检修要一个多礼拜。现在开关都不用检修了，GIS 型开关连修都不要修了。原来的检修工人都是“油博士”。我们的设备太落后，必须调换，比如 10 千伏间隔设备调换了，有一部分老职工觉得这个设备还好用，修修补补还可以用，调掉它干什么，实际上这对整个经济运行没有好处。绍兴局人员比较少，老旧设备比较多，工作量排得满满的。包括修试工区，工作量多，有些必须要改，否则工作方式上适应不了。

电力管理中的技术之道

口 述 者： 陈焕良

采 访 者： 钱钢、刘学

整 理 者： 闫景信、叶国萍、王源

采访时间： 2019 年 3 月 21 日

采访地点： 国网绍兴供电公司

陈焕良 1939 年出生，江苏无锡人，原绍兴电力局副总工程师，绍兴市第一届政协委员，浙江省电力公司第一、第二、第三届职工代表；1962 年从浙江大学发电厂电力网及电力系统专业毕业进入绍兴电力局工作；1980 年起先后担任安监科副科长、科长；1987 年任副总工程师；1990 年起兼任生技科（处）科长；1996 年被评为教授级高级工程师；1999 年退休。

一　与电力结缘

采访者： 您好，感谢您接受我们的口述历史访谈，请先介绍一下您的经历。

陈焕良： 我1939年出生在江苏无锡农村，后来考到当地的重点高中——无锡市第一中学，国家当时建设了一个新校舍，老师教学质量都比较高。1957年毕业以后我就考到了浙江大学。为什么考浙江大学呢？当时有两个因素影响我。一个是列宁讲的，共产主义就是苏维埃政权加全国电气化，让我印象很深，因为我们那时候都讲共产主义，这句话我到现在都有印象。第二个，在农村照明是点煤油灯的，中学开始我看到了电灯，当时有个说法叫：将来社会主义建设要，楼上楼下，电灯电话。这让我对电有了一个印象，所以后来我就报考浙江大学工业企业电气化专业。高考的时候，我们那一年全国录取名额是10.7万名，全国高中毕业生有200万左右，每十来个人中录取一个。每年的考试都有一个科目比较难，今年是化学比较难，明年是物理比较难，我们那一年数学比较难。据说在全国的数学考试以后，很多人都流眼泪了，当时全国统考的平均分数没有达到及格分数。我数学考了70多分。收到浙江大学的录取通知书时，我高兴地跟我妈妈说："哎呀！我考取了浙江大学！"我在浙江大学学习是五年制，读了两年多工业企业电气化，由于学校专业设置变更，工企专业取消了，我们就调配到发电厂电力网及电力系统专业，统称发配电专业，实际上是电力系统输变电电气化专业。我本来1962年7月就应当毕业了，当时都是国家统一分配工作。那时全国经济处于恢复时期，分配工作非常困难。大部分人被分配到浙江省电力管理局，有一部分人分配到浙江省衢州化工厂，当时它是苏联援建我们的150多个项目之一，也是比较大的厂，化工系统是很重要的部门，突然停电有爆炸的危险，所以它有一个自备电厂。另有少部分人分配到上海、山东、甘肃、河南，但主要是分配到浙江省。9月份我们分配到电管局以后，省局开了一个会，叫我们每个人填志愿，希望到哪里工作。我填的是服从分配，后来通知我到绍兴供电公司工作。1962年10月23日是我到供电公司的第一天，我写了比较详细的日记。我分配之后一直在绍兴工作，后来安家落户了，我的两个小孩也在绍兴局里。现在我退休了，退休工龄是38年。退休的时候，国网公司有新的政策下来，

60 岁一律退休，我退休时的职称是教授级高工，局里需要我在安全生产上继续工作，再加上身体也还可以，由局里向省局打报告，省局批准后返聘两年，就跟不退休差不多。两年以后，应省局、华东电管局的安全性评价专家组的要求，就每年一聘。到了 2010 年我 70 岁的时候就在家里面了。所以我在电力系统的工作时间，到退休的时候是 38 年，到我真正退休是 48 年。我从浙江大学毕业的时候，陈伟达校长要求我们把所有的问题都放在学校里，不要带出去，他说，你们将来要为国家工作四十年到五十年。我实际工作时间是 48 年。回想这半个世纪，我一直在绍兴电力系统工作，没有去过其他单位。绍兴供电公司是 1962 年 7 月正式成立，归省局直管，原来归县政府管理。1962 年 10 月我到绍兴电力公司，到退休这段时间里，我的工作岗位见证了绍兴电力事业的发展。

浙江大学电机工程学系发电厂电力网及电力系统专业五七班毕业纪念照
（四排右六为陈焕良）

采访者：您到绍兴供电公司报到的时候，第一印象如何？

陈焕良：当时我是大学毕业直接分配到公司里的第一个大学生。我第一天报到，火车是 9：58 从杭州开，到这里已经中午了，感到局里很重视我，劳动人事股长把我领到食堂去吃饭，当时我们食堂非常好。我毕业以前，大概 1961 年，是困难时期，有的同学肚子饿，就买番薯吃，要两毛多钱一斤，有的同学买不起，买三分钱一支的棒冰，棒冰不是白糖做的，是糖精做的，甜甜的，总比饿肚子好。所以我一到绍兴，觉得这个单位的食堂很好，当时食堂里有一个厨师还是华东电管局的劳动模范哩！

我来的时候专业非常对口，我在学校里毕业设计是安徽电网，我们老师、系里面的领导都说这个题目是真刀真枪，结合实际，同时我的毕业设计论文里面还涉及电容器无功补偿，这对我以后工作有很多好处。我第一天到这儿，就和股长讲了毕业论文和设计，股长讲："公司把你分配到生技股，我们这里技术人员比较紧缺，你就在这里搞生技工作。"

在工作条件方面，原来我们绍兴供电公司是在大明电厂的范围里，我们办公室是很小的一排平房，是过去堆木柴的房子，我也搞不太清，发电的时候，煤气机要烧很多木柴，所以过去这是堆木柴和劈柴的房子，每一间大概比这个采访间要小一点，只有一人多高。下大雪的时候，我们都要到屋顶上把雪扫掉，否则房子要塌掉的。地上不是木板，是石板。我到的时候，有一个二十几公尺高的德国西门子进口的水塔，上面有 $30m^3$ 的水。后来专搞供电了，因为供电单位不像发电厂对冷却水要求那么高，再加上市区自来水建设使得供水可靠，所以这个水塔就拆掉了。当时我来的时候，电厂里最好的建筑是发电车间，有两台发电机——柴油发电机、煤气发电机。

二　绍兴电力的早期发展

采访者：您到了绍兴之后，绍兴当时电力发展情况怎么样？

陈焕良：原来绍兴公司管理的范围很小，只管绍兴县一个地方，而且电网非常复杂，我们来的时候只有一条 35 千伏线路、两个 35 千伏变电所，其中有一个是绍兴电厂转给我们的①。10 千伏的线路当时市区只有三条线，叫铁南、铁北、市中三条线，跟现在 100 多条线路根本不能比。当时的情况是，绍兴农业农村用电也在起始状态，农村只有两条线路，叫"两线一地制东路"，还有一个叫"两线一地制西路"。那个时候材料非常紧张，一般 10 千伏线路应当是三根线，当时只用两根线，还有一根线是借用大地，从地中送过去。送电应

① 20 世纪 50 年代初，各县恢复 380/220 伏电网，发展 4 千伏、6 千伏和 10 千伏配电网。1958 年，杭州电网的电力输入绍兴县，35 千伏电网随之有了发展，同时按 10 千伏标准电压建设改造配电网。1963 年年底，全县有 35 千伏线路近 40 公里，变电所 5 座，农村建两根架空线和一根接地线的 10 千伏线路（下称"两线一地"线路）1000 余公里。参见《绍兴市电力工业志》，天津人民出版社，1995，第 27 页。

该是 A、B、C 三相。这个叫两线一地制，即两根导线，一根接地。两线一地制东路就是供整个绍兴县的东部地区，两线一地制西路就是供绍兴县的西部地区。一条 10 千伏的线路要供半个县，架的主干线路长度有 30 公里。按照我们书本上面讲的，这是非常薄弱的，送电路径太长，电压质量太低，线路继电保护很难分配管理，下面有事故跳到上面来。我刚到绍兴的时候，电力部门是地方管理企业，10 千伏高压专用熔丝买不起，就用家用的低压保险丝代替，因为跌落熔丝弹簧需要一定弹性，中间就加一根胡琴线。出事故的时候，作为保险丝的低压熔丝熔断了，这根弦线还拉在那里，要等它烧断以后，把故障点隔开，烧断的时间是不好掌握的。当时整个绍兴农村只有两条线，一条线路出故障，半个县的电就停掉了。我也去处理过几次事故。当时交通非常不方便，我记得有一次跟师傅骑自行车走乡间小路，结果骑到田地的沟里去了。我们去看两线一地制线路，胡琴线烧断了，上面也跳了，下面电也停了，我们就得去把熔丝换掉。当时绍兴的情况就是，管理的范围很小，管理的设备比较差。当时电压等级也很低，我刚来绍兴的时候最高电压等级是 35 千伏，到我退休的时候最高电压等级是 500 千伏，是国家当时最高的电压等级了。当然现在还有交流 1000 千伏跟 750 千伏、直流 800 千伏的这种电压等级。在诸暨那边有一个从宁夏到绍兴的直流输电正负 800 千伏电压的变电所。我退休的时候，500 千伏的输变电已经有好几个了，电压等级也高了，供电范围就不光一个绍兴县了，已经是整个绍兴地区，包括上虞、嵊县、新昌，还有诸暨。现在的电网结构非常牢固，到我退休的时候，绍兴电网已经达到国家 N－1 要求，就是一个变电所出问题，可以把周围变电所的电调过来，不会影响到用户，不影响正常的生产用电。

当时 35 千伏的绍兴变电所就在公司之内，从办公室走过去几十公尺，它是围墙围起来的。股长说你有工夫的时候，随时都可以到那边去。我们的隔壁是调度室，再隔壁就是线路工区，还有变电工区，整个生产部门都在这一排平房里。生技股是第一间、第二间，第三间就是调度室，调度室实际上只有三个人调度值班，当时供电范围也比较小。再隔壁就是线路工区，它就是管线路工作的运行、检修、事故抢修。再一个就是变电工区，当时只管两个变电所，由工区长直接管理。

当时技术人员确实比较少，我们生技科就我跟陆云鹤两人，他比我早几个月到，因为他学电器专业，所以他分管继电保护。我们股长讲："我们现在人比较少，你们安全、运行、检修、变电方面都要管的。"我有不懂的都自己到现场去跟老师傅讨教学习，反正变电所就在旁边，有空就跑过去。我们当时是单休制，平时星期一到星期六工作，星期天休息。那个时候单位里冬天没有洗澡的地方，天冷嘛，星期天上午就跟陆云鹤一起到市里面去洗个澡，有时候看个电影，下午就回来工作了。管理工作也是做不完的，你要做得细、做得深，要多管一点，那都可以做下去的。所以我们在管理上面也比较努力，而且当时我们到下面去发现，比如变电工区长、线路工区长等，都是老师傅出身，不是学校出身，他们这些人非常敬业。像变电工区长，他星期六、星期天都不回去，最多就是有时候回家换点衣服。他是一天到晚看着这个变电所的，当时运行人员也是水平比较低。线路工区长也都是线路生产工作出身。他们的敬业精神对我们影响很大。我们在这样一个环境里成长，后来工作也兢兢业业。

我到了局里就直接在生技股工作，但是我们这个生技股跟人家不同，走几十公尺就可以到变电所去。我们的中心变就在这个地方，另外一个就是绍兴发电厂移交给我们的一个变电所，它在县城的东南部，我们是在县城的西南部，这个也要去管理。原来很多线路都是木杆，是我们职工自己抬杆子，自己打洞，立杆架线。

采访者：后来木杆就逐步被水泥杆取代了，这个过程您是否参与？请您讲讲相关的经历。

陈焕良：我有很长一段时间现场参与绍兴原来木杆线路改成水泥杆，还有诸暨的木杆改水泥杆这个过程的。[①] 我们吃住都是在现场，一去就是几个月，也没有睡的地方，在农村施工的时候，有的农民家里房子造好了没有装修，我们就铺一点稻草将就着睡。

采访者：当时你们出去工作，交通方便吗？

陈焕良：绍兴是水乡，当时的交通不发达，不像现在到处都通了公路。当时我们局里有四艘轮船，轮船开出去是很慢的，而且河道不是到处都通的，有的小河道不好通，要摆渡过去。

我到局里的时候，只有一辆三轮卡车，大汽车跟小汽车一辆也没有，只有一辆三个轮子的汽车。而且这个汽车用了不晓得多少年，经常出事故。开这辆汽车的师傅叫葛三六，工人师傅有段顺口溜："三六开三卡，三卡年年爬。"说的是三六师傅开部三轮车，三卡发动不起来，要大伙推，三卡变三爬了。

---

① 1962 年，绍兴全县改造 35 千伏电网，湘绍线导线换为截面积 70 平方毫米的钢芯铝绞线，木杆改为等径混凝土杆。参见《绍兴市电力工业志》，天津人民出版社，1995，第 27 页。

采访者：当时您在工作中有没有遇到一些困难？

陈焕良：开始有很多困难，当时柯桥变电所基建、安装都已结束，却不能投运，原因是没有一个叫 QS1 电桥的变压器试验设备。这个电桥后来是问杭州局借的，借了以后，下雨不能测，一定要天晴才能测。可是晴天还未到，杭州局就来讨了，因为杭州局也没有第二套设备，他们也要用，就拿回去了，我们这里只能停下。1965 年，国家在杭嘉湖平原有一个农村电网改造工程，当时的计划是把杭嘉湖划区的地方划成杭嘉湖宁绍平原，就是把宁波、绍兴也划到杭嘉湖这个工程范围内。这个工程对我们的好处非常大，国家投资了，一些电器设备、实验设备都配来了，我们的生产也比较快地走上正轨。

采访者：刚才您讲您 1962 年进到绍兴供电公司的时候，算是公司从地方管过渡到省里管的转折和过渡时期？

陈焕良：对。

采访者：那 1962 年改名绍兴供电公司，是不是因为绍兴电网并入了浙江电网，原来大明公司的供电设备都停掉了？

陈焕良：是这样子的。1962 年以前，我当时在浙江大学学习，曾到绍兴钢铁厂实习过一次，时长两个多月。1958 年，绍兴发现了漓渚铁矿，于是就搞了一个绍兴钢铁厂。1958 年 12 月 12 日，绍兴钢铁厂建了一个自备的 750 千瓦小电厂，是烧煤的火力发电厂。到 1959 年，为了保证绍兴钢铁厂的送电用电，省局就从杭州萧山到绍兴钢铁厂，专门建了一条 35 千伏的线路。这条线路用的全部是木杆。1962 年，我到绍兴的时候，绍兴钢铁厂①已经下马了。在那条线路的末端附近，支接了一条 35 千伏的线路，建了绍兴变电所，所以

① “绍钢”兴建于 1957 年 4 月，是浙江省第一家钢铁企业，最初的厂名叫“浙江钢铁厂绍兴分厂”，1957 年 11 月 26 日的《浙江日报》整版报道了“绍钢”流出第一炉铁水。短短的三年时间里，“绍钢”先后建成一铁、二铁、炼钢、轧钢、铸管、焦化、机修等多个车间并投产运行，厂区内还设有公路、铁路、水运码头等配套设施。至 1990 年，“绍钢”已设有 8 个分厂、1 个劳动服务公司、24 个管理科室，全厂占地面积 72 万平方米，拥有高炉、轧机、焦炉、电炉、铸管机、发电机组等 700 余套生产设备，主要生产硅铁、铸铁管、线材、钢锭、高炉锰铁、冶金焦炭等。“绍钢”的产品多次被评为省优产品，高炉锰铁、硅铁还出口美国、日本和东南亚等地，深受国内外用户好评。自 1986 年以来，“绍钢”荣获“国家一级计量单位”“全国绿化先进单位”“全国思想政治工作优秀企业”“审计先进企业”等称号，企业党委也被中共中央组织部和中共浙江省委授予全国、省“先进基层党组织”称号。参见浙江档案网址：http：//www. zjda. gov. cn/art/2018/9/18/art_ 1378530_ 21438689. html。

原来这条线路不是为绍兴大明公司，而是为绍兴钢铁厂造的。这条线路支接的一个开关装在田里面，后来我就把它改成一进一出，就是从萧山过来的这条线路先到我们绍兴变，再从绍兴变的母线上出去一条线，接通绍钢这条线路。这个线路改好以后，小的柴油机发电后来就停掉了，因为大电网里来的电比较便宜，又能够保证用电。

采访者：那个线路拉进来的是新安江的电吗？

陈焕良：新安江的电是统称。在 20 世纪 60 年代，浙江省每一个局里供的都说是新安江水电厂的电。我在读大学时去新安江水电厂实习过一次。当时新安江是 60 多万千瓦，浙江省用完，还有点宽裕，当时电还不是很紧张，新安江一上来就有 60 多万千瓦，送到我们绍兴来，所以绍兴刚建的绍兴钢铁厂上马了。我们局里供电公司成立之后，1962 年 8 月，绍兴发电厂由绍兴钢铁厂自备电厂改为省局直属。有一次遇到险情，萧山到我们绍兴有一条 35 千伏线路，它不是水泥杆，是木头的杆子，上面有一个瓷瓶的木横担因雷雨天气烧起来了。结果这条线路断掉了，跳闸了，开关跳掉以后，绍兴电厂负荷过大，再加上操作上的原因，也停掉了。那一次我印象很深，整个绍兴地区一片漆黑，医院都要靠自备电源，否则无法动手术。他们打电话过来，说我们这里要死人了，你赶紧送电，我们说上面杭州来的线路出事情了。当时绍兴发电厂发电机停掉以后开不起来。那怎么办呢？后来我们把局里一台实际发电 288 千瓦的柴油发电机开起来，通过线路送到 750 千瓦电站，再把 750 千瓦发电机烧煤开起来，再把电送到绍兴发电厂，作为厂用电，它再发起来。我们第二天早上去抢修线路，修好以后再跟杭州并起来，恢复绍兴送电。那一次停电是绍兴城区和县区全部停掉，当时的系统很复杂。

采访者：之前您也说过，绍兴因为自己发电能力相对弱，虽然是大电网供电，但是它长期处于电网末端，电压低，请您具体讲一讲这个情况。

陈焕良：我们绍兴地区长期没有大的电厂、电源，而且是处于杭州送电过来的单条线路末端，长期处于低电压。电压低的话，老百姓家里电灯昏暗，100 瓦的电灯泡，还没有 40 瓦的亮。工厂里电动机像老黄牛一样，拖不动，声音异常，转不起来。省局直属以后，嘉兴电力局当时有个 110 千伏线路上来了，电压变好。省局把嘉兴长安变电所一套 35 千伏瑞典进口的串联电容器调到我们绍兴变电所。这个串联电容器，可以提高 4 ~ 6 千伏。当时 35 千伏的电压只有 28 千伏左右，如果加上 4～5 千伏，可以到 32～34 千伏。再加上我们变压器的调节开关调整一下，也可以达到用电电压标准。供电有两种，一种叫有功，一种叫无功。有功就是要电灯亮，要电动机转，做工作，是有功消耗。无功，理论上是不消耗功率的。向工厂用户、老百姓收费是收有功的，无功是不收费的，但它又缺不了，不然系统就不正常，电动机也转不起来，灯泡也不亮。当时情况就是，有功一定要有电源，要由发电厂发电机发出来，无功就需要我们供电部门做大量的工作。我在学校里做过这个电容器的专题，到绍兴这几年，装了大量电容器，来自两方面：一是用户、工厂，动员单位自己加装。二是我们向省局呼吁，绍兴电压实在太差了。省局每年也给我们批点电容器项目，因为我们范围比较小，其他局有好几个县、几十个变电所，我们只有几个变电所，所以每个变电所都装电容器。1963 年年末至 1964 年年初，华东电管局组织“电容器标准设计安装”工作。我有幸跟江苏镇江供电局两个人一道到华东电管局做了三个多月工作，参与了 10 千伏电容器的标准设计。设计方案有两套，一套是三线，一套是两线一地。因为我们局里当时有专人制图，制出了很漂亮的图，获得了很高的评价，所以后来华东电管局确定我们设计的电容器作为华东电管局的设计标准，由此我们有了有利条件。电容器是我们自己设计的，安装就会便利许多，我们每个变电所有的是一次性装好，有的是分两级安装，比如第一次装 50%，第二次再装 50%，所以后来我们有功和无功的比例都达标，甚至超过这个标准，电压功率因数很高。我们绍兴地区电容器有几十万千乏，那时我们主要做的就是电容器补偿。

采访者：请您讲讲当时设备的情况。

陈焕良：我刚到局里的时候，线路设备的困难程度在其他地方也是不太会碰到的。绍兴县的 10 千伏高压线路，很大一部分是用单股的 8 号铅丝（即镀锌铁丝线），那时候苏联的称呼叫“ЖФ4”。它是单股的，就是我们家里用的铅丝，直径是 4 毫米的。这种铅丝在送电线路容量小的时候没有什么问题。但是厂家生产出来的不是线路专用的，是居民用的。它是一根线，单股镀锌铁丝线，接头厂家又不是说给你线路上面专用的那种接得很牢，开始拉不断的，但是到了线路上面天冷天热这么一变化，断线事故就很多。所以在开始几年，老是发生 10 千伏的断线事故。另外，当时的铝导线非常紧张，所以我们在开始几年遇到的困难很多是这方面的，一个是铝导线太细，只有 25 平方毫米，现在我们一般用的是 120 平方毫米或者至少 70 平方毫米，而且导线里没有钢芯，按照线路上面的要求，最好是要有钢芯增加强度。再加上当时为了省杆子，两支杆子之间距离特别长，线路又比较细，冬天天冷一收缩就容易断线。农村里此类事故很多，也有人身伤害事故，有些小孩子不知道危险，去拉线，触电死了。当时各方面条件是都很困难。后来直到 1965 年，农用电线路改造以后，情况逐步开始好转。

采访者：绍兴电力局的管辖范围是如何逐步扩大的？

陈焕良：我们最开始只管绍兴市区跟绍兴县。诸暨原来是杭州局管，后来也归我们管。当时诸暨是农业大县，有很多低洼地区。诸暨原来有好多湖，周围的田埂筑起来变成农田，叫湖田，面积很大，土壤比较肥沃，民间有“诸暨湖田湖，天下一餐粥”之说。困难时期，为了解决农村的用电问题，杭州专门建设了一条 35 千伏线路，到诸暨的斗门白塔湖排涝站。为什么要建设呢？因为黄梅天、台风季节，雨量很集中，需要及时把湖田里的水排出来，离开电没办法排涝。排涝站的水泵和电动机功率是大的，像现在南水北调工程把水打过去一样，所以 35 千伏专线专变供电。后来诸暨又动了个脑筋，既然 35 千伏线路有了，就在白塔湖旁边搞了一个 35 千伏的斗门变电所。诸暨自己又出了点钱，从斗门再放二十多公里线路到诸暨城外的城关，所以诸暨也有两个 35 千伏变电所，一个是白塔湖排涝站旁边的斗门变，一个是城关的诸暨变电所，就在西施浣纱的旁边，也叫浣纱变电所。诸暨划归绍兴供电公司管以后，诸暨局的这些电器设备就移交给我们局里了，要我们去管理。我们去检修是很困难的，困难在什么地方呢？诸暨变交通还可以，有条沙石公路，可以直接开过去。但是斗门变电所没有公路，必须要乘轮船到萧山的临浦，临浦那边钱塘江与内河有个闸门，它不是每天开的，要根据潮汐的情况，有几个钟头开闸门。我们要轮流把检修设备、实验设备通过轮船运输过去，因为一艘轮船装不下，需要多艘轮船。这样一天时间不够用，要过一夜，第二天再出闸门到钱塘江，再开到斗门变电所。然后再从河港里面把东西人工抬到岸上去。那时局里不允许招外面的辅助工，都是我们自己搬上去的。弄好以后又要把设备搬回船上，再开回来，到了临浦，又要等闸门开了再开回来。所以一般到那边去检修至少需要一个星期。

诸暨最主要的就是两个 35 千伏变电所，原来遗留下来的杭州供电局 10 千伏农电线路，木杆改水泥杆，都是我们局去改造的。改造时赶上黄梅天，我们一起住在老百姓的家里，稻草铺地当床。后来斗门变检修，每次我也去。那个时候局里管的东西少，也很重视检修，我们也很开心，大家十几到二十几个人，男的住一个房间，女的住另外一个房间，有些领导也去的。当时绍兴到诸暨没有直通的电力线路。

采访者：交通不便是否给通信带来影响？当时是怎么解决通信难题的？

陈焕良：在通信上也是很不顺，主要是借用邮电局的通信，因为35千伏线路上的载波不够宽。当时绍兴到诸暨没有直通电力线路，要怎么通呢？要绍兴到萧山，萧山到斗门变，斗门再到诸暨这样的一个通路。当时的通信不像现在手机这么发达，邮电局人气是很旺的，你要通话可以的，我的杆子租给你，每年给我缴费，这叫租杆架线，即租邮电局绍兴到诸暨的杆子，架一条电话线。这条电话线就是绍兴供电公司专用的，可以给诸暨的调度打电话，也可以给诸暨的局里打电话，那边装一个手摇的总机。嵊县、新昌、上虞是独立的。所以在当时，我们实际上没有管上虞、嵊县、新昌，绍兴供电公司就是管绍兴市区、绍兴县，还有诸暨县。

采访者：到1968年，各个县的电网都并入绍兴电网了？

陈焕良：对。到了1964年，我们绍兴局是省局直管的，宁波还是当地地方政府管，绍兴和宁波都向省电力局要求解决供电问题。因为东海舰队在宁波象山，它有一些特殊的用电。在这种情况下，东海舰队司令部向国家打报告，国家水利电力部就批准了浙东输变电工程。第一期就是从杭州的萧山到宁波，架一条110千伏的线路，在宁波市区的西面，建设了宁波变电所。那时候叫网内网外，我们绍兴是省局直属的，叫网内，宁波是地方上管的，叫网外。省局组织了一个浙东输变电工程领导小组，人都是从我们局里抽出去的，但是名称挂的是“浙东”，因为牵扯到两个地区。我们绍兴地区原来比较小，后来诸暨从金华地区划到绍兴，嵊县、新昌从宁波地区划到绍兴，变成五个县、一个市区。宁波比绍兴大，它的地区力量、专业力量应当是比绍兴地区强，所以当时宁波是不希望绍兴来管的。所以省局起了一个名称叫“浙东供电局”①。浙东供电局就不只管绍兴了，可以跨地区管理。浙西供电局是管杭州的一部分，又管金华的一部分；嘉兴供电局管嘉兴地区一部分，又管湖州地区的一部分。所以当时成立浙东输变电工程领导小组，我们就派人出去，专门筹建110千伏萧山到宁波的线路，同时建设110千伏宁波变电所。

---

① 1963年9月23日，浙江省电业管理局批准浙东输变电工程指挥部与绍兴供电公司合并成立浙东供电局，为浙江省电业管理局领导的部属企业，负责绍兴地区的供用电业务。参见《浙江省电力工业志》，水利电力出版社，1995，第141～142页。

采访者：那这个 110 千伏萧山到宁波的线路，如何让绍兴受益？

陈焕良：在宁波地区，我们局只管 110 千伏线路和宁波变电所，绍兴只挂了一个 110 千伏上虞变。后来我们以升压的名义，把 35 千伏的绍兴变电所升到 110 千伏。在浙东输变电线路设计的时候，已经把线路设计到 35 千伏绍兴变电所旁边，很容易把两条线路开口进来，当时变压器也是很紧张的，是省局从山东韩庄煤矿调拨一台 3.15 万千伏安变压器，这台变压器是我们国家生产的同类型几台变压器中仅剩的一台，叫强油循环冷却变压器，就是它里面油的循环冷却，一定要变压器的油泵推动，如果油泵一停，变压器要烧掉的。这并不是我们国家造的变压器本身不好，而是油泵配套设备不安全。我们当时在设计的时候，二次部分考虑得很周到，如果这个油泵失去电源三秒钟，变压器主变高、中、低三侧开关自动跳开切断电源，由于当时我们过于保守，在实际操作中停了好几次。它一停，变压器的三侧开关全部跳掉，绍兴大面积停电。变压器是保住了，但是设备停电增加了。实际上一两个小时跳一次是可以查出问题的，三秒钟跳一次值班人员根本没有办法查出问题。不过，利大于弊，升压解决了绍兴很大问题，电压水平提高了，这条线路是先到绍兴再到宁波，如果宁波电压低的话，绍兴电压肯定比它高。但是宁波也有特殊的地方，它的变压器叫带负荷有载调压变压器，就是在符合功率的情况下，可以调整电压。

20 世纪 70 年代使用的有载调压装置

我们绍兴为什么不用呢？因为这个变压器仅一个调节开关就要占变压器投资的30%。比如购买变压器需要10万元，那加上一个调节开关就要13万元。这个开关价格非常昂贵，而且不可靠，当时买不到好一点的调压开关，一出问题，调压开关烧起来，电也停掉了。宁波电压还可以，因为它这个变压器是特种的，它那边东海舰队比较重要，得保证用电。这个变压器调压的范围大，可以把低压变高。那段时间我们管宁波11万千伏变电所，后来又造了一个35千伏余姚变电所，既然是浙东供电局，就要跨地区了，从上虞110千伏变电所管到余姚的临山变电所。

采访者： 浙东供电局后来又撤销了，是什么原因？

陈焕良： 到了1965年，我们搞了一条35千伏线路送到余姚的临山变电所，但是浙东供电局一直没有真正管到宁波地区，就只管到110千伏线路跟110千伏变电所。后来因为绍兴各县都发展起来了，再加上宁波地区要自己管。比如省里给我们1万千瓦的电，分给谁，得向绍兴地方政府去汇报，他就说你先给铁矿、绍钢、医院或者市政府。但是你叫绍兴地方政府管宁波地区的电力分配，矛盾会非常大。宁波认为，我要用的地方你不给我用，我就到省里告状。所以，省里就考虑，还是各个地区自己管比较合适。1978年11月，浙江省革委会正式发文件，今后电力部门的管理机关按地区划分，所以绍兴跟宁波就分开了。浙东供电局改名为绍兴电力局。这对计划用电、调荷节电、安全用电都是有好处的，而且地方上的行政事务也比较好决策，好执行。

采访者： 您也参与了110千伏新昌变电所的建设工作，请您讲讲这段经历。

陈焕良： 110千伏新昌变电所建立于1973年，这个变电所是我们自己设计、自己施工的。为什么要搞这个工程呢？因为1972年的时候，宁波那边的用电给军工了，110千伏是不解决问题的，富春江那边的水电站上来以后，有个配套项目，就是富春江到奉化有一个220千伏的输变电工程。那个时候还是备战备荒，该输变电工程就是宁波奉化在山洞里搞的一个220千伏变电所。我们新昌就在奉化的隔壁，所以想到从奉化变搞一条110千伏的奉新线和一台1万千伏安的变压器。[①] 但是这个工程设计的时候有欠缺，线路在路径选择上面有些遗留问

---

① 1973年7月浙东供电局设计安装的110千伏新昌输变电工程竣工投产，由220千伏奉化变电所出线的110千伏输电线路长34.65公里，新昌变电所主变压器容量1万千伏安。参见《绍兴市电力工业志》，天津人民出版社，1995，第171页。

题。后来这条线路运行当中，老是在春节的时候发生雪灾事故。在那个特殊地段，我们叫“小气候”地段，就是四明山的撞天岗，海拔 900 多米，每年天气寒冷季节，雪灾会造成导线结冰。当时条件艰苦，以我当时的身体爬上去也是要歇好几歇，线路上的同志一口气可以爬到九百公尺。后来这条线路经过多次改造，原来的水泥杆都改成铁塔，供电情况改善了很多。后来由于电网的变化，新昌变电所拆掉了，重新造了一个新的变电所。

20 世纪 70 年代中期，奉新 1144 线雪灾事故现场（后排右二为陈焕良）

三　改革开放，绍兴电力的腾飞

采访者：1978 年改革开放之后，用电缺口很大，请您介绍一下当时的情况。

陈焕良：在电力分配很紧张的时候，省里成立“三电办公室（节约用电、计划用电、安全用电）”，我们当时开玩笑称之为“三停办公室”。因为当时电力非常紧张，很多工厂都是一个礼拜停四天，开三天，哪还有什么礼拜天、双休日，反正哪天有电哪天用。整个省里都是这种情况。为什么呢？当时我们省里叫“倒煤（倒霉）”，因为浙江没有煤，得从秦皇岛运煤，通过海路运到宁波。

采访者：改革开放之后，是电力大发展时期，请您具体讲讲这个时期绍兴电力的发展情况。

陈焕良：在这个时期，我们绍兴得到省里、国家的重视，1980 年就批复了220千伏的绍兴变电所。同时，省局当时技术改造有一个项目，将诸暨原来的35千伏牌头变电所升压到220千伏。当时九里变电所和牌头变电所一起建设，两边都有一个领导小组，大家都希望这个项目当年就投产运行，所以都暗暗较劲，最后是牌头变电所提早了几天。他们也觉得很开心，觉得自己胜利了。他们基建搞好以后，设备安装以后的验收都是我们去的，我是组长。验收时我们还要提出很多的问题，改进之后再组织投运。新设备怎么重建，怎么带负荷，怎么继电保护试验，怎么把附近的负荷调过去，然后再怎么送出来，这都是需要考虑的问题。当时这个工程上来以后，绍兴地区在供电设备上已经具备了条件，但是不等于用电上可以宽松了，因为当时整个浙江省的用电非常紧张。我们当时开会也都是讲浙江省没有煤，能源非常紧张，但是下面要用电，大家都到用电部门来讲情，你给我停三开四，是不是少停一天，或者是晚上给我用用。后来电压翻了一番，220千伏上来以后，电压就大幅度改善了，电压矛盾倒没有原来这么紧张了。

20世纪80年代陈焕良（右）在220千伏牌头变现场

改革开放后，宁波建设了北仑电厂，也叫东方大电厂，北仑电厂是从美国引进的设备，发电量240万千瓦。于是整个浙江省线路输电方向就改变了。原来是新安江的电源一直送到宁波去，现在是宁波建设了一个大电厂，宁波的电要倒送杭州。我们绍兴在宁波跟杭州之间，所以我们电压得到进一步改善。但是，这并不意味着用电就不紧张了，北仑电厂建成以后，它又带有向上海供电的义务，这个电厂是国家投资的，整个用电状况没有得到根本改变，电厂是上来了，但是大家都要用，而且要向上海送电，用电负荷还是比较大的。因此，我们绍兴地区在用电紧张的情况下，就采取了很多救急办法。有的厂家就买柴油发电机自己发电，但这些小的柴油发电机能耗高，有一定的安全隐患。各个县里面都大办小火电，就是小的烧煤电厂，这些电厂的级数都是比较小的，大都在6000～7000千瓦。烧煤发电虽然比我们大的发电机经济效益差一点，但是大都在工区附近，厂里面蒸汽可以收钱，所以工厂的日子还比较好过。但污染环境，经济效益也差，后来国家就不批小火电了，到现在为止小火电基本没有了。我们绍兴的情况就是，改革开放以后，一方面是宁波北仑大电厂上马了，它的投运有一个过程，为要送电过来，各方面需要配套；另一方面，当时到处都是小火电厂，后来，用电情况开始宽松起来，这些火电厂自然而然地都关闭了，还有一些电厂达到环保要求，依然留着。

采访者： *后来用电是怎么宽松起来的？*

陈焕良： 整个华东电力系统建设了不少大电厂，比如宁波、温州那边有很多大的电厂。现在从长江口开始到武汉，整个长江沿岸都有大型电厂。改革开放以后，国家对电力非常重视，投资建设了一大批电厂，比如长江三峡水电站，原来建有葛洲坝水电站，葛洲坝水电站到上海有一条专门的线路，因为上海跟浙江、安徽连在一起，所以葛洲坝送来的电还可以匀出一些给我们。后来浙江跟福建的电也连通了，福建用不完的电也往我们浙江送。经过一段时间的电网、电力、电源建设，我们现在电力相对比较宽松了，不会出现由于电力不够要拉闸的情况，加上现在新能源建设，水电、风电、光电，还有用户自己搞的太阳能发电，现在电力系统已经真正实现电力先行，电力能够保证工农生产的顺利进行。因为我们是供电单位，电厂部分是上级跟国家考虑，我们主要考虑怎么把电安全地送到千家万户，所以我们这段时间除了把牌头变跟九里变提高到220千伏外，还开始争取500千伏兰亭变电所。

采访者： *兰亭变电所是浙江省第二个500千伏的变电所，当时争取到这个变电所落地绍兴的过程是怎么样的？*

陈焕良： 北仑电厂的240万千瓦这么大的容量必须要有500千伏的线路配套。它要把电送到杭州、上海去，上海到杭州当时已经有500千伏线路，但整个浙江省只有一个瓶窑变电所是500千伏。每建一个新电厂，国家都同时建配套输变电线路的，我们兰亭变电所是北仑电厂的输变电配套项目。当时绍兴跟杭州都来争这个项目，最后省里面定下来建设500千伏兰亭变电所。500千伏变电所代表一个单位的档次，我们局里当时已经有几个220千伏变电所了，500 千伏变电所落地绍兴地区以后，我们局的供电档次就提高一档，就是国内最高电压等级。

采访者：这个变电所建设过程中有没有遇到什么难题？

陈焕良：在建设过程中还有一些故事，这个变电所是 1989 年的项目，投建以后，变压器是从法国阿尔斯通公司订的货，后来法国单方面撕毁合约，不提供变压器了。当时我们兰亭变电所包括线路、开关等设备都装好了，就等这个变压器。后来国家到日本去进口，当时中日关系比较好，他也不说不提供，只是说现在生产太忙，来不及，最后日本富士通答应供货，但抓住我们急需的心理，要价很高，交货时间长。其实咱们国家自己当时也开始生产了，但是技术还不成熟，也造不了这么多；再就是生产时间长，比如日本的厂家半年或者几个月可以生产出来，国内就需要一年多一点。所以我们就干等着，等了一年多，变压器终于被送到我们绍兴来安装。

在这一年中，电从北仑电厂送到杭州，不能通过一条线路直接送，直接送的时候，线路中间有谐振会破坏系统稳定运行，现有的开关不能适应此类切断故障，所以在兰亭这个中间的地方，一定要有一个开关站。因此，兰亭变在这一年多的时间内做了 500 千伏的开关站，当线路有故障的时候，开关就自动跳开。平时要操作的时候，可以人为地开停，就像我们家里的电灯，不是 24 小时开的，要停的时候就把开关关一下，要用的时候就把开关开一下。这个开关站，一个是北仑到绍兴的开关，另一个就是绍兴到瓶窑变的开关，兰亭变把这两个开关串起来。线路上有故障的时候，开关会自动断开。我们绍兴有一个开关，北仑那边的开关也跳开，杭州这边就有保证了，不会影响供电。

这个变电所一投产，我们整个绍兴地区的电网结构档次就提高了，电压等级最高到 500 千伏了。除此之外，我们地区其他的 220 千伏变电所、110 千伏的变电所又增加了很多。所以虽然我们绍兴地区比较小，但是当时我们看过一些外国的资料，我们的电网结构可以说比法国巴黎还要好。

我们绍兴原来的电网长期划分为三个大片：绍兴跟上虞一片；诸暨跟杭州一片；新昌跟嵊县一片。后来，500 千伏电网上来以后，加上网络的建设，绍兴电网整个就是以 220 千伏为骨干的电网，110 千伏成为高压的送电网络，35 千伏、10 千伏成为用户的输送网络。原来浙江省只有一个 500 千伏瓶窑变，后来省里又到金华那边建设了 500 千伏变电所。500 千伏变电所现在有很多了。可以说，绍兴电网的强劲程度，我个人认为在国际上也是排在前列的，再加上我们在安全生产管理、技术生产、设备检修、技改方面取得不少成绩，所以后来我们也得到了一些荣誉，获得了“一流先进供电企业单位”的荣誉称号。

四　荣誉的背后

采访者：在工作中，您取得了很多证书，能和我们具体讲一讲这些证书背后的故事吗？

陈焕良：改革开放以后，十一届三中全会召开，国家召开科技大会，我们是受益者，大家对知识分子的看法变了。有一段时间局里组织技术职称升级，就是技术员升到助理工程师，助理工程师没有多少时间又升到工程师，工程师一年多又升到高级工程师。① 这都要考试的，考试当中除了要写工作经历，另外还有一个关口就是要考外语。我从浙江大学毕业以后几十年，在工作当中又不太用到外语，所以这是一个很高的门槛。外语考不及格就不能晋升，工程师要考，高级工程师也要考，教授级高工还要考。那个时候不管生产忙不忙，我天天在家看外语，眼睛也看坏了。我是学俄语的，当时其他同事都是学英语的，只有我自己看俄语。我花了些工夫，每次成绩还可以，都有八九十分。

采访者：您从 1990 年开始担任生技处处长，请您讲讲您担任生技处处长以后，具体开展了哪些工作？

陈焕良：大概从 1990 年开始，我就一直是副总（工程师）兼生技处处长。当时这个做法在省里面也得到了推广，由副总兼生技处处长或副总兼安监处处长。这有什么好处呢？我有一个副总的头衔，可以把调度、用电都调动起来。在生产上我主要抓检修。后来电网越来越稳定了，刚开始的时候，检修是很频繁的。比如要停这条线路的电，这条线路上的用户全部要停，那一定

---

① 1980 年 10 月，绍兴电力局成立技术职称考核评定委员会，经套改复查，23 名工程技术人员分别套改工程师、助理工程师和技术员职称，2 名获助理工程师和技术员职称。1983 年，绍兴电力局评审会计、统计类专业职称，当年评定助理会计师和助理统计师各 1 名，会计员 4 名。1986 年开始，每年申报、考评初、中级技术职称，除工程技术类外，包括财会、经济、统计、教育、档案等专业。1988 年，经浙江省电力工业局考评，绍兴电力局具有高级职称者 8 人，中级职称者 37 人，初级职称者 151 人。参见《绍兴市电力工业志》，天津人民出版社，1995，第 136 页。

经评审确认
陈焕良 同志为
高级工程师（教授级）
批准
文号：(97)华东电干字616号
一九九六年十2月2[illegible]日
编号：华东高工(教研)041号

1996 年 12 月 31 日评审确认陈焕良为高级工程师的证件

要经用电部门同意。所以，当时只要局里开检修会议，我肯定参加，最后有些环节我要决策，拍板定下来。比如说这条线路要停，用电科说这个用户星期六不能停，那我在副总的位置，就要做工作了。我们整个线路系统停下来，要省里面同意的，有的影响到省里面，如果我不拍板定下来的话，我另外再去申请一次，那要等到猴年马月了，所以这些协调工作是由我来做的。我们具体的检修计划定下来后，检修部门选好专业人员，派给各个部门，用户要尽早通知好，调度要安排好，这条线路停调以后其他线路怎么送，万一另外那条线路跳掉了，怎么临时救急安排。这些事务安排多了就变成日常，基本上每个星期都有一些，变电所后来有几十个，今天修这里，明天修那里。

还有就是事故处理，因为我们绍兴老是有台风、打雷，还有一些外力破坏，比如一条线路蛮好的，突然自己掉了，查出来发现是一个吊车碰到高压线路上了，这些情况都要处理，所以我当时在局里是比较忙的。生产部门一有这种事情就打电话来说要车子，生产部门申请用车当时不是很通畅，我任副总，在调度上可以做一些协调。

我做事一向亲力亲为，“文革”以后到 1987 年的这段时间，我在安监科。1987 年以后，我入党并担任副总，大概一年以后，领导叫我兼生技处处长。我当生技处处长也要跑到现场掌握一手情况，要把这个事故搞清楚，到底是什么原因，是谁的责任，我这个时候就要争取主动。我在安监部门和生技部门时，往往是第一个到达事故现场的。当时我们还有一辆小车，到了现场，第一就是掌握情况，一定要把事故原因搞清楚；第二是尽快处理好，恢复送电。当时在安全上考核挺严的，我们电力部门的安全规程是对人员自身要求严格，如果是人为造成事故，整个局里的安全奖金都要扣掉；如果事故原因不明，那处理更加严格。这种时候，我尽量第一个跑到现场，把第一手资料掌握好。正因如此，我连续获得省局“先进工作者”和局里年度“优秀共产党员”称号。

几十年来，我经历了很多次台风事故。原来网络电压等级比较低的时候，设备抗灾能力比较低，事故很多。我们后来也掌握了一些规律，比如说打雷的季节，基本上一打雷我们就跑到调度所去，今天哪些开关跳掉了，有没有送上去，就要马上通知线路工抢修。我们线路工也非常辛苦，只能走进山去爬山头，爬到很高的山上。打雷也很有规律性，老是在这几个高山上，后来就开始采取一些自动化措施了，比如有个自动装置能够显示故障所在的范围，这个范围也不是很小，这条线路有几十公里，甚至一百多公里，能控制在十公里以内，这已经很好了，会比较容易查出线路的故障。

线路断掉了，我们就要组织抢修。我们有事故备品放在那边，需要人扛出去；导线断掉了，要把那段导线接起来，因为原来的线断掉了，接不起来，要在这边接头接一下，那边在另外一端去接，一个档里面不能有两个接头。一个杆子，这边有了接头，另一个接头必须要到杆子的另外一端去接牢，同时接到一起的话，以后风吹的时候，震动一下又容易断掉，就会引起大事故，所以抢修线路事故时，导线要带上，压接套管要带上，工具要背上，原来都是我们自己背，后来也会叫一些民工帮忙背，因为有的时候瓷瓶要搬好几串，一串要几十个，抢修 50 万千伏线路要背几百个。

关于浙江省的台风，我们绍兴地理环境比较得天独厚，没有很大的台风。有一次温州那边刮大台风，损失很厉害，线路倒杆断线，后来又派人帮他们去抢修。有次大台风的时候，习近平还在我们省里当书记，他全身心主持抗台工作，照片都留下来了。我们这里有台风，但不是最大的台风。开始的时候因为设备抗灾能力不够强，每次都跳几十条线路。下雪的时候，导线结冰了，弛度就越来越大，原来设计的时候它有一个覆冰承重能力，有一次雪灾，表面覆盖的冰雪重量超过设计的承受能力，几十条线路同时跳，我们就集中组织力量抢修。这个抢修都要按主次来安排线路，先从高到低、从重要的再到次要，全局都出动。

采访者：这里面有哪次事故让您印象比较深刻?

陈焕良：印象深刻的是一次水灾，我们嵊县 110 千伏变电所电话打上来，说变电所外面的水冲进来了。原来是离变电所一公里处有条黄泽江。黄泽江决口了，上面的水进来了，我们一点办法都没有。变电所里面的水一下子就上来了一公尺，甚至连蓄电池都进水了，导致整个城关地区电全部关了。当时的问题是这个水怎么抽出去，县里面组织抢修，用水泵把水抽出去要很长的时间，原来这个变电所建在平原地区，现在水漫上来后相当于一个湖。我们的车子也开不进去，只能打电话叫嵊县电力公司给变电所送点吃的进去。他们划小船过去①。

还有一次是220千伏富奉线跳掉了，据说是因为一棵树倒掉了，我们赶到现场，什么也没看到，因为放电以后，整个树的皮全部剥掉了，就被当地人锯掉了，藏起来了，怕我们找他们麻烦。后来我们查出来了，这棵树皮都剥掉了，放电声像打雷这么响。②

除此之外，我们跟地方政府也要搞好关系，你这条线下面采石料的石宕（矿）要停掉，停下来涉及很多经济问题，我们没办法，要县里出面。当时我们电力部门也没有补偿机制，遇到事情，群众打个电话过来，我们给他报销电话费，我们派人去查。现在供电网络发展起来了，就像马路一样，这里马路不通，另外的地方可以通，还有就是抗灾能力也加强了，线路停掉以后，花点时间查清事故原因，把它处理好，也不影响用户。

变电所方面也是同样的，我做安监科科长时，还有误操作发生。从客观来讲，操作几千次几万次，有时候由于人员的过失，思想不集中，拉这个开关，结果拉到旁边一个开关了，拉这把闸刀，结果拉了另外一把闸刀，造成设备的停电，这种现象也时有发生。原来处理责任人很严重的，有的误操作事故影响到责任人的工资升级，后来我们安监工作也是做到预防为主，同时采取一些技术上的措施。因为人毕竟有精神比较好的时候，也有精神不太好的时候，比如今天他在家里讨骂了，还是坚持工作的，但是心情不太愉快，这些事情都有可能发生。现在系统网络比较稳定了，不会影响到用户。当时有一个标准，只要影响到用户，就算事故，哪怕是只有一户人家停电了，也

① 1988年，7月24日、7月30日、8月8日绍兴市连续三次遭暴雨、洪水及台风侵袭，造成电网大面积停电，供电设施破坏严重，110千伏嵊县变电所遭水淹，深1.2米。全市电力职工奋力抗灾救险，在三天时间内恢复供电。绍兴电力局受到浙江省电力工业局、绍兴市人民政府表彰。参见《绍兴市电力工业志》，天津人民出版社，1995，第174页。

② 1974年3月24日，诸暨县璜山乡一农民擅自在电力线路旁砍伐树木，树倒下时压在运行中的220千伏富奉线上，致使线路断线跳闸造成宁绍地区大面积停电事故。参见《绍兴市电力工业志》，天津人民出版社，1995，第57页。

算事故。

还有一点是小动物事故。今天变压器上跑来一只猫、一条蛇，开关柜进一只老鼠，这些事情现在全部都解决了。当时我们跟制造厂家说，在这些连接线上面加装塑料绝缘套，开关柜里面的孔洞全部封住，不要有老鼠能够进得去的地方。即使老鼠能跑进开关室，也进不了开关柜。现在我们有些开关柜已经全密封了，当时我们的开关柜是敞开式的，小动物从电缆管里进来了。这些事故曾经发生了十多次，当然不是同一个变电所，一出事故，我们就要查清老鼠是从什么地方进来的，哪里有漏洞，为什么没有堵上。

此外，就是继电保护，例如，一些设备误跳，本来应当跳这条线路，结果上面一条线路跳掉了；原来只要停一条线路的电，结果五六条线路都停了。现在，我们通过检修、试验，全部把它变好了。

采访者：绍兴 10 千伏电网因为早期电网结构不合理，在 20 世纪 80 年代初，进行了大规模改造，改造的过程您当时有参与吗？请您具体讲讲。

陈焕良：这个改造，我们没有很详细地去管。我们科里有一个管配电网的专职。我们专门有管理部门，原来叫用电管理所，如果它报一个线路改造的计划，主要是计划部门在审批，我们在技术上把关。一个计划是原来我们市区线路本来是 3 条线路，现在变成 30 条线路，然后中间原来是分一个段，后来分成三四个段，每一段上面的用户就少了。原来停一条线路，要停 100 个用户，后来一分为二，就只有 50 个用户，再一分二，就只有 25 个用户。后来有的每两个线路的开关之间，只有一到两个用户了，有故障停电的话只影响一到两户，不像原来一停一大片。第二个计划是，我们把有些电力线路改成绝缘的线路，改成 10 千伏电压可以吃得消的绝缘线路，有些架空线路改成电缆线路，放到地底下去了。这样子打雷、下雪、大风都不影响，又美观。我们在创一流的时候，有一个硬指标，就是城市线路要有 20% ~30% 的电缆线路。我们利用这一条要求，结合我们局里的实际情况，对绍兴电网进行改造，你现在出去看，我们绍兴大街上面高压线路比较少，绝大部分已经改成地下电缆了。但是它也有两个缺陷：第一个是检修麻烦，你不可能为了检修，把整条马路都挖开来，我们也进口了一些高档设备，可以测出这个电缆在什么地方坏了。因此，通过仪器检测知道在什么地方，我们就在这段范围里面查这个故障。第二个，这条电缆如果用电增加了，不够用，要换一条电缆，那也很麻烦。所以电缆投资比较大。我们现在是有这个条件的，10 千伏电缆线路所占的比重，绍兴市区已经很大了，我在的时候已经改了很多。这些我们都是请外单位来施工，我们自己人员也不够。500 千伏变电所就是省安装公司来安装的。当时浙江省有规定，500 千伏设备一律由专业单位来安，我们主要是验收，有哪些缺陷，如果发现了，回来马上就叫办公室的人连夜记录，例如今天验收发现的 100 个缺陷或者 200 个缺陷，第二天早上清单就出来了。施工单位也觉得很奇怪，说你们昨天刚刚验，今天清单就出来了，第一条什么毛病，第二条什么毛病，哪些东西要重新进行处理，都写得非常清楚，效率非常高。我们兰亭变的验收，省局也很赞扬的。通过验收，我们在投运以前消除了很多隐患。当时我们每颗螺丝都去拧过，后来发现有一批螺丝不紧，就全部重新紧一遍。

采访者：那之后到您退休之前还有十年的时间，您是 1999 年 12 月底退休的，其间您主要做了哪些事？

陈焕良：我兼生技处处长，主要管生技一条线，具体讲就是管生产设备。我们生技处也有负责线路、变电所、变压器、开关等的专职人员，我们主要是确保整个绍兴地区输变电设备的安全和正常运行，生技处的另一个任务是通过变电所年度的计划检修和事故抢修，使设备保持正常状态。这个就是我刚刚讲的，凡是要进行大的变电所检修，基本上我都参加的。这段时间，我到现场的次数已经相对比较少了，主要是在局里面做协调工作，特别是在技术决策方面。在这段时间，局里主要抓“创省一流、文明安全生产一流”工作，里面包括很多内容，有生产设备、安监管理、企业管理，生产设备是主要的。如果生产设备不好，老是出事故，那你没有这个资格去申请。我们是省里第一个达到省一流标准的企业单位。

这里面的工作内容还是很多的。我是生产变电设备组的组长，调度合理高效，要保证我们几十个变电所安全投运。整个工作也是同兰亭变一样的过程，我们先组织设备验收，发现的缺陷要消除，然后为投运做准备。另外还要求每年都要检修设备，这算是有点重复性的工作。通过这些工作，变电所才能保证一年或者更长时间的运行。有的不是一年要修，三年一修的情况也有，像主变压器，最好是五年一修。大修就很厉害，我们要组织一个很大的配置，把盖子拆开来，人爬进里面去进行检修工作。

采访者：您退休后又被返聘了，其间您主要做哪些工作？

陈焕良：主要是让我做安监工作。当时我一退休下来，我们新上任的吴局

1999 年 2 月，浙江电力局生技处（科）处长座谈会留影（一排左四为陈焕良）

长让我做一下安全性评价。当时搞安全性评价主要针对上虞、嵊县、新昌，它们长期属于地方政府管辖，后来省局跟地方协调以后，要我们绍兴电力局管起来。当时局长就讲，你退休以后有两个任务，一个帮安监处负责全局的安监工作，第二个就是，你是不是组织一个安全性评价专家组，对上虞、嵊县、诸暨、新昌、绍兴进行安全性评价。专家组基本上六七个人，主要以退休人员为主，首先我们要制定绍兴电力局的安全性评价标准，参考华北电力集团的标准，它是我们国家最先搞的，我们是浙江省最先搞的。后来整个华东地区也要搞安全性评价，省局发通知到我们电力局，参加安徽、江苏、浙江几十个地市局进行的安全性评价工作。这个时期，我觉得蛮愉快的，一个是过去没有机会跑这么多地区，另一个是退休以后，我也能为电力系统做一些工作。所以我在局里工作 38 年，退休后又工作了 10 年，一直是在电力系统工作，觉得很自豪、很光荣。我们电力系统从原来缺电、电压很低、质量很差、安全不好，到现在取得一些成绩，经历一个跨越式的发展过程。

采访者： 感谢您接受我们的采访，让我们了解到绍兴电力系统的发展历史。最后祝您身体健康！

陈焕良： 谢谢！

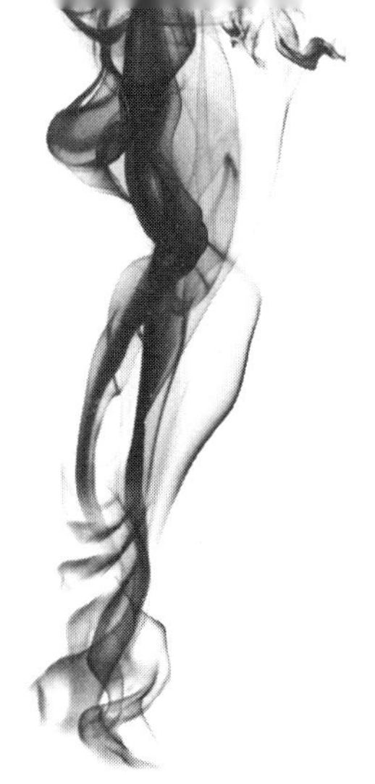

乌溪江给予的启示

口 述 者：周武元

采 访 者：刘敏、祝杨静

整 理 者：周光乐、刘敏、祝杨静

采访时间：2019 年 4 月 1 日

采访地点：国网衢州供电公司电力招待所

周武元 1933 年出生，四川岳池人。1950 年加入中国共产主义青年团，1951 年参加工作，后被分到川北区南充市新建乡第六村参加土地改革。1952 年进入成都工学院学习，学习期间撰写毕业论文《紫坪铺工程规划设计》。1956 年，从成都工学院毕业后，被分配到上海杨树浦发电厂，在实习期间参与安装江西上犹江水电站；1958 年参与黄坛口水电站的建设和运行；1978 年调任乌溪江水力发电厂；1980 年成功处理乌溪江水力发电厂 4 号水轮发电机组水力不平衡问题，同年被评为电气工程师；1987 年调任浙江省电力局开发公司工程师，次年调任衢州电力局副局长。周武元不断在实践中总结经验，曾写有《黄坛口电站基础自动化运行与改进》《水轮发电机组水力不平衡的简化处理》《黄坛口 34 号发电机动力不足电气参数分析及处理》等文章。

一　求学经历

采访者：周先生，您好！很高兴您接受这次采访，首先请您介绍一下您的个人情况。

周武元：我是在高中毕业后，于 1951 年 1 月参加工作的。1950 年在南充高中读书的时候就入了共青团。我的父亲是租地种庄稼的农民，家庭条件一般，我们兄弟姊妹很多，一共八个，现在在世的还有五个，我是老大。高中学校在新中国成立前一两个月就停课了，学生都得回家，剩下的伙食费全部退给学生。那时候条件比较艰苦，要自己烧饭吃。我们有三个比较好的同学，那两个同学毕业就去重庆考试，考上重庆的专科学校，但我没有去考，直接参加工作了。1950 年朝鲜战争爆发，我就报了名，但是没有选上，因为当时体检的时候，我的右眼睛流眼泪，最后就把我刷掉了。因为 1950 年我已经入团了，学校团支部就把我介绍到团市委，团市委马上开了一个介绍信，把我介绍到市委去。我到了以后，正好碰上市委土改工作团正在学习土地改革，所以他们就叫我参加土地改革工作团的学习，学习完了以后就参加土地改革工作。

采访者：当地土地改革情况是怎么样的？

周武元：整个土地改革工作团有两个工作组，负责两个乡镇，团长是市委宣传部部长牛天鸾。当时我被分到新建乡第六村，和两个村干部一起在那里搞土地改革。土地改革就是把地主和富农多余的土地没收，再分给贫下中农。当时我在第六村，其他几个村是另外的同志。我们那个工作组有十多个人，比较大，舞凤乡还有一个工作组。

采访者：土地改革工作顺利吗？

周武元：是比较顺利的。土地改革工作团碰到一个民主同盟的负责人，我们觉得他划分的成分和土地改革法规定的不大符合，因为他家里有四个人，一共有 12 亩土地，出租了 8 亩，还雇了一个长工。土地改革以前他家里划的成分是小土地出租，我们认为他这种不属于小土地出租，至少属于富裕中农。因为他的人均土地占有量比当地人多了将近一倍。因为他是民主党派，所以在政治上有点不大一样。对待小土地出租和富裕中农的处理方式会有点差别，但是从政治待遇来讲，是没有区别的，他对我们划分的成分不大满意，就反映到统战部，统战部后来派人和我们土地改革工作团的领导同志一起分析，认为我们土地改革工作组给他划分成富裕中农是合适的。

采访者：新建乡第六村土地改革结束后，您有没有参与其他地方的土地改革？

周武元：新建乡第六村土地改革结束过后，我就没有参加其他地区土地改革，我被调去参加“三反”“五反”运动了。在“三反”“五反”运动过程当中，一个调令叫我到工农学院读书，实际上是调干学习。后来把川南、川西、川北等四个地区的学生都集中到成都，学习一段时间过后，就进行考试，学生基本上都分到四川大学学习。准确来讲是成都工学院，因为那时候四川大学把工学院分出来了。三个月过后，我们就正式到成都工学院报到，在成都工学院学了四年，我在电机系的水电专业学习，我们专业学的就是水电。我是在成都工学院本科毕业的，成都工学院是正规大学类。

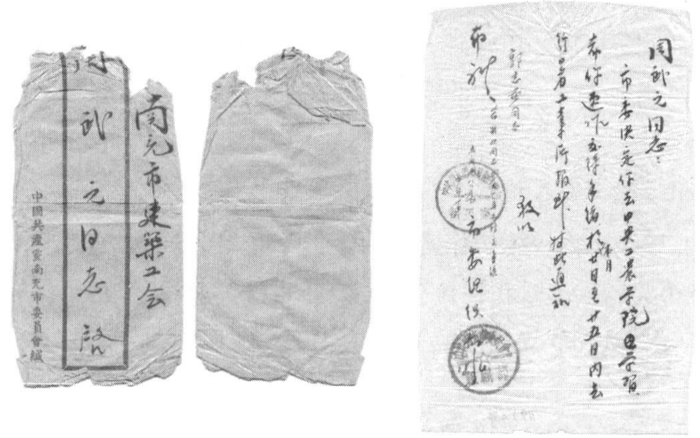

1952 年 4 月 18 日南充市委组织部致建筑工会周武元的通知

采访者：您那个时候为什么学水电专业呢？水电专业都学习哪些内容？

周武元：因为国家需要，专门设了这样一个专业，那个时候调出来的干部都学水电专业。成都工学院水电专业老师们的教学水平还不错的，都是浙江大学过去的老师。水电专业包括水电工程、发电机、水轮机。整个水力发电的所有环节我们都要学习，包括大坝、引水系统，还有水轮发电机等，都一起学的。

采访者：中华人民共和国成立之后，我们国家大学教育的情况是怎么样的？

周武元：一部分学苏联，学校有苏联专家，但是他们不讲课，主要还是我们自己老师讲课。我们学习了一年后要去实习，第二年、第三年都要在工地实习，主要在狮子滩水电站实习，实习内容包括参观一些施工工程、引水系统、大坝、土坝、引洪系统等，这些都要看的。因为狮子滩大坝比较特殊，有混凝土坝、土坝，也有隧洞，它的设施是比较齐全的。

采访者：您是哪一年到成都工学院学习的？

周武元：1952 年入学，1956 年 6 月毕业。我的毕业设计是紫坪铺水电站的初步设计。四川紫坪铺工程的规划设计是一个水电工程，这个工程还是比较大的，我设计的容量和后来实际建设的容量差别很小，当时我选的是容量 72 万千瓦，后面正式工程设计的容量是 70 万千瓦①。这个工程在四川岷江，现在已经投产发电了，叫紫坪铺，现在还是叫紫坪铺水电站。

采访者：您在成都工学院学习的时候，四川的水电站情况怎么样？

周武元：我们实习是在狮子滩水电站，狮子滩水电站和黄坛口水电站是同一批建成的，属于新中国成立初期的五个水电站之一。五个水电站是狮子滩水电站、黄坛口水电站、古田水电站、官厅水电站、佛子岭水电站。我读大学期间，四川水电站正在建设的只有狮子滩水电站，狮子滩水电站工程也蛮大的，我们毕业的时候都还没有投产，我们毕业后一年多才投产。

二　毕业实习

采访者：您在 1956 年大学毕业后被分配到哪里？

周武元：1956 年毕业，我们被分到上海电管局。分配主要集中的地方，一个是丰满水电站，另外还有北京、武汉。我被分配到杨树浦发电厂②电气分

---

① 该工程建设过程中，主体工程累计完成土石方开挖 820 万立方米，混凝土浇筑 70 万立方米。

② 前身为英商电气公司发电厂，是世界上最早的发电厂之一。1911 年建厂后，几经扩建，到 1923 年已成为远东最大的火力发电厂，中华人民共和国成立后被收归国有。

厂二次班。杨树浦发电厂是当时上海最大的发电厂。不过我在杨树浦发电厂工作的时间很短，在黄坛口水电站筹建时就调出来了。因为黄坛口水电站①原来是由上海电管局负责筹建的，所以黄坛口水电站的技术干部、管理人员和技工都是上海电管局配备的，在浙江招的一批学徒后来也被派去黄坛口水电站。

采访者：您参与黄坛口水电站设计了吗？

周武元：黄坛口水电站设计时我没参加，当时我们还在上海电管局，都出去实习了，我们实习地点主要在河北官厅水电站，还有丰满水电站②，后来参建江西上犹水电站③，就在那里实习。上犹水电站投产以后，我们就回到上海电管局去了，分配在上海的三个人中还剩我一个。

采访者：您后来是怎么参与黄坛口水电站建设的？

周武元：黄坛口水电站筹建是上海电管局负责的，配备的技术干部主要是一些老师傅，电站的主要负责人都是上海电管局从几个发电站抽调的，杨树浦发电厂是其中一个。我大学毕业被分到上海电管局，实习过后就被分到电气分厂，那个时候在电气组二次班④，因为我们在上犹水电站参加安装也是搞二次。

采访者：那时候您大学刚毕业就到上海工作，能适应吗？

周武元：工作的要求都是一样的，我们出来都是搞二次的，例如继电保护、控制系统、高压试验等。工作之后就没有老师傅或者其他技术人员带着了，我们出去参加安装，还要带徒弟的。在上犹水电站参加二次自动化系统、水轮发电机控制系统安装的时候，我还带了两个徒弟帮他们一起安装，包括调试、配线，这些都要做的。

采访者：在四川学习的知识，在上海实际工作当中都运用起来了吗？

周武元：工作还可以，我本来在学校要学习火电，但是火电停掉了，专业

---

① 位于浙江省衢州市，是中华人民共和国成立初期浙江省最早兴建的中型水电站。

② 位于吉林省吉林市境内的松花江上，1937 年开工兴建，是当时亚洲规模最大的水电站。

③ 位于江西南部上犹江的铁扇关。

④ 指电厂操作控制系统线路。

一改，课程都改了。变成了水电方面的一些课程，例如水能利用、水电控制系统等。杨树浦发电厂是火力发电厂，从我们专业来讲，二次应该还是对口的，二次设备继电保护、控制系统这些知识，工作中还是用得上的。

采访者：黄坛口水电站开始筹建的时候，您就调过去了，是吗？

周武元：黄坛口水电站筹建过程当中我已经在外面实习了。班长、技术干部、管理干部都是上海电管局派去的。在浙江省招的一批学徒工也派出去培训了。

我调到黄坛口水电站是在 1958 年 5 月 1 日。黄坛口水电站一共四台机组，我到的时候黄坛口水电站一号、二号机组已经安装好了，具备了发电的条件。三号、四号机组还没完成，混凝土基础浇铸都还没有形成，所以三号、四号机组还不能发电。黄坛口水电站是在 1958 年 5 月 1 日发电的，我到了之后任继电保护自动化班班长，继电保护主要就是负责一号、二号两台机组。总的来讲，中央控制室其他的二次回路线路的出线都装上去了。出线是两条线路，江山一条，还有衢化一条，衢化和新安江是连在一起的。当时黄坛口水电站主供三个单位，一个是衢化，还有龙游造纸厂、江山水泥厂，这三个单位是主要的供电单位。当然还有一些地方，比如开化、常山都在供电范围内，但是这些地方是次要的。

三　参与黄坛口水电站建设

采访者：请您讲讲黄坛口水电站建设情况。

周武元：在黄坛口水电站建设的过程中，我们走了不少弯路。一个主要原因是地质条件，大坝兴建是从右岸开始的。右岸的基建过程很好，搅混凝土，打隧洞，都挺顺利的。一直快到左岸的时候，我们发现整个山坡是一个破碎区，处理这个破碎区付出的代价很大，为了保护山坡不漏水，专门做了一个土坝，把它都围起来，而且还延伸到山体里一百多米。因为地质条件差，所以本来在左岸的厂房都搬到右岸下游去了。由于水文资料不全，依据已有水文资料设计的大坝泄洪系统大概是 3700 立方米/秒的流量，但是在施工过程中，两年的水文监测显示，流量已经超过 5000 立方米/秒，这就超过很多了。所以坝泄洪道要往左岸扩大，装机容量也变了，装机容量原来四台共计 1 万千瓦的，减成四台 7500 千瓦，因为这边引水系统长了会对水头造成影响。要设计并建设水电站，水文资料起码得积累十几二十年，但在黄坛口水电站建设的时候，水文资料积累的时间很短，实际流量大大超过当初设计流量，大概超了2000立方米/秒。水文资料对于水电站的设计很关键，设计不好，将来就容易出事情。黄坛口曾经发生过洪水没过大坝的情况，来不及泄洪，洪水就翻过大坝，整个大坝“呜呜呜呜”地响，要跳起来一样，振动得很厉害。处理不好的话，闸门铰支装置就有可能被震坏。

采访者：施工过程中有没有遇到什么问题？新中国成立前有没有水电站？

周武元：碰到过地质问题。如果当时在设计时就能把堤坝往下游推200米，那会是个很好的地点，但是前面大坝已经建成一半多，不能改变了。水电站是水利部上海勘测设计研究院负责设计的，这是一个大的设计单位，但是新中国成立初期设计的相关资料不全，也追究不了谁的责任，后面施工的改动也都是由水利部上海勘测设计研究院负责的。新中国成立前也有水电站，就是四川上洞、下洞两个水电站①。大规模的水电站建设，没有足够的人才，收集的资料就少，特别是水文资料。黄坛口水电站应该是新中国成立后第一批水电站，其他的水电站都没有出大问题，就是黄坛口水电站出的问题比较多，从规模上来说，黄坛口水电站在这五个水电站里面属于中型水电站，新安江水电站就属于大型水电站了。

采访者：当时黄坛口水电站的发电机温度偏高，而省物资局下达了10台75千瓦的水轮发电机的生产任务，请您谈谈这个任务是如何完成的。

周武元：那时候正好是工业学大庆时期，那时候浙江省好多小型的水利工程都没有机组发电。浙江省物资局在新安江水电站开会，本来叫我们和新安江水电站联合起来生产425千瓦的水轮发电机，但是新安江水电站说他们可以全部承担，不需要我们协作。但这任务总是要分担一点的，后来我们派代表到省电力局主动要求任务，省物资局马上就下达了。其实新安江水电站的力量、设备都没有问题，能够单独完成任务，不需要我们协作的。而黄坛口水电站比较紧张，因为黄坛口水电站检修设备只有三个机器：一台车床，一台钻床，一台刨床，就这么三个设备，我们杨维明副厂长动了一些脑筋，从常山县要了一些机械设备，车床、钻床、刨床都是从常山县要来的。当时省

① 四川最早的水电站是位于泸州的洞窝水电站，1925年2月建成发电。

物资局第一年给我们下达的是 10 台的生产任务，第二年增加到 20 台。那时候浙江只有一个小发电机生产厂——宁海电机厂①，生产不了太多发电机，所以黄坛口水电站和新安江水电站不但发电，也生产小型发电机和电动机，小发电机的制造主要是解决浙江省小型水利工程“有窝无鸡”问题的。我们都使用宁海电机厂设计的图纸，我们拿到图纸后会做一些改进，改进后就比较简单了。比如说，他们本来要改励磁机的图纸，我们正好可以帮他们改，因为生产励磁机挺麻烦的，我们就把励磁机改为整流设备，那就简单得多了，不仅降低了生产成本，而且生产出来也比较容易。我们生产的第一台发电机放在龙游溪口做试验，第一台试验成功了，龙游溪口下面的乡民都很高兴，因为我们的发电机操作简单，他们可以通过发电增加收入。第二年、第三年继续生产发电机，“文化大革命”期间一共生产 102 台小发电机，都是 75 千瓦的。当时社会上也有对小发电机的需求，省物资局要的发电机最远被运到北京。当时金华下达任务要生产小电动机，小电动机是 13 瓦的，我们一共生产了 50 多台。生产行车电动机比较麻烦，它的线路转子是我们在佳木斯学习之后，拿到图纸生产出来的。那时候生产多少发电机都是由浙江省物资局分配，我们生产出来之后就交给省物资局，这等于是我们的一个副业，所以我们专门成立了一个制造连，还配有小高炉、铸造车间，还有电气绕线、浸漆的一套设备，这些东西看起来小，但工序蛮多的。我们制造连一共有三个技术干部，也有维护人员，这样分工下来，那几年运行设备蛮稳定，机组运行蛮好的。这些小发电机和小电动机都是在“文化大革命”期间生产的，小发电机的生产一直持续到 1977 年、1978 年。后来因为乌溪江水力发电厂（简称乌溪江电厂）要做接收的准备工作，所以小型设备生产全部停掉了。

采访者：那黄坛口水电站发电机温度偏高是什么原因呢？

周武元：是三号、四号发电机的温度升高，这是厂家的问题。先安装的是一号、二号机组，三号、四号机组是后来安装的。我们就问厂家：“三号、四号机与一号、二号机冷却系统都一样，怎么温度会偏高呢？”他们说，是因为技术革新，后面安装的机组导线截面变小了，减少 7%，但冷却系统没有增加，所以温度偏高，发电达不到 7500 千瓦。我们提出改进方案，厂家答应加两个大的冷却器。后来为了对称布置，我们自己也做了两台小的冷却器。冷

① 宁海电机厂于 1959 年生产电动机、发电机，1960 年停产。

却器加进去后，冷却水系统也变了，主冷却水就从钢管里直接引了。后来刚开机就发现轴瓦温度升高很快，就紧急停机。经过分析，我们发现是因为冷却水加大后，轴承的水量低了。冷却水主要把发电冷却水和上导主瓦、下导主瓦的冷却水分开，我们把它改进后，这些问题都解决了，运营也没有问题了。总的来说，发电机温度偏高就马上处理，处理好了以后，达到标准，满负荷运行就好了。因为水电站的水也有限制，有时间性的，丰水期大发电，枯水期要保证下游供水。

采访者：您是 1958 年到黄坛口水电站的，当时存在“讲速度，拼设备，削减检修项目”的情况，有没有因为建设需要，要求黄坛口水电站发电满负荷运行？

周武元：黄坛口水电站是没有这个情况的。黄坛口水电站在丰水期满负荷运行没有问题，枯水期就不行了。黄坛口水电站还有一个任务就是要保证衢州化工厂用水和下游的灌溉用水，这两个地方的供水不能中断。

采访者：黄坛口水电站建设还有一个主要目的——给新安江水电站建设供电，是吗？

周武元：对，主要是施工用电。我们初期供一部分，黄坛口水电站没有发电之前，新安江有个列车电站，但是发电量很小，一般是 2000 千瓦，它的发电能力肯定有限，所以我们要供它的施工用电。我们每天都不间断地供电，和衢州化工厂的供电要求一样。因为我们要供应新安江全部用电是有困难的，没有那么多水，但作为它的列车电站补充还是可以的。黄坛口水电站发电的时候，就少用列车电站发电；黄坛口水电站不发电的时候，列车电站就自己发电。

采访者：黄坛口水电站发电机有没有出现过严重问题？

周武元：有的，4 号机的导叶自关闭装置，主要功能是防止飞逸转速。因为黄坛口水电站 2 号机主配压阀卡死了，老是把压力油推向开的方向，这样配压阀的供油，就把水的导叶打开了，把机组开起来后，转速很快，很危险，那时候整个厂房都震动起来，运行人员赶快跑到下面关蝴蝶阀。国外也出现过这种情况，整个装置飞出来把厂房的屋顶撞开，厂房都损坏了，这么大的转子，最小的起码也有好几十吨。

采访者：当时是怎么处理的呢？

周武元：强关蝴蝶阀[①]，震动很大。当时黄坛口一号、二号机的要求比较高，又有压油装置，又有油泵作为备用，所以当时油泵、压油装置同时开启，本来蝴蝶阀应该是进水机关把它关闭的，但这个时候导水叶也不起作用了——配压阀卡死过后就不起作用，实际上蝴蝶阀的水在最大流量的时候强行关闭，造成很大的震动，整个钢管都震动起来了，这样很危险，如果弄不好，钢管有可能爆开，假如钢管爆开，蝴蝶阀的水流漫出来就不得了了，整个厂房都会被淹掉的。

采访者：这个问题是什么时候解决的？

周武元：后来就是在三号、四号机上改进了这个问题，三号、四号机的蝴蝶阀只有油泵，压油装置没有了，可靠性更低了。所以我们当时就让导叶自行关闭，使导水叶在机组油压失掉过后，两个接力器压油腔可以连通，靠水力直接把导水关到最小，关到机组空载这个位置。自关闭这个装置就是在接力器上加装一个很粗的弹簧，接油压的时候，油压就会把这个弹簧压缩。如果油压失掉，或者油压控制不了，这个弹簧就让导叶自行关闭到机组空载运行位置。这个加装是和厂家联合起来做的试验，三号、四号机的设计主要是为了简化蝴蝶阀的操作系统，因为蝴蝶阀加上压油装置就太烦琐了，为了简化蝴蝶阀操作系统，就取消压油装置，这样机组可靠性就低了。有了这个装置，蝴蝶阀正常的时候，就处于备用的状态。黄坛口水电站是第二家使用这个装置的水电站，以前的使用还没有那么成熟。

采访者：1962 年，四台水轮机叶片上根部进水边第一次出现裂纹，请您把这个情况介绍一下。

周武元：这个情况持续的时间比较长。叶片出现裂纹，它振动的时间长了裂纹会加长、加大，叶片有可能掉下来，机组就会报废。叶片如果掉了一个，那整个叶片都会撞坏。当时开会我们认为是厂家的制造质量和钢材有问题，就把钢材由普通的钢材改为不锈钢，四台装置全部换了，但是后来又出现裂缝，这就说明原来的判断——水轮机的材质或者工艺有问题是错的。水轮机

① 具有可旋转的圆盘形或双平板形的活门，用以截断水流的阀门，其转动轴线与水流方向垂直，当阀体平面处于与水流方向垂直状态时，阀门关闭。

的叶片出水边是矩形，是方的，水流有一个反作用，水有个振动的频率，水流会给它一个激振，如果水的激振频率或者钢材的自振频率重合的话，就会变成共振，金属就会被损坏。这就不是更换水轮机叶片的问题了，而是要改变水轮机叶片出水边的形状，把出水边的叶片自振频率，和水流激振频率错开，这样就不会形成共振了。换水轮机的设备由厂家提供，但工作还是在厂里做，后来采取的这些办法也是大家开专业会议决定的。第二次处理这个问题，就比较成熟了，华东电网和厂家联合开会分析原因，得出结论就是产生共振的频率使得金属劳损坏掉。故障原因分析出来，我们就采取措施，一个是比较简单的，就是把叶片的自振频率调开。叶片有一个自振频率，如果在叶片之间加支柱，例如加一根钢管，在叶片之间加起来，钢管一加，叶片的自振频率就会发生变化，不会产生共振，但是这样有一个负面影响——影响水流，因为这种水轮机叶片原来设计是等厚边，从进水边到出水边是一样的厚度，把出水边削薄了，对水流也有好处，这样就改变了叶片的振动频率。1967 年，水电站又发现水轮机叶片出现裂纹，换了之后，一样有裂缝，那时候没有彻底解决的办法。后来在乌溪江电厂发电以前，1977 年、1978 年这个问题彻底解决了。黄坛口水电站那个时候人很少，最多的时候全厂 109 人。

我们的机器每个季度都要小修，每个季度要检查一次。冬季时间长一点，因为冬季是枯水期，使用时间少。这个黄坛口水电站出问题的转子，是我们国家一个技术人员从美国带回来的，它的优点就是抗气蚀性很好。气蚀，就是水流过的时候，会产生真空。产生真空后，叶片金属慢慢地会被氧化，所以得把真空给排除掉，等于一点一点抓出来一样，那个叫气蚀。我们国家开始从苏联引进的水轮机，气蚀都很严重，气蚀多了会影响叶片寿命。但是这个水轮机，我们运行了那么多年，没有发生气蚀。

采访者：黄坛口水电站用的这个设备，是当时从美国引进的比较先进的设备吗？

周武元：美国的这款设备也出现裂缝了。我们自己用的台数比较多，上洞水电站①用的是这个设备，湖南水府庙水电站也是这个设备，都有出现裂缝的问题。这种设备的效率比较高，最高可以到 92%（额定出力时效率）。而苏联引进的那些，一般是 88% ~ 89%，所以美国设备最大的优点就是效率比较高，应用比较广。还有在中低水头的时候，它的应用很好，因为它单位功

① 位于广西壮族自治区贺州市八步区桂岭镇草寺村。

率很大。我们国家水电的设备、技术，都是在现实当中发现问题，逐渐积累经验，慢慢改进的。

采访者：在生产管理上，您担任过电气组组长、检修分场副主任，还有试验室主任、生技科科长，您主要做了哪些工作？

周武元：管理方面主要负责设备运行。20 世纪 60 年代我们都实行操作票①制度，每操作一步都先要写好，按照操作规程一步一步操作。检修就是要定期进行，不管有没有问题，到时间都要检查。采用这种方式，工人事先有一个了解，在运行的时候心中有数。

采访者：能给我们讲述一下当时这些设备是如何操作的吗？

周武元：定期抄表，一般一个小时抄一次表。机器运行得抄表，专门有抄表记录员。设备操作要写操作票，操作票写好才能去操作。还有，操作不是一个人操作，而是一个人负责监护、唱票，另一个人操作。黄坛口水电站人为的事故不大有，设备出了毛病，也很难处理，特别是水轮机问题。像发电机出力不均这种问题，我们改进一次就好了，水轮机的问题是长期性的。

采访者：当时除了您之外，技术方面的负责人还有谁？

周武元：还有副厂长，他负责管技术、检修，叫竺新昌。他是从闸北电厂调过来的，主要负责机械。电气方面也有个工程师，后来调走了，叫陈宗瑞，是杨树浦发电厂生技科的一个工程师，他是管电气技术的。

采访者：1963 年成立了省电业局，颁发技术改造管理办法，配备专职人员，黄坛口水电站有没有什么变化？

周武元：我们原来有些管理办法，差不多都是从杨树浦发电厂带来的，基本上是那儿的管理制度。

采访者：那个时候水电站里面居住条件、待遇怎么样？

周武元：在工作待遇方面，我们还是比较好的。在浙西，像龙游造纸厂等

---

① 指在电力系统中进行电气操作的书面依据，包括调度指令票和变电操作票。

待遇都差不多的。宿舍都是逐步建起来的，开始我们住茅草棚，睡上下铺，后来就有平房住了，再后来就有两层的房子了。但水电厂的条件比起城市还是要艰苦一些的。

采访者：请您说说黄坛口水库加高一米运行的具体情况。

周武元：有这个情况。因为原来黄坛口泄洪量大，对湖滩的冲击力很大，混凝土表面冲得鹅卵石都露出来了，所以湖滩要加厚，补强加固就是避免湖滩被洪水冲掉。后来补强加固做了将近一年，还有湖滩外面的一个围堰也做起来了，这样使泄洪的冲刷力降低。除此之外，还要往里面灌浆，灌浆处理周期很长的，不过这样处理之后漏水、渗水现象就很少了。原来我们大坝加高一米，是在弧形闸门上面用木板加了一米，这样运行了好几年。后来条件都具备了，就把木板改为钢板作为永久性加高。不要看只加高这一米，一年能发不少的电量，一个是水头的增加，还有一个水量的利用也可以提高。加高 1 米过后，开闸的次数就减少了。在 1 米范围内，不泄洪就可以用来发电。这 1 米运行时间蛮长的，蓄的水都可以用来发电。

采访者：您写的文章里面，涉及黄坛口的有《黄坛口电站基础自动化运行与改进》。

周武元：这是在运行初期，因为运行初期新安江水电站弄得很头疼，主要是绝缘性能低下。我们把元件的绝缘性能提高，绝缘性能好的元件一用，水珠都结到蝴蝶阀上面了，这样还是能够保证设备安全运行。新安江水电站也碰到这个问题，但因为新安江大坝厂房刚好在大坝下面，厂房里面空气流通比我们差一些，潮气更重，所以新安江水电站吃的苦头比我们多。我们这儿有些东西改进后，大家都能利用。电气设备上面挂了很多标牌，标牌原来是用胶木做的，因为受潮容易腐蚀烂掉，后来我们改成瓷的，就不会坏了。

采访者：还有一篇是《黄坛口 34 号发电机动力不足电气参数分析及处理》，这主要是分析哪些方面？

周武元：电气参数分析，后来找厂家了。因为技术革新了，把导线的切面减少了。但导线减少了以后有个毛病，它的冷却系统没有加大。刚才讲过的，就是电流可能还是那么大，但是导线截面小了，它就会多发热，但冷却系统还是维持原来的。

采访者：刚才您提到，发电主要是供三个大企业，包括新安江水电站建设。后来到20世纪60～70年代，黄坛口水电站的发电主要供应哪些地方？

周武元：还是这个范围，实际上供应范围更小了，因为这些单位用电量增加了。实际上除乌溪江电厂供的电量能够再增加一些外，黄坛口水电站供电比例变小了。当地的电力供应以前是靠黄坛口水电站，后来乌溪江电厂建好后也不能够全部解决，还是要从系统外送过来。

四　调任乌溪江电厂

采访者：您在1978年调到乌溪江电厂，为什么要建乌溪江电厂呢？

周武元：我是在乌溪江电厂筹备的时候调过去的。乌溪江电厂本来一直在建的，后来“大跃进”期间被迫停工了，因为国家投资有限度，后来国家经济好转了，就继续建乌溪江大坝，发电厂就继续建了。从效益来讲，乌溪江电厂是不错的，它水库容量大，每年发电利用小时比较高，而且它地理位置也相当不错。

采访者：当时有几个人调去筹备小组？人员都是从哪里调来的？

周武元：组长是从水电部十二工程局（简称十二局）调来的，十二局调来两个人，一个当组长，一个管后勤。黄坛口水电站原来的一个厂长也过来了，担任书记兼厂长，是453医院的人。还有两个人，我一个，还有一个叫杨先烨。我主要负责技术方面，他们主要负责行政和党务这两个方面。

采访者：乌溪江电厂供电的范围有多大？

周武元：那范围大了，因为两个发电站加在一起有22万千瓦的容量，这对系统来讲好处很大的，供电还是浙江省都用，也起到调峰的作用。

采访者：乌溪江电厂筹备之后，就把黄坛口水电站并入乌溪江电厂了吗？

周武元：对。因为黄坛口要等到乌溪江发电才能多发电。黄坛口到乌溪江这个区间的流量很小，一般黄坛口水电站发电，区间的水库水位马上就下降。

黄坛口水库要靠乌溪江水库调节，乌溪江电厂要是不发电，黄坛口水库基本上没有多少用处的。这样乌溪江的水能够作为调峰负荷，在高峰的时候发电，每天上午 8 点到下午 2 点是用电高峰，下午 2 点以后，或者冬天 4 点以后负荷就慢慢下去了，因为下班了，高峰的时候发电站都是满负荷工作的。乌溪江发电过后，黄坛口一定要发电。这样就把黄坛口和乌溪江合并了。一套班子管两个发电站，但运行值班人员是分开的，因为值班人员很少。现在乌溪江电厂和黄坛口水电站值班人员更少，自动化程度很高了。

采访者：那时候两个电厂的一年发电量大概有多少？

周武元：乌溪江电厂设计发电量大概是 5 亿多度，黄坛口水电站设计的是 9000 多万度。两个发电站加在一起每年 7 亿多度的电量，这个发电量就看来水的情况，水来得多，发电就多，水电站靠水吃饭。

周武元 20 世纪 80 年代独照

采访者：1980 年您解决了乌溪江电厂水轮发电机组水力不平衡的问题，请您介绍一下具体情况。

周武元：水力不平衡的问题，十二局应该晓得的，但是他们也没有处理好。我们接手后，水轮机摆度的大小都超过规定了。按规定，水轮发电机组满负荷运行的时候只有 0.2 ~ 0.23 毫米，但它实际在初期运行时，已经达到 0.5 ~ 0.65 毫米，比规程规定的大了将近三倍，这样很容易出事故。我们接收的时候，大轴的主瓦磨损已经很厉害了，没有办法，只能停机解决摆度过大的问题。因为水力不平衡，开口大，它的摆度就往这个方向偏，进水多的摆度比较大。后来我们采取一个办法，就是机组本身有一个主线摆度，调得再好，它都有一个摆度的范围，所以把机组本身的摆度范围和水力部分引起的摆度范围错开，两个最好差 180 度，但实际上达不到。我们处理过后，相差将近 120 度，等于是用几何三角形、四边形这样分配，这样最后就可以改善，互相抵消。因为我们在验收接收的时候，十二局已经摊牌了，说“我们处理不好”。十二局说只有“带病交账”。因为投产的时候，正好是枯水期，很少开机。接下来马上就是丰水期了，要多开。但是我们处理的时候，也有两个不同的想法。我们专门有一个管机械的工程师，他的意见是要把叶片都割掉，重新焊接。这样做倒是彻底，但是现场条件不允许，现场要保温，达不到温度要求，在厂家可以用这个方法，但在现场不行。他听不进意见，就不管了。我们也没有办法，后来我们和机械的检修老师傅一起商量，最后把机组主线的摆度方向和水力不平衡摆度方向进行调整，最好差 180 度，能够小于 180 度或者大于 150 度也会好一点，但实际这个很难达到，两个摆度之间的差距将近 160 度，机械的主线摆度和水力部分的摆度正好两个相减，这样就把摆度降下来了。原来摆度是 0. 5 ~0. 65 毫米，大大超过规程规定 0. 2 ~0. 23 毫米这样一个标准。我们改进后，就能够达到这个标准。我们在试运行期间，把这个方法通过黑板报公布出去，十二局很怀疑。后来十二局轮换派人来测，大概测了两天，每天早上、中午、晚上都来测。最后他们确认电厂黑板报公布的是真的。所以十二局认为这个处理可以。后来十二局里管机械的工程师问我是怎么处理的，我给他讲了后，他老是听不进去，我也没有办法了。后来我写了一个报告，可能他看了，就没来问了。但是这个处理办法是没有办法的办法，每次机组大修，调了转子，或者是拆开后，都要这样调。后来，水电站接收过后，我们对此进行了彻底处理，把水轮机换掉。水轮机换掉，就处理好了。当时我把简化处理过程写了篇文章，叫《水轮发电组水力不平衡的简化处理》，刊登在广州一个杂志上。

采访者：您因在投产运行现场指挥无误被记了二等功，是吧？

周武元：一号、二号机都是电厂负责指挥，三号、四号机电厂来指挥，十二局嫌太慢了，把我们现场的操作人员、运行人员全部赶出来了，他们来操作，后来出现问题了，后面水电总局老总批评他们。发现什么问题呢？除了水力本身不平衡以外，引水系统的方木也被冲到水轮机上面来了，杂物都没有清理干净，所以水电总局批评他们，批评得蛮厉害的，讲他们有点乱来了，该清理的都不清理好。第二次，他们引水系统处理存在缺陷，水电总局限三个月内处理好。他们大坝工区根本处理不好，水电总局又要求必须处理好，最后好多灌浆都被取消了，电厂只好自己停工处理了一段时间。

奖状

周武元同志在一九八〇年度的工作中作出优异成绩被評为二等功，特发此状，以资鼓励。

乌溪江水力发电厂

乌溪江水力发电厂工会

乌溪江水力发电厂 1980 年颁发给周武元的奖状

采访者： 有些问题都是当时施工的时候没有处理好？

周武元： 施工没有处理好，特别是灌浆。灌浆一定得做好，不然的话隧洞里面的水从山体里面漏出来会是最大的问题。山坡漏水多了会影响山坡稳定。乌溪江电厂和十二局的协调工作都是由江华来处理的。江华原来是浙江省委书记，因为十二局的党组织在浙江，行政组织在水电部，没有一个省委书记，是处理不好这里面的关系的。特别是发电机要返厂处理的问题，一开始电厂、水电部，还有工程局，意见都统一的，都要工厂一定背回去处理。结果厂家派了十几个人过来，拿一些锉刀、镩子，锉的锉，镩的镩，稀里糊涂地就干起来了。结果垫片没有垫好，中间差 2 ~ 3 毫米，用垫子垫是不好用的。我们认为这种垫片根本不符合要求，我们生产小发电机都没有出现这样的问题，你生产大发电机，哪能出现这个问题？后来设备拿回去以后真出了问题，因为矽钢片冲片的时候，设计图纸和施工图纸有误差，短了 6 毫米。一张差 6 毫米，一大圈就差很多毫米了。弄好后，三号、四号发电机内缘不是圆的，是六瓣梅花形，它叠不起来，因为弦长不一样。后来我们安排厂家下去弄。十二局也很尴尬，因为十二局同意厂家到现场处理的。厂家一百多吨矽钢片差点报废掉，所以厂家采取办法，保证电站运行空间减小，保证距离，保证安全运行。我们在一起讲，天津电机厂能够做这个保证也是好的，能够把这个问题解决掉。这个事情，我估计天津市委和浙江省委，一个陈伟达，一个江华，他们大概通气了。通气后，安排厂家的总工程师带队到这里看看，到底怎么回事儿。后来采取好多措施，一百多吨钢材矽钢片差点报废。

采访者：后来更换了吗？

周武元：材料没有更换，全部拆掉过后，重新叠片。那个叠片工作量很大，等于重新组装了。这个事情出了后，十二局很尴尬。所以十二局跟我们的关系很差，看不起电厂，说“电厂几个毛人，能量倒不小”。十二局那个时候是中央直属，不是水电部直属，因为十二局党组织关系在浙江省，江华经常来协调。十二局最后可能归省管了。

采访者：您在任的时候，乌溪江电厂安全生产创历史最高纪录，当时采取了哪些安全措施呢？

周武元：操作都有规定的，机电设备的操作，特别是发电机，容易出事，其他方面出事很少。乌溪江在厂房这边有四台机组，每台机 4.25 万千瓦，五号机组是 1 万千瓦。本来坝后到下面厂房之间还有一点水头，当时我们没有建设。我走了之后，他们又装了两台小发电机，利用坝后到厂房的六七米水头进行发电，最后这个机组实际上成了厂里的副业。

采访者：您提到汛期的时候，黄坛口的洪水会漫过水坝。乌溪江电厂发电之后，在防汛方面有什么变化？

周武元：防汛主要就是乌溪江控制的。乌溪江是个多年调节水库，不完全年调节，有的年份根本不会泄洪的，有些年份如果降雨少的话也不会泄洪。所以主要的调节是靠乌溪江电厂，因为乌溪江电厂有 17 亿立方米库容，黄坛口的库容很小，大概只有 0.9 亿立方米。

采访者：刚建成乌溪江电厂的时候，大学生很少吧？

周武元：大学毕业生那就少了。省里面其他地方也需要大学生，乌溪江电厂的工程技术人员，多数是“文化大革命”前的大学生，因为黄坛口水电站的筹建是上海华东电管局负责的。所以管理干部、技术干部基本上都是上海派来的，包括一些车间主任。

采访者：后来这些人也都到乌溪江了，是吗？

周武元：这些人都并在一起了，黄坛口就留值班的人员，还有一个维护的人员。乌溪江电厂发电后，黄坛口水电站只留下十多个人。黄坛口水电站本来人就不多，湖南镇①发电以前，最多有109人，后来增加的人都在乌溪江电厂了。乌溪江电厂人比较多，有300多人，将近400人。因为乌溪江电厂土建任务重，土建管理东西也多，真正负责电气的人员并不多。

采访者：您在乌溪江电厂担任厂长和总工程师期间，工作状况怎么样？

周武元：工作开始的时候很忙的，从乌溪江电厂管理办公室到大坝、厂房啊，都比较远的。我到乌溪江都靠走路，我现在骨质很好，骨头硬，牙齿好。当时我经常走路的，不会骑脚踏车，从住的地方上大坝，大概要走45分钟；去五号电站很近，二十几分钟就到了；到厂房更近，十几分钟，20分钟不到。我每天都要去坝上走一走，天天都要到现场，待在办公室的时间不多，因为工作都在现场。

采访者：您日常工作都是怎么安排的？

周武元：一般都是头天下午就安排好了，第二天的工作特别是计划性的工作早安排，没有计划性的工作，那就看当时碰到什么工作再处理。

五　奔赴衢州电力局

采访者：您是怎样从浙江省水电公司调到衢州电力局的？②

周武元：本来没想着要回来的，后来浙江省电力局让我到衢州来。池老总找我谈话，说到衢州局的第一件事情就是解决江山用电问题。那时候衢州电力局刚成立，江山用电告急，因为黄坛口水电站送电量很小，只有一条70毫米的导线，满足不了江山的用电需求，那就要从乌溪江架条线过去。为了架这条线，我们采取了很多措施，一年完成输送电，从勘测、订货到施工，包括建设江山

---

① 指乌溪江电厂。

② 周武元1987年调浙江省电力局开发公司任主任工程师，1988年调衢州电力局任副局长。

110 千伏变电所。乌溪江这条线路容量比较大，110 千伏。原来那条线是从黄坛口水电站拉过去的，中间乌溪江电厂施工的用电一直都是在那儿提起来的。这就使得江山用电更加紧张，所以这条线路必须尽早建起来，结果后来就是来不及建。我回到衢州来，第一个任务就是赶快解决江山用电问题。首先，集中力量设计，把龙游和开化的设计人员都集中到衢州，组织大家一起设计，设计好了马上订货，订货只有几个月时间，得赶快交货。当时是在新安江那边订的货。施工分三段，打突击战。乌溪江出口由局本部负责，因为这段地形比较复杂，树木特别多，牵扯到地方一些东西，影响比较大。还有，到江山那一段，由江山局负责，中间这段是开化局负责。我们一共组织了三个施工队。光架线就用了一个季度多。从年初勘测设计开始，到年底在江山那边送电，就用了一年。江山送电的时候，江山市很高兴，因为解决了用电的问题。

1994 年冬周武元在江山变电所

采访者：您有没有解决过现场遇到的困难？

周武元：那时我就蹲在现场了，有什么问题马上商量，马上解决，例如有些杆子的定位，现场勘察好了，马上就定了。我大部分时间都在现场，因为我的第一个任务，就是要解决用电的问题。从勘察设计开始一直到投产，七八个月是有的。订货也不在现场了，订货就是帮着去催，订货的单位是新安江，新安江我去了一次，就催赶快交铁塔的货。那边厂家也花了一些力气，加班加点地干，因为这边送电比较急。

采访者：您印象当中有没有什么困难的问题？

周武元：困难也没有啥困难，附近老百姓都很支持。江山市政府动员当地的老百姓支持，不要提什么难题啊，江山市政府也很支持的。最后，江山用电问题解决了，特别是水泥厂用电问题得到了解决。

采访者：这是在衢州电力局接到的第一个任务？

周武元：对，第二个任务是龙游变电所扩建。除了要扩容外，35 千伏的开关站不够用，要把原来在户外的开关站搬到户内，专门做一个 35 千伏开关站。但是 35 千伏的开关站有一个什么难题呢？就是变电所的自来水塔在那个位置，我们要把自来水塔搞掉，这是最简单的办法，不然开关站建不起来。后来衢州局的老线路工余震强提了一个建议，说我们仓库有一个小的平板车，把自来水塔放到平板车上，再铺上两条铁轨，然后慢慢地把它从这个开关站的位置拖出去，拖了七八十米，拖到外面，不影响开关站。这样就把砖砌的水塔平移过去了，大家动了点脑筋，保留了水塔。建个水塔也不容易的。把水塔拉开后，开关站的位置就腾出来了。扩容工作就正常进行了，35 千伏的开关站建起来。外面就是立杆子了，就不要开关站了。原来开关站出不去啊。

采访者：龙游变电所扩建是规模扩大了？线路有升压吗？

周武元：那就是规模扩大，一台 2 号主变电上来，35 千伏的电出不去的话会影响龙游用电。龙游变电所本身就是 220 千伏变电站。35 千伏是在户外的，已经没有空位置了。主变电增加一台，变成两台主变，那么 35 千伏的设备在外面场地就太小了，所以得改建成户内的设备，增加了很多的间隔。

采访者：这是第二个任务。

周武元：对，这是第二个。还有一个任务，就是衢州电力局的技术职称评定问题。我们有一个测评小组，本来局里评职称，就是需要一个评一个，不需要就不评。我来了以后，感觉这个事很尴尬，我认为评职称和聘用应该分开。因为评职称是技术资格问题，人员使不使用那是行政问题。当时陶建章是局长，陶总也是不大想得通。我跟他讲了后，他觉得有点道理，后来就把评职称和聘用分开了。评职称不搞限制的，够资格就评，不够资格那就等。后来省局的池化鱼来问这个事，我们跟他讲了讲，我讲这样不会积压人才，这儿用不着，别的地方也能用，池老总后来也认同我们最终的评比办法。我们这儿的评比和乌溪江电厂连在一起，一个评审小组。每年评一次，一次评我们局里，另一次评乌溪江的，我们两个单位共同来组

1994 年 11 月 16 日周武元在龙游变留影

织。这个办法推广之后，下面技术干部的积极性很高，大家觉得有奔头了，谁有资格谁就能评。如果没有资格，没有聘用他，他也能去其他地方就职。后来省局系统都这样干，包括我们衢州电力局，还有乌溪江电厂，都实行这样的制度。

采访者：当时您是怎么想到这个办法的呢？

周武元：因为原来在电厂我们碰到过这个问题。如果不采取这个办法，有些技术干部，特别是一些老的技术干部，会感到不舒服。当时乌溪江电厂还没有资格评定，工程师也在浙江省电力局评，后来范围扩大了。两个单位都有评审小组，在衢州的，以衢州局为主，在乌溪江的，以电厂为主。

采访者：您说主要三个方面的工作就是这三个？

周武元：就这三个，是我感觉比较重要的，其他的就是日常工作。日常工作那就多了，有时候到县、区的供电局，有些什么问题帮助一起解决。

采访者：您在 1980 年被评定为电气工程师，当时评定的情况能讲讲吗？

周武元：我的职称是华东电网局评定的，华东电网局就是华东电管局。华东电网局评了过后它就公布了。浙江省开始的时候，都是华东电网局组织评审，高级职称都是它评的，一般初级职称的评审它不管的，后来浙江省电力局也有高级职称评审资质了。技术人员的工程师职称比较多。因为工程师职称是浙江省电力局评定的，高级职称就是华东电网局评。浙江省电力局有资格以后，职称评定就多一些了。

采访者：您以前在发电厂，现在到地方局，技术上的问题，您遇到什么困难没有？

周武元：电厂比现在供电系统复杂得多了，因为电厂有一个发电机在那儿，供电局主要是变压器和线路这两个，比起电厂来讲要简单一些、单纯一些，因为它少了一个发电设备。电厂发电设备事情多，既有机器的、水的事情，还有整个系统的、大坝泄洪等事情。

采访者：您工作后一直是在电厂，在技术方面很有经验了，能不能介绍一下相关经验？

周武元：现在肯定比我们那时更先进了，我们用的都是老办法。这是时代的需求、发展的需要。现在乌溪江电厂，在北面那边专门有一个电厂，像一个公司似的。这个公司现在管理水平很高的。现在黄坛口、乌溪江，都能够实现远程控制，负荷变化怎么样，都能够看得见，还能够进行调整。远程控制肯定是一个发展的方向。人力减少了，但运行质量是在提高的，这个是将来的发展方向。我们供电系统可能往无人变电所、少人值班的变电所方向发展。减少人力的同时，技术水平也在逐步提高。所以乌溪江电厂现在的管理水平，我看在国内也是一流的水平。

采访者：现在发电除了水力、火力外，还有一些新能源，包括风力、太阳能、核电技术越来越成熟，也在发展。您对电力机构以后的发展有什么看法吗？

周武元：我看将来远程控制是一个方向。现在江山到常山这边，有个天然气发电厂，也蛮大的。现在它发电，对于浙西来讲，从电源分布来讲，起到很大作用，这就避免了远距离输送，它是烧天然气的。最好将来电源的发展和供电能够互相接近。核电肯定将来是要发展的，核电那么多，用不好都会变成核炸弹，核炸弹一炸不得了。你用来发电，我看倒是为人类造福，改善生活。将来核电的发展肯定是一个很大的方向。因为核电技术现在慢慢提高了。将来风力发电以及利用其他自然资源发电也会越来越多。将来抽水蓄能电站还要大发展，抽水蓄能电站就是抽上水以后，高峰的时候再放下来，由此产生电能。过去倒没听到，最近听到有一个，装机容量也蛮大的，120 万千瓦的，都是标准型的。乌溪江现在已经批准建一个抽水蓄能电站。

采访者：有一句话，“人民电业为人民”，您对这句话有什么体会吗？

周武元：这句话应该讲很实在的。将来人民生活条件好，电力是一个很大的因素。如果离开了电，人民生活条件肯定上不去，什么东西都得电气化。特别是一些自然的东西，比如说风电，还有太阳能，还有电网，这些都是很关键的东西。如果这些问题解决了，我看整个地球上的人的生活水平都会大大提高。

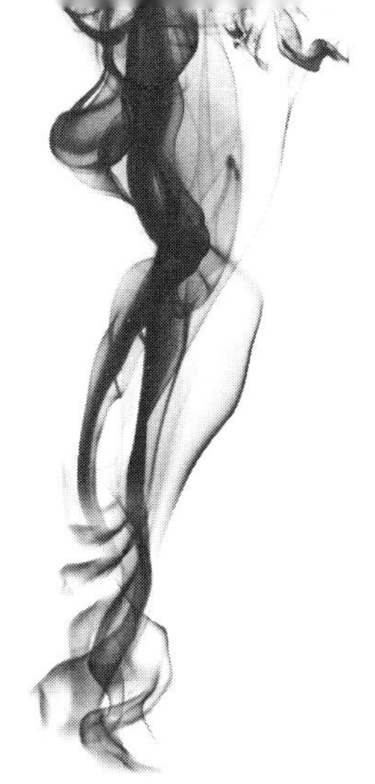

辗转奋斗为电力

口 述 者： 陶建章

采 访 者： 刘敏、祝杨静

整 理 者： 周光乐、刘敏、祝杨静

采访时间： 2019 年 3 月 28 日

采访地点： 国网浙江省电力有限公司电力科学研究院

陶建章 1939 年 1 月出生，陕西西安人。1950 ~ 1953 年，在西安市一中读书；中学毕业后考入西安电力学校，毕业后被保送到西安交通大学，学习发电厂、电网及电力系统；1961 年毕业之后被分配到青海中试所，在青海西宁工作了 21 年，后由于家庭和身体原因，于 1982 年 5 月调到浙江金华电业局工作，同年 8 月升为总工程师；1986 年 1 月，调往衢州电力局任总工程师；1990 年 5 月，担任衢州电力局局长职务；1998 年 10 月底退休，退休后担任浙江省电力局经济委员会委员。

一　从校园到工作

采访者： 您先介绍一下您的基本情况。

陶建章： 我是陕西西安人，从小在西安长大。西安解放的时候我还在读小学五年级。中学毕业以后，我报考了西安电力学校（简称西安电校或电校）。当时西安电力学校刚成立，为全国八大电校之一。当时西北五省电力系统内的骨干大都是西安电力学校毕业的，他们称之为“西北电力黄埔”。我是以第三名的成绩考进去的，学的专业是发电厂、电网及电力系统。

在我毕业的时候，正好赶上上海交通大学按照周总理的要求西迁到西安，当时上海仅留下造船系。1956 年正式迁过来正常上课，那时候要扩招一部分学生。这时候西安电力学校获得了一些保送名额，于是我荣幸地被选上了，学的也是发电厂、电网及电力系统。由于第二次学这个专业，我比较得心应手，比较扎实地奠定了理论基础。在学习中我参加了实习，通过实习也了解到国家一些电力发展情况。那时候电力事业确实是刚起步，设备也比较落后，规模也比较小。比方说我在电校的时候，到西安最大的发电厂——灞桥热电厂去实习，发现那里只有两台 6000 千瓦机组，现在建火电厂最起码是 30 万千瓦以上，而且那两台 6000 千瓦机组，不是我们国产的，是捷克斯洛伐克的设备。

我后来又到了甘肃的郑家庄发电厂实习，那是一个小电厂。在大学期间，我又到安徽的梅山水电厂实习，主要是学习自动化。

我从小喜欢电，在学校里的学习成绩比较好，考试成绩总是名列前茅。

采访者： 您毕业后分配到青海？

陶建章： 是的。现在回想起来，我对青海也深有感情。青海虽偏僻落后，但是我愿意服从分配。在分配的同学中，我是第一个到青海那边报到的，按规定到 9 月份再报到也不迟，但我 8 月份就跑去了。我去得早其实也有好处，在报到的时候，居然允许我选单位，问我愿意到哪里去工作。当时我一下就看中了中试所，因为我知道中试所是搞研究的，所以当机立断就选了。

西宁市区就一个电厂，有四台 1500 千瓦的匈牙利机组。主要电源就靠一个桥头发电厂，桥头发电厂当时有两台6000千瓦的机组、一台1.2万千瓦的机组，全是国产的。各个州、县都是一些小柴油机或者小水电、小火力发电厂。大通煤矿距离西宁市33公里，通过2条110千伏输电线路送电到西宁的几个变电所。那里基础很薄弱，电网规模很小。

我在中试所工作了21年，目睹了青海电力一步步向前发展。同时，艰苦环境也磨炼了我的意志，1964年我参加了社教运动，在偏僻的深山里和农民同吃共住了一年半，每晚抓虱子的情景历历在目。

1970年在青海省西宁市北山寺小水电站工作时的照片（左一戴绒帽指导者为陶建章）

采访者：您当时在高压室的主要工作是什么呢？

陶建章：我的主要工作有两个：第一个是承担全省一些电厂和变电所的交接预防性试验；第二个就是担任全省的绝缘监督和过电压监督专责人。当时一个省应有一个绝缘监督专责人和过电压监督专责人，我就是负责青海省的监督人。青海省的每个较大机组或者较大变电所启动，我都是担任现场启动试验的主持人。可以说中试所给了我很多机会，使我得到锻炼和提高。青海省凡是电力系统发生的一些疑难技术问题，都是叫中试所去解决，我解决过系统中大量的疑难问题。

青海的特点之一就是高海拔，西宁的海拔是2300米，人会感觉有一些不舒服，但是不会太严重，我还能适应。如果再高一点，比如3000米以上，我就会觉得很难受。一旦到了4000米、5000米之后，我就睡也睡不着，吃也吃不下了。

高海拔给青海电力带来的问题其实有很多。高海拔的第一个特点是空气稀薄，它除了对人的活动有影响外，对机器也有很大影响。空气稀薄给电气带来的影响，第一个就是散热困难。你可以想象一下，为什么暖水瓶能保温？因为它中间有真空层，真空基本上不导热。高原地区的空气分子量少，所以散热就差。这肯定会造成高海拔电机发热。第二个特点，就是电器的外绝缘水平会下降。在半稀薄情况下，它的自由电子加速距离大了，容易碰撞成功，造成击穿。当然，空气再稀薄到一定程度后绝缘反而加强了。对于青海海拔所处范围来讲，海拔越高，空气放电电压越低，对于绝缘的危害越大。第三个特点是海拔对于土壤的影响。海拔高以后，高寒地区冻土层严重。接地电阻不合格，甚至接近无穷大。高海拔形成的永冻层到了夏天也不会化，冰是不导电的，这为接地电阻的处理带来大难题。

20 世纪 70 年代初青海省西川 110 千伏变电所带电测试
（右一弯腰探看者为陶建章）

为了得出海拔对发电机组出力的影响，我组织对桥头发电厂的两台 6000 千瓦的机组、一台 1.2 万千瓦的机组、一台 2.5 万千瓦的机组，共四台机组做了热负荷出力试验。这在全国其他地方是不可能有这个条件来做这个试验的。这个试验的方案是我写的，报告是我写的，实施、试验的负责人也是我。

因为我经常吃住在基层单位，我和工人师傅们建立了友谊，我在青海早年身体虚弱，一米八的身高，体重仅 111 斤，看上去弱不禁风，工人们给我取外号叫“电线杆子”，常常开玩笑跟我说：“刮大风了，你赶紧打个拉线，不然要吹倒的。”

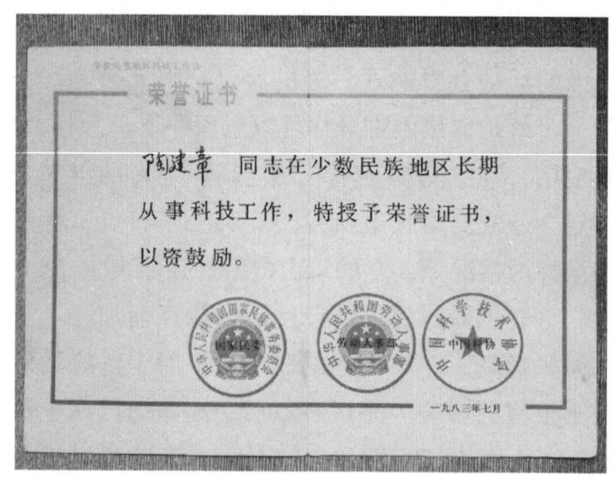

荣誉证书

陶建章 同志在少数民族地区长期从事科技工作，特授予荣誉证书，以资鼓励。

一九八三年七月

陶建章获得的少数民族地区科技工作者荣誉证书内页（1983年）

采访者：那您做的这个热负荷试验的结果怎么样？

陶建章：结果很好。通过试验，得出一个初步结论，那就是海拔每升高100米，机器发热的温度大概升高0.9摄氏度。但是同时还要考虑高海拔的天气状况，海拔越高，气温越低，所以又要抵消一部分机器发热温度。这个试验成果对后来电力发展很重要，比如说以后订货的时候，我们都可以根据特殊情况提出要求，把这个因素考虑进去。

青海电力发展主要靠的是分布于青海的黄河上游流域。当时钱正英部长说过："黄河之水向东流，流的都是煤和油。"黄河的上游部分叫富矿，真正的富矿是从宁夏境内一直到青海，而青海境内是富矿中的富矿。所谓富矿，就是水力资源丰富的意思。我们第一个开发的就是龙羊峡，龙羊峡的机组是32万千瓦机组，一般是30万千瓦，为什么龙羊峡定32万千瓦呢？因为我们在论证过程中，考虑到了高海拔的因素。龙羊峡水电站的海拔是2600多米，出力要降10%左右，再考虑到其他因素，所以龙羊峡机组定的是32万千瓦机组，这样可以保证龙羊峡发电最少可达到30万千瓦。在东方电机厂龙羊峡机组论证会上，我是青海省派去的代表，当时我在会上除了提出容量问题外，还提出了发电机的电晕电压问题。由于空气稀薄，放电电压下降，我们从大量的研究、分析和实测中都证实了这点，在海拔超过1000米以上的地方，海拔每上升100米，电气设备的外绝缘放电电压约降低1%。为此，必须提高设备的外绝缘水平以满足绝缘配合要求，才能达到安全运行的目的。同样，发电机电晕放电电压，属于设备的外绝缘，它随着海拔增高而降低，必须在制造时进行加强处理。龙羊峡机组就充分地考虑到这点，提高了电晕放电电压。

桥头发电厂机组也同样对定子线圈的外部绝缘做了均压和加强处理，大大提高了安全水平。这项工作还得了青海省电力局的科技一等奖。

1983 年青海电力工业局向陶建章颁发的授奖证（封面与内页）

还有一个比较重要的问题，那就是青海地域广阔，面积达到 72. 10 万平方公里，是全国的第四大省。青海面积相当于 8 个浙江，人口却不到浙江的 1/8，用电量比浙江要少多了。因此很多线路要拉得很长，线路长会带来很多的难题。一些过电压问题就是线路长带来的，比如说空载电压升高，空载过电压等。线路长还会引起线路、发电机的自励磁现象。这些问题在青海都碰到过，还包括一些谐振现象等，这些通过努力都一一地解决了，而且好多经验与解决方法我到浙江这边后都能用上。

举个例子，1971 年，青海诺木洪农场（就在格尔木旁边）需要大量的电灌站，省里就在诺木洪北面开发了一个水电站，有两台 500 千瓦的水轮机。它的线路有 26 公里长，当时为了节约成本，采用的是两线一地。两线一地带来的问题是什么呢？电容之间不对称。另外，它的零序分量对外面的干扰也非常大。如果三根线的话，就没有这个问题。

当时用两线一地发电的时候，发电机会乱叫，变电站到处闪络供不出去。当时请了好多师傅和专家，都解决不了这个问题，最后通过电力部门联系到我们。当时我和几个同事一起，带上仪器，在那里住了半个月，用示波器把波形拍出来，寻找原因。我们就是一台机、一台机地发，而且慢慢地升压发电，寻找问题所在。经过波形、幅值分析，我认为这是电容不对称引起的动态过电压问题。于是人为地加大上面两根线之间的电容，人工把电容配对称。我们采购了 20 多台 35 千伏电容器，然后把它们并接在线间，使得线间电容对称。后来一试，果然好了，问题就这样解决了。但要从理论上分析解决，我后来还做了大量的研究工作，并到西安交通大学和清华大学请教有关专家。

为此我撰写了一篇论文《同步电机在不对称运行方式下的等效链式网络》，发表在部办刊物高压技术 1978 年第二期上。

采访者：您在青海还有哪些印象深刻的工作经历？

陶建章：当时在制定青海省电气绝缘预防性试验规程的时候，有一个本地版是我执笔写的，就是一个省的标准。国家有国家的标准，我们省有省里的标准，青海省的标准涉及对高海拔一些特殊情况的处理。我们办过多次有关试验规程的培训班，我是主讲老师。

青海省的第一个 220 千伏变电所，叫红湾变电所。它是由刘家峡通过 200 多公里线路送电过来。这条线路的参数试验方案和报告，包括空载过电压等方面的报告，都是我统一搞的，很多都是从来没有做过的，还有好多技术上的难题，如系统 35 千伏电压的铁磁谐振现象在青海省也多次发生。总之，在青海遇到的大部分技术问题都是由于系统小、地大线长、高海拔等因素引起的。还有，在高压试验中经常碰到外界电场影响而出现偏差，我摸索到一些方法以求得测试正确。为此，我也曾发表两篇论文到部办、网局办的刊物上。正是因为这些复杂问题大量存在，给了我提高的机遇，也给了我进步的机会。我做的这些事情、解决的这些问题，群众看得见，领导也看得见。所以在 1977 年提出要“充分重视知识分子”以后，到了 1978 年年初，青海省电力局第一次评定和任命工程师的时候，我第一个评上，并被任命为中试所副总工程师，同时我还参加了全国科学大会，被评为省劳模、电力部电力系统先进工作者。

1979 年 1 月陶建章获“全国电力工业先进生产者”称号时留影

二　调入浙江

采访者： 请问您后来为何会调入浙江？是您主动要求的吗？

陶建章： 在青海，我有两个孩子，一男一女。男孩出生后对青海的气候不适应，得了麻疹肺炎，差一点就没命了。以后每年都会出现肺炎症状。我爱人是浙江萧山人，她的身体也不好，到 1973 年萌生了调回家乡的想法。

1973 年，我参加了在浙江召开的全国会议。机缘巧合之下，我和浙西供电局的绝缘监督人认识了。他听到了我的发言，了解了我的水平，同意给我牵个线。当时浙西供电局领导虽有意向让我调入，但在当时政治条件下，双方上级领导要批准是非常困难的事。这个问题，一拖再拖，一磨再磨，后来我都有点丧失信心了。

在 1978 年全国科学大会召开以后，青海电力局突然接到了浙西供电局的调令，但青海电力局当时不同意我们走，我也感到青海领导重视我，给了我很多荣誉，我已无脸面再去要求，调动再一次被搁浅。不久，我妻子在 1978 年下半年得了一场大病，把子宫、卵巢全部摘除了，从那以后她的身体就变得很差了。到了 1979 年年末，领导终于同意我妻子先调走。

浙西供电局在 1979 年的时候已改名为金华电业局了，安排好了我爱人和两个孩子以后，我就经常来这边探亲，其间也帮他们搞培训，在新安江给他们讲课。金华电业局领导对我的态度是：反正你爱人来了，你就慢慢说服对方，争取早点过来。

就这样，我又磨了快三年，青海这边终于松口了，1982 年 1 月同意，1982 年 4 月西北网局正式同意，我终于踏上了到浙江的路途。

采访者： 您过来的时候，浙西局已经变成金华局了，是吧？

陶建章： 对的。我妻子过来的时候，名字刚刚改成金华局。那时候虽然工作地点在金华，但是大部分人的家还在新安江，因为这边的生活基地还没有盖好。到了礼拜六大家就回新安江。那时候交通还不便，要坐轮船、火车，然后礼拜一再过来上班。

我到了之后，慢慢地对金华局有了一定的了解。金华局的 220 千伏的电网在衢州，那会儿巨化是全国有名的化工基地，是浙西地区用电的最大户。衢州的沙埠变是主要变电所，还有龙游的一个 220 千伏变电所。到了 1982 年，金华这边才有了第一个 220 千伏金华变电所。

我来的时候金华变正好进行投产，我一到就马上介入了技术工作。金华变主变的试验方案以及 220 千伏富金线的试验方案是我编写的，也是一次投运成功的。

采访者： 那您初到浙江有没有遇到什么困难呢？

陶建章： 到浙江这边来，总体上是顺利的，但也有一些意外的地方。例如 1982 年 9 月湖海塘事故，是轰动全省的事故，可以说是给了我闷头一棒。那时候大家都说："你这倒霉的，刚任命不到一个月，就发生这么大个事故。"

湖海塘变电所是金华市的主力变电所，金华市区的用电主要靠它。当时是两台 110 千伏主变压器，35 千伏出线五六条，10 千伏出线十几条。设备比较老化，当时也是几经扩建。我来了以后经常碰到 10 千伏出线开关跳闸，总影响送电。我记得可能是 9 月 18 日，整个变电所都停电了。我第一时间赶到现场，看到现场很惨烈，所有的 10 千伏开关柜全部烧掉了。怎么搞成这样子？事故发生之后，首先要做的就是抢修，尽快恢复供电。那会儿我已经是总工程师，必须坐镇现场负责。

我们在江山开关厂紧急订货，用最快的速度，在几天内把十几面柜子都拉到了现场。金华局的设计所抓紧设计，总共花了大概二十天时间恢复供电。

在这个过程中，我并没有停止寻找事故发生的原因，最后发现是过电压问题，就是在设计安装扩建的 10 千伏开关室的接地装置时，漏将开关柜和变电所接地网相连，一旦 10 千伏户外电缆头发生异常事故后，会出现开关柜的电位突然升高，烧坏保护总熔丝，全所失去保护，导致未及时隔离故障而引起停电。

采访者： 此外，还有哪些工作让您印象深刻？

陶建章： 印象深的工作还不少。1983 年 5 月在沙埠 220 千伏变电所，组织处理了 1 号主变铁心接地问题。主持了 110 千伏永康变、武义变扩建、义乌变、220 千伏沙埠变因衢化二回路接入的扩建工程等调试投产，担任现场总指挥，一次启动成功。

处理过不少系统出现的过电压问题，如金华变、淳安变、开化变都曾出现开关均压电容和母线电压互感器串联谐振过电压现象，通过及时调整运行方式或拆除个别均压电容来消除这些问题。再如电网经常出现的35千伏铁磁谐振问题，通过减少投入一些电压互感器等方法来消除。

提出用线路侧的耦合电容器的工频电流和邻近运行线路的耦合电容器工频电流或母线电压互器相位做核相试验，简单易行，不影响正常运行方式的运行。

当时对“调容量变压器”获国家发明四等奖一事，我坚持原则，在技术经济上表明自己观点，承受着巨大的精神压力，被邀请参加了国家科委发明评审委员会组织的评审会议，做了详细的技术、经济答辩，终于裁决取消了这项发明奖资格，让国家少走了弯路。这是我终生难忘的一件大事，这件事的全过程充分表明了我的技术水平和做人的品质。

为了解决35千伏系统消弧线圈长期难以投入的问题，我组织编写并实测了各个35千伏线路和系统的电容电流，进行了调谐试验。

1983年，我主持了所有工种2~8级工的考试工作。从主业到辅业，几十种工种，不同的等级，在没有现成教材和复习提纲下进行。这个任务的工作量非常大。当时我作为总负责人，组织各个县局、各个专业的人，仔细地把每个专业的任务分配下去，编出比较实用的复习大纲，然后再组织考试工作。工作量相当大，但对提高员工素质起了很大的作用。

三　见证衢州电力的发展

采访者：您能否介绍一下当时衢州电力的情况是什么样的？然后再讲一讲您当时的主要工作。

陶建章：之前衢州属于金华地委管辖，1985年上半年，由于行政体制的改革，衢州市人民政府成立了。它要求政府应该有办电机构。由于分局是一个很头疼的事情，所以当时省电力局想让金华电业局来管衢州，意思就是不想分局。但是衢州市人民政府回答得很坚决，不行！他们觉得，电这个开关把手一定要掌握在自己手里，最后省局也只能同意分局的事情了。

当时分局的办法有两种。因为之前也有其他地方分过局，浙江第一个分局的是嘉兴和湖州，它们有一定的分局经验。嘉兴和湖州它们当时考虑到上面领导班子的安定，所以想的是先分群众，再分领导。但现实情况并不像想象的那么简单，最后还是先分领导。

在1985年年底，省局正式批复分局。当时只有衢州县供电局，就以它为基本班底。那时候部属企业有衢州、江山、龙游这三个县局，属于省电力局管理。常山和开化是联营县局，归地方政府领导。这三个局当时的人员加起来大概是502人。筹建衢州局的过程中，金华局总共过去了200多名职工。

第一批调往衢州电力局工作的72人（陶建章为第一排左四）

采访者： 200多名职工是怎么过去的？都是一起去衢州局那边的吗？

陶建章： 不是，也是逐步过去的。在1986年春节前几天，党组决定召开分局会议，宣布成立衢州电力局，还宣布了局领导班子，共五个人，分别是：衢州供电局原来的局长徐方平和书记郑耀强，两人提拔为衢州局的副书记和副局长；我们金华这边过去三个人，原来的金华电业局局长郑诚辉任衢州电力局局长，原来的金华电业局总工程师陶建章任总工程师；原来的金华电业局财务科科长彭树声提拔任总会计师。紧接着宣布了党委班子，分别是：郑耀强、郑诚辉、徐方平、陶建章。

我还保留着一张很珍贵的照片，是衢州电力局成立大会的合照，1986年3月15日拍摄的。合照里面有金华局的领导班子、衢州局的领导班子、衢州市政府的领导、衢州市委的领导等，一共75人。前排中间是市委书记和衢州市市长，他们亲自到会。

采访者： 后来您是如何当上局长的？

陶建章： 后来衢州局发生了一些人事风波，1989 年 9 月，局长离职了，组织就想让我负责。我好几次跟省局局长说过，我不便当这个局长。他们讨论之后，然后和市委、市政府领导商议，在大会上宣布让我临时负责。这就意味着我要开始主持工作了，当时我还是以副局长兼总工程师的职务主持工作。就这样我开始承担很多的任务，每天都在艰苦地工作。

到 1990 年 5 月，正式宣布衢州电力局实行局长负责制，让我当局长。

20 世纪 90 年代陶建章在衢州电力局办公室留影

采访者： 那当时衢州的电力情况是什么样的呢？

陶建章： 当时衢州和金华局相比，它的地域比较小，但是它的用电量和负荷约占 40%。原来 15 个县市局里面，衢州这一片用电量就占到了 40%，主要的用电大户是巨化工厂，还有一些水泥厂用电也比较多，比如江山水泥厂、常山水泥厂等。

那时候衢州当地的居住环境、办公环境要比金华差很多。可以说什么都没有，就只有一座办公楼，就是用电管理所。那我们来的人怎么办呢？第一个问题，没地方住。衢州当时很小，很落后，只能出去住旅馆，结果衢州的主要旅馆都有职工入住。当时局长、总会计师和我三人住在衢州人民政府第二招待所，就这样通过住旅馆解决住宿问题，结果一住就是一年多。

我们当时想，其他事情可以先不管，首先要解决一部分人的住宿问题。后来在斗潭区有一座楼刚盖好，我们上报省局批准，一口气把它买了下来，当时花了 50 万元。这座楼解决了 48 户的住房问题，我们中一部分人就先搬进去了。那时候我把老婆、儿女也带过来了，条件还是很艰苦的。剩下的人继续住旅馆，等待后续安排。

衢州那时分为南、北两区，我们面临着一个抉择，是在北区发展还是在南区发展？南、北区以铁路线分割，我们从北区到南区，要过这个主干线，阻碍很多。当时衢州市政府选址在南区，所以市政府极力动员我们去南区。当地职工当时不愿意去，觉得那边很偏僻，都是空地。后来我们到南区看了以后，立马下定决心要到南区去。虽然当时那边啥也没有，全是一片空白，但一张空白的纸，好写最新最美的图画。

当时局长也犹豫不决，他怕职工有意见。后来我们搞了个民主测验，衢州局连同我们金华来的总共 100 多名职工参加了这次民主测验。开始赞成北区的呼声很大，经过几番投票，最后 70%~80% 的投票赞成去南区。尤其是我们金华过来的人，全部投票赞成到南区去。我们最后决定去南区。

到南区以后，市政府优惠给了我们 102 亩土地，这些土地划分成三个区：生产区、住宿区、办公区。这三块地方，每块地方都有 30 亩左右。接下来我们就紧急设计、招标、建设。生产区的厂房都是以最快的速度盖起来的，宿舍楼一期就盖了 8 栋。我们是从 1986 年下半年开始动工，到 1988 年就全部建成了，用时不到一年半，而且没花多少钱。

到 1987 年年初，所有的变电设施、线路等，都和金华划分清楚，拉断了和金华局的关系，其间又从金华局派过来第二批、第三批、第四批人员。从此，衢州电力局正常运行。

采访者： *您是 1990 年正式担任局长职务的，担任局长之后有一些“双达标”的业务工作、行政工作等。那在您担任局长之前，也就是在 1986 年到 1990 年间，发生了哪些事情呢？*

陶建章： 在我担任局长之前的这几年，碰到了一些高电压问题。一个是我们几个变电所经常发生铁磁谐振，就是 10 千伏的中性点位移。发出单向接地信号，我分析推测这是由于母线的电压互感器和对地电容发生谐振造成的谐振过电压。为了破坏这个谐振过电压发生，我采取了减少电压互感器投入的方法，而且这并不影响正常运行。最多的一次我一下退出来十几台电压互感器，之后就再也没有出现谐振，可以说是完美解决了这个问题。有些地方空载线路正好处在谐振区，我就在投线路的时候尽量不要投空线，这样就不会发生谐振。现在有一种新产品叫不饱和的电压互感器，也叫线型电压互感器。铁心体积比常规的要大，电感量大且不随电压而变，从而很不容易再生谐振。

虽然它的造价要高一些，却避免了运行中发生事故，还是很值得的。

另外，在业务工作中我不拘于常规办事，敢于大胆承担责任。现举两例：1989 年，220 千伏沙埠变 1 号主变由于 35 千伏电容套管末屏断线、严重放电被停用。当时负荷紧张，急于复役，省内又无备品，我大胆决定，连夜自行抢修套管，把电容器套管自行改绕成纸质绝缘套管，经过耐压 95 千伏的试验合格，装上运行。一年多运行良好，直到厂家新改进的套管到货后才换掉。对此，我自己虽担当了风险和责任，却对社会做出了贡献。

1988 年在新的江山变电所设计上，由于所址地处一片茶园坡地，为节约土方量和基础处理问题，我决定将变电所按母线等高排列纵向按 4% 的坡度设计，当时同类设计尚无先例，经过长期运行并未发现不妥。这大大节约了造价，缩短了工期。现在看来，这种设计和周围环境匹配美观，呈现出自然和谐美景。

采访者：当局长后您感到压力大吗？

陶建章：1990 年 5 月份正式宣布局长负责制以后，我才感到真正的压力。由此开始，我正式以一个典型的技术人员的身份，进入管理部门。虽然之前也当过副局长，但是我一般还是以总工程师身份出面。我还没有当过主持全面工作的领导，所以感到压力很大。

我最开始也感到不适应，因为吃喝拉撒睡什么东西都要管。那会儿又没学会领导艺术，觉得怎么什么事情都要我去过问？实在是感到很累。这实际上是不会当领导的表现。别人当领导往往都是越来越轻松，就管几个人，大问题说两句，但是我当时做不到那样。我还是沿袭技术上那种一问到底的习惯，管理起来很吃力。当时遇到的好多难题，现在回想起来，也不是说处理不恰当，而是太顶针了。作为一把手，要站得高一点才行。当然，我后来也慢慢积累了一些经验。但是对一些大的问题我是不会含糊的，有几件事情令我印象很深。

其中一个就是双达标，就是安全生产和文明生产双达标。当时我们衢州局的双达标情况在 10 个地市局里面排在倒数第二、第一的位置。不论是从装机容量、系统大小、建局历史来看，还是从人员的基本素质来讲，我们衢州局都是有欠缺的，再加上衢州局的变电所主要还是靠一些老旧的变电所，破破烂烂，杂草丛生。华东电管局分管这个事情，他们到浙江省每个局先试检查，也顺便到衢州这边走了一圈，看了以后，印象很差，把我们排到后面达标的单位。

当时对于这个结果我是不甘心的，我决心要用半年的时间把衢州局整治好。当时我向他们表明了这个决心，并表示等我们准备好了，请你们来检查。就这样，我们在全局发起了动员令，全局上下围绕双文明达标，力争在半年内把这个任务拿下来。之后我们就分工协作，每个单位都以这个任务为主要任务，资金也都尽量到位，规定凡是涉及双达标的问题，那就优先处理。对于相关的审批都开绿灯，本着节约原则，尽量地安排好。

负担最重的是变电工区和修试厂这两个单位，大家都非常辛苦。那时候涉及事情非常多，除所有档案、资料的正规化外，还包括场地的外观整治、绿化草地的改造、所有构架的翻新、宿舍区的整理等，还包括更新的安全用具、保安用具、消防等，基本上该换的全部要换，按照新的标准和要求来做。

采访者：那时候的相关经费够用吗？

陶建章：基本够用，没有花太多的钱。因为我们没有换大型设备，仅做一些修修补补。例如检查渗漏油，这是一个重要指标，需要做全面处理。该喷漆的就全部喷上漆，这样外表看上去就焕然一新了。因为它是整治，花费不大的。

那段时间我们确实非常辛苦。比如我们修试厂的厂长，还有变电工区主任，他们吃住都在现场，因为需要定期检查。我经常一个月也要下去检查好几次，在生产会上，主要是检查你的双达标执行情况，在保证正常的安全生产情况下，这属于主要工作。

有些同志好几个月没理发，胡子拉碴的。我看到职工非常辛苦，半年多的时间一直在坚持。1992 年 5 ~ 6 月，我请华东电管局来审，他们有点不相信，毕竟第一次来，看到的情况太差了。在 10 个地市局里面，我们可能排在末尾的，最后华东电管局的副局长张亚胜还是决定过来看一看。

过来之后，我带他们去检查，结果现场的情况出乎他们的意料，他们都露出了很惊讶的表情。他们后来又来了一次，是 1992 年 6 月底，和省电力考察组共同正式来验收检查。我简直不敢相信，当时浙江省只有一个局双文明达标，而我们一下子从落后跃升为第二，成为第二个双文明达标的单位。

在这个庆功大会上，我流下了眼泪，因为这个成果确实是我们所有人辛辛苦苦干出来的。

采访者： 您在争取达标过程中，哪项达标的标准最难，或者最不容易？

陶建章： 我觉得是变压器、开关的渗漏油问题。这要求不能出现一点油迹，连灰尘都不允许有。这不是打扫卫生能解决的，今天打扫好了，明天油迹又出来了。这个问题看起来简单，但凡有一点疏忽，就会出现渗漏油现象。我过去认为，这对生产影响不大，也就是难看了一些。但从文明生产要求来讲，这是不允许的。现在不一样了，要求越来越严格，绿化也必须做得很好，变电所就像花园一样。

这些改变开始于双达标，以后新建的变电所也必须达到绿化标准和文明标准。如果存在设备渗漏油问题，根本就不能投入生产。检查的时候是用干净的毛巾去抹油污，过去谁敢用这种方法？

另外一个问题就是物品的整理问题。第一次稀里糊涂接受检查，我们也不知道他们检查的标准是什么。检查到库房门口的时候，让把库房的门打开，说库房也要查看。结果打开一看，里面乱糟糟的。按规定所有的门都不许上锁，必须无死角接受检查，包括电缆沟。电缆沟是最乱的地方，有些设备被随意地丢弃在里面。为此我们还设立了一个废品库，没想到废品库也要接受检查，要求废品库也要整整齐齐。从这以后，我牢牢地认识到，把变电所变成花园式的变电所，变成文明的单位，是非常重要的。按照习近平主席现在的要求，这些都必须做好。

采访者： 当时为了实现双达标，有什么制度上的保证吗？

陶建章： 以前是没有的，后来才有制度上的保证。比如抽烟的问题，控制室是不允许抽烟的，这个是有明文规定的，所以当时专门设立了抽烟室。

我很久之前在青海工作时，偶然拍了几张照片，照片上的变电所周围杂草丛生，设备摆放混乱，那时候的小水电站都是这样的。再看看现在的变电所的照片，那就变得漂亮很多了，毕竟现在要求得很严格了。我举个例子，去变电所检修，检修完以后，可能为了图方便，就把工具都堆到控制室，留着下次再用，这种行为也是不允许的，当天工作完就要当天收拾干净。

进入一个文明时代，我更看好的是文明生产。其实这项工作在技术上的难度并不大，主要是一种观念的转变。

我到衢州以后，省电力局安全日最高达到 4000 多天，差不多十年没有发生过事故，安全问题绝对是放在第一位的。

当时采取的最主要的措施是局长责任制，明确安全生产局长是一把手，是主要责任人，要求局长必须严抓安全。

采访者：您能给我们讲讲电网调度自动化的事情吗？

陶建章：为了实现电网调度自动化，我们1991年用了一点多址的通信系统，这在全省还是首创。在当时条件下，利用它的无线通信作用，可四面发射，实施方便，经济，发挥了它特有的作用。以后随着光缆的普及，逐渐地载波、一点多址通信等都被光缆通信所代替。事实证明，光缆明显更有优势。

那个时候做到的半自动化，和现在比起来还有很大差距。当时是逐渐从变电所撤人，现在变电所基本上实现了无人值班。当有事故或者检修的时候再派人过去。所有的操作都交给调度自动化了，比如拉闸、限电、合闸等。当时还达不到现在的水平，比如操作票都是手写的。后来开始有了电脑，我想，总有一天要淘汰手写的。因为在操作室念一句操作一步，是非常容易出错的，写错一个字就要全部重写。科学技术日新月异，当时南京自动化研究所的计算机系统，有一个SCADA功能，在浙江省我们是第一个试运行这个功能的，但是现在看来，它也已经落后了，现在也已被更先进的技术所代替。

采访者：我看到你们这边墙上贴的标语是“人民电业为人民”，您是如何理解这句话的？

陶建章：“人民电业为人民”，这是我们的服务宗旨。其实这么多年来，我们的服务态度有很大的变化，对此我是深有体会的。以前有营业厅的局不多，我们衢州局之前是没有营业厅的，营业厅服务做得比较好的地区是绍兴。

过去老百姓要办用电手续很难，因为没有营业点，他们要到用电管理所的用电部门去办理，而且当时的服务态度也是很差的。现在有了营业厅，一切都不一样了。

采访者：第一个营业厅的建设是您在任时进行的吗？

陶建章：是的。在我之前是没有营业厅的，后来慢慢建设起来了。营业厅是我们电业部门的一个窗口，必须要礼貌待人，见人三分礼；服装统一，热情大方，选派人员也要求业务精通，和蔼可亲，看起来真的像空姐一样。

回想我来浙江工作近20年，组织上无比关怀我、培养我，一来就提拔我为金华局总工，直到衢州局局长。在职称上评定我为高级工程师、教授级高级工程师，享受国务院政府特殊津贴。衢州市政府评我为优秀企业家，聘我为市科协名誉主席。这一切我都感恩在心。

陶建章领取1993年度政府特殊津贴证书及报样

四 发挥余热

采访者： 您是在何时退休的？

陶建章： 我是1998年10月底从衢州电力局局长位子上退下来的。我退下来以后，省局考虑到我的身体条件和业务能力，吸收我为浙江省电力局技术经济委员会（简称技经委）委员。这个委员会的组长是原省局局长丁有德。

技经委成员大多是退下来的老领导。当时省电力局的现任领导授权让我们负责全省的 110 千伏变电所和线路的扩充设计审查，也就是说，110 千伏工程的扩充设计审查我们说了算，代省局计划处形成批复文件。

由于水利电力部推行了两网改造工程，要新建的变电所太多了，一个组忙不过来，我们就分成两组。每组都设有一次组、二次组、线路组、弱电组、控制组等。一次组就是主设备组，我是一次组的主审官。

采访者：您说的当时审查的输变电工程，主要就是变电所吗？

陶建章：变电所和线路两部分。发电部门我们不去审。计划处的第一步是下达计划任务书，同时也要抄送我们技经委。等扩充设计做好，我们就去组织审查。审查完以后，形成的初步文件提供给计划处，计划处再形成扩充设计的正式批复文件。

采访者：您现在退休后有什么业余爱好？

陶建章：那就是业余地唱唱歌。我也经常参加老年公寓内的演出。平时我是我们老年合唱团的教练，每周都有活动。

我这个人比较乐观，爱逗笑，和大家在一起还是蛮融洽的。我也善交朋友，朋友比较多。我这一生还算幸运，虽然有几次波折，但是总的来说还是比较顺利的。党和政府对我很好，我很感恩。我对党和国家充满信心，我深爱我的祖国，深爱我们的党。

2019 年西湖区老干部庆祝建党 98 周年暨送文化下基层慰问演出

采访者：最后一个问题，您对后来的电力人有什么要说的吗？

陶建章：电力发展很快，希望大家再继续努力，在多方面发挥能耐。现在风能、核能、光伏能等，都发展起来了，且很有前途。虽说煤电、水电的生产成本最低，但是按照造福子孙的要求，我们要尽量少开挖煤，毕竟我们的资源有限，也要尽量减少对大自然的污染。

电龙腾飞浙西南

口 述 者： 郑庆钧
采 访 者： 贺芸、陈志春
整 理 者： 杨学君、贺芸、陈志春
采访时间： 2019 年 4 月 17 日
采访地点： 国网金华供电公司

郑庆钧 1937 年出生，广东中山人，高级工程师，毕业于郑州电力学校发电厂电网及其系统专业。退休前历任上海电业管理局线路管理所地缆工区技术员，浙江新安江水力发电工程局机械化站电力调度员，新安江水力发电厂运行分厂值长、生技科科员，新安江电业局、浙西电业局生技科科员，金华电业局生技科科长、总工程师。全程参与新安江水电站的建设及运行，主要负责 220 千伏新杭 2231 线的雷电观测和防雷研究实施工作，作为主要成员参与 110 千伏串联补偿装置研制，见证浙西供电局与金华地区电管局重组过程。金华、衢州分局后，曾单独挑起金华电业局的生产、技术两副重担达 7 年之久。工作期间，其办事认真、善于创新的工作作风，敢于担当、不懈奋斗的工作精神，使其在一批重大工程、重大科研项目中发挥了非常积极的作用。

一　早年经历

采访者：郑老，您好！请您先简单地介绍一下自己的早年经历。

郑庆钧：我是广东中山人，我父亲是位老华侨，曾经下南洋到秘鲁利马。我原来是濠头乡的，小学就读于濠头学校，在濠头中学就读一年半，初二下学期就转到中山县第一中学就读。初中期间我的数理化成绩班级第一，还是课代表，我还辅导一些水平比较差的同学。因为当时家里比较困难，虽然很想读高中、读大学，但我们的生活条件不允许。我靠在银行工作的哥哥资助，于 1953 年秋入读郑州电力学校，从此与电结缘。

采访者：当时学校学的内容都是什么？

郑庆钧：当时在学校里，为了省钱，我不买书，不买课本。第一个学习方法就是上课的时候专心听，认真记笔记。复习的时候仔细看笔记，老师讲的重点都在笔记上。

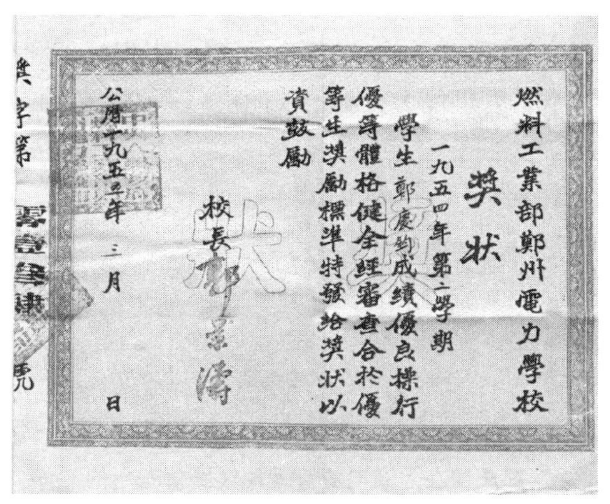
燃料工業部鄭州電力學校
獎狀
一九五四年第二學期
學生鄭慶鈞成績優良操行優異體格健全經審查合於優等生獎勵標準特發給獎狀以資鼓勵
校長
公曆一九五五年三月　日

1955 年郑庆钧的优等生奖状

第二个学习方法就是多读书。当时下午我们都要进行体育锻炼，开展劳动卫国制，身体锻炼完之后，我就到图书馆去看书，比如说借一些有关物理、力学的书来阅读，这样我的学习范围就更广了。当数学学到一次方程式时，我就把相关书籍借出来看，看完之后我把上面的习题都做了，做完以后交给老师批改。老师一看，说："你是这样学的呀，这么厉害啊。"我当时年轻，求知欲望很强。每次考试我的成绩都是 5 分，1955 年我还获得优等生奖励，这是我一生中第一张奖状。

二　从上海到新安江，为电力事业燃烧青春

采访者：您 1953 年入校，1956 年毕业，是吗？毕业之后您是怎么分到上海的？

郑庆钧：我 1956 年毕业。当时班主任对我说："今年分配到上海的名额有三十几个，我把你们这批广东、广西同学都分到上海。"就这样，我到了上海电业管理局（简称上海电管局）。

采访者：当时给您安排了什么工作？

郑庆钧：当时安排我在上海电业管理局线路管理所地缆工区。地缆工区内部分高压班（22 千伏）、低压班（6 千伏、10 千伏）、运行班和试验班。我是在低压班，负责上海地区 10 千伏、6 千伏电缆的工程施工和事故处理。在上海工作一年期间，我的管理能力得到很大的提高，为今后的工作夯实基础。

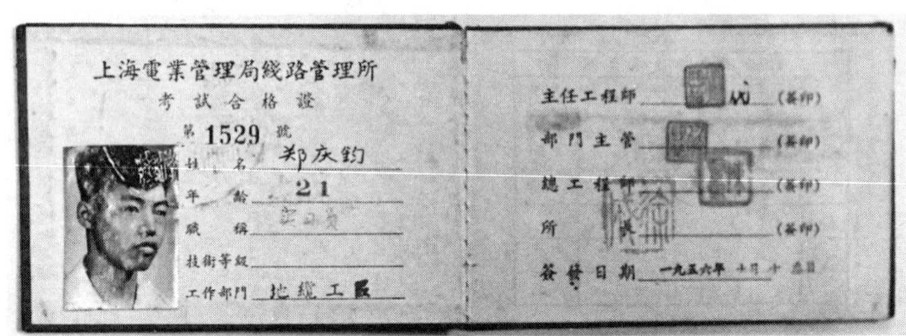
上海電業管理局綫路管理所
考試合格證
第 1529 號
姓名 郑庆钧
年齡 21
職稱
技術等級
工作部門 地缆工區
主任工程師
部門主管
總工程師
所長
簽發日期 一九五六年

郑庆钧在上海电业管理局线路管理所的
考试合格证（1956 年）

采访者：那您所在的地方供电是从哪里来的呢？

郑庆钧：上海的电，一个是杨树浦发电厂供给东区、中区；闸北发电厂供北部地区；卢家湾柴油机发电厂、南市发电厂供给南部地区。这些都是新中

国成立前建设的火力发电厂。新中国成立以后新建了比较大的发电厂是望亭发电厂，如今总装机容量 274 万千瓦。

上海电管局对职工的教育十分重视，专门设立教育部门，组织我们这批年轻人报考上海电力学院夜间大学。当时报考的人很多，但是录取名额仅一个班。我不负众望，如愿被录取。后来我在上海电管局的《新安江报》上看到，我国最大的一个水电站要开工建设了，当时人事处处长提出要我去支援新安江水电站建设，我就答应去了。

答应之后，我们上海的技术干部要去报到，当时新安江水力发电厂（简称新安江电厂）筹建处还没有成立，还叫“黄坛口电厂筹建处”。当时有个厂长叫皇甫炎，他是新安江黄坛口电厂的厂长，我就直接到他那儿报到。皇甫炎当时在上海办事情，他是从杨树浦发电厂调出来到黄坛口电厂当厂长的，到新安江还成立一个黄坛口电厂筹建处，担任筹建处的处长。这之间的关系就是两块牌子，一套人马。电厂是从上海和其他各个地方调了一批人去筹建的，我一些在闸北电厂的同学就调过去了。后来电厂的同志又调到黄坛口，所以黄坛口那批人大部分也是从上海过来。就这样，我就直接在上海向电厂筹建处处长皇甫炎报到，报到后他让我等着，到时候带我到新安江去。

后来就拖了很长时间，这段时间里我们电缆工区主任拿了一个条子给我，说恭喜我被夜间大学录取了。他知道考上夜间大学很不容易，名额也有限，很多人都在争，就问我考上之后，新安江还去不去了，如果不去的话也可以的。我后来反反复复地考虑，上海生活和学习的条件很好，但是已经答应处长了，我就跟工区主任讲，我还是去新安江，我知道那里很艰苦，但是我对条件的优越与否不是很在乎，既然答应了，讲话就要算数。我再说句心里话，还有一个原因是因为专业不对口。我是学发电厂的，在上海是搞电缆的，我兴趣不大。我之后的人生，讲过的话，做过的事情，我的人生观和座右铭就是天下为公，全心全意为人民服务。我学习苏联的优秀作品，比如《钢铁是怎样炼成的》。我的座右铭是要让别人因为我而得到好处，所谓人人为我，我为人人。我之后做的事情，都有这样的奉献精神，先人后己。这对我的一生来讲很重要。

采访者：您的简历上提到您到新安江之后是在水力发电工程局的机械化站，是吗？

郑庆钧：1957 年下半年，我到新安江后，被安排到新安江水力发电工程局机械化站风水电队。风水电队成立了机械化站的电力调度室，负责大坝的施工现场（柴油机发电厂第一、第二车间；第三、第七列车发电站；升压站）

的电力调度。当时我作为电力调度员和升压站的值班员，主要在变电所轮流值班，巡查设备。

我们当时就住在朱家埠，工地的条件确实很艰苦。房子的地下就是烂泥巴，墙是用毛竹编起来的竹篱笆，外面裹着黄泥，有些墙上涂了白粉，有些都没涂。屋顶上没有天花板，就是几片瓦，后来条件好些的时候我们才加了个天花板。我住的房子在黄坛口电厂筹建处，也是这样的，一个房间里摆两张床铺。我和皇甫炎住在一个房间里，生活很简单。我住的那栋房子的前面，就是新安江发电局党委的会议室，局党委书记、局长开党委会就是在这里开。我住的地方窗口对着那幢房子，能看到他们经常开会。王醒局长、党委书记住的也是这样的房子，条件一样艰苦，当时我们都是十几岁的小孩子，也没有什么话好说的。

采访者：您曾到丰满发电厂去学习，请问有怎样的收获？

郑庆钧：1958 年 12 月工程局党委急令我到丰满电厂学习。派给我两个任务：一是培养我当值长；二是让我把新进学徒辅导、管理好。通过去丰满电厂学习，我收获很大，对水电厂的管理制度、电气设备的运行技术都有所了解并加以学习，回来后就能够挑起值长这个担子。1959 年 4 月 9 日，周恩来总理亲临新安江工地视察并题词。我当时在丰满电厂培训，得知此事很受鼓舞，我当时就想，一定要努力学习，要以优异的成绩回报周恩来总理和工程局党委领导的期望与信任。最后我还评上了优秀学员，没有辜负周恩来总理和工程局党委领导对我们的期望。

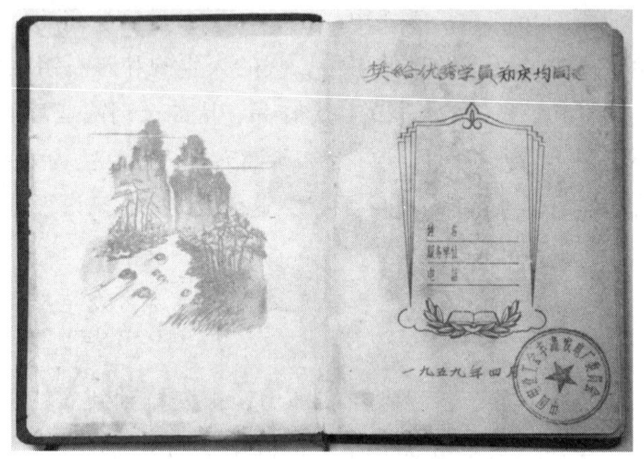

丰满发电厂奖给优秀学员郑庆钧的奖品

采访者：您从丰满电厂回来之后，新安江电厂投产了吗？

郑庆钧：1959 年 8 月 12 日我从丰满电厂回到新安江，由于水库蓄水未到发电水位，1959 年 9 月由我负责带领电气运行人员到上海杨树浦发电厂实习，水轮机运行人员到黄坛口电厂实习。实习结束回到新安江，我开始为第一台机组 4 号机启动做各项准备，从启动到试验结束我全程参与。因为启动是件大事情，各相关部门的人都到厂房里来看。当时这个闸门拉不起来，有几位老师傅在处理，我也在旁边观看。一直到第二天早上天亮，这个闸门才打开，水就冲进蜗壳来了，我们立马到位，操作人员按下启动按钮，第一组水轮机就启动了。启动后按程序我们要做一系列试验，整整做了一周时间，通过试验来衡量设备是否合格。

1960 年，新安江水力发电工程局“青年社会主义建设积极分子”表彰留影（右一为郑庆钧）

采访者：1960 年什么时候启动第二台机组？

郑庆钧：1960 年 5 月份的时候启动了第二台 5 号机，到 9 月份新杭 2231 线浙江省第一条 220 千伏的线路送电，从新安江电厂到杭州变电所，再到上海西郊变电所。我们当时的调度有个过程，最早的调度是放在新安江电厂控制室的小房间里，然后从上海调来了一个工程师，叫丘大召，他是调度负责人，还有我们这里浙江大学的唐济洲，他也是我们浙西供电局的。刚开始新安江电厂也归我们新安江电业局调度室调度的，后来就由蔡在明成立的浙江省中心调度所来调度。后来这个电厂又送到上海作为上海的主力电厂了，由华东电管局总调来调度。

1960 年河南三门峡水力发电厂到新安江水力发电厂实习，11 月 1 日分别留念。（前排左一为郑庆钧，后排左一为柴松岳，前排右一、后排右一为三门峡发电厂运行人员）

采访者：那你们具体负责什么工作？

郑庆钧：1961 年新安江电业局成立，1962 年改名浙西供电局，没过多长时间也成立了个调度室，就是调度黄坛口、衢化这些地方。后来就慢慢变成浙西供电局调度室，有十几个人。当时往杭州送电以后，有三个供电局，一个是浙西供电局，一个是杭州电力局，还有一个是嘉兴电力局。为什么会有嘉兴电力局呢？因为我们新安江这条线路送到杭州，杭州有个杭州变电所，由杭州变电所再送到上海西郊变。从杭州到上海这条线路的后段属于嘉兴供电局。新安江电厂出线前段属于浙西管；杭州那段，杭州管；杭州到嘉兴这段，也是杭州管；嘉兴到上海，就是嘉兴管。这样就成立了嘉兴电力局。这是最开始的三个供电局，是中央部属企业。

三　投身浙西，为浙西电网建设屡建新功

采访者：您还在浙西局的时候，整个浙西局电网建设了新龙衢升压改造工程是吗？您能谈一谈吗？

郑庆钧：随着浙西地区工业生产发展，衢州化工厂、龙游造纸厂和江山水

泥厂等电力大户不断扩建增容，作为浙西地区输电“大动脉”的黄新线处于严重超负荷状态，最大超过极限输送容量30%以上。1973年11月，经水利电力部批准，同意将110千伏新龙衢线路升压改造为220千伏线路。历时两年完成对新龙衢110千伏线路段16种不同规格的306基水泥杆间距从4.25米拉至5.85米，并带电调换杆塔、塔头和全部铁件、带电复线。

1976年6月新龙衢73.2公里110千伏线路带电升压改造工程竣工，我们这项工程的改造费用比新建同类线路项目节省投资2/3左右，送电能力提高了3倍，电力损耗减少一半，而且在工程施工过程中培养了参与人员吃苦耐劳、勇于拼搏、敢于创新的精神，参与该项工程的职工也都成为日后全省带电作业的中坚力量。我后来总结一下，浙西供电局能够拿得出来的，而且全国有影响的事情有三件。

采访者：这三件事情请您挨个讲一下，我们先谈谈黄新线升压。

郑庆钧：这个升压是在1976年。黄新线升压是从黄坛口的一条线路，送到新安江塘坞降压站。这条线路刚开始送过来的时候是为新安江水电站施工提供用电的。后来新安江发电以后，通过联变110千伏，又倒送到黄坛口。那个时候有个衢州化工厂，它有一个临时变电所，我们这个线路送到这个临时变电所，再通过黄坛口电厂送到江山。这个原来是送过来，现在我们新安江发电以后要把电倒送过去，但是按照当地的工业、经济发展需要，这条线路的容量已经不够了，需要升压了。但是110千伏的线路用的导线是150的导线，导致发热超载了，那怎么办？省里、局里的领导对这个项目很重视，我们局里的刘思经局长、陈宗瑞总工程师都下决心要搞，逼我们一定要上。新建一条110千伏的80多公里的线路是需要资金的，我们没钱不能坐等啊。当时我们生技科的赵元标科长和乔俊溥这一批技术干部有很严密的组织分工，领导定下来要干以后，就有几个工程师开始搞设计。升压的工作有几个困难：110千伏线路的高度跟220千伏线路的最低高度不一样，110千伏的线路水泥杆距离比较近，要拉开，上面有一个挂瓷瓶的水泥横担，杆子也要加高。原来水泥杆横担一根要好几吨重呢，要换成钢架横担；角铁拼起来一点，那么距离一拉开，线路就带电。完了以后要加瓷瓶，110千伏线路的瓷瓶改成220千伏线路的，一加好几片呢，从7片加到12片。瓷瓶加上，把横担翻上去，还要挂地线。再之后就要加一根复线，原来一根150千伏的导线输送容量有限，现在再加一根150的导线，上面一根带电，下面这根不带电。放线放好，紧好，准备好，再把它靠上去，挂上。这样一段一段地干，难度确实很大，我们前去的工人、技术人员、领导都全力投入这个工程，最后成功送电了。

采访者：您谈一下带电作业。

郑庆钧：带电作业的话，前面讲的新龙衢就是一个。这条线的带电作业是整条线路附一根线上去，整个是带电的。我们这个带电作业的水平在那个时候就达到了登峰造极的地步。那时候年份还早，后来技术发展了，都有专业队伍了，我们刚开始的时候比较难做，难在哪里呢？一根线在运行，我加一根线上去，把线放好、弄好、卷好，再把它用绝缘绳拉上去，之后再把整条导线带电打通了，难度很大。那么新龙衢这个带电把杆子拉开，还接长，都是用绝缘工具把它撑开。这个事情给我们的启发还有线路平移，有段线路要带电移40公尺，这个杆子放在这里有影响，我就带电往前移，下面基础挖开，放毛竹和钢管，毛竹是比较光滑的，下面是水泥基础。管子和毛竹放上去以后很光滑，因为摩擦力小了嘛，再用绞磨。两根杆子摆好、撑开，同时移过去41米，再把它用水泥基础浇实，固定好。

还有一个项目是我亲自搞的。1979年新安江变电所要扩建，增加2号主变及10千伏开关出线，开关室要向外延伸，但是会跟旁边的避雷针碰上，距离不够，怎么办呢？我就从新龙衢升压工程项目得到启发，找到线路队师傅，提出来把避雷针平移。当时我一直在现场指挥，看着师傅们熟门熟路地把整个基础及地沟挖开，用千斤顶将整体顶高，把毛竹片垫上去，再用绞磨，将避雷针慢慢平移到我指定的位置，这样又省钱，又省时间，而且也安全。

采访者：还有第三个重要工作就是防雷，请您谈一下。

郑庆钧：我先简单地讲一下防雷。新杭2231线在1960年9月份送电。1961年一年，雷击跳闸七次，这个全国范围内都没有发生过的。新安江到杭州114公里，是由浙西供电局和杭州电力局各自分管一段。这条线路由华东电力设计院参考苏联的克里姆型塔进行设计。塔是由一根避雷线及绝缘瓷瓶组成。由于线路均架设在高山峻岭上，雷电活动频繁，造成一年跳闸七次，轰动全国。

新杭2231线全长115公里，浙西供电局负责管理49.22公里。基本每根铁塔我都走过，一旦出雷击事故，就要进行事故处理，并且需要换瓷瓶。同时我要分析什么原因造成闪络，还要测接地电阻，计算耐雷水平有没有超过设计水平。每次雷击都要到华东电管局生技处开会，分析这次雷击事故。后来北京电力科学研究院（简称北京电科院）、武汉高压研究所、华东中试所、省中试所、华中工学院等都来了，连福建的两位地质专家都来研究这个地质、地形对雷电活动的影响。后来我就开始搞雷电观测。

采访者：您是从什么时候开始观测的？

郑庆钧：我 1961 年年底就开始干了。专家们提出来要开展雷电观测，我就承担此项工作。北京电力科学研究院有一个工程师叫董宝骅，是防雷和雷电观测的专家。他过来全程指导我进行雷电观测。其间我又赶到上海华东中试所找王自胜工程师，向他请教磁钢棒在哪里买、如何使用。我们组装的测量装置是一个铜制的小盒子，上面装指南针，下面有一孔洞，被磁化的磁钢棒放在孔内，记录指南针偏转角度，从厂家提供的曲线图上查出雷电流大小。

采访者：另外还有个防雷措施，请您谈一下。

郑庆钧：防雷第一个措施就是加瓷瓶，原本 11 片瓷瓶，现加 1～2 片，都要经过风偏验算。瓷瓶加了以后，耐雷强度就增加了。

采访者：那以前的铁塔应该也有避雷针吧？

郑庆钧：没有的，只有避雷线，所以防雷第二个措施就是装塔顶避雷针，防止雷打到导线上，引起绕击。后来我们不装塔顶避雷针，装塔顶测针，就是测量雷电流用的，3 米长，安装也方便。

采访者：这个拉线也可以防雷吗？

郑庆钧：防雷第三个措施就是拉线，铁塔顶安装四根拉线，雷击以后，雷电流经过拉线分流入地，降低塔顶电位，起到防雷作用。防雷第四个措施就是加装耦合地线，距离导线六米到七米的地方加一根耦合地线，这样雷打下来以后，电流通过耦合地线分流，降低塔顶的电位，起到防雷作用。

采访者：这个接地要铺多大面积呢？

郑庆钧：防雷第五个措施就是降低铁塔的接地电阻。该线路沿线多高山，地势陡峻，塔位大多数处于山顶或山坡上，塔基多为红色风化岩，土壤电阻率偏高，多数铁塔接地电阻值偏大，防雷性能薄弱，所以要把接地网翻修，增加接地扁铁并加宽、延长。

采访者： 郑老，能给我们讲讲串联补偿方面的内容吗？

郑庆钧： 110 千伏江山变电所是供江山水泥厂及江山地区用电的一个变电所，电压特别低，大型的球磨机都启动不起来。宁波的横溪变电所，供出来的电压也特别低，宁波的电压负荷大，电源点小。为了解决江山变电所和横溪变电所这个低电压的问题，省电力局生技处提出 110 千伏的串补，并成立串补小组，组长为省电力局生技处处长皇甫炎，副组长为浙西供电局生技科科长赵元标、浙东供电局总会计师徐永义。工作地点设在绍兴，我们集中以后就开始研究这个方案。方案主要围绕着 110 千伏串补装置简易接线方式进行，在当时这方案是首创。我们研制了一台 10 千伏自动开关，断口电压是 10 千伏，装在 110 千伏的平台上，做了很多试验，开关里面第一次采用了六氟化硫气体作为灭弧介质。

采访者： 您去绍兴是哪一年？你们当时到绍兴负责研制的是哪一部分呢？

郑庆钧： 是 1967 年。我们研制的就是整套串联电容补偿装置，还有一些部件的研制、计算。关键的就是一个开关，我们这台开关电压是 10 千伏电压等级，台上利用这个开关来控制。自动开关还有一个控制箱，里面有控制回路和控制设备。开关是我们自己研制的，我这里图纸都有，国内原来没有的。

采访者： 您能讲解六氟化硫的作用？

郑庆钧： 六氟化硫气体的灭弧性能好。我们开关拉开要产生电弧，这个气体就把那个电弧的弧道压缩，吸收电子。以前有空气开关就用空气来灭弧，也有油开关用油来灭弧的。但还是六氟化硫气体的灭弧性能好，间距很小，绝缘性能很强。

采访者： 平台上放的串联电容器是你们研制的吗？

郑庆钧： 上面的串联电容器是我们从西安电容器厂家买来，然后由我们经过计算进行电容器配置，配置在小平台上的。

采访者：在江山安装这个串联补偿是在哪一年呢？

郑庆钧：应该是1974年11月3日，安装完毕，开始正式调试。在绍兴我们断断续续地研制了三年多，我们研制好了，出来就安装了，在我们浙西供电局的一个修试厂安装。第一个安装在江山，安装好以后投产，投产以后看到当时效果也比较好。投入运行一段时间后再到宁波横溪安装，安装完以后投试。

20世纪70年代初，我国在西北建设刘家峡水电站，输送电压采用330千伏，将电能送到甘肃天水变电站，再传输到西安关中变电站，简称刘天关330千伏输变电工程。1975年进行第二次系统调试，试验中心设在天水变电站，试验调试规模很大，内容很多，分十多个专业组。北京电科院系统室承接330千伏串联电容补偿的调试任务，由于北京电科院系统室和浙江省串补小组有多年的合作，对我们的技术力量十分肯定，所以此次调试也邀请我们一同参与。

采访者：您那组有多少人呢？当时主要做了哪些试验呢？

郑庆钧：我们浙江这组一共有十几人，由省电力局生技处副处长陆连潮带队，与北京电科院系统室、武汉高压研究所、湖北中试所等单位组成整个330千伏串联电容补偿调试小组。当时主要做串联电容以及各项测试。它分很多组，有过电压、前供电流、继电保护、通信干扰等。试验规模很大，设计上经过一个开关，专门接地线，单相接地。开关合上去以后，人为地造成一个单相接地故障，接地以后，过电压就出来了，继电保护启动了，前供电流数值也显示出来，这样电容器许多参数就出现了。

采访者：那做这些试验的时候，有没有什么技术问题难以解决？

郑庆钧：我们是负责接线和测试录波器，我们绍兴供电局有个同事是专门搞录波器的，还是彩色录波，照片出来是彩色的，以前都黑白的。其他组一看，觉得我们这个照片清楚，都请我们去给他们弄了。

采访者：您测试之后最终的结论是什么？或者说能分析出什么结果？

郑庆钧：这结果就是，这套串补的过电压多少，倍数啊，很多参数都测出来了，测出来以后我们经过分析，写出总结报告。这个报告在文章上都有的。

采访者：串联补偿这些装置和设备你们参与研制了吗？

郑庆钧：这个不是我们研制的。安装这个变电所的时候，我们就参与系统投入试验。我们提供一些系统测试的数据，写出来一个报告。我们试验完以后就回来了，后来按照电网发展，需要搞500千伏，他们也叫我们搞这项目，我们没有参加。我们浙江的杭州变电所是第一个220千伏变电所，就是电从新安江送到杭州，杭州有个220千伏的串联电容器，再把电送到上海。新安江电厂远距离输送也用串联电容器来补偿。江山搞的是110千伏，梅城变电所有个35千伏的电容器。

江山的是我们在研制。杭州的220千伏是成套的，那些设备比较完整，也贵。我们搞自控开关，简易地接线，就省钞票了。通过串联电容器把电压抬高一点，我们这个变压器出来到江山水泥厂，电压抬高以后，磨水泥的磨球机以及一些大的设备就都能够启动运行了。

我们串补这个项目在1978年全国科学大会上拿了奖，那是科学的春天，那次会议非常重要，邓小平参加了，还有一些老同志也参加了。我们小组派代表参加了这个全国科学大会。在这次会议上，邓小平提出科学是第一生产力，郭沫若还写了一篇文章，写的是《科学的春天》。1978年粉碎“四人帮”以后，拨乱反正，调动广大的科技工作者、知识分子的积极性，开始走科学技术化道路。这是一次很重要的会议，我们做的工作得到国家的认可，我们感到很荣幸。

四　扎根金华，统筹谋划助力金华电网新发展

采访者：请您讲一下关于金华局成立的事情吧。

郑庆钧：金华电业局1979年1月1日正式成立。浙西供电局跟金华地区电管局合并是1979年。1979年浙西供电局在新安江，行政关系属于浙江省电力工业局，是中央企业；金华地区电管局是地方企业，属于金华地委领导。合并后金华电业局属于中央企业。

采访者：能给我们讲一讲金华第一座220千伏变电所的情况吗？

郑庆钧：220千伏金华变电所是浙江电网重要的枢纽变电所。1979年，为配合台州火力发电厂建设，解决金华地区供电紧张问题，水利电力部批准兴建金

华变电所。金华变电所1981年土建开工，1982年3月电气安装，7月3日建成投产。金华变电所最早是我们金华局自己设计，自己安装施工。我们这个变电所设计得比较宽敞，吊设备很方便，小的路吊机可以开到设备的底下。宁波局的一个生产技术科科长到我这里来参观这个变电所，他就说："非常好！你这个变电所设计得好啊！这么宽敞吊机都能开进去吊装设备，对今后的检修、维护有很大的帮助。"金华变电所1号主变投产后，负荷迅猛增加，亟须解决主变容量问题，省电力局有关部门为节省投资，提出增加2号主变方案，我从长远出发考虑，提出可以在兰溪新建一座220千伏变电所。我当时向乔俊溥副总工程师汇报，得到乔总的同意、支持，并最终采用我的方案。1986年经水利电力部批准建设220千伏云山变电所，1987年11月动工，1989年5月建成投产，至此金华和兰溪两座220千伏变电所南北呼应，相互联络，调度灵活，安全可靠。

采访者： 220千伏金华变刚建的时候，它主要的电力来源和供应的情况如何？

郑庆钧： 1982年有一个220千伏七金沙工程。七里泷变电所就是富春江水力发电厂（简称富春江发电厂），它所在地叫七里泷。富春江发电厂一条220千伏线路到金华变电所，再从金华变电所架一条线路到衢州变电所，衢州变电所的位置就是沙埠。七金沙工程就是一个220千伏的输变电工程。之前只有一条线路，后来就再加第二条线路和第二台变压器。省里给我们立项，我们就上去了，后来发展很快。

采访者： 义乌那边您了解吗？

郑庆钧： 义乌最早是110千伏，是从35千伏升上去的。后来义乌又造了一个220千伏变电所，义乌还有个500千伏变电所。我们第一座500千伏变电所是双龙变电所，第二座是义乌丹溪变电所。

采访者： 请您讲一下500千伏变电所。

郑庆钧： 当时金华地区第一个500千伏变电所，就叫双龙变电所，之前有个220千伏的金华变电所。现在这个500千伏变电所比220千伏变电所大了，我就跟周局长商量取什么名字好。如果就叫"金华变电所"的话，那之前220千伏的那个就要重新改名了。商量来商量去，金华的双龙是个很有名气的风景区，我们就用这个名字，取名叫"双龙变电所"。后来这个变电所负荷增加，我们当时就上了一些220千伏变电所，它的电源都靠外面进来的。当时我们金华没有大电厂，一定要上500千伏变电所，不然会让金华的社会经济建设受限。省局规划部门、生产部门、调度部门都认为要迫切地上个500千伏变电所，再不上就是我们金华要吃苦头了。

那个时候500千伏的线路还没架，若要先上那些变电所，线路是要同时建设的。《金华电力工业志（1918～2005）》上记载的是北仑港发电厂配套项目，由世界银行贷款。上这个500千伏变电所的前期工作是我管的，那时我是总工程师。我有一次在杭州岳坟那里的华北饭店做第一次的初步设计审查，是电力规划设计总院来审查的，一个姓丁的处长主审。我们省里和局里的有关领导、专业人员都去了。设计是华东电力设计院设计的，国家审完了以后，再做下一步的设计和施工。第一次审查还是比较顺利的，华东电力设计院水平很高，设计得不错。当时有个争议我记忆很深，是关于500千伏变电所的主变压器的35千伏总开关要不要装。我当时的想法是35千伏开关有啥关系，装上去就好了。最后一了解，现在的35千伏总开关要求很高，也很贵。双龙变电所对我们来讲是第一座500千伏变电所，对全省来讲是第三座，第一座是杭州瓶窑变电所，第二座是绍兴的兰亭变电所。当时开关之争的时候我跟范总提建议，我说第一台变压器要装，第二台、第三台就不要装了。后来主审的丁处长同意了我们这个意见。我们这台开关是在印度生产的，技术要求很高，所以很贵，争议就比较大。当时我们为了这个双龙变电所专门出去考察，安装变电所的设备五花八门，有美国的，有德国的，我算算应该有七个国家，连那个35千伏的开关都是印度的，所以郝力军处长为这个事情还特地出国到印度去考察了。

我们这个项目也有好处的，我们好多同志利用这个机会去印度考察，考察过程也是个学习过程。但是我没去，后来陈局长说会补给我的。审查到最后，这个项目定下来的时候，丁处长点名表扬我，因为金华这座全省的第三座500千伏变电所，在全国来讲是第一座综合自动化变电所，自动化水平很高。丁处长说："这个变电所的综合自动化水平很高，你金华局有没有本事管？你有没有这个力量？有没有这个胆量？"他提出这个问题之后，我就跟陈局长商量，因为他是主管工作的局长，我就要尊重他的意见。陈局长说你发言吧，那我就去和丁处长表态了。我说："丁处长啊，金华电业局有信心、有决心，保证把这个变电所管好，请你们各位省局领导放心！"

表态之后我要有措施的。我的第一条措施就是把变电所里拔尖的同志抽出来参与这个变电所的建设。比如说我从金华变电所抽了三个同志，其中一个是郑平，他一直在当那个500千伏变电所的所长，去年（2018年）调到省里检修工区当副总经理了。他在技校考高级工的时候是我主考，我一看这个同志很有水平，很有能力，每次比赛都拿第一名。第二条措施就是，我把之后分配的大专生、大学生有重点地安排到这个变电所里，因为新出来的大学生技术跟得上，发展很快。他们去了以后，我首先把他们送到有关变电所去培训；其次，特别是在第一套综合自动化平台调试的时候，我把这些人安排进去。安装是我们省安装公司安装的，调试就是省中试所一个继电保护的工程师做的，叫朱松林，他负责调试，他是专门搞这方面的专家。他调试的时候，我就让我们的人跟着。我说："朱总啊，你好好把我们这些人培养出来，出什么事情他们自己处理。"最后，就要大学生跟着学、跟着干。从开始调试到最后弄好，调试的工程师可以放心回去，我的人也能够接收下来了。

这个变电所的前期工作都是我在做，后来年纪到了，我就退二线了，1998年我就退休了。我退休以后，工作就交给陈卫中副总分管。

采访者：请您讲一下特高压的情况。

郑庆钧：特高压就是1000千伏的变电所。1000千伏的变电所上来了，那么人员从哪里来呢？就从双龙变电所上来，从现有的运行人员中挑好的出来。现在全省有三座特高压变电所，我们是第二座，第一座就在兰溪，省里还有两座。我们往特高压变电所输送了14人，其他的500千伏变电所输送得更多。双龙变电所对我们金华的电力局来讲是举足轻重的，这个变电所上去了，在安全运行和人员培养方面都做了很大的贡献。后来我们电网就发展了，就在武义上了一个正负800千伏的换流站，直流的。从四川溪洛渡的水电站供电，500千伏送到浙江金华。

我们金华地区同时有两座特高压，其他地方是没有的。金华有直流的特高压，也有交流的特高压。后来还有浙江能源的一个大发电厂，120万千瓦的发电厂也落点到金华了，国家提出来要强大电网嘛。

采访者：那浙西电业局主要的管辖范围，或者业务范围是什么？

郑庆钧：浙西供电局当时管的就是建德和淳安，兰溪供电局我们不管的。由于电力体制产权原因及地方利益考虑，新安江电厂发出的电不过兰江。为此我们造了一个35千伏兰溪排岭变电所，于1964年9月投产送电，这样溪西人民就能用上新安江电厂的电了，当时这个变电所的运行管理是我们浙西供电局管的。到了1965年，工业、农业及生活用电飞速增长，在迎峰度夏前，该35千伏变电所的主变已严重超载，这时候用电科、生技科的同志都心急如焚，挖空心思地想办法。此时我想出一个办法，就是将建德梅城变电所35千伏串联电容器搬过来，用其中10台电容器串联并接在10千伏线路上，此想法一提就得到陈宗瑞总工程师的肯定。我负责做具体方案，设计施工图纸，由修试厂来施工安装。最后这个方案成功实施，将主变总电流降下来，主变不超载了，还留有余地，迎峰度夏顺利度过。

采访者：当时淳安建这个变电所和这条线路，你们考虑的是什么效益呢？

郑庆钧：我们不考虑经济方面的效益，考虑政治和社会方面的。

采访者：您说那些变电所的变压器运输特别困难，您到淳安去的话来回得四天，设备运输是怎么完成的呢？

郑庆钧：变压器的运输是大件运输，很难运。有时候我们会把油放掉，这样变压器会轻一点。比如姜家变电所的那台110千伏变压器，我们先运到大坝，上码头用大驳船运到姜家码头，再用钢管、滚轮拖上去。我们造新安江电厂的时候，塘坞变电所的主变压器运输也是找史荣福这个先进起重工完成的，我们大件都请他来帮忙的。新安江最早的开关，里面装满了三吨的油，我们运过去的时候也都放掉了，所以你谈的这个运输确实是个问题。但是这些困难我们都能一个一个克服。

采访者：请您谈谈继电保护打翻身仗的事情吧。

郑庆钧：我来谈谈继电保护打翻身仗，这是很重要的一个项目。我当时是生技科科长，面临这样一道难题：由于设备陈旧，金华电业局1984年全年发生继电保护跳闸事故9起，1985年7起，安全运行情况全省倒数第二，拖了全省的后腿，嘉兴比我们还要多，倒数第一是嘉兴电力局。那个时候压力很大，老吃批评。我就下决心，向时任金华电业局局长主动立下军令状："给我两年时间，我改造出一个安全稳定可靠的金华电网。"

我从人员、技术和设备三个方面实施方案：第一，调整班子，抽调精干人员充实到继电保护班。第二，因为老是跳闸，等到出了事故该跳的不跳，不跳的却跳，于是我们对金华电业局下辖的全部变电站开展定期继电保护动作模拟试验。第三，就要做安全大检查，设备改造，把那个老的35千伏变电所，特别是原来金华一些老的变电所，进行保护改造。第四，加大培训力度，着力提高人员的技术水平，还要开展评比，下面各个供电局进行评比。评比可以激励大家的积极性，评了第一名、第二名，要发奖章，发奖金。这好几条措施下来，效果很显著。到 1987 年金华电业局继电保护误动作次数下降到 2 次，1988 年实现全年 0 次误动作，金华电业局获评省电力局继电保护优秀奖励，漂亮地打赢了继电保护的翻身仗。

1989 年 3 月全国第一套微机保护、南自所集成电路保护在金华变电所投入运行（前排左起第二为杨奇逊教授，前排右起第三为刘金铎高工）

正是源于我富有前瞻性的见识和在继电保护翻身仗中的担当作为，1989 年省中调继电保护科领导主动找到我，为我推荐由时任华北电力大学北京研究生部杨奇逊教授（院士）研制的全国第一套微机保护和由南京自动化研究所（简称南自所）的沈国荣、刘金铎高工研制的集成电路保护，省电力局领导和专家教授充分相信我有能力、有魄力做第一个“吃螃蟹的人”。

采访者：以前事故多的原因是什么？

郑庆钧：就是设备陈旧，一些接线也乱，有些继电保护的推拉线圈也烧掉了。我通过动作模拟实验都找出来了。我们加强调试，提高调试质量，提高人员的技术水平。人员技术水平很要紧啊，培训方面我是重点来抓的，所以采取一系列措施以后我们就打了个翻身仗。我跟局长承诺两年时间我要打翻身仗，他说好，我支持你。局长是搞继电保护的，他很支持我，我要什么人，他就给我什么人，因为我晓得的，作为总工程师，我下面的人的技术水平我心中得有数，哪个人能干什么，我把主要骨干、力量充实进去。几条措施效果来了，我这个翻身仗打成了，在局长面前讲话也响了，我到省里也抬得起头了，都评上奖啦！等我上去领奖了，他们讲："啊，老郑不错！"

五 对年青一代的寄语

采访者：对电力系统发展有什么建议和寄语吗？

郑庆钧：就我本人来讲，我已经跟不上现在的形势，现在发展多快啊！我上次为了写改革开放40年的文章，拍了一些照片，跑了很多新的变电所，我要反映40年来我们电力系统的发展。从1965年我进电力系统拍的第一张照片开始到现在，整个历程在变化，我感受很多。我作为一个老电力工作者，很开心，很欣慰，也感到很光荣。虽然我现在退休了，但我仍勤奋学习，努力工作，发挥余热，来报答中国共产党、报答国家对我的培养。我积极参加各项活动：第一，担任金华电业局老年职工文体协会乒乓球分会会长，组织职工开展乒乓球活动并获奖；第二，参加省电力局、金华电业局、温州电业局安全性评价工作；第三，2004～2015年担任中共金华市委、金华市人民政府决策咨询委员会委员，为金华市社会经济建设、城市规划等献计献策；第四，1996年12月任浙江省电力职业技能第一批考评员及高级工、技师等考评主考官；第五，2009年获得国家电网公司"老有所为"荣誉称号。

2009年获得"老有所为标兵"荣誉称号

我总结我的一生，我把青春奉献给新安江水电站，在最年轻的时候我就参与新安江大坝建设，搞电力调度。我把一生的精力奉献给了电力系统。我从1956年参加工作，到2015年搞安全性评价，这个时间很漫长，有60年。我为电力奋斗一生。改革开放40年，电力发展的速度、新的技术、电网的扩大，对我来讲有很大的鼓舞，看到年青一代我也很欣慰。我刚才谈到，我们继电保护班出了这么多领导干部，双龙变电所也培养出来一批技术干部，各个部门都有新的年轻干部上来了，我跟他们没法比，技术一代比一代强，这个很正常。我觉得，我当总工程师，比我前一两代的总工程师水平高。但是有一点，他们艰苦奋斗、敬业的精神都值得我学习。技术都在发展，我要跟得上，我和他们现在的领导比起来技术上差了好大一截。

采访者：您对年轻电力人有什么嘱托吗？

郑庆钧：他们生长在一个光辉时代，但任务很重。我们要民族复兴，就靠他们这一代，希望他们再接再厉，用科技振兴我们的国家，为圆我们的这个中国梦而奋斗。他们与我们的那个年代一比，条件很幸福，也很幸运，但是他们为国家完成两百年的这个梦，任务艰巨，也要努力奋斗。以后就是科技创新发展的时代了，在这方面，他们这一代比我们任务更重。

采访者：要继续努力。咱们电力公司都有“人民电力为人民”这句话，您对这话有什么理解和体会？

郑庆钧：我们的宗旨是按照毛主席教导的，就是为人民服务。那我们电力干什么？电力工人干什么？就是为人民送去光明，把生活水平提高。电力是支援国家建设的先行官，各行各业都需要电。电力发展非常不容易，它的发展建立在一代又一代人努力的基础之上的，是一代一代发展的，我们现在电力技术跑到世界前面，很不容易，是广大的电力工作者、科研工作者的成果，也包括上层的正确领导。

浙西电网下的时代缩影

口 述 者： 楼琦龙

采 访 者： 贺芸、陈志春

整 理 者： 杨学君、贺芸、陈志春

采访时间： 2019 年 4 月 22 日

采访地点： 国网金华供电公司

楼琦龙 1938 年出生，浙江义乌人，1964 年毕业于浙江大学电机系，先后任职于浙西供电局修试场、金华电业局，曾任金华电业局副总工程师、浙江省电力学会高电压支委会委员、浙江省电力学会电力系统专委会委员、中国机电设备招标系统专家组成员、浙江省电力（供用电）国家职业技能鉴定考评员。他主持参与浙西多县、金华市等地电网变电工程建设，负责金华各类变电站所检修维护与抢险工作，培养了大批专业技术人才，为金华等地电网发展做出突出贡献，入选中国专家人才库与中国专家人名辞典。

一　早年经历

采访者：楼总，您好！很高兴您能参与本次采访，首先请介绍一下自己的基本情况。

楼琦龙：我是1938年出生，浙江省义乌市义亭镇王阡二村人。我小时候家里很穷，属于贫下中农，所以我是在中国共产党和毛主席推翻三座大山之后才翻身的。土改以后，我们家里分到了土地。我对中华人民共和国的感情比较强烈，就是要感恩党，感谢毛主席，这也是我后来投身共和国建设事业的动力。

采访者：请介绍下您的学习经历。

楼琦龙：我小学上了五年，因为学习成绩好，从三年级跳到了五年级。中学读的是浙江省杭州第一中学。因为学校是公费资助，还发放助学金，这样也能减轻家里的负担，我就去报名而且有幸考上了。我1954年上高中一年级。当时有个反革命集团在我们这里活动，其中为首之人是朱家骅①的司机，是王阡一伙人，把农会干部、积极分子家的房子烧掉了，也把我们家里的茅草铺烧掉了。我是家中长子，父亲叫我回去帮着维持家庭，于是我就辍学两年在家帮忙干活。后接到学校的来信，我还是决定回到学校一边打工一边读书。1959年我考上浙江大学，1964年毕业于浙江大学电机系发电厂、电力网及电力系统专业。

采访者：您为什么选择电机系？

楼琦龙：不是我选择，那是根据成绩分配专业。当时专业志愿不是我们填的，我只填了学校志愿，选了浙江大学。进入浙江大学以后，学校把我分到电机系，大概因为我当时数理化的成绩不错。电机系在浙江大学是很不错的一个系。我们的老师有院士，还有很多的教授。我是电机系发电厂、电力网及电力系统专业，简称发电专业，学制五年。我们电机系是在玉泉，也就是

---

① 朱家骅（1893～1963），字骝先，浙江省湖州府吴兴县（今湖州市吴兴区）人，中国近代教育家、科学家、政治家、中国近代地质学的奠基人、中国现代化的先驱。中国国民党内亲德国派人士。他是20世纪20～40年代中德合作的重要人物。他还曾任中国国民党中央执行委员会调查统计局局长。

现在浙江大学玉泉校区。

采访者： 那时候大学里学习苏联模式？

楼琦龙： 嗯，是的。1958 年，我们电机系本来有一个和苏联专家一起搞的双水内冷发电机项目。后来苏联专家撤走了，项目就停了下来。1959 年入校时，学校的目标是“红色工程师的摇篮”。当时没有高级工程师、教授这些职称名头，最好的头衔就叫“红色工程师”。我们在读书期间每年都有实习，大实习一共有三次。第一次实习是在大一期间，实习内容主要是基础的上岗操作，实习地点在萧山电机厂电机车间。虽然是实习，但我们也要一起去车间上岗干活。水电实习是在黄坛口电厂和新安江电厂。火电实习是在上海闸北及苏州望亭的电厂。我们的毕业设计实习是在安徽淮南发电厂。

采访者： 您有一次实习是到了黄坛口水电站，当时黄坛口水电站的运行情况怎么样？

楼琦龙： 黄坛口水电站是新安江水电站的模拟电站。新安江水电站的建设，首先要造一个模拟电站来进行试验；其次新安江大坝施工用电量很大，没地方来输送，所以就用黄坛口水电站发电，送到工地。所以我有一次实习就安排在黄坛口水电站。当时水电站的运行情况还可以，它的四台机组都在正常运转。水电站运行的值长、技术员都是我们浙江大学的校友。我们在黄坛口实习了二三十天吧。

采访者： 那个时候金华有没有大规模发电？

楼琦龙： 金华有发电站，不过是不够国家水利电力部档次的电站。所以我毕业以后就分配在浙西供电局工作。当时的大学生毕业之后是全国分配工作，我们学校的分配是国家水利电力部统筹分配。

二　浙西供电局时期

采访者： 您是何时到浙西供电局工作的？

楼琦龙： 我 1964 年 8 月参加工作，被分配到浙西供电局修试场生技股，负责变电检修工作。当时的党委书记叫王占一，他带领我们十几个人，参加浙江省社会主义教育运动，跟贫下中农同吃、同住、同劳动。我于1966年回到浙西供电局，开始参与寿昌变电所的建设。

采访者：当时浙西供电局跟新安江水电站是什么样的关系呢？

楼琦龙：新安江水电站当时规模最大的时候，据说有10万人！它的筹建组长由浙江省副省长王醒兼任，各方面都非常重视这项工程。到了1959年，新安江水电站正式运行发电，周恩来总理亲自来新安江视察，并专门题字①。在新安江水电站正式运行以后，成立了三家单位，分别为水电十二局、新安江水电站和新安江供电所。1964年，新安江供电所改名浙西供电局。当时浙西供电局直管新安江（建德）、淳安、衢州、江山等地。

采访者：那时候新安江大坝是军管吗？

楼琦龙：新安江大坝的安全由部队管理，大门处有军人轮流站岗放哨，出入管理非常严格。水电站专门设有一个接待科，外人必须拿介绍信才能进入。

采访者：那时候金华地区是否有电管局？

楼琦龙：有的。金华有个地区电管局，隶属于金华地区工业办公室，负责管理小型电站，比如凤凰山电厂和汤溪电厂。金华水电站特别多，据说有两万多装机总量，义乌、武义等地都有小火电，自发自供。

浙西供电局的电最早供到金华是在1969年，从110千伏龙游变电所送到35千伏汤溪变电所，叫龙汤线。第二条线路是1970年从金华架了一条110千伏线路到湖海塘，从此金华有了110千伏的湖海塘变电所。这个变电所的技术力量平常值班是可以的，但搞检修有困难。所以湖海塘变电所由浙西供电局负责每年的年检。

采访者：请您把浙西供电局的情况集中介绍一下。

楼琦龙：浙西供电局是浙江西部部属供电单位，局本部设在新安江，局检

---

① 1959年4月，周恩来总理视察新安江水电站建设工地并题词：为我国第一座自己设计和自制设备的大型水力发电站的胜利建设而欢呼！

修、运行主要包括：变电检修（修试场管35千伏及以上变电设备）、线路队（管110千伏及以上线路检修运行）、变电工区、各县供电所。我在修试场搞变电检修。

采访者：那时候供电局和电厂是一套班子还是两套班子？

楼琦龙：两套班子，他们都是分开的。新安江电厂是华东电力调度系统电力调峰电厂。由于新安江水电站的特殊性，它的调度归属华东电业管理局。当时成立了浙江省公司①，我们浙西供电局归省公司管。新安江电厂内部用电都是来自岭后变，电厂外面的供电由供电局负责。

采访者：修试场下边有几个部门？

楼琦龙：电修、机修、起重、油化、高试、继电保护、计量等班组。电修班里面还有一个带电作业班，后来电修班又分为开关、变压器两个班，是我们检修的主要力量。机修班也很厉害，现场的零件坏了，都能自己照样制作、修理。我当场长的时候，修试场最高峰达到130多人。

采访者：1963～1965年，浙西供电局先后建成110千伏寿昌变电所和新安江变电所。1969年，您参与寿昌变电所外送横钢工程，请您讲讲这个工程的建设始末。

楼琦龙：我在寿昌变电所施工的时候，寿昌变电所要给横山钢铁厂（简称横钢）及厂区周边送电，其中70%～80%的负荷在横钢，所以寿昌变电所就设在横钢里面。横山钢铁厂的矿石是从阿尔巴尼亚来的，所以在那里有个阿训班，是准备培养阿尔巴尼亚的技术人员。这个单位很牛，它主要生产矽钢，实际上它炼的是半成品，是作为钢铁厂特种钢的添加料。

横山钢铁厂当时要建五个车间，所以寿昌变也要扩建，主变由1.5万千伏安，扩成3.15万千伏安。当时是计划经济，浙西局项目经省局批准，由有关工厂生产，供应部门联系供应，我们负责安装、调试、运行，投产后也由我们进行检修管理。

---

① 1962年，浙江省电业管理局成立，划为部属企业，下设杭州、嘉兴、浙西、浙东四个供电企业。

采访者：这个工程施工难度在哪儿？

楼琦龙：主要是运输、吊装问题，这个项目的变压器罩子特别重，将近 7 吨，而浙西供电局当时最大的吊机才 5 吨，而且修试场当时是白手起家，都是一般的电工，要做变压器的吊装有一定困难。当时的领导要求我们自力更生，要创新，能自己解决的问题要自己解决，不能自己解决的问题自己想办法来解决。

于是我到现场找吊机师傅商量，想办法，后面想到用两台小吨位的吊机同时进行变压器的吊罩安装。浙西局本来有一台吊机，再向当地的 6539 部队借来一台吊机，于是就有两台吊机可进行吊装。虽然借来了吊机帮忙，但是还要解决一个协同操作的问题。同时用两台吊机进行吊装在当时还是有一定难度的。我们为了解决同步问题，就先在马路上试吊，用两根枕木来进行同步训练，要求两台吊机操作员的眼、手、脑一致，弄准、熟练之后再进行实际操作。吊机最后成功起吊，顺利圆满地完成了变压器的吊罩。我作为现场总指挥，一直到最后检查完毕才放下心。

采访者："老总"这个称呼就是那时候叫起来的？

楼琦龙：因为我是总联系、总协调，反正就是总指挥了。所以人家都管我叫"老总"。

采访者：当时的人都是靠这种敢做敢当的精神和魄力干起来的吗？

楼琦龙：是的，当时有件事情令我印象深刻。有一次我们要运输一台变压器到现场，需要通过一座大桥。当时大家都担心大桥的承重不够，不敢运。起重工史荣福，是我们电力系统的"铁人"。他说："凭我多年的经验，这个没问题。我在桥下看着，你们运过去。如果桥塌下来也是先压着我。"这件事、这句话对我影响很大。在以后的工作中我敢于挑担子，敢在工程现场说："你们大胆干，出了问题我负责。"但是我挑担子之前会分析，不是盲目强上。我要分析这个事情有没有把握，有一定把握的时候，我才会同意干。在当时的历史条件下，如果完全按标准执行，工作是干不起来的。没办法，那时候我们等不起。

采访者：精神是要学，但是我们可以有更好的做法。

楼琦龙：做法要根据当时的实际情况来调整的。我们就是为后人留点东西，留下这种精神。现在时代不同了，一个时代有一个时代的使命。

三　农电情况

采访者：那个时候农电发展的主要问题是什么？

楼琦龙：主要问题是雷击、农电安全和农机超负荷超载使用。当时的农电安全意识没那么强，变压器就在电线杆上架着，裸露在外，雷击破坏事件也挺多。此外，农村里面农机超负荷超载使用情况也很厉害。大家同时开机，农村里的变压器容量小，当两三倍的负荷一过来，肯定超载。还有偷电现象，农村里经常有人直接用个线挂上去偷电，所以当时各类事故也是层出不穷。

采访者：您当时也负责农电？

楼琦龙：农电不是我们负责，农电是用电管理所负责，我们负责支援农电。用电管理所遇到无法检测修理的设备，我们帮助他们进行修理。我们修试场原来有个电修班，就帮助当地农民修理一些电气设备。下面供电所没办法修的东西，比如变压器等，也都往我们这里送。

四　自力更生

采访者：20 世纪六七十年代，您自主制作了变压器铜线绕线机、切板机及厂区行车、110 千伏闸刀等设备，同时自建烘房进行烘干以及油化处理。请您谈谈该方面的情况。

楼琦龙：这与自行设计制造单相变压器都是配套的。20 千伏的变压器是我设计的，在辖区内推广，每个县一个。当时为了做这个，我带了几个师傅，到变压器厂去学习。我向他们要了一本《电气计算》，根据变压器的容量，计算出高压线、低压线各要多少，钢片用什么钢片，矽钢片密度是多少，等等，然后来设计。同时我们修试场还配套做了绝缘浸漆、烘缸、剪板机、绕线机。有了这些机械设备，我们才能做出变压器。我不是说这个变压器值得推广，而是我们在一穷二白的情况下，这种自力更生的精神和能力值得推广。后来我们的老师傅修变压器，包括线圈炸掉等情况，处理起来都很简单了，因为我们都能自己造，修理更是不在话下。我们浙西局的人很有苦干精神，也很有创新精神。

采访者：行车问题，您是如何解决的？

楼琦龙：行车就是吊装，当时车间里的一个行车如果去整套购买的话要好几万，由于没有足够的资金，所以我们就自己做。没有钩子，我就到十二局去找，当时我们是从十二局富春江工地废钢堆里找来的配件。行车的架梁是从外面购买的，但是控制回路是我们自己做出来安装的。

采访者：还有开关，现在的开关都是直接就把配件发下去，换上就得了，是吧？

楼琦龙：是的。当年我们变电所装的开关，都是仿苏的，叫 SN1、SN2。有的开关 100 兆伏安，实际上根据鉴定计算，容量是没达到的。多数问题出在外触头上，动静触头拉弧容易烧掉。头上面拉弧这个地方是黄铜，断开之后拉弧，油外喷之后，温度很高，将近 3000 多摄氏度，很容易烧掉。当时全省都出现类似的问题。我们就改造铜钨触头。钨的导电性虽然不好，但耐热性很高。我们就将黄铜锯掉 1.5 厘米，把一块钨烧进去，然后把它锉得光滑，改为铜钨触头。这就解决了开关的耐高温问题。到 2000 年之后如果开关坏了，下面就打报告给局里，局里下个计划，厂家会负责安装，把配件换上就可以了。我们那时候遇到问题，最先想到的就是自己先想办法解决。

采访者：您还有一些创新的工作，比如说自建烘房，能讲一下吗？

楼琦龙：这些都是配套的设备。我要做个变压器，包括以后修变压器，都是要绕线圈的。线圈绕好之后，要进行烘烤，烘完了之后要干燥。我们那时候没有机器干燥，就自己做了一个烘房。

采访者：油化处理有什么改进？

楼琦龙：油化处理开始就是做碱化处理。油是当绝缘介质使用的，它有两个作用，一个是灭弧，一个是绝缘。出弧的时候产生游离碳，游离碳积累起来会导电。当时使用后的 400 多吨油酸性很强，PH 值是五点几。我们就对它进行化学处理，主要就是滤去碳，然后加酸洗，让油回归中性。化学处理是油务班的人具体负责，我无非是协助而已。化学处理后，经化验合格后，拿去检修时重新使用，一年可以省一两百吨油。本来每次都要去外面买新油，现在处理后就可以循环使用。好的油发给下面变电所使用，剩下的给局里面作为年度补充。

现在油化处理都是由石油公司负责，那时候都是自力更生。现在这个情况跟当时肯定不同。在过去只要耐压通过，这油我就能重复使用。2000 年以后对油品要求就更加严格，不能是一般的处理。现在局里有个油化实验室，搞气相色谱分析，就更完善了。这是当时的历史情况，不经过那个历史阶段，也不可能发展到目前的现代化水平。

五　活地图

采访者： 有人说您是“活地图”，这个称呼背后有着不为人知的努力和付出。请谈谈您在该阶段的日常工作安排及工作状态。

楼琦龙： 当时都是白手起家，供电局什么都没有。我在修试场的时候，除了常规的上半年变电检修外，日常还有大量的工作叫事故处理。经常有人半夜三更打电话给我们，安排事故处理。开始我住在宿舍里，他们都是到宿舍来叫我，后来为了方便，我在厂房办公室里弄了个小房间。电话上面一个双头开关，白天办公、通话在办公室里；一下班，把开关推到宿舍里面来，调度有啥事情，就可以找到我了，这样就能加快事故处理的速度。

采访者： 您天天就住在那儿？

楼琦龙： 嗯，我基本上住在办公室，半夜电话打进来，我就半夜起来，根据事故处理需要，安排人去抢修。我是成年累月在这个车间里面办公、住宿，这种工作状态持续十几年。一直到搬来金华之前，我都一直在那里办公、生活。虽然不是值夜班，但是夜里也经常来电话，我就住那里，方便接电话办公。

我这个人有一个特点，不喜欢在办公室里听汇报。只听汇报，底下数据报给我，我弄不清楚。一般情况下，我喜欢到现场观察。有一次我们在兰溪冶炼厂做 110 千伏兰溪变主变压器吊罩。当时吊机一条腿架在油坑上，油坑里面有个木板垫着。突然木板下面有块鹅卵石松动了，导致这条支腿的轮子打滑。轮子一滑，变压器眼看就要倒了，吊机带变压器都要倒下去，坑下面还有好多人工作。当时情况非常危急，我一看就马上叫起重过来，调来千斤顶先顶住。然后跟吊机师傅说："你大胆按程序操作，一定能够吊起来，出了问题我负责。"所以师傅就大胆地进行调整，最后顺利将问题解决。事后师傅跟我说，"你那一句话，给我吃了一颗定心丸。"我这个人平时喜欢说"出了问题我负责"这句话。处理事故的时候，现场工人一旦慌张，我就对他们说这句话。所以工友们希望我到现场去，我到现场去了，他们就有主心骨。所以当变电所有事故的时候，我基本上必到现场。

采访者：为解决供电问题，您和团队在变电所内创新等电位带电作业。比如在110千伏寿昌变，您亲自上去带电作业，更换35千伏变压器等，请您介绍一下这些工作。

楼琦龙：我们做年度检修工作，一般每座变电所一段母线设一组压变避雷器，要求在雷季之前对避雷器进行检修，来判断避雷器的性能是否良好。配合检修一年才一次，要把避雷器的引线停电拆下来进行试验。当时为了少停电，多供电，支援"备战、备荒"，修试场开始搞带电作业。我请了两位经验丰富的线路师傅，来给大家讲解何为等电位，等电位讲起来其实就是有电压，没回路，没电流。同时两位师傅还做了现场示范，非常安全。我觉得这个带电作业值得推广，但推广不能光说不练，所以在寿昌变电所里我自己先来做示范。带电作业是我第一个上去，而且我必须要先上去。

采访者：当时电压是多少？

楼琦龙：110千伏。我上去带电作业的时候，感觉身上汗毛都在尖端放电，连眉毛都竖起来了。虽然电流没通过，因为我穿着屏蔽服，但它对上面铁塔、对地有尖端放电。尖端放电身体会有感觉，再加上我本身很紧张，感觉身上有凉风袭来。后来为了带电作业，修试场成立一个线路班，还专门建立一个线路绝缘材料烘房。

带电作业还有一个案例，有一次我们到江山变电所做检修。那时候35千伏江玉线供江西省玉山县，是该县的唯一电源。整个县就一个开关，这个开关要停下来的话，整个县都要停电。为了保证少停电，多供电，我们就要想办法。于是就采用等电位的方法，把开关的上部用短接线短接掉，然后用绝缘的支柱顶上去，用后备保护来保护它。这样修开关就不用断电，整个玉山县就可以保证供电。这都是 20 世纪 70 年代的事，其实带电作业也是时代环境下没办法的举措，目的就是少停电，多供电，减少对老百姓生活的影响。

采访者：20 世纪 70 年代，为搞好一个地区的检修管理，您曾编制出地区级检修管理细则。请您说说编制管理细则的经过。

楼琦龙：关于变电所检修，我曾经写过一个东西，叫《怎么样管理好一个地区级的变电检修》，总结了五个环节：调查摸底、计划安排、平衡会、现场指挥管理、定级跟踪管理，实际上就是如何做好检修管理。每个变电所，包括现在为止，还在按这五个环节操作。

采访者：您是怎么总结出来这五个环节的？

楼琦龙：这是我在长期工作的时候总结出来的。我们一开始工作的时候，都是被动应对遇到的问题，工作周期拖得很长。后来我就想着如何提高工作效率。因为检修工作涉及的工种很多，班组也多，还牵涉到各个部门，不能总是临时安排任务。所以，要搞出一个规范章程，指导我们平常怎么做。首先，检修之前要进行调查摸底。心中要有数，了解各个设备需要的检修状态。第二步是制订计划。计划除了内部安排外，还要有当地政府、当地工业部门的配合，事先要开协调会。各部门的协调会开好之后，制订好的检修计划就要发给他们，生产、生活秩序不会被打乱。然后就是现场管理，例如工作现场班与班之间的配合、工作什么时候开始等，要有总指挥、总负责人。再就是检修完毕后进行总结评级，有的还没修好，就要限期处理并做定期跟踪。

采访者：这个管理制度以前没有吗？

楼琦龙：以前没有，最早我是自己带一个保修工去检修。我们最开始连工作票都没有，后来才搞工作联系单。假如按照以往的模式去工作，会出现很多问题。比如变电所通知修开关，开关修好了，开关师傅先走了，然后是试验师傅来操作，这会使工期拉得很长，用户停电时间也很长。所以大家需要有一个总体协调，共同工作，不能各自为战。这个管理细则制定出来，局里就按照这个来执行。现在局里面的大修管理都变成标准化的东西，有专门的规章制度。五个环节，每个环节都有一定的内容。

六　浙西电网建设

采访者： 20世纪60年代，35千伏电网有了较大发展，多座35千伏变电所建成投运。1965年，梅城至七里泷35千伏线路建成；1969年，35千伏龙汤线投运，金华地方电网以35千伏相继并入浙西电网。请谈谈您所了解的六七十年代浙西电网建设情况。

楼琦龙： 当时金华地区供电很紧张，主要靠小水电，我们在龙游变电所里给它搞了一个35千伏的间隔，线路架起来之后，送到金华电管局所属汤溪变电所，于是新安江电网能够送电到金华。还有一条110千伏新金线。湖海塘变电所1970年建成运行，实际上1969年年底就建成了，它是降压运行。这条线路的年度检修都是我们负责。

采访者： 20世纪70年代，新安江至淳安姜家110千伏输变电工程及与之配套的4个35千伏输变电工程建成。当时淳安变2号主变运送途中还发生过哪些事？

楼琦龙： 那个35千伏工程是由各个县自己建设。当时110千伏输变电工程有一个回路是从新安江到淳安姜家，第二回路是从安徽绩溪过来。1974年110千伏姜家变（淳安）投产。

淳安的变压器是从北郊变电所运过去的，计划当天上午八点钟从北郊起运。局长和书记对我们说："这是关键一仗。"前一天后半夜我就从金华出发了，先开了一个会议，部署了相关工作。运输线路是从金华到建德，再从新安江运过去。沿途碰到低压线、路灯，需要在变压器上面用茅竹竿把线吊起来，我们慢慢运过去。运到建德时，为了减轻运输重量，还把变压器里面的油排掉，充进惰性气体氮气，保持正压，所以当时有充氮运输的说法。变压器运到新安江已是第二天上午九点。新安江（建德）供电局副局长凌晋良负责沿路护送，淳安供电局局长刘升浙在交界的地方接收。交接之后，那边派交警进行交通管制。因为变压器有二三十吨重，当时请了十二局的一个大拖车来拖运。运送到新安江水库时，大拖车自己进去就已经很困难，还要拖上变压器，情况非常惊险，在场人员都很紧张。当时我对司机说不能停下来，要一鼓作气运上去，一旦停下来，车子再启动会很吃力。再启动发动机，很容易造成车子溜坡，对路面的损害也很大。后来拖车冲到山顶的时候，回过头去看路基已有很大的裂缝了。万一发生危险，有可能连人带车翻到水库里。到山顶的时候，汽车发动机散热风扇把汽车水箱都打漏水了，所以后面的路都是灌水后运一段，停下来再灌水，再运一段，就这么轮番接力运输，到达淳安已经是晚上五点多。在吃饭的时候，我给局长、书记汇报已经平安送达，说完我躺下就睡着了，饭也没有吃，一天半的高度紧张工作终于结束了。

采访者：请您谈谈1974年富春江到义乌的110千伏线路工程。

楼琦龙：这个工程中，我变成了指挥官。当时我们上半年主要的工作是检修，到“双抢”（抢收、抢种）之后，留了少量的人在单位处理日常事务。我带着一些精干的人员到外地去安装变电所，包括义乌湖门、东阳、永康、武义。那个时候工作量最多，我一个人就跑了7个变电所。

20世纪70年代，我在湖门变电所。那时候浙江省要在义乌搞个机场变电所。机场变电所的电是从富春江送过来，变压器是从衢州110千伏万青变拆下运过来的。为了运送这个变压器，我带了几个工人，从浦江的马岭沿途护送过来。变压器的安装最开始是安装公司负责，结果安装后有问题，试验显示错误，我们浙西供电局就给它推倒重新安装。从那时开始，以后装变压器包括1975年义乌变电所从35千伏升到110千伏，全都是我带精干的力量驻到现场做的。当时浙西局在浙江省有点小名气的，开关比武第一名，其他方面也都很有实力，包括在省里面，很少见到担任双委员的，我就是一个双委员①。

采访者：1976年，浙西供电局自行设计、施工的新龙衢输电线路升压改造工程和衢州、龙游两座220千伏变电所同时竣工投运。您参与了哪些工作？

楼琦龙：新龙衢线的变电所是我们负责建设的。我们这里有两个220千伏变电所，一个龙游变，一个沙埠变。这两个变电所归我们浙西供电局修试场管。新龙衢线的难点除了安装之外，就是运输。其中一个运输的难点在衢州到沙埠变电所这一段。变压器是我们请省送变电负责运输，从衢州火车站拉下来之后，进变电所途中，要经过衢州化工厂的一座桥。可是桥的载重量不够，我们就准备走河滩过河。于是让上游的黄坛口水电站停止发电，提前三

---

① 楼琦龙曾任浙江省电力学会电力系统专委会委员、浙江省电力学会高电压支委会委员。

天截断水流。我们把变压器放在船托上，船托下面有垫道，用 10 个左右直径 10 厘米的滚筒垫在下面，再在下面摆上道木，一次走几公尺，沿河滩慢慢拖过去。河床里边的水是放不光的，不过很浅，过河的时候要特别注意，一不小心就可能翻倒。那个大家伙要是倒了，我们可是扶不动的。

另外一个运输难点在龙游变。龙游变的变压器是 50 千伏的容量。从十里铺火车站下车后，离变电所有四五公里的距离。这段距离的运输放到现在比较简单，但那时候就比较有难度，需要协调各个部门。首先请交警过来指挥交通，因为这段路是当地的主要通道（330 国道），不能一直占用。变压器起运时要占据马路中间，每隔半个小时，要它靠边放汽车通行。除了路面上，还要注意空中。上面有时候会碰到低压线，所以要请当地供电所配合。这就需要一个协调指挥。我是总协调、总指挥，负责跟各部门打招呼。

在 220 千伏龙游变安装过程中，还发生了意外。运输变压器的散热器时，电缆沟盖板慢慢断掉，上吨的重物压到我脚趾头上面，我脚被压伤，导致不完全骨折。之后我就翘着个脚，坐在驾驶楼里指挥了。后来章志成[①]看不过去了，让我回去休息。我休息了没几天，现场又打电话来，叫我回去，我也没觉得烦。当时逢年过节，我在家里没事情做，还感到空落落的，已经习惯了紧张的工作节奏。

采访者：您在修试场做指挥的时候，还有什么印象深的事吗？

楼琦龙：当时修试场的几个人能力都很强，技术尖子都在修试场，像继电保护的郑诚辉，后来到衢州当局长。他当时在继电保护班，我跟他在一起搞模拟试验。我们金华局局长周德祥以前也是我们电修班里面的一个师傅。浙西局以前有个说法，有三个人能力很强：变电检修的我；线路检修的刘锡良，后来去绍兴当局长；用电管理所的王启熙。有人开玩笑说我们是“浙西三大将”。变电的事情全都是我在掌握，我也是从检修开始，再到变电安装、保护、高试、仪表，包括启动，全部都能上。

采访者：新龙衢线路升压改造由浙西局自行设计，自行施工，有没有什么技术上的难关？

楼琦龙：技术上的问题实际上也是个自力更生的问题。升压改造，是把原

---

① 章志成，当时在基建科，后任金华电业局分管基建的副总工。

来110千伏升到220千伏，需要在原来110千伏的构架上面把绝缘加高，加个顶杆，同时把线路的两个水泥杆之间的距离拉开。110千伏规定间距是1.5米，220千伏间距要6米。拉开之后，110千伏绝缘和220千伏绝缘相差一倍，绝缘子从一个挂8只变成挂13只。顶杆抬高，就是绝缘棒抬高。当然设计要计算出足够的强度来满足条件。

采访者：新龙衢线是浙西第一个220千伏的线路吗？

楼琦龙：是浙江西边方向的第一个220千伏线路，有点小名气！新安江水电站本来有三条回路，有一条送到上海去。往我们这边原来是110千伏的线路，最早是往黄坛口供电，后来进行升压改造。这对我们浙西局算一件大事，也很少看到一个地区局有这么大的魄力！

七　金华电业局时期

采访者：金华局和浙西局合并成立金华电业局是在何时？

楼琦龙：浙西局和金华局合并是在1979年1月1日。我们修试场1984年才来到金华局。合并时金华地区电管局人比我们多，有3000人，浙西供电局才1600人。

采访者：当时为什么把两局合并到一块？

楼琦龙：应该是政府的决策布置。因为金华地区的电都是由我们供应，所有变电所也都是由我们管理。110千伏以上的变电所值班员也是由浙西供电局管理。如果不合并，金华局就要撤销。撤销的话人太多了，金华局有3000人，我们这才1600人。所以合并之前呢，金华局把很多小电站关停，他们自己在3000人中选一半，与我们进行合并，两局合并后共有3000人左右。合并以后还有两年过渡期，因为浙西局工作人员的家很多都是在新安江，周六都回到新安江，周一再回金华上班。

采访者：你们合并之后，都是在金华那边办公？

楼琦龙：局机关办公地点在金华，金华电力局的牌子也挂在金华，因为它大，管的县多。衢州和江山也是金华地区的，杭州地区只有建德、淳安两个县。地区电管局有些电气设备买不到，国家不分配。原来金华局的级别比浙西局要低得多，它是归金华地区工业办公室管理。水利电力部下面有华东网局，华东网局下面有江苏、浙江和安徽省局，再下面是金华地区局，地区局下面还有县局。浙西供电局属于水利电力部，隶属浙江省电力局管理①，级别比金华局高不少。当时浙西局跟新安江电厂一样，级别比较高，新安江是副厅级，比浙西局高一点。所以我们在上海有办事处，国家分配资料很多都是通过这个渠道过来。

采访者：您说刚合并的时候，还称电力局？

楼琦龙：这个过程很短。原来金华的汤溪电厂有发电业务。后来汤溪电厂关掉了，金华局只负责供电。现在我们国家比较先进的北仑电厂发电煤耗是每千瓦时300克标准煤，而汤溪电厂当时要用600多克啊！小电站经济效益肯定不划算，煤耗太高了。这个汤溪电厂后来又发过电，也是归我们金华管。

采访者：在两局合并的时候，您在修试场担任什么职务？

楼琦龙：我一直在修试场工作到1984年。从1964年到1984年，我有20年在修试场。1979年合并的时候好像还没有职务，20世纪80年代政策下来后企业整顿时才有职务。

采访者：那时候您相当于技术人员吗？

楼琦龙：合并之前我就是生技股股长，是技术负责人。实际修试场就是我统管，生产、技术、计划一直管到底。后来我当总工之后，修试场的事我还是要协助，有事情还是直接打电话到我这里来，线路队也会打电话过来。

采访者：合并之后，您担任什么职位？

楼琦龙：1983年我担任修试场场长。任命的时候直接就是场长，本来中间要调到秦山电厂去工作，后来没去。1984年，临时宣布我到基建队去当队长。1986年2月，金、衢两局分开的时候，我就当总工了，也是当到退休的年纪。

① 1962年7月3日，浙西供电局成立，隶属浙江省电业局管理。

采访者：1986 年台风造成 220 千伏输电线路倒杆事件，您带团队自创铁塔，完成倒杆事故处理。请您讲讲处理情况。

楼琦龙：当时金华跟衢州分局有个过渡期，过渡期大概是 3 个月。离过渡期结束大概还有十天，在衢州范围里出现倒杆了。这段时间倒杆检修还由金华局送电工区线路队负责。这倒杆是 V 字形杆，倒了一根（基），其他两根都歪掉了，歪掉了竖正就可以。省公司让我们在几天时间里把事情处理掉。实际上这时候我已经当总工了，我们的局长就跟我讲："你在现场任总指挥，统一调度。"

这次抢修一方面是要清理现场，把铁塔基础重新做；另一方面要做出一个铁塔来。难题是一时间找不到铁塔，如果能有个铁塔来就好了。因为省公司不备 220 千伏铁塔，220 千伏铁塔由华东电管局统一来备。没铁塔让我到哪里弄呢？当时两局分开之后，金华电管局修试场机修力量很强。它以前修小水电，修小发电机。后来在机修的基础上成立现在的开关厂。开关厂的老师傅们非常厉害，他们 24 小时连轴转，把原来倒下的铁塔，放到单位篮球场上面做样子，硬是在两三天里做出一个铁塔来。铁塔的钢材是向供应部门买的。煅造是用切割工，这个工种我们都有的。问题的关键是要把部件接起来，所以一大堆部件都要编号，将近几百块部件都用钢印打好编号。那时候我上午在单位搞协调，下午到现场指挥干活，晚上半夜三更要赶回来。你需要什么部件你就提，你需要车我就调。当时作业归我管，档案也是我管，变电也是我管，线路也是我管，全都是我管。早上各单位的安装情况全部要汇集到我这里来，该协调时我早上开个协调会协调。协调完了，我下午去现场看情况。硬是把铁塔在规定时间运到现场，安装抢修完成。最后在省局规定时间内完成送电任务。

采访者：这说明修试场里面，大家战斗力还是很强的。

楼琦龙：应该可以。不光修试场，整个局里都可以。这里面培养了很多人才。那个在倒杆现场的安全员，就是现在线路工区主任汪建勤。

采访者：修试场力量这么强，实际上也是经过这几十年的历练慢慢培养起来的。

楼琦龙：对，白手起家。我们整个金华供电局的精神就是这个精神，就是自力更生，自己创造，自己做。

1986 年 8 月 10 日金、衢 2383 线因龙卷风致倒杆抢修现场

采访者：1982 年，建成 220 千伏金华变电所。随后，220 千伏丽金线、临金线等输变电线路相继投运。请您介绍成立金华电业局后，金华地区的电网、变电所建设情况。

楼琦龙：金华地区的第一个大事是 1982 年建成 220 千伏金华变电所。我们没有直接参与金华变电所建设，只是负责验收。因为金华变电所是省送变电公司安装的。此外，还有 220 千伏丽金线、临金线等输变电线路相继投运，金华变电所成为浙江电网枢纽变电所之一。临金线是从富春江送电过来。那时候线路队负责验收，线路也是他们架设，但是验收我们参加了。后像永康 220 千伏、东阳 220 千伏、义乌的 220 千伏、义乌的 110 千伏，我们也参与验收工作。我们浙西第一个 500 千伏也是在金华变电所（后改名双龙变电所），我们负责启动验收，我是启动副总指挥。500 千伏金华变是从北仑电厂送电过来，项目总指挥是省公司的总工程师范祥荣。

采访者：金华地区各个县建成 220 千伏线路并形成网络，是在什么时候？

楼琦龙：是 20 世纪 90 年代。最后一个 110 千伏联网是磐安 35 千伏升压改造，这是比较迟的联网。其他的部分都是在 20 世纪 70 年代到 80 年代完成。有媒体报道我是“独臂将军”就是在那时候。当时我的手摔伤，但现场指挥少不了我，只好吊着手臂跑现场。那段时期有七八个变电所同时施工，我全都要去现场蹲点。其中从东阳运变压器到浦江，这个工作难度最大。这次运送工程由我制定方案、监督运输，一路看着运过去。那时我的手摔坏了，在家里休息了一两天，吊着手臂就去现场了。所以有个照片叫“独臂将军”。

1988 年 12 月 8 日，浙江省兰溪县云山变电所 1 号主变吊罩后，楼琦龙查看设备（即 1991 年 1 月 25 日《金华电力报》“独臂将军”用图）

1988 年 10 月 11 日金华局同事在调度室合影（右起：金华局书记肖秀珍、楼琦龙、金华局局长周德祥、郑庆钧、肖秀珍丈夫）

采访者：1995 年 9 月，金华批准农村电网改造示范项目，具体有些什么内容？

楼琦龙：这个项目到现在还没结束，一直在进行。原来变电所安装在露天的变压器，现在要把它们搬进房子里面，把导线更换成橡皮绝缘，更加规范。本来农村砍树，树枝一动电线就放电。现在 10 千伏线路都是绝缘导线，风筝飞上去问题也不大。这些都是一步步完成的。过去私搭乱接电线的情况很多，一表多户，后来改为一户一表。原先运管所负责抄表的电工，平均一个人抄

20 个表，一家一户地来，非常吃力。现在都是智能化，他坐在营业厅里网上一调，数据就出来了。

采访者：“九五”期间，建成了总装机容量 11 万千瓦的金华燃机发电厂，加上沙畈、三港等水电站建成发电，总装机容量超过百万千瓦。沙畈、三港两个水电站的建设，您有参与吗？

楼琦龙：沙畈是我们金华的大水库。沙畈水库竣工以后，要进行坝底最后的关闸门验收。这个洞闭掉以后，这个大坝就没法改了。这个事情是省公司组织验收，由副总朱水林带队，我代表金华电业局去验收。发电的时候，我们也去验收，毕竟我们是一个大用户。此时，沙畈水电站是我们金华最大的水电站，它现在有两级电站发电。三港是武义的水电站，它并网是我批准的。因为三港是武义供电局局长在那里牵头搞的，具体事情是他们在做。

采访者：在金华地区小型水电站建设中，这两个是比较大的水电站吗？

楼琦龙：前面大的有几个，因为当时归金华局管，不是我浙西局，就直接接收了，像通济桥水电站、横锦水电站，还有比它大的都是金华局的。它们无非是发电经过我们调度同意了。有的小站调去分局管理了，大的归我们局管，就是根据当时的负荷情况，是否同意它发电。武义水电站特别多，武义有两万多装机容量。

采访者：这么多水电站，是县里边批准就可以建吗？

楼琦龙：是的。这些小水电站都是季度水电站，一个山峡里面，一峡一级。我看过最小的发电机，是在山区里面，是一个 315 千瓦小发电机，最大的是上千千瓦。这些发电站的管理是分级调度，按调度管理权限划分，基本上归县里管，金华局管的没几个。我们就调度它们的发电。它们自己有规定的，进入汛期后根据防洪需要，可能还要放水。我们调度要调峰，这种小水电站大部分叫顶峰，包括新安江水电站是华东的顶峰。

采访者：这些小型水电站对金华地区的供电作用有多大？

楼琦龙：因为水是天上下来的，小型水电站能够利用起来，那是好的。小的火电站一律关停，因为它们消耗燃料，污染空气！不过有的水电站有时候也蛮讨厌的。当丰水期的时候，可能不是用电高峰期，我还不需要它，但我们还是要低价收进来。有人说电力系统是不是用电不花钱？实际上这是不客观的，都是要花钱。这些电站我不太管，因为这个属于农电系统，不属于局里面。局里面就管主网，刚才讲过主网，就是110千伏及以上的变电站。农网是另外一个口子，归县里管。所以农网的统计口径也不同，农网事故很多。

采访者：1997年9月建成投产的220千伏宾王变电所，为义乌市的经济腾飞奠定了基础。您再讲一下义乌的变电工程。

楼琦龙：义乌主要靠220千伏宾王变电所①供电。义乌原来的一个110千伏湖门变（原叫义乌变），开始是2万千伏安的变压器。湖门变电所是衢金线路进来后，义乌地区的第一个110千伏变电所。1976年湖门变改造，也是由浙西局修试场承担，由我和电焊班班长赵纪珊负责带人住义乌现场负责。湖门变电所主要是给部队机场供电，所以义乌地区电量仍然不足，无法满足义乌地区的生产、生活用电。义乌用电负荷很高，大致占整个金华地区的30%，用电需求很大。当时我在的时候义乌用电负荷增长很快。义乌最早是搞鸡毛换糖，后来搞小商品批发。

义乌最早弄的110千伏线路大量改增，从户外改为户内的，就是电缆下地，所以义乌的电缆特别粗，它放电缆都是放的300铜芯！人家当时还想不通呢，这么大，有多少用电量？第一代小商品市场就在义乌老供电局边上。现在是国际商贸城，最近因为网络销售又更加厉害了。

采访者：义乌高速发展的时候，如何保证义乌的供电？

楼琦龙：对。义乌110千伏的供电量不够，1976年对义乌负荷主供的35千伏稠城变进行升压改造，在原35千伏变电所带电情况下进行升压改造，增加到110千伏。那个时候我就住在义乌。义乌的变电工程工作难度很大，马路上到处开挖，不得了。我们的工程还没弄好，他们就要求赶快送电！有的地方就来不及了，实际上都没做完，就这样，还是远远不能满足义乌的用电需求。

1997年建成了220千伏的宾王变电所。宾王变的选址靠在山边，是离义乌市区很远的一个叫龙回的地方。当时义乌的规划部门认为，这个地方远离城区，以后不会对工业、居民生活造成影响。实际上这个变电所现在已经在

---

① 1997年9月，220千伏宾王变电所建成投产，为义乌的经济腾飞奠定了基础。

生活区里，被建筑包围了。

采访者：施工过程中，有遇到什么困难吗？

楼琦龙：主要困难是有的部分要搞带电作业，义乌停电停不起，就只能少停电。在义乌施工的时候，我们尽量都搞带电作业。先在母线上面包绝缘，把母线的铝排用带子包起来。包起来以后，小动物跳上去都不要紧了，是绝缘状态。这些方法都是在义乌先用起来的，因为义乌发展得比较快。

1997 年 12 月楼琦龙在双龙变留影

采访者：那时候 220 千伏也是走地下吗？

楼琦龙：220 千伏没有走地下，是空中架空过来。现在金华变可能在改造成地下。电缆进到地下，这在义乌是比较多的。同时，当地也在工厂里面推广开闭所。开闭所就是电缆进入大型的厂房、厂矿后，线拖下来到室内，里面搞个封闭的开关室。封闭开关室当时在义乌用得比较多。

采访者：义乌大型用电单位安装开闭所，为什么采取这个方式？

楼琦龙：这个方式简单，只要用电缆直接连下来即可，就是从线路上拉线到厂区里面，在厂区里面做一个 10 千伏的开闭所，再装许多小开关。各个重要的大型企业自己搞变压器，这当然是经过我们调度批准后的行为。

采访者： 1997 年 12 月建成投产的 500 千伏双龙输变电工程，是北仑电厂二期扩建配套项目、国家重点电力建设工程，主要设备均从国外进口，是我国第一座采用综合自动化系统的 500 千伏变电所。建设 500 千伏的双龙输变电时，您曾带队到欧洲去考察过吗？

楼琦龙： 当时 500 千伏的设备合同上有要求，这个设备生产出来后，在进口之前，要在国外进行验收。这个设备是德国西门子出的，有部分在法国造。厂家要求验收组组长一定要由设备的使用方担任。因为 500 千伏的设备属于金华，所以验收组的成员是杭州供电局一个人，省公司两个人，绍兴一个人，她德语好，是中国机电公司派来的翻译，还有一个就是我。因为去验收设备，所以我有幸去欧洲转了一圈。

采访者： 当时为什么要进口外国 500 千伏的设备？

楼琦龙： 主要是当时国产设备没把握。我们有规定，第一套可以允许进口；到建设第二个变电所时，就必须部分国产了。我们的开关进口后，在西安高压开关厂做生产，有个关键布线没过关，还没有全部学到家。我们的国产第一代变压器，是在沈阳变压器厂生产的，放到局里的试验室做试验，到了第五年炸掉了。所以我们那个时候规定，国外进口变压器都是 500 千伏单相。500 千伏的变压器要进四台，四相，A、B、C 三台在运行，一台在备用，不行的话就直接更换。

采访者： 这四台是浙江省进口四台，还是一个水电站进口四台？

楼琦龙： 一个站进口四台。一台变压器是一相，三相（台）运行，一相（台）备用，500 千伏是单相的。因为设备太大，在国内没法运输，后来我们采取引进部件、国内组装的方法完成的。我考察的时候，这个 500 千伏变压器，国外造的工艺要比我们严谨、先进。现在来看，我们已经达到它的水平，而且有的地方已经超过它。当时我们去的时候，厂家介绍说在厂里可以 15 天不用擦皮鞋，因为没灰尘，生产车间全密封。现在我们的生产水平已经差不多了。

采访者： 您在欧洲考察，有没有什么印象深刻的事？

楼琦龙： 我在欧洲看的是500千伏的闸刀设备。我当时有两个印象非常深刻。第一个印象是德国人工作很严谨，但下班后就是喝啤酒；而法国人很浪漫，但工作时很负责。第二个印象是，德国公园里面有马克思、恩格斯的雕像。

采访者： 这个变电所建成以后，运行情况怎么样？

楼琦龙： 运行情况到现在都很好。从自动化设备到国外考察，我能感觉电力设施、设备的技术日新月异。我们发展得很快，有的生产能力已经超过国外。譬如说华为，我还在工作的时候，它不是太大的企业，我们这里经常与它打交道。我们金华变有一套设备，是南京自动化研究所研发的，也是我们国家比较好的设备。跳闸之后，它基本上可以知道出故障的事故点在多少距离。有了这套设备，我们就不用到处跑去找，这说明我们发展蛮快啊！

采访者： 从20世纪80年代开始，因为经济发展，电力需求也逐渐增加。请您讲讲用电保障方面所做的工作。

楼琦龙： 用电保障的措施，只能是及时发现问题，及时处理，在保证安全的基础上，能不停电的尽量少停、不停，我们必须抓紧施工，尽快恢复供电。

那时候用电很紧张。农村拉电的时候，要保证党政机关、学校、车站、码头、报社的用电。除此之外，还要保证上午10：30到下午1：30，这段时间要供电。晚上5：00开始一直供电到21：00，因为这时候农民刚刚到家做饭休息，尽量不要停电。真的要停的话，半夜停。负荷实在紧张怎么办呢？我就告诉调度，给我拉卡拉OK、夜总会的电。我们首先要保证居民生活和工厂生产用电。还有两个情况，像义乌老百姓在榨糖期间，不能停电，一年老百姓就那么一次榨糖。在淳安山区，采茶季节不要拉闸。他们一年就在清明前后采一次茶，十天半个月的，能用到多少电。这是我当时计划用电的想法和考虑，我们调度同志也是这样操作的。

采访者： 1986年衢州局分出去之后，您就当了金华电业局的总工程师。在保障电力供应，尤其是在高峰期的电力调配方面，您是如何协调的？

楼琦龙： 我们每天要上报一个负荷的预测，报批之后，每天省公司分下来多少，我自己能够有多少发电量，填峰补谷。每天早上用电部门报送给我多少用电量，我都做一个曲线图。用电紧张的时候实在没办法，那必然要拉闸限电。拉闸限电无非是要保证重点单位用电。紧张的时候一直是这样，这个问题直到从云南、四川那边的溪洛渡[①]送过来直流800千伏，路过金华局才彻底解决。而小水电最多的时候恰恰是用电宽松时期，所以小水电作用不明显。我当年在岗的时候是每15分钟报一个点，就是每隔15分钟搞一个预测，画这个曲线，调度要按照这个曲线进行调度。

采访者：您是什么时候提任总工的?

楼琦龙：1986年2月，我担任副总工程师，总工程师是郑庆钧。我跟他搭班子，刚开始他管运行，我管检修。

采访者：您在多年工作中培养了许多人才，那么修试场机修班就是后来的开关厂?

楼琦龙：我们修试场原来的机修班班长，就是后来的开关厂厂长张寒泉。开关厂是在机修班的基础上成立的，同时还有部分职工家属。

采访者：我听说当时有这个说法，没在修试场干过，到别的岗位就不行，是吗?

楼琦龙：有这么说过。修试场确实出了很多人才。没在修试场干过，说明高压不太拿得起来，可能他下面的技术就拿不起来。我这里出来的人，都是在修试场里干过的。

采访者：1995年9月，金华县被批准为农村电网示范改造项目。请您介绍下在农网改造时期主要做了哪些工作?

楼琦龙：20世纪90年代前期，农网改造这块工作，本来是各个县市供电局负责。局里面每年列支农网改造计划，请计划部门上报省公司。省公司进行立项，作为农网改造、农村电气化的项目。我参与计划的编制，上省公司争取费用。那个时候农网改造涉及的方面比较多，包括农村线路、变压器更换，线路布点，大量取消无电村和农村安全用电问题。农网改造参与的大量人员都是农村电工，所以安全问题比较严重。当时安全考核有两个指标，分

---

① 应为溪洛渡。据新华社消息，2014年7月3日，溪洛渡左岸—浙江金华±800千伏特高压直流输电工程正式投运。这是首个直落浙江的特高压输电工程。

别是部里事故和农网事故，两者分口径统计。我们修试场属于部里直接考核，如果出事故是不得了的事情，影响很大，一弄好几个县。农电事故是比较难以预料的，预防也比较困难。农电事故每年的数量统计下来不得了，鸟害、一只风筝挂线上、小孩触电都算农电事故。农电事故基本上省局都有统计，但不作为考核的指标。没法考核，数量太多了。

20 世纪 90 年代工作照（左二为楼琦龙）

采访者：您做培训工作是从什么时候开始的？

楼琦龙：培训工作我从 20 世纪 60 年代开始就在做，一直到退休没停过。20 世纪 60 年代，我还在修试场，一有空就会给新安江的工人、老师傅们上课，讲一些实际工作原理。那时候省局规定，由我们浙西供电局负责帮助丽水供电局进行变电检修管理，成立修试场等部门。所以丽水当时派了一部分人到我们这里来学习我们检修的方法。

后来职工要进行考级、考工。考工题目的电气部分、变电部分，就出于我手，复习提纲也是我出的。金华局在 1979 年与浙西局合并后，我帮他们培训，给他们上课。后来省里组织专业培训的考评，也就是国家职业技能鉴定，技术培训里面的变电部分，应知应会的题目也是我编的。现在这些东西也都在技校里面，因为有部分是我编的，所以我是考评组长。全省每个工人都要去学习，经过培训考核，才能够评一级工、二级工、高级工等。退休之后，工会主席郑文华找我，他说："我们要在金华电网里对从普通技工到工程师进行模拟考，所以要编写几套试卷和答案，形式是选择题。"高级工有高级工的要求，工程师有工程师的要求，一共有七八个专业，其中有四个专业的课目是我负责。继电保护、变电检修、变电安装、高压试验，都是我负责编写。编写试题要查大量的资料，而且编写四个选项，就要准备似是而非的选项。

采访者：您负责出题，同时也负责编写培训教材？

楼琦龙：培训教材是有参考资料。参考资料原来就是一个题，一个题要分成不同的要求、不同的档次，比如一级水平、二级水平等。我在退休之后，主要做的就是这方面的工作。

八　家庭的支持与理解

采访者：请问您结婚是哪一年？您爱人是您的同学？

楼琦龙：我是在 1962 年结婚，大学还没毕业的时候就结婚了。我爱人不是同学，她是我们村子里的老师。我爱人一直到 1984 年才离开农村，把户口迁到金华。当时国务院下文件，就是取得工程师资格 20 年以上的，可以把家属户口迁出。她是 20 世纪 80 年代后期才调到我们单位来。在这期间，我都是一个人生活，光杆一个。

采访者：您被人评价“是一个好工人，不是一个好丈夫”。您常年坚守在建设和检修第一线。请谈谈您如何协调工作与家庭的关系？

楼琦龙：曾经他们给我统计过，我在新安江的时候，有一年出差 200 多天，有 7 年没有回家过年，全都在修试场。因为除夕、大年初一是用电高峰，加上天气不好，电网系统事故比较频繁。我到金华工作之后，那时候我的妻子还没有过来，小孩子已经跟我到金华生活。我们住在凤凰山，经常碰到出门在外的情况。

采访者：您家里人对此都没有怨言吗？

楼琦龙：怨言肯定是有的。所以我非常感激我的妻子，家里都靠她一个人在支撑。有一次我在新安江不能回家过年，她放寒假就挑了两个箩筐，把小孩放到箩筐里，从新安江过来浙西供电局过年。我的女儿出生的时候我也没有在家里，我在永康，参加王占一书记带队的省委“社教”工作队。老婆电话打来，说孩子出生了。我好不容易请了三天假期，回去之后又回来。所以家里小孩子都是她一个人照顾。有一次，不记得是老大还是老二生病的时候，她电话打来，我在修试场当场长，当时正在进行企业管理，很忙，我又回不去，只能在电话里面安慰她。爱人肯定有埋怨，但总体上还是非常支持、理解我的工作。我的工作全靠老伴儿支持，家里上有老、下有小，全靠她一个人，真要好好谢谢她。

采访者：那时候为什么非要200多天在外面，7年时间不回家过年，为什么不多回家看看？

楼琦龙：不是我想这样子的，过年过节的时候，我要是回去了，这边没人处理事情，我也放心不下。轮流值班，按理说是可以的，当时没想那么多，而且人家替不了我。调度所也喜欢打电话找我，我会去安排，而且每次我都自己带人去。

因为电力系统工作有项目，每项工作必须两人及以上，不允许单独一人工作。以前事故抢修时，单位没有客车或面包车，尤其事故大多发生在半夜，我安排人员尽量少而精，大多是各班班长或骨干，所以每个工种我都是成员。工人师傅可根据工种轮流休息，我是各工种的人员，就变成连班转了。

所以那个时候，我就没想到休息，只想到工作，一门心思想着工作。我也不是没有回家过年，有次我回家过年了，没两天公司打电话来了，说有事情要我去处理，我就急急忙忙又赶回去了。

九　工作中心就是为人民

采访者：您曾担任浙江省电力学会高电压支委会委员、省电力学会电力系统专委会委员，还有机电设备招标系统专家组成员、国家职业技能鉴定考评员，这些工作有什么需要重点介绍的吗？

楼琦龙：高电压这个支委是高压试验，因为我原来搞过高试，我们在省里开年会的时候进行过一次交流，一年一次。自动化这块，因为我管过运行。自动化属于管调度，也是一年开一次年会。另外，招标这个说白了就是我们大型设备评标、招标，我当评委。还有职业技能鉴定考评，主要是对考级进行评定。浙西技校刚刚建立时，有关的题目、教材都没有，都是我给出的，我也给他们上课。培训好了，才会考得好；考得不好的话，影响一辈子。

采访者： 您退休之后，除了农电的相关工作外，还有别的工作吗？

楼琦龙： 我彻底放下工作的时候，已经70多岁了。我的眼睛力不从心了。人家也来找过我，现在有的还来找我。我说我给你参谋参谋可以，事情是做不了。有的时候，重大现场我也会去，包括陈升当副局长，有次因为事故处理来请教我。我说："按规范是不太好的，但是根据这个数字，一般运行不会出事情，具体大主意你拿。"有了我这句话，他胆子就大了，直接拍板。

只要他们来问我，我说可以弄，他们大概就放心了。

采访者： 您在电力系统从1964年到2008年工作了40多年，有些什么经验要对年青一代电力人说吗？

楼琦龙： 作为我们这一代人，生长在这个幸福的时代。我们作为电力人就要不断地探索，不断地跟上时代，不断地创新。我们中国人要为人类做出我们应有的贡献。生长在这个幸福时代，很不容易，所以我们不能身在福中不知福，而要不断地进取，不断地开拓。所以我，包括我们子女也是如此。我对他们说："你们要精学技术。"

采访者： 对金华局这几十年的发展，您有什么要总结的地方吗？

楼琦龙： 金华局很有实干精神。金华电力事业随着我们金、义都市区的建立，它的明天是光明的，是很有希望的。其实金华从地理位置来说，不算太优越，没杭嘉湖那么好。但是金华活力很足。金华人有一定的实干精神，义乌人有一定的闯劲。义乌闯劲比较足，金华实干精神比较强，东阳是我们建筑之乡，武义有手工业，浦江有青山绿水，各有各的特点。我对金华满怀信心。"两个一百年"，我是看不到了，但是在习近平总书记领导下，我们国家明天是非常光明的，这个目标肯定会提前达到。我们现在的水平已经不亚于当年欧洲的水平，前途一片光明。

采访者： 电业局有"人民电力为人民"这几个字，您对此有什么体会？

楼琦龙： 电力本来就是国民经济的先行者。我们的工作中心就是为人民，就是为人民的利益，为人民谋福利，就为了让我们的国家越来越好。我对它满怀希望。局长每年一度把我们老干部召集起来开座谈会，我对他们满怀信心。他们的明天肯定会越来越好，我们系统发展也会越来越快。

再见普华
再见梅屿

口 述 者： 何广立

采 访 者： 郑颖、陈盈盈

整 理 者： 朱敏捷、郑颖、陈盈盈

采访时间： 2019 年 4 月 18 日

采访地点： 国网温州供电公司

何广立 1929 年出生，浙江温州人，原温州普华电灯股份有限公司创办人何醒南之孙，1949 年 1 月至 1951 年 5 月，在普华电灯股份有限公司发电车间当学徒；1951 年 5 月至 1952 年 10 月，任公私合营温州普华电气公司发电车间副机工；1952 年 10 月至 1956 年 3 月，在杭州工业学校（组织保送）学习；1956 年 3 月至 1960 年 9 月任杭州闸口发电厂锅炉分场技术员；1960 年 9 月至 1961 年 10 月，任杭州电力修配厂大修队技术员；1961 年 10 月至 1969 年 9 月，任杭州闸口发电厂锅炉分场技术员；1969 年 10 月至 1976 年 10 月，任温州梅屿发电厂锅炉专责技术员；1976 年 10 月至 1978 年 8 月，任温州梅屿发电厂生产组负责人；1978 年 8 月至 1982 年 7 月，任温州梅屿发电厂生产技术科科长；1982 年 8 月至 1984 年 1 月，任温州梅屿发电厂副厂长兼总工程师；1984 年 2 月至 1986 年 11 月，任温州梅屿发电厂党委书记；1985 年 10 月至 1985 年 7 月，兼任温州梅屿发电厂厂长；1986 年 12 月，退居二线，担任梅屿发电厂协理员；1989 年 9 月退休。

一　我的家庭

采访者： 何书记，您好！很高兴您接受我们的采访。您的祖父是原温州普华电灯股份有限公司创办人何醒南，请您谈谈祖父创办温州普华电灯股份有限公司（简称普华公司）的一些事迹。

何广立： 我家与温州电业颇有历史渊源，从1912年我的曾祖父何丽川先生开始，五代人都曾为温州的电力事业服务过。

我的祖父何醒南先生，名传基，生于清德宗光绪五年，就是1879年，出生地是永嘉县（现温州市瓯海区三垟池底村）。在戊戌政变时期，他深受维新思潮的影响，深感清王朝腐朽没落已无药可救，同时也看清了传统的农村经济衰败，原始落后的耕作方式与靠天吃饭的落后思想积重难返。因此，他萌发了工业报国的志向，故不时邀集诸多友人来家议事，寻找机会，为造福乡亲而努力。据老一辈人说，我爷爷青少年时在私塾读四书五经，因健康原因未曾赶上中国历史上最后一次科举考试。

1912年春，温州商人李湄川先生得知宁波药商王香谷转让正在筹办中的电灯公司这则消息后，找到祖父商量，此举正符合祖父的心意，也正由于我祖父的参与，才得以邀请到了乡下许多有识之士，如邻村园底村乡绅高俊青、曾祖父的堂弟何啸秋、祖父的妻弟董仁山，经大家商议，并由祖父与李湄川出面，以5000银圆买下了这个项目，为温州最早创办电灯公司打下了基础。在公司初期的筹建筹资过程中，他又遭到了与王香谷先生同样的困境。温州城内的商贾竟无一人愿意投资，祖父为此倾注了更多心血，撑着病体奔走于乡下亲友之间，做了大量工作，邀同张伯卿（曾祖父的女婿）、项名斋、张迭生、朱翼周（都是祖父的好友）等人入股，总共集资了5万银圆，经商议组建了公司，取名普华电灯股份有限公司，公推李湄川先生、何丽川先生为公司正、副经理（后改为总理、协理）。

我曾祖父何丽川先生在普华公司担任协理一职时间较长，从1912年开始到1924年4月4日第一次公司改组，再次当选为协理，直至1926年，任职长达15年之久，后因年事已高主动辞去职位。

普华电灯股份有限公司原厂址

采访者：请您谈谈您的父亲，他从事什么行业，对您有哪些影响？

何广立：我父亲何纪英先生，字萼轩（1906～1978），1923年毕业于浙江省立第十中学（温州中学前身）。高中毕业后，爷爷病重，两个弟弟都未成年，于是他放弃了继续深造的机会。1924年，祖父去世后，父亲遵照祖父的临终嘱咐，为继承他的“普华事业”，年纪轻轻就进入普华公司工作，被选为公司董事，挑起重担，经受社会历练。

何纪英先生

父亲从1924年投身普华公司起，历任公司董事会董事、协理董事兼科室领导，常务董事等职达26年之久；新中国成立后到1950年公私合营前还一直担任驻厂常务董事，他把一生都献给了普华公司。抗日战争时期，公司面临通货膨胀、资金短缺、物资紧缺等困难，特别是燃料（煤与柴油）遭敌人封锁，发电设备经常发生故障，以及温州三次沦陷，遭到日军劫掠、破坏等。后来在国民党的统治与“三座大山”的压迫下，公司经营困难重重，常常处于难以摆脱的困境。此时，父亲凭着他积累的管理经验与智慧把公司从难以为继的绝境中拯救出来，求得生机。由于他和老普华同人们的坚持，公司虽然步履艰难，但仍一步一个脚印，终于走出了黑夜，迎来温州解放，使公司得以新生。

父亲的一生基本上都在为普华电灯股份有限公司工作，他年轻时也曾担任过家乡池底小学的校长，教过书。在20世纪60年代中后期退职时，干过穿算盘子、穿雨伞骨等手工活。那段时间家里最艰苦，子女多，又没有固定收入，生活特别困难。

他对我影响不是特别大，因为我十五六岁就离家到表姐夫叶侠生医师的诊所当学徒。俗话讲“吃人饭碗，受人照管”。我学医后又去了普华电灯股份有限公司当学徒，社会对我思想影响更多一些。新中国成立以后，我受到党的教育，政治思想上要与当资本家的父亲划清界限，与地主兼资本家的家庭划清界限，觉得自己做得很坚定，与父亲基本上没有来往，他的一些往事我都是从姐妹那里得知的。以下有些事，我觉得父亲做得正确。

第一，他坚守爷爷嘱咐他继承“普华事业”，不改初心，默默奉献，坚守事业一辈子。

第二，在大革命时期，他欢迎北伐军到温州。他于1927年1月加入国民党。“四一二”反革命政变①后，他认清了国民党的丑恶面目，毅然退出了国民党。

第三，1944年9月9日第三次温州沦陷时，他组织人员把主要物资疏散到乡下，将发电设备、重要零部件埋藏于池底、园底和祠堂里。他还把发电

① 1927年4月12日，以蒋介石为首的国民党新右派在上海发动反对国民党左派和中国共产党的武装政变，大肆屠杀共产党员、国民党左派及革命群众。这就是“四一二”反革命政变，使中国大革命受到严重的摧残，标志着大革命的部分失败，是大革命从胜利走向失败的转折点，同时也宣告国共两党第一次合作失败。经过“四一二”政变，国民党基层组织基本瘫痪，共产党在群众中的影响迅速扩大，经历了深刻的锻炼和严峻的考验，共产党初步积累了反正两方面的经验，为领导中国人民把斗争推向新的更高的阶段准备了条件。

机组的重要零部件拆下包装后沉埋在关帝庙前的河里隐藏。这时候，他还拒绝出任日伪乡长。他在家里时常对我们说：“一个人要爱国，要不忘国耻，也要牢记温州被日军侵占的耻辱。”他还把温州沦陷的日期记在自己的笔记本上。

1949 年 5 月 6 日晚，父亲接手做了经理张有才的工作，坚持通宵发电，迎接浙南游击纵队进城，和平解放温州，他自己也通宵在办公室值班。

以上说明父亲有爱党、爱国心，爱憎分明。

他积极拥护党对私营工商业的社会主义改造，欢迎对普华公司进行公私合营。因为在旧社会受到国民党反动政府的压迫，吃的苦头太深，办公司十分艰难，所以他希望公司在党的领导下得到新生、得到发展，还了祖父的心愿。

我年少时，父亲对我影响最深的是他热爱读书。在池底老屋厢房楼上，无论是书橱还是书箱，都堆满了他曾经读过的书，有唐诗宋词、《古文观止》《二十四史》、古典文学、西洋文学，有线装本、洋装本，也有普通的书。凡读过的书，在扉页上都签有他的名字。他的床头、床尾也都堆满书，心情好时他会吟诵唐诗宋词。在中秋时，他与孩子们一起在院子里赏月，有时他会背诵起苏轼的《水调歌头》：“明月几时有，把酒问青天……但愿人长久，千里共婵娟。”张九龄的《望月怀远》：“海上生明月，天涯共此时……”弟弟妹妹们此时也会跟着他吟唱起来。爱书、爱读书，这对我有较深的影响。不同的是，我工作时读专业的工具书较多，这是工作的需要。在普华电灯股份有限公司工作时，我和他接触的机会多了一些，我记得他曾经反复地对我说过：“你要勤勤恳恳做事，清清白白做人，这是曾祖父的家训，你一定要记住。”现在想起来印象还很深刻。

参加工作时，我背着“工商业兼地主”这个沉重的家庭成分，怨恨过出身，与资本家的父亲划清政治界限，我是时刻记在心里的。我很少给家里写信，都是寄信给我二妹。但那时我政治思想还很幼稚，以为与父亲离得越远越好，这样思想界限就划清了。另外，我对家庭成分也是认识不足的，我家人口众多，有 10 个兄弟姐妹，有两个年幼时就已夭折了，所以还有 8 个兄弟姐妹，加上父母，有 10 个人。新中国成立前夕，我家只剩七亩田地，在乡下有几间老屋。我们在温州城里租房，三间屋住十口人。我家除了爷爷在普华电灯股份有限公司的股份外，就没有其他浮财了。说句实话，那时家里已经很穷了，吃饱饭都有困难。大哥在北京大学读书，寒暑假都不回家，在北京打工来贴补自己读书。我十四虚岁做了学徒，几个姐妹在家做零活，都没去上学，那时的家庭已经是破落地主资本家了。

我举个例子，我去做学徒一年要给先生 200 多斤谷子作为口粮。我的衣服都是父亲旧衣服改的。姐妹们的衣服都是大改小，从没做过新衣。正如普华电灯股份有限公司门房（传达室人员）张银标师傅讲：“阿立，你看看，张有才经理一日换三套西装，坐自己的黄包车。你爸怎么一年到头穿那件长衫?”从这里也可看出，我家当时经济极其困难。我妈当时胃病很严重，看不起医生，就喝点苏打水凑合着止痛。新中国成立后土改时，我二叔、三叔家都还有七八十亩田。我家老早就变卖了田地，凑钱去为普华电灯股份有限公司增资解困。因此，“普华”是父亲的命根子，离开“普华”，他就一无所有了，所以父亲的一生为事业奋斗这种精神对我的影响也很深。一个企业家穷困到这个地步，说来别人也不相信，但这毕竟是事实。我家的几个弟妹，包括我在新中国成立后才有书读，而且都参加了工作，政治上也有进步，先入了团，后入了党，评上先进模范，这都全靠中国共产党的好领导，是党教育和培养了我们，父亲对此也深有体会。

采访者：何书记，请您介绍一下自己的情况。

何广立：我生于 1929 年 9 月 1 日，过去的籍贯是永嘉县三垟乡池底，现在是温州三垟湿地中一块袖珍小岛，从前全村不过三四十户人家。我小学毕业于温州三希小学，初中一年级曾在永嘉县联立中学（今温州二中）读过书。1944 年由于温州第三次沦陷，失学在家自修。1945 年 2 月因家境逐渐衰落，父亲把我送到表姐夫叶侠生医师的诊所与他开的延春堂学习医药，开始了我的第一次学徒生涯。1945 年至 1948 年，学习期满，叶先生曾为我取得国民党卫生部的中医师开业执照，但我一直没有正式单独行医。原因是过去病人对中医师的要求特别高，要看的是有大把胡子的、有丰富经验的老中医。而我年纪轻轻，且对中医博大精深的医学理论与方剂确实也没学好。自开诊所是不可能的。说白了，哪个病人愿意送死呢？但留在先生处行医，根据“三年学徒、四年半作”的老规矩，拿点微薄津贴，对贴补家用并无帮助，况且那时在北京大学读书的大哥曾多次来信，问及我学中医的情况。他认为中医落后，迟早会被西医淘汰。他让我再学习去考医学院，要么改行学别的行业。父亲也认为要适应时局变化，还是要我去普华公司学点技术，当个工匠也很好，于是在 1949 年 1 月就把我送进普华电灯股份有限公司。记得当时进去的有十多个学生，第一天经过经理张有才先生亲自面试后，我与高崇濂、陈绍南、林建国被分配到发电车间做学徒。就这样，我开始了第二次学徒生活。

1949 年 1 月到 1951 年 5 月，经过不到三年的学习，我们几个学徒都以优异的成绩提前结束了学习。经考评后，公司给我们发放了副机工（电工）聘书，开始正式工作。新中国成立前的学徒或正式工工作都十分辛苦，每天工作 16 小时，两班连轴转，从早上 7：30 上班，开始擦洗机器，修理、试车，到下午 4：00 结束，晚饭后准时在 17：00（冬令时还早一点）开车发电，直到晚上 12：00 打烊、下班，日复一日，天天如此，没有例假，更没有加班费。这样的工作制度到新中国成立后的 1950 年才得到改变。工友们喜笑颜开，都说党的领导好。

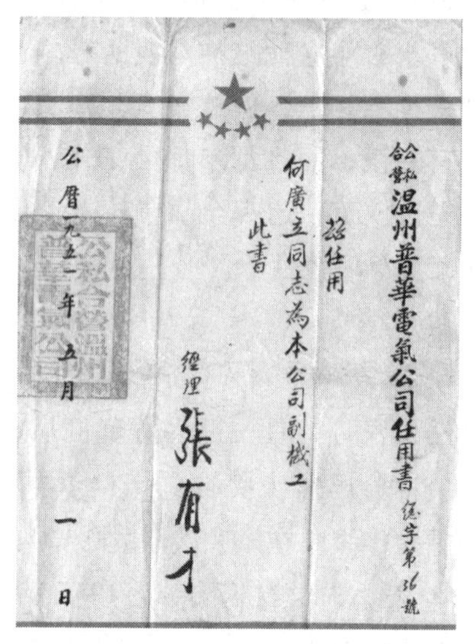
公私合營温州普華電氣公司任用書 [illegible]字第36號

茲任用

何廣立同志為本公司副機工

此書

經理 張有才

公曆一九五一年五月 一 日

（印：公私合營温州普華電氣公司）

1951 年 5 月 1 日公私合营温州普华公司聘任何广立为副机工聘任书

温州和平解放，公司实行军管后，不久成立了团工会与党组织，为防止敌特破坏，成立了工人纠察队，夜间武装巡逻，我也参加了。1953 年，党对公司私营工商业实行公私合营改造，公司得以新生，迅速发展。和平解放后，公司彻底摆脱国民党的统治和压迫与难以为继的困境。在人民政府的大力支持下，公司逐步恢复了生产，求得了发展。

1950 年春天，为响应党的号召，师弟林建国、章达民，还有公司副经理沈笃忱的儿子沈识杰、俞登润师傅的女儿俞珍珍等多人报名参加军事干校。那天公司工会与居委会组织了欢送仪式。我非常羡慕他们，自己却因家庭牵累没去报名。转眼到了 1952 年 6 月，公司工会接到上级通知，动员青年员工报考省重工业厅举办的浙江省工人技术学校，目的是培养无产阶级自己的技术干部。碰上这样的好机会，我不能再错过，于是我立即去工会报了名。我当时觉得自己读书太少，想要有出息，必须读点书，而且哥哥过去来信要求我再学习，今后方能谋发展。同时报名的还有高崇濂同志。通过文化考试后，我与高崇濂同志一起由组织保送去杭州读书。关于被保送的原因，我想大概是组织认为我政治思想要求进步，入了团，工作一贯积极。

在杭州入学时，我文化程度低，基础差，开始学习时异常困难。在校先按文化程度分班补习高中基础课程，如数学、物理、化学、外语（俄语），仅仅半年时间，早晚自修课有专门老师辅导，课外活动时间我们都用来学习，睡觉时还躲在被窝里用手电照着看书。许多同学由于学习困难，思想负担重，患了神经衰弱症，有些中途打报告回了原单位。当时的同学有六七百人，来自浙江省各个地方，有机关青年干部、部队军人，有浙南游击纵队、四明山游击队队员，有工厂青年工人，等等。其中党团员居多，政治气氛浓厚，班上有党、团支部，互帮互学。学校师资一流，有从各省市大学调来的老教授，有大学刚毕业不久的老师，老师的教学水平都很高，讲课深入浅出，学生听不懂时反复提问都不厌其烦，非常耐心，课本大多是浙江大学的教科书，也有老师根据学生水平专门编写的讲义，学习的难点多在数理化课程上。工人学习专业课时，比其他来自机关部队的学员懂得快，学得轻松，因为他们有实践基础。我和其他同学一样，学习也十分努力，很刻苦，经过三四年学习，也有较大进步，成绩在班里属于中上水平。

印象比较深刻的老师有青年教师马骥，他教我们班《金属工艺学》，教学水平较高，深入浅出，条理分明，同学提问时不厌其烦。他年纪与学员相近，特别好相处。我们毕业后，他回浙江大学当了教研组组长，还有个女老师叫何翠贞，广东人，浙江大学毕业。她是闸口发电厂总工程师沈文宝先生的夫人。20 世纪 80 年代，沈文宝先生在省电力公司当副总工程师，何老师也在省电力公司工作。她在校时教我们《机械零件设计》。这门功课大考时，她给我一个“5 +”。试卷发来后，我发现一题还有点错误，便在课堂上告诉她，她称赞我老实，结果改成了“5 –”。她对我产生了深刻影响。好多年后，我在闸口发电厂碰见她来检查工作，她还提起这件小事来。

这段时间的艰苦学习，为我以后的工作打下了基础。通过在学校这些年的学习，我深刻体会到，由于温州多次沦陷和家庭经济的影响，我读书少，落后了，但落后绝不认输，努力绝不言迟，只要你想读书、肯读书，什么时候都不迟。在实践工作当中，当我碰到热力设计内容需要运用数学微积分计算解题时就有困难，需请教别人。因为在学校时学得少，不能熟练运用，所以学无止境，要活到老，学到老。

1956 年 2 月 19 日杭州工业学校机械科首届毕业生机 302 班师生合影
（二排左九为何广立）

二　闸口发电厂工作时期

采访者：您从学校毕业后去了杭州闸口发电厂工作，是吗？

何广立：1956 年 3 月，我从学校毕业，被分配到杭州闸口发电厂锅炉分场当技术员。当时的工作分配完全由学校做主。没有征求学员意见，我与高崇濂同志都是从普华公司出来读书的，而他则被分配到温州电业局工作，我想这与他的家庭出身有关。他的家庭成分是城市贫民，而我的家庭成分则是资本家兼地主。父亲在公司公私合营前是驻厂常务董事，把我留在杭州，对培养和改造我的思想有利；分配到杭州闸口发电厂，这与我原来在电厂工作可能有关系。到闸口发电厂报到后，我被分配到锅炉分场工作，自那时起我就有了畏难情绪。正如俗语所说："隔行如隔山。"锅炉专业与我所学的金属切割专业理论知识相差甚远，况且我连锅炉是什么样子都没有看过。经过一段时间的见习与工作，我发现锅炉分场的技术员还真的很难当，工作繁多，有运行管理、锅炉检修，日常检修要开工作票，写上安全技术措施，分配检修人员，等等。此外，我还要制订分场工作计划、月度总结、备用配件计划、锅炉的大小修计划等，碰到技改还要做设计，初到我就忙得团团转，不知如何是好！于是我就打起了“退堂鼓”，向厂里打了报告，要求调换工作，由于分场缺人，报告很快就被人事科退了回来。接着我横下心来，向省重工业厅写了报告。没过几天，厅里领导就找我谈话：“杭州的社会主义建设到处都缺乏技术人员，闸口发电厂是重要单位，你对锅炉专业虽然不对口，但目前大学都还没有这个专业，你有文化基础知识，可以向厂里的工程师、老师傅学，通过自学与实践，党与组织相信你一定能行。”他的一席话说得我哑口无言，只得退了出来。后来在工作中我还真的照着他指的方向去做，通过党组织教育和培养，经过多年自学与实践，在闸口发电厂崇尚技术的环境里，特别是那些老工程师、老师傅毫无保留地手把手教导下，我进步很快。我到现在都把这些牢牢记在心里，我得再一次向他们说声“谢谢”！

在闸口发电厂工作的第二年，1957 年 4 月 22 日至 5 月 26 日，为了更好地做好锅炉技术工作，上级派我去上海参加华东电业管理局举办的锅炉监察训练班培训，地点在闸北发电厂，授课的老师是华东电管局、杨树浦发电厂、闸北发电厂等单位的著名工程师。课程设有金属材料监督、热工仪表监督、锅炉化学水质监督、焊接等专业。通过学习，我受益匪浅，特别是对锅炉的安全运行有了重要认识。后来，经过在闸口发电厂十多年的工作，对锅炉检修的技术管理、参与锅炉安装的实践，让我获得了许多科学知识，也积累了一些有用的经验。

闸口发电厂原来只有两台美国燃烧公司制造的煤粉炉。自 1957 年开始扩建，到 1959 年增了两台捷克斯洛伐克制造的双炉链条燃煤锅炉，一台民主德国造的链条炉排锅炉，装机容量增至 4.7 万千瓦。我从头到尾参加三台锅炉的安装工作，增加不少知识和实践经验，对锅炉结构也有了新的认识，这对我今后工作特别有帮助。在这期间，为了解决一号、二号炉前墙结焦和提高锅炉出力问题，厂里派我到北京石景山发电厂取经，学习关于水冷壁的技改经验。

从北京回来后，我们就为一号、二号炉增添前墙水冷壁，并进行炉改设计。要增加水冷壁管，就必须对汽鼓进行钻孔，这就需要一套钻扩孔电动工具，在工程师与老师傅们的帮助下，我们特地做了专门工具，使炉改工作得以顺利完成。锅炉经运行试验后，证明炉改取得成功，这套专门工具后来还被借到了梅屿发电厂，为梅屿发电厂的炉改发挥了很大的作用，这是后话了。在 1959 年下半年，浙江大学热机系一位姓陈的教授带学生来闸口发电厂的三号炉进行水封炉的科技试验，目的是减少炉炉排炉漏风，提高炉内燃烧温度，降低灰中可燃物。我参与配合工作，这项科技试验最终由于螺旋出灰机经常发生故障，到 1969 年就停止了。

正是由于我参与上述技改工作，敢于将国外锅炉设备进行改造，后来我被评为杭州市建设社会主义积极分子。这些工作的成功与闸口发电厂的许多工程师、老师傅们的指导和帮助是分不开的，许多工作都是他们干的，是共同合作的结果！

把我这个完全不懂锅炉技术，没有锅炉专业知识的人，放到闸口发电厂锅炉分场重要技术岗位上，这的确是时代的需要，是党培养和照顾了我。闸口发电厂学术和技术气氛特别浓厚的环境，养成了我学习与苦干的习惯。也由于我单身，拥有充分的时间来自学和工作。另外由于我容易与工人师傅打成一片，同吃、同住、同劳动，苦活、累活、危险活都会抢着干，跟着工程师与师傅们边做边学。

工人师傅特别喜欢我，说我没有“臭架子”。其实我学识浅薄，本来就算不上知识分子，只是个小工匠而已。另外，由于当时杭州的电力供应紧张，闸口电厂又是主力发电厂，发电与机组扩建任务重，锅炉技术员的工作也特别忙碌，碰上锅炉故障停炉，必须争分夺秒地进行抢修。有一次，二号炉的省煤器管子胀口漏水，被迫撤出运行，进行放水检修。放水后，省煤器水鼓内温度仍有 50 ~60 摄氏度，要钻进直径只有 600 毫米的水鼓内拆除隔板进行胀管，工作十分艰苦。遇到这样的事，我都会带头与师傅们一起爬进鼓内进行抢修。还有一次，三号炉出事故了，就是捷克斯洛伐克制造的双炉链条燃煤锅炉的一侧炉排因故障而被迫停止运行，必须立即抢修，另一侧炉排原已采取压火处理，但炉排上的火苗仍然很旺，炉内的温度很高，要爬进炉膛，在炉排上检查并排除故障，不仅难度大，而且很危险。因为炉内温度高（60 ~70 摄氏度），粉尘多，还存在上部焦块脱落的危险。没有特殊防护措施，绝不允许任何人冒险进入炉膛，因为这也是违反安全生产操作规程规定的。这时候，锅炉技术员是绝不能让师傅们去冒险的，经主任同意，我穿上浸湿的棉衣棉裤，戴上安全帽、护目镜和棉手套，带上手电筒，率先爬进炉膛进行检查，最终找到了故障点。原来煤中铁件卡住炉排，阻碍了炉排运转，排除故障后锅炉很快就恢复了运行。

1960 年，省电业管理局根据当时各直属发电设备严重失修情况，为确保安全供电，提高各发电厂设备正常运行水平，组织了大修队。1960 年 9 月至 1961 年 10 月，我曾到省电管局电力修配厂大修队工作。当时杭州地区电力十分紧张，加上闸口发电厂、半山电厂，还有衢州化工厂自备电站，所以当时电厂的发电锅炉经常发生故障，各地经常因负荷超载而拉电。嘉兴地区与杭州市因故障拉电发生矛盾，常反映到省政府。为了确保锅炉机组安全运行，以闸口发电厂锅炉检修力量为主，组织 200 多人的大修队到各厂去检修或抢修，以确保安全供电。1961 年 10 月，杭州地区供电正常后，大修队撤销，我们又回到闸口发电厂锅炉分场。

采访者：请您谈谈 1961 年 10 月至 1969 年 9 月在闸口发电厂的工作经历。

何广立：自大修队回分场后，我继续做我的锅炉技术工作。这时候分场已经增加了两位女锅炉技术员，一位叫刘金菊，是上海动力学校五八届锅炉专业毕业生，在分场分管锅炉运行技术工作。另一位叫阮秀珍，是上海动力学校五九届锅炉专业毕业生，管检修这一块技术。她俩都是上海人，专业对口，工作起来得心应手，做得都比我好。当然她俩是女同志，在参与劳动，与工人师傅一起"摸爬滚打"时比我逊色些。我毕竟是工人出身，能与师傅们打成一片，关系也融洽些。遇到零配件加工搬运的活，我都会替师傅们送修配厂加工或取回，苦活累活都会抢着干。

记得第一次工资改革时，分场技术人员评议时，大家都评给我。而我考虑到当时工资比较高，48 块钱一个月，自己主动提出让给别人。这个做法深受同志们赞扬，大家都夸我风格高。

1965 年 1 月 5 日，我参加了在杭州上天竺举办的社会主义教育学习班。学习班一共有 40 多人，班长是闸口发电厂的总工程师沈文宝，我任副班长。经过五个多月的学习，学习班给我的结论是：该学员政治历史清楚。1965 年 6 月 30 日，我回到了闸口发电厂，先到修配厂工作一个多星期，便由锅炉分场给要回去了。我的工作还是老样子，一线三点（宿舍、分场、办公室），无论白天或夜晚，也不管是否休息日，我工作比以前更努力了。

我一直干到 1969 年 9 月底，因故打报告调回温州工作，在闸口发电厂干了 13 年。在党组织的教育与培养下，在许多专业工程师与老师傅手把手教导下，我从一个不懂锅炉专业的外行人到熟悉锅炉这一行，迈出关键的一步。

"文化大革命"以前，我曾多次要求调回温州工作，由于工作需要，领导不肯放人，答应调我爱人到杭州工作，但拖了多年。我调回温州工作的原因，第一是工作忙。我结婚很晚，30 多岁才结婚，婚后爱人身体不好，患有癔病，有了孩子后病情更加严重。她工作两班倒，孩子无人照料，需要我调回温州。第二，1968 年 7 月 18 日，在北京良乡电力部电力技术研究所工作的弟弟因公突然亡故，弟弟、哥哥都不幸在北京去世，这对家人打击很大，我想调回家乡以慰亲人。第三，我得知梅屿发电厂正在筹建、温州电业局请求省局调人支援的消息。根据当时的政策，干部不准调动，我便以工人身份，与在杭州实习的湖州电力技校的一批学员（工人）一起调回温州。

三　梅屿发电厂工作时期

采访者：请您谈谈在梅屿发电厂炉改工作以及您的工作经历。

何广立：1969 年国庆节一过，我去温州电业局报到，被通知去东屿发电厂参加一个政治学习班的学习，之后在东屿电厂锅炉检修班和三号炉炉改小组劳动了不到一个月，因梅屿发电厂炉改急需锅炉技术人员才正式调过去。我参加了梅屿发电厂的边设计、边施工、边安装一揽子工程工作，直到 1972 年 1 月 21 日，第一台 1.2 万千瓦汽轮发电机组正式并网发电。

出于习惯，我总是把自己放在学徒的位置上，向别人讨教，通过学习来弥补自己的不足。如果发现问题，我也会与别人探讨，来求证自己的认识。由于在闸口发电厂养成的工作习惯，我上班前会先到锅炉房现场转一转。有一天我到现场看施工进展情况，看到锅炉烟道处有一个四米来高的水泥平台，经询问后得知，这是锅炉送风机的基础，我觉得很奇怪，为什么送风机要做高位布置？这与设计布置的惯例不同，到底有何优点？我便去找设计者请教，他说："高位布置是打破框框，不仅可以节省送风道布置，还可减少压头损失，等等。"

我也向他谈了我的看法，我认为高位布置并不科学。送风机出口与空气预热器直接连接，送风时会产生空气屏障，压头损失更大，不仅会降低空气预热器的效率，还会影响锅炉燃烧。同时，高位布置也不利于检修。一时间我也说服不了他，但他还是同意去指挥部反映这个问题。经过一番讨论，指挥部决定与省水利水电勘测设计院联系，该院当时正好有一个锅炉辅机设计组在温州化工厂现场工作，于是立即派人去请他们来做指导。那天，在梅屿发电厂大会堂召开了由设计人员参加的大会，省水利水电勘测设计院几个同志带来苏联的一些典型锅炉辅机布置图与为阿尔巴尼亚设计的图纸进行了现场讲解，结果推翻原来的设计，重新做了布置，使问题得到了解决。许多年后，该同志调回家乡上海工作，与我一直有联系，非常友好。在这里值得一提的是，当时的领导对所有设计有错误，甚至要返工的同志都没有处理，只要认真大胆工作，敢于创新，允许犯错，这对当时的技术人员是一种积极的鼓励，也促进了团队的协作。

我从 1969 年到梅屿发电厂当技术员开始，到 1989 年 9 月退休，在梅屿发电厂担任过技术员、生产组负责人、生技科科长、副厂长兼总工程师、党委书记、厂长与协理员等职务。

这里谈一件在梅屿发电厂令我印象深刻的事。1971 年 9 月，我在检查锅炉主蒸汽管向汽轮机输送的连接集箱时，发现位于锅炉控制室后面有一段无缝钢管的材质是高碳钢，按锅炉监察规程和设计规范的要求，中压锅炉的主蒸汽管道的材质必须是 20 号优质低碳钢的无缝钢管，这显然是用错钢材了。如果投入运行，有可能会发生爆管事故，后果不堪设想。经检查，管道设计选用的钢材确实是 20 号优质碳素钢无缝钢管，只是由于当时市面上缺货，采购员从江西购买了石油输送的 60 号高碳钢管来代替。他由于缺乏相关知识，不小心把它用上了。我当时就把这个问题上报到指挥部，相关领导也知道这段主蒸汽管道用代替材料的管子，但对其存在的危险性认识不足，觉得使用一段时间后，待有了钢材便将它调换下来，所以这个问题搁置下来。由于我在 1957 年上海华东电业管理局举办的锅炉监察训练班学习过锅炉金属材料监督，觉得非调换不行，如果投入运行，时时都有爆炸的危险，心里非常着急。

事有凑巧，大约过了两个星期，浙江省电力管理局的电力技术中心研究所派梁多乐同志来梅屿发电厂检查工作，我就向他反映，请他帮助解决。在他的努力下，得知衢州化工厂热电厂有这种规格的 20 号优质低碳钢无缝钢管。恰巧热电厂的厂长原来是闸口发电厂生技科科长，我们都认识。当天指挥部就派我和修配厂的一位同志出差去衢州化工厂，终于弄到了管子，排除了严重的安全隐患，从而使今后的机组安全运行与工人的人身安全得到了保障。

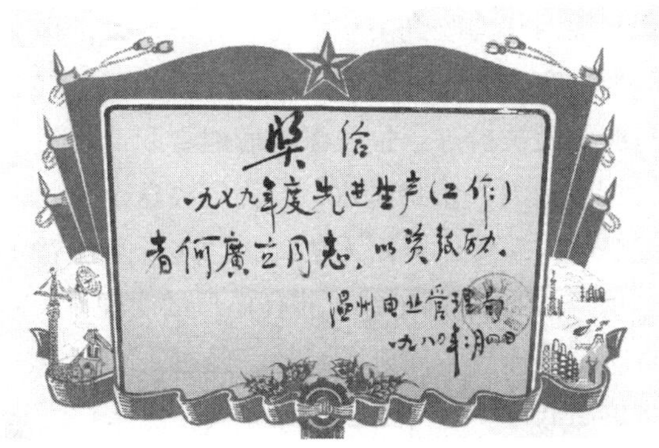

1980 年 2 月 4 日何广立荣获温州电业管理局颁发“1979 年度先进生产工作者”荣誉证书

采访者： 梅屿发电厂在运营中曾出现供水、运煤、出灰等问题，后来如何解决此类问题，详细经过您能回忆一下吗？

何广立： 随着发电机组增加，生产规模扩大，供水、运煤、出灰矛盾日益突出。因循环水取自小河道，每逢枯水季节，水位下降，供水紧张，不仅影响煤耗，而且危及正常发电。煤炭运输早期，从市区西郊煤场用汽车运煤，全程 10.8 公里，其中 1.7 公里穿过闹市区，运程长，运费高，事故多，污染严重，人民群众意见纷纷。出灰条件也较差，对附近农田、水域造成一定污染。为改善出灰、运煤条件，省局总投资 100 万元，分别于 1982 年、1983 年完成水冲灰工程和运煤改道工程。在一段时间里，运煤路线改为由温州化工厂码头，穿越 456 米隧道运抵厂内，运距大大缩短。

那时我除了分管生产外，还监管上述两个技改工程。我不懂土建和隧道工程技术，在技术上主要依靠几个土建技术人员，如麻国权、卢德荣等人把关。隧道工程当时是靠大锤和风镐人工掘进的，进度慢，而且有塌方危险。我们对安全防护还是比较重视的，在工程建设期间都未发生人身伤亡事故。我们在征田（地）赔偿青苗方面也把关甚严，要求工作人员在谈判中不得送人情、讲面子，不准与关系农户、村委会吃喝与拿要，杜绝贪腐，工程的成功完成。运煤、出灰工程完成后，改善与减少了沿途的污染。改造工程的经济效益显著，深得市民赞扬。

再谈一谈有关电厂循环水供水困难的问题，这在电厂选址时就已存在。因为取水的梅屿小河道，在枯水季节水位下降影响正常供水，使煤耗增加，危及正常发电。特别是在水荷花旺盛季节，水荷花大量地漂进水道，虽然进水口设有拦污闸，但一旦被污塞，或者由于凝结器管被堵塞，循环水减少，汽轮机真空就会下降，必须减负清理凝结器。清理净水拦污闸是一项既辛苦又危险的工作，而且必须有识水性的师傅跳到河里，用手去清理，特别在秋冬季节，水温低，还需喝点烧酒来御寒。为解决这个问题，厂里曾在河道上游设置拦污装置，但因影响农民船只航行而被拆除，也曾派人雇船专职清理过。在夜间，远处的野荷花又被水流（因有吸力）带到进水口，为解决这个难题，厂里曾派员去外地电厂取经学习过。但因需要征田而无法实施。这个问题后来就习以为常而被搁置。1986 年 12 月，我主动退居二线，担任电厂的协理员。此时，我打算解决供水问题，在征得总工程师潘骏同志同意后，经过一番研究，我设计了一种浮筒式拦污栅，随水位高低自动升降的拦污栅布置在进水口十米左右，既不影响船只航行，又可把水荷花挡在上面，下面照样水流畅通，从而保证循环水的正常供应，较好地保证了安全经济运行，此后也不再需要专门安排人下河清理。

20 世纪 80 年代何广立在梅屿发电厂的工作照

采访者：1983 年年底，温州电网并入华东电网，与大电网联网后，梅屿发电厂机组曾一度停开，请问当时停开的具体情况是怎样的？

何广立：温州电网与大电网联网后，梅屿发电厂机组曾一度停开，由于对锅炉设备保养有所忽视，重新投入运行后，设备事故频发。为进一步落实安全措施，需要对设备整修，1987 年我们对化学水处理进行了改造。工程竣工后，水、汽质量符合规定要求，安全面貌得到改观。1988 年安全日 208 天，无考核事故 410 天。

1983 年并网后梅屿发电厂一度停发，停发期间，特别是锅炉设备需要进行停炉保养，当时常用措施有短期停炉与长期停炉的区别。短期停炉一般是将锅炉进满水，保持 2 千克/平方厘米～3 千克/平方厘米压力，保养期间要保持压力，防止因泄压流入空气造成锅炉腐蚀。这个方法操作简单，容易管理，锅炉重新启动快速方便；长期停炉则需在锅炉停炉时冷却到一定温度进行锅炉放水、干燥锅筒、集箱等部件，然后在锅筒和集箱内放置干燥剂（一般采用石灰），然后封闭，进行保养，隔一段时间更换干燥剂，内部如果潮湿，还得重新烘干设备再进行保养。

这段时间我担任副厂长兼总工程师。由于保养措施未得到很好落实，锅炉受潮发生腐蚀，致使锅炉再重新投入运行时，锅炉受热面管子漏水事故多发。发生腐蚀的原因有以下几个：第一，运行锅炉保养措施没有落实，没有监视好锅炉的保养压力。第二，锅炉补充水的软水水质没能达到规定要求。第三，漏水大都发生在一号锅炉，这与基建期间管子堆放时间过长且管口木塞脱落有关。所以，一号炉经过整修换管与除盐水处理投运后，安全运行有了提高。

1987 年，陈学胜同志担任梅屿发电厂厂长，非常重视化学水处理的改造，除盐设备的运用给锅炉水质提供了可靠保证。过去中压锅炉的发电厂水处理一般采用 732 号树脂处理。处理后的软化水作为锅炉用水，高压锅炉都采用除盐设备进行化学水处理，所以改造后的锅炉水质大大提高了。

采访者：温州很多优秀的电力人才都曾在梅屿发电厂工作过，您认为梅屿发电厂能够涌现出那么多优秀人才的原因是什么？

何广立：我个人认为这与建厂时的技术人员在缺资料、缺经验等困难条件下参与自行设计炉改攻关的技术氛围，以及养成的产研结合习惯有关。同时，这也和当时的领导容许技术人员在设计研创中犯错误有一定关系。特别与改革开放以来，相信群众、依靠群众、放手技术人员大胆工作的导向有关。国家在 20 世纪 80 年代颁布了技术职称的晋升规定，调动了技术人员的积极性。温州市以电业局为依托成立了电力工程协会；市科协为发动全市广大科技人员积极写论文，成立了自然科学论文评选委员会；电业局还组织开展合理化的建议活动。这些措施都极大地调动了技术人员的积极性，取得很好的成效，推动温州电力事业的发展。据我所知，1981 年 9 月 7 日，全局有 23 位同志晋升工程师职称，1988 年全局有 22 位同志晋升高级工程师。过去高级工程师的晋升，党政领导不占指标，中专学历除英语要求外，还要求参加华东电管局组织的专业理论知识考试。同年，通过组织考试，我也得到了高级职称。

1982 年温州市人民政府授予何广立的劳动模范证书

专业技术职务
任职资格证书

经评审委员会评审，确认何广立同志具备高级工程师的任职资格。

一九八八年 月 日

编号：浙电高工

1988 年浙江省电管局颁发给何广立的高级工程师任职资格证书

采访者： 由于温州多发台风等自然灾害，对此您有哪些印象深刻的事，台风对温州电力系统造成哪些影响？

何广立： 据我了解，1960 年 8 月 2 日凌晨，投入运行不久的 110 千伏温百线，因遭台风袭击，造成牛山变电所至桐岭段线路倒杆 9 根（其中 3 根为杆身折断），而被迫停电。温百线设计抗风能力为风速 30 米/秒，而此次台风过境时，平均风速为 32 米/秒，瞬时风速达 36 米/秒，经过一个月奋力抢修，才恢复送电。1971 年 9 月 21 日，23 号台风过境，温州电力系统 10 千伏以上线路倒杆 498 根，断杆 312 根，断线难以计数。1972 年 8 月 17 日，9 号台风在苍南县金乡附近登陆，该县电力设施损失严重，10 千伏线路木杆断杆 3435 根，倾斜 6620 根；10 千伏、35 千伏水泥杆断杆 130 根，倾斜 1915 根；损坏变压器 25 台，容量 1730 千伏安。1985 年 7 月 30 日，6 号台风在乐清县登陆，使该县电网倒杆 3429 根，断杆 835 根，部分变压器被毁坏，造成全县停电。1987 年 7 月 27 日夜，7 号台风正面袭击温州市，市区及沿海各县风力达 12 级以上，持续时间三个多小时，温州电网遭受严重破坏。全市 2/3 的 35 千伏变电所停电；172 条 10 千伏线路，因倒杆、断线而停电的有 151 条；电力负荷从 14.5 万千瓦骤降至 0.4 万千瓦，东屿、梅屿发电厂被迫停机，温州电网濒临瓦解。全市工业生产瘫痪，供水中断，排涝受阻，稻田遭淹，报纸停刊，电台停播，告急电话不断。因受灾面积大，灾情严重，抢险救灾任务十分艰巨。全市被强台风刮断高压电线杆 951 根，低压电线杆 2211 根，断线数百公里，损坏变压器 105 台，并损坏一批其他电力设施。在关键时刻，温州电业职工公而忘私，全力以赴，抢险救灾。经过连续四昼夜的团结拼搏，基本恢复了正常供电，为恢复生产做出了贡献，受到中共温州市委、温州市人民政府及浙江省电力工业局的嘉奖，并被评为浙江省 1987 年防汛抢险先进单位。1990 年夏秋之际，有 5 次台风袭击温州，暴雨成灾，电网屡遭破坏，泰顺、文成等县小电站被淹，造成重大损失。百丈漈电厂 4 次泄洪，历时 197.5 小时，泄洪总量达 3659 万立方米。

采访者： 您是何时退休的？

何广立： 我是 1989 年 9 月退休的。退休后，为发挥余热，做了一些与过去职业相关的工作。20 世纪 90 年代，我还在黑龙江五常县一面坡啤酒厂搞设计，安装 750 千瓦的汽轮发电机组，利用锅炉余热进行发电。

20 世纪 90 年代何广立（右）退休后在黑龙江五常县一面坡啤酒厂检查汽轮发电机

采访者： 今年（2019 年）是中华人民共和国成立 70 周年，新中国的电力发展也走过了 70 年的光辉历程，请问您有怎样的感悟、期待和展望？

何广立： 我是我家的第四代，也算是老普华公司的一员。1953 年普华电灯股份有限公司新生，公司的公私合营改造，成为温州新电业的一员。我的第二个孩子是一名电工，也有幸参加了国网温州供电公司瓯海供电服务部的工作。我家五代人先后为温州电力事业服务过。

对于祖辈与他们的同人，为创办温州电业之艰辛，守业之不易，初心不改，默默奉献及敢为人先的精神，也影响了我的一生。只要我还有一口气，我会继续教育我的后代，永远跟党走，要高举习近平同志新时代中国特色社会主义思想伟大旗帜，为温州的发展与再创辉煌贡献自己的微薄力量。在庆贺新中国成立 70 周年到来之际，我要感谢党与国家对我的教育和培养，同时我要感谢所有帮助我成长的同志，向他们说一声“谢谢”。对于参加温州电力建设的新电业人，我们应紧跟改革开放的步伐，坚持敢为人先的温州精神，甩开双手，努力为温州的电力建设事业贡献自己的力量。

写进史书的永嘉电力

口 述 者： 尹德义

采 访 者： 陈建红、陈盈盈

整 理 者： 陈建胜、李成乾、郑颖

采访时间： 2019 年 3 月 18 日

采访地点： 国网永嘉县供电公司

尹德义 1936 年出生，江苏南京人，中共党员，大专学历，工程师。1957 年毕业于南京水利学校，被分配到浙江省水利厅，根据需要再分配到温州专署水利局。同年，他被借调到永嘉县水利局，曾任永嘉县水电学校副校长（主持工作）兼教导主任、永嘉县工业学校教导主任、永嘉县国营罗浮翻水站站长；1965 年与 5 人筹办永嘉县水利电力公司，1988 年 2 月任永嘉县水电公司副经理；1984 年任永嘉县第三届政协委员；1988 年任永嘉县电业局调度所所长、工程师，其间连续 5 年获得温州电力调度评比第一名；1993 年任北溪水电站工程办公室主任兼工程管理主管，1997 年退休返聘到北溪水电站任办公室主任，再工作了 8 年。他曾在 1986 年荣获水利电力部颁发的从事 25 年以上水利工作荣誉证书。

一　早年经历

采访者：尹工程师，您好！请您先简单地介绍一下自己的早年经历。

尹德义：1936 年 12 月 26 日，我出生于南京市。1937 年 12 月 13 日，日军攻占南京，为躲日军暴行，我父亲挑着我和哥哥到长江北岸农村避难一个多月。我 5 岁开始接受启蒙教育，在南京当地私塾学堂念书。当时读《百家姓》《三字经》《千字文》，练毛笔字，练珠算。那时，由学生家庭轮流供给私塾先生伙食，逢年过节还送粽子、鸡蛋、月饼、石榴之类礼品。老师要求很严，学生上课不得外出，解手要拿牌子上厕所。我们每天早上到校背书给老师听，背不上来就要挨板子，背朝老师打板子，学生看不到；有的学生还要罚跪，或叫家长放学来领。这使学生们每天提心吊胆。我胆子小，怕挨打，怕罚跪，更怕家里人来领，觉得丢人，所以我放学回家就读书默记，书背得滚瓜烂熟，父亲还帮助我认字。所以我从未挨过板子，也从未被处罚过。我 7 岁开始上南京的国民小学，一开始就读二年级。这是一个复式班。学生活动自由，老师和蔼可亲，不骂人不打人，学生对老师很尊敬。

1951 年我报名考取中学，住到学校过集体生活，睡上下层格子铺，学费、书本费、伙食费都由学生自理，吃饭在大餐厅分桌，有菜有汤，有荤有素，一日三餐管饱。当时我们响应毛主席号召“思想好、学习好、身体好”，学校上午有课间操，还有油条、豆浆当点心，增加学生营养，提高学生体质。中学毕业后，我就报考华东水利专科学校①（后更名为水利部南京水利专科学校），这是我国培养水利干部的摇篮。

新中国成立以后，这所学校的招生工作才开始。当时招生基本上不需要考试。1954 年以前，生源比较少，基本上能够满足读书的需要。1954 年考试制度改革后才实行统一招生。因为南京的这个水利学校是华东地区“六省一市”② 中唯一的水利学校，考试的人就比较多。所有人都很紧张。当年招生

① 华东水利专科学校，现为河海大学，1952 年南京大学水利系、交通大学水利系、同济大学土木系水利组、浙江大学土木系水利组以及华东水利专科学校合并成立“华东水利学院”，1960 年被中共中央认定为全国重点大学，1985 年恢复传统校名“河海大学”。

② 华东“六省一市”是指上海（市）、江苏、浙江、山东、安徽、福建和江西。

240 名，有 6 个班级 3 个专业，报名人数达 2100 人。当时广东籍华侨生、朝鲜和越南代培生也来这所学校读书。当我的录取名字、准考证号刊登在江苏《新华日报》上，录取通知书邮寄到我家时，我和我的家人欢天喜地，特别是我父亲，他非常高兴，难于言表。我想，我的录取是对他最好的回报，父亲高兴地帮我提行李，送我到学校报到。

我们这所学校由国家财政供给，学生住吃、书本都不花钱，大餐厅供学生就餐，八人一桌，中、晚餐有四菜一汤、米饭；早餐有稀饭、油条、馒头、包子、小菜，节日加菜。星期天、节日放假不就餐还发给误餐补贴费。学校有大礼堂、图书阅览室、医务室（看病、体检、吃药公费报销），每周六晚上在大礼堂举办师生舞会，休闲娱乐方式很多。所以，当时我在校读书无后顾之忧。

采访者：请您谈谈在校期间的两次实习经历。

尹德义：第一次实习是 1956 年 6 月到东北抚顺大伙房水库电站工地实习，其间参观了中国最大露天煤矿——抚顺煤都和东北最大工业城市——沈阳。大伙房水库是东北一座集蓄水、防洪、灌溉、供水、发电于一体的大型综合性水利电力工程，也是向沈阳、抚顺供水供电的工程。当时建造水库，劳动力缺乏，当地的劳改犯都要到工地上去劳动，参加水库建造。当时工地的房子都是三层楼垒起来的，有五六栋大楼，实习期间我们 40 个人都住在那个大楼里，吃住都在里头。东北那时候吃小米和高粱米，我们南方人不习惯，南方人都是吃大米。这些食物对我们来讲是不习惯的。但是那时候已经实行粮食定量供应制度，高粱米也得吃，小米也是一样，平时可以少吃点儿，但是如果一日三餐都吃，我们很不适应。领导后来考虑到饮食习惯，就给我们南方的学生吃大米。实际上，不但是我们这个学校的学生，还有很多的学校，比如武汉、西安那边的学生也到大伙房水库去实习。那个时候东北的铁路交通很方便，工地都有直达火车。实习结束后，报请水利电力部批准，同意我们返程回校途经北京留一星期游览，北上的 40 名同学欣喜若狂。但上级规定，到北京不得住旅馆或招待所。我们带队老师联系上北京一所小学，当时这所小学放暑假可提供住教室，吃饭发伙食费，自由买吃的。那时北京食品价格便宜，煮碗面条七分钱，买个馒头三分钱，一杯豆浆一分钱。景点不收门票，公交车、有轨电车票价更便宜，所以发给我们的补贴费绰绰有余。大家都是小伙子，结对出门有胆子，每天早出晚归，跑遍北京城的大街小巷和名胜景点：八达岭长城、京张铁路、天安门广场、前门大街、金水桥、午门、故宫博物院、东长安街、王府井大街、颐和园、北海公园、天坛祈年殿、圆明园……看到这些文物古迹、园林设施，我不禁为我国是世界文明古国而骄傲和自豪。北京是我国首都，是我们敬爱的领袖毛主席居住的地方，我们日夜盼望有一天能上北京，现在终于实现了这个愿望，我们内心感到格外快乐。同学见面总是笑个不停，大家说："回校后更要加倍努力学习。"

第二次实习是在 1957 年 4 月。当时我们毕业设计是到苏北射阳港水闸工地实习。苏北淮河上的这座大型水闸是响应毛主席提出的"一定要把淮河治好"的号召而建设的。该水闸每孔净宽 10 米，共有 20 多孔，具有防洪、排涝、挡潮、灌溉综合用途。这次实习很重要，受益匪浅。后来我分配到永嘉县水利局工作，第一个工程就是建造上塘陡门（水闸）。虽说这个陡门规模小，但它的设计程序一样复杂，我设计施工这项工程也是轻车熟路，十分有把握，而且非常成功。

1957 年 6 月，水利电力部组织专家对毕业生进行考试。实行"抽题答辩"，这是面对面的按题答辩，我们感到很紧张，抽到题准备 20 分钟，同学轮流凭号进考场，自己先答题，然后专家组分别提问答疑，想获得毕业证书很不容易。我们毕业后由全国统一分配工作，我被分到浙江省水利厅（当时我班只有一名已婚的男同学，南京人，留在江苏，分到苏北淮安），这是按我第一志愿分配到浙江。8 月 16 日我前往杭州报到。清晨，父亲陪我步行到南京火车站（位于下关），乘坐六点多钟到上海的火车。我出门行囊很轻松，一只旧皮箱装书，一床薄棉被、线毯。父亲帮我挑着，上火车时我热泪盈眶，父亲强忍着泪水对我说："到时写信回来。"我到达上海火车站，已是灯火辉煌时分，大街两旁霓虹灯闪烁着耀眼的华光，按父亲给我的地址乘黄包车往浦东方向穿过提篮桥黄浦江外滩，到达父亲朋友家，他家房屋虽小，仍腾出一张床给我睡觉。第二天，他还陪我到大世界、城隍庙游玩，到南京东路、福建路一带乘有轨电车看街景，并买到隔日去杭州的火车票。

二　献身永嘉水利电力事业

采访者： 请您谈谈您到浙江的工作经历。

尹德义： 我乘火车到达杭州，向浙江省水利厅报到后，暂住浙江省水利水电勘测设计院招待所。我们班四名同学分到浙江，大家聚在一起等待分配，借此间隙我们还到西湖、苏堤、白堤、灵隐寺、岳坟、钱江大桥、六和塔、虎跑、玉泉等景区参观（那时不收门票）。

五天后，浙江省水利厅召开茶话会，宣布我分配到温州专署水利局，会后开介绍信，发给我车旅费，买好汽车票。次日六点钟，我乘汽车经金华、丽水、青田到梅岙渡口乘渡轮过瓯江，到温州时已天黑，住在市政府招待所。第二天到温州专署水利局报到，我被分配在工程科。工作半个多月后，全国开展治山、治水运动，永嘉县水利局向温州专署水利局申请借调水利技术干部。温州专署水利局同意把我借调给永嘉县水利局，那是1957年9月。那时专署水利局在温州蛟翔巷，永嘉县水利局在信河街，仅一街之隔。没想到这一借，就借了48年。

采访者：请您谈谈到永嘉的初期工作经历。

尹德义：1958年8月，永嘉县政府机关迁到瓯江北岸楠溪江中游的上塘镇。永嘉县委、县政府搬到上塘时没有电力供应，同年9月县政府临时在上塘前村安装一台20千瓦的柴油发电机，一日三次发电供应永嘉县广播站广播用电。永嘉县委、县政府办公室在上塘供销社楼上，也由此临时供电。我们县水利局租住在上塘浦口村民房里，办公没有电，晚上靠蜡烛、煤油灯照明。1959年7月1日，温州行政公署批准建设“地方国营永嘉电厂”，独立经营，纳入县财政预算，地点在上塘镇浦口村方弯巷内，电厂规模为80千瓦发电机，主变容量100千伏安，分三条63千伏线路输送电量：第一条线路从电厂到永嘉百货公司十字路口，安装一台50千伏安变压器给县机关和上塘后村人民用电；第二条线路从电厂到下塘山永嘉铁工厂，距离3公里，安装一台30千伏安变压器，给永嘉铁工厂用电；第三条线路从电厂到浦东陡门头，约2公里，安装一台变压器，容量30千伏安，供永嘉县造纸厂用电。这就是永嘉县城上塘镇范围工业和照明用电的初始。

我到永嘉县水利局报到后，当时副局长戴兆一（主持工作）很热情地欢迎我到来，并表示：“你刚到温州听不懂温州话，先熟悉环境，暂不用下乡。”听过此话，我非常感动，但搞水利工作必须下乡、下基层工地，一个月后交给我的任务是：委托我负责筹建上塘陡门工作。组织上配备一名来自七都的老水利员给我当联络员，他会讲普通话，可以当翻译。上塘陡门规模虽然不大，但重要性显著，关系到上塘、中塘的防洪灌溉，是温州专署重点工程，有财政拨款。当地政府相当重视，我们指挥部租住在民房。上塘、中塘乡镇机关工作人员，还有中小学师生，星期天常来工地义务劳动，做了很多贡献。正当工程进行得热火朝天之际，组织上将我调离。

原因是这样的：1958 年 4 月 6 日，永嘉县委农村工作部通知我到温州东南剧院参加县委召开的县机关干部“上山、下乡、下海”动员报告会，并推荐我在大会上做典型发言，剧院全场满座。我发言的题目是《祖国需要就是我的志愿》，主题是作为一名年轻的知识分子干部，要听从党的安排到农村去接受锻炼。报告结束后，会场上掌声四起，《浙南大众报》记者现场采访了我，并将我的发言刊登在第二天的报纸上，这让我的名字传遍温州各地。

我荣幸地被批准上山到永嘉县四海山农业社劳动锻炼，同去的共 40 人，数我年龄最小，还有县委、县政府各部门在职机关干部、在职教师，多数是单身男性，也有夫妻俩的。当时我们由永嘉县民政科科长谢选祥带队，从温州乘轮船到沙头，转乘木炭汽车到岩头镇住宿。那时岩头中学已有电灯，沙头到岩头这段公路是永嘉县北岸的唯一沙石路，永嘉县政府驻在温州。第二天我们带着行李步行从岩头出发经鲤溪、抱岙、杏岙、张溪，爬山到四海山，行李是雇村民挑上去的。我没有走过这么远的山路，走到脚起泡，同队好友都帮助我、照顾我，我也感到很快乐。

此时正值春耕季节，我们闲不住，大家住通铺，吃食堂，已婚夫妻则有单独的房间。集合令一响，大家就上工，除草、翻土、耕地、积肥料……我什么也不会，学着割草，还有养牛。到插秧季，要割青草准备做基肥，我每天上路边割草，开始半天割 30 斤，以后能割到一百来斤，进步较快。后来我又去种豆，压番薯藤，所有的农活逐步熟悉，即使感冒也坚持干活。四海山上雾天多，我们干活没有礼拜天，天天上工。晚上自由活动，没有电灯，只点油灯或蜡烛照明，下雨天休息或队委会组织集体开会学习。劳动锻炼期间，我积极认真，从不迟到、早退，从不拣轻避重，少休息，多干事，尊重领导，同人和睦，国庆节期间我还被评为积极分子。我在四海山劳动锻炼半年多，1958 年 11 月回机关工作，农业社评定我为先进工作者。这个材料现在都存在我们县人事局档案中，前两年我找到了。

1958 年，永嘉大办水利，拟在楠溪江中游、太平岩上游的渔田村建造渔田大型水库，在渔田村办水泥加工厂，兴办永嘉县水电学校，为水利工程输送技术人才。1958 年 11 月县委组织部调我担任永嘉县水电学校教导主任（后任副校长），主持教学工作。学校首次招到的 100 名学生，户口迁到学校，粮食国家供应，教师由县水利局和教育局调配，我负责编制教学大纲。学生食宿、学费全部由国家负担，校舍占用渔田村民房。此时大办水利运动开始，1959 年，学校提前让 40 名学生毕业，他们被分配到国营永嘉电厂、重点水库、水利工程白水漈水电站、新开垟水库工程。我们还选派部分学生到新安江浙江电力专科学校深造，到黄坛口水电站培训、实习。永嘉县水电学校出色的成绩，引起浙江省、温州市教育部门关注，水利电力部教育司还派干部来永嘉县政府了解办学经验，在 1960 年 10 月拨款 3.5 万元给永嘉县投资建造永嘉县水电学校校舍（位于下塘山）。

1959 年 8 月、1960 年 8 月合计再招 4 个班级，共计 200 人，但户粮关系不迁，学生自带粮食蒸饭，助学金标准也降低，不发副食品供应票。后来，学校发展到 6 个班级，计 300 人，教师员工 14 人。学校曾三易其址：开始在沙头镇响山村，1959 年春搬到沙头镇渔田村（永嘉县拟建鲍江水库地点），1959 年暑假迁到上塘镇横溪村，有三座祠堂作为校舍。学生不仅在课堂上接受知识教育，还参加大办钢铁运动，到楠溪江边淘矿砂，洗铁砂，到下堡村、戈田林场收番薯，种麦，植树造林。那时农村大办食堂，刮共产风，吃大锅饭、大锅菜，不收钱。我们师生也享受优待。

1961 年以后，我们国家提出“调整、巩固、充实、提高”八字方针。教育战线也要贯彻八字方针，原来永嘉县有 8 个技术中等学校，比如农业、工业、师范、卫生、林业、水利等。永嘉县水电学校把最后招进的 4 个班级共 200 名学生放回农业生产第一线，留下的一个班是吃商品粮的学生，并到永嘉县农业专科学校。不久该校也解散，教师回归原部门。在这个调整阶段，我调到永嘉县工业学校当了大约半年的教导主任，这是跨行业了。本来水利局要把我要回去的，但是要不回来。后来这个工业学校也调整，我就又回到水利部门。

采访者：从永嘉县工业学校出来以后，您担任永嘉县国营罗浮翻水站站长，这是什么时候的事情？

尹德义：从 1963 年开始，我在这里待了一年多。在这里，我也发挥了我的专业特长，对翻水站进水口进行移位改建，抽进的水水质清澈，咸度降低，有益于灌溉。

采访者：1965 年，您参与永嘉县水利电力公司的筹建，是吗？后来很长一段时间，您都在永嘉县水利电力公司工作，请您谈谈这段工作经历。

尹德义：是的，1965 年 5 月 13 日、5 月 18 日，永嘉县委、县人委①分别发文决定建立永嘉县水利电力公司（后称永嘉县电力公司），下设电力安装

① 县人民委员会是“文化大革命”前的县政府，主管县里行政事务。

队、白水漈水电站、小子溪水电站、下岙水电站。当时上级撤销了永嘉发电厂，并入了电力公司，公司实行一级核算（县人委〔1965〕56 号文公布）。张学明（原永嘉县财贸部部长）任公司党总支书记，戴兆一（永嘉县水利局副局长）任公司经理，我、何伯春、唐成钿、葛光恩从县水利局调到县水利电力公司工作。

1969 年 12 月 24 日，永嘉县电力公司革命委员会诞生，原永嘉县水利电力公司改名为永嘉县电力公司。张学明任永嘉县电力公司革委会主任。

采访者：1978 年改革开放以来，永嘉县电力公司工作开始走上正轨。在改革开放初期，永嘉县电力事业还存在哪些不足的地方？

尹德义：1978 年改革开放新时代到来，也是水利电力建设新的春天的到来。1978 年，改革开放第一年，永嘉县电力公司（电业局前身）县内形成“独立小电网”供电，有公营水电站七座，容量 3520 千瓦（白水漈水电站 640 千瓦、小子溪水电站 250 千瓦、铜锅潭水电站 640 千瓦、半岭水电站 100 千瓦、山溪头水电站 1050 千瓦、下岙水电站 200 千瓦、岩坦水电站 640 千瓦），柴油发电机组两处装机容量 2020 千瓦，合计装机容量 5540 千瓦。全县集体所有小水电站有 225 座，装机容量 7436 千瓦，管理上条块分割，自发自供，没有调峰能力，发电多少还受溢洪影响，干旱无水可发。直到 1984 年 7 月 24 日，永嘉县首座 110 千伏黄田输变电工程竣工投产，强大的华东电网电流输送到永嘉，才结束了永嘉自发自供的用电历史。

采访者：请您谈谈建设大岙坦水电站的情况。

尹德义：当时这种“大干快上”的氛围促成永嘉县陡门溪水电工程全面规划建设，大岙坦水电站优先上马了。永嘉县革命委员会批准成立“永嘉县大岙坦水电站工程建设指挥部”，设指挥一人，副指挥三人，下设设计组、施工组、后勤组。永嘉县常务副县长韩洪昌任陡门溪水电开发建设总指挥，永嘉县计经委主任张秉和任指挥，我担任副指挥，负责设计、施工工作。永嘉县委从全县抽调 520 名技术工人，分别由各区、上塘三属公社各派一名主要干部带队，分段开挖 3640 米长的输水隧洞。工程于 1978 年 12 月 20 日开工兴建，1982 年 8 月 18 日建成，历时 5 年 9 个月。

永嘉县委、县革委会抽调 40 多名机关干部进工程指挥部，搭建 40 多间油毛毡工棚供指挥部工作人员办公、住宿，办食堂、商店、粮站、医疗卫生站、电话交换机站……永嘉县委书记王以丰将办公会议移到大岙坦水电站工地来召开，目的是呼吁县机关部门领导对大岙坦水电站工程项目建设进行支持，遇事开绿灯。

采访者：在工程建设中遇到哪些问题？

尹德义：第一个是投资方式问题。开工前，永嘉县革委会已将大岙坦水电站工程初步设计上报浙江省计经委（计划经济委员会）、省水利厅待批。但施工设计未做，所以未列项，开工后指挥部设计组同志驻到工地，边测量、边设计、边施工（称三边工程），日夜奋战。出图后，组内同事互相签字认可、审核，我既当设计师，又当审核员。开工初期开挖隧洞实行“工分加补贴”的报酬方式，工人在工地劳动记工分，回当地生产队拿报酬，工地补贴每人一天0.6元、粮票1.5斤，工分资金不能兑现，工人没信心，积极性调动不起来，工程进度缓慢。

浙江省计经委、省水利厅曾两次派员来工地考察，工地上红旗招展，热火朝天，工程只能上不能下，呼声很高。视察后，在1979年4月，浙江省计经委、省水利厅批复初步设计总预算287万元，省补助215万元，其余由市、县自筹，当月就拨下80万元工程款，指挥部立即取消“工分加补贴”，全面实行“承包责任制”。后来我们又成立70人组成的机械施工专业队，开挖引水隧洞，工程进度大大加快，3640米长的隧洞分14个洞口进，12月25日全线贯通，转入拱坝和水电站厂房建设。

第二个是设备问题。由于该水电站属三边工程，机组设备及成套配件未能列进国家计划，那时候处于计划经济时期，无法向外订货，必须有计划指标才能下订单。如果没有计划，生产厂家不听我们的。为了订水轮机、发电机，我们跑了很多地方，比如江西、福建、广东，四处订货，都订不到。再比如杭州发电设备厂，我们没有计划就订不上这个厂的设备。当时浙江省计经委介绍大岙坦水电站派员到水利电力部计划司反映追加计划，我作为副指挥和永嘉县水利局副局长魏闽震到北京。当时我在杭州，浙江省计经委直接把介绍信开出来。我的粮票也没带。他们说：“粮票没有关系，我们这里给你带出去。”因为那时候没有粮票的话，到北京也没有饭吃。后来魏闽震副局长就跟我一起乘飞机从杭州飞到北京。

再来说北京之行。我对北京比较熟悉，魏闽震副局长没去过。那天我们乘飞机到达北京的时间是夜里11点，根本找不到旅馆住。水利电力部有两个招待所，一个叫北所，一个叫南所。北所是接待普通人的，已经住满了。我们就到南所去住，南所是高档的，是提供给高干住的。我曾经住过一次南所。这一次我跟魏局长两个人到了南所。南所看门的老先生看到我们，就说：“你们怎么到这里来？你们应该到北所去。”我说：“北所那边没有地方住，让我们来这边住。”这个老先生说：“那你们今天晚上就住在这里，但是明天一定要走。”第二天我们首先去把旅馆住下来，行李要放下来，旅馆很难找。后来我们找到一个澡堂，我们南京人叫洗澡堂。管理员说：“你们东西可以放下来。晚上 9 点钟以后来住，白天你们没有办法住的。”我们登记好以后，就到水利电力部去联系工作，晚上就住澡堂。当时这种现象很多。过去永嘉人到温州，晚上回不去就住在安澜亭码头旅馆。那时候温州也一样，旅馆也相当紧张，一个屋住两个人。比如你跟我两个虽然互不认识，但要睡在一张床上。我住在安澜亭码头旅馆时，就跟外人住在一起，两个人根本不相识的。我们到了水利电力部计划司。工作人员非常客气，他们说：“你们辛苦了，为了这个电站早日发电，你们赶过来很辛苦。”部里对我们非常支持。计划司领导十分重视我们县里的缺电状况，帮助落实水轮发电机组生产厂家，同意追加机组设备原材料给浙江省计经委，特事特办，落实到金华水轮机厂生产水轮机，金华电机厂生产 1250 千瓦发电机 2 台，浙江省电工器材厂提供电器产品成套设备供应。回来以后，我们凭介绍信分别与上述厂家签订供货合同。

关于工程建设，我们尽管加快速度，但也搞了五年时间，开始住帐篷住了一两年。那时候有个口号叫“先生产、后生活”，没有宿舍住。我们工地上的人兢兢业业，不怕艰苦，从大岙坦到县城 12 公里，我在上面 40 天不下来，没有休息天。我也是一心一意，尽力而为。家里的事情都是我夫人做的，她也要上班，那时候，小孩读书都是她在管。

大岙坦水电站建成以后，开始验收。1982 年 8 月 15 日、11 月 15 日，由永嘉县计经委、永嘉县水利局、建筑公司、建设银行、温州电业局修试所、金华电机厂、水轮机厂、浙江省机电设备成套公司、温州水电工程队、杭州发电设备厂及工程指挥部、县电力公司等 15 个单位两次派员赴工地验收，一致认为大岙坦水电站工程质量良好，各项技术指标都达到设计要求。到 2018 年该水电站已运行近 40 年，运行正常。大岙坦水电站为永嘉县电网增加电量、有效缓解供电压力做出了巨大贡献。我们验收的时候都是贯彻勤俭的精神，没有什么大操大办的东西。因为那时候经费相当紧张，也没有什么纪念品，大家一起在食堂里吃便饭。工程验收合格后，指挥部留守的设计施工组、后勤财务组同志在上塘县城租房办公，继续做工程竣工设计、竣工图绘制、编制竣工结算、工程施工总结报告等工作。机电设备运行状态的记录由水电站值班人员负责，一年后再对机电设备进行验收。那时候，各方面的图纸都要详细，然后报给上级。总体来讲，大岙坦水电站运行的效果很好。我们这个工程没有出现任何问题，也说明土建工程都是安全的。

采访者：1982 年，您和何伯春同志被评为永嘉县电力公司首批助理工程师，是吗？

尹德义：当时县里有个通知，让同志们申请技术职称。在我们这个公司，我跟何伯春两个人原来就是技术员，只需要一级一级往上报即可。首先我自己要打述职报告，就是我有哪些技术方面的成就，写出一些。报告写好以后，提供给永嘉县水利局。水利局接收材料后，把上报的材料统一交给永嘉县技术职称评定委员会。我是 1986 年评的工程师，1988 年才批下来。从这以后，我成为永嘉县技术职称评定委员会委员，后来的职称评定我都参加了。

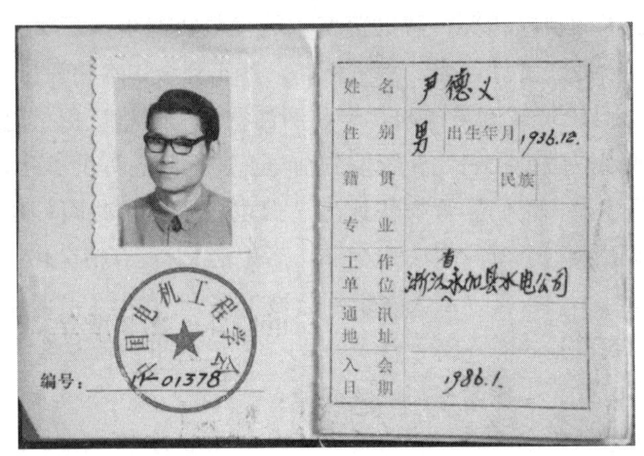
姓名 尹德义
性别 男 出生年月 1936.12.
籍贯 民族
专业
工作单位 浙江省永加县水电公司
通讯地址
入会日期 1986.1.
编号：01378

尹德义中国电机工程学会证件

采访者：1986 年 5 月 1 日，水利电力部为表彰在水利电力战线基层单位连续艰苦工作 25 年以上的职工、科技人员和干部，为他们发放了荣誉证书和奖章，您也在列，请您谈谈当时获奖的情况，您的心情是怎样的？

尹德义：水利工作是一个艰苦创业的工作，跟别的部门不一样，我们跋山涉水，哪里需要就去哪里。我觉得我一年当中，在家里的时间连 1/3 也没有。我们下乡都是穿草鞋，每年穿草鞋的时间占 2/3，穿皮鞋的时间，一年里只有 1/3。我穿鞋子很省的，从学校里出来的时候，一双皮鞋穿了二十几年也没坏，当然那时候的皮鞋质量也好。那时候没有好走的路，也没有车子好坐。

我们建大岙坦水电站的时候，永嘉县委、县政府还没有小汽车。当时拿到荣誉证书的时候我非常激动，感觉非常温暖，非常感谢水利部门的高层领导能够看到我们水利干部的辛苦。他们能够看到这一点，的确是一种关怀，让我增强继续工作的信心。

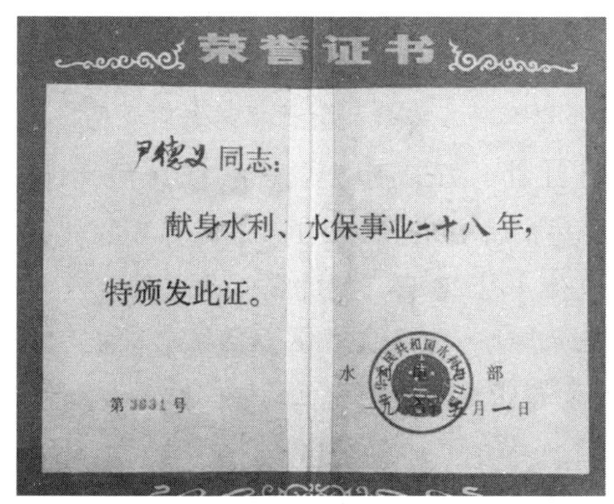

荣誉证书

尹德义同志：

献身水利、水保事业二十八年，

特颁发此证。

1986 年水利电力部颁发的献身水利、水保事业二十八年证书

采访者： 1988 年 9 月 20 日，永嘉县电业局成立，您于 1988 年 10 月开始任调度所所长、工程师，其间连续 5 年获得温州电力调度评比第一名。调度所工作出色的原因是什么？请您谈谈这段工作经历。

尹德义： 1988 年 9 月 20 日，永嘉县电业局成立（由县水电公司和县供电局两个单位合并建立的），首任局长陈继生约我谈话。我俩是同龄人，他推荐我负责电力调度、通信管理工作。我虽然担心讲不好温州话，但他诚心之约，我便毅然接受这个任务，一干就是五年。这五年里，我尽职尽责，抓调度安全操作，上下沟通，不干扰调度操作命令发布。在我的领导下，各位调度员兢兢业业，团结协作，恪尽职守工作。我爱人徐春兰是永嘉县供电局老调度员，在调度发令术语方面对我帮助很大，并教我学会温州话。永嘉县电业局电力调度所在温州区调年终评比竞赛中连续五年都是第一名。这也说明了我管理到位。我的材料都是实实在在的，报表、调度的材料都很厚。我觉得能得到嘉奖，是十分不容易的，对永嘉县电业局来讲，这是一个贡献。

具体说来，调度所有十几个人，我主要管理调度工作。我的工作一直兢兢业业，不稀里糊涂的。我们不去直接干扰调度员的工作，不指手画脚。不管大小领导来，要改变调度命令是不允许的。作为我来讲，虽然我不值班，但是比值班的人还要辛苦。为什么呢？我在床上睡觉就不安生，每一天都在考虑，有一点风吹草动，都要亲自到场，不管是否下班。我坚持了五年的时间。这是一个艰苦的事情，我干了五年，瘦了很多。无论是台风还是暴雨，我一定要到办公室。我在那里可以跟各个县级部门联系，我去了，调度员胆子就大一点。

采访者：请您谈谈1989年4月20日开始编纂《永嘉县电力工业志》的背景。您当时是编纂小组组长，您是如何带领同志们开展工作的？

尹德义：根据浙江省电力工业局〔1988〕201号文件，"关于编写电力志"的要求和温州电业局1988年12月22日召开的"修志"工作会议精神，永嘉县于1989年4月20日开始编纂《永嘉县电力工业志》，建立了永嘉县电业局修志领导小组，专职工作人员5人，兼职工作人员4人。参加编写组的人员认真而紧张地进行工作，历时100天，终于在1989年7月30日完成初审稿。

我来谈谈具体过程。第一个，"破四旧"[①] 以后，我们电力公司以前的材料基本就没有了。我个人喜欢收集资料，所以收集了一些。但是编电力志的时候，资料查找相当困难，电站里根本就没有资料。最大的问题就是资料找不到。1949年到1958年这10年的资料更难找。第二个，写作的人水平不高，当时电业局分配进来的大学生写作能力一般。有的人搞业务还是可以的，但是写作不行。要找到一个专门搞写作的人很难。

我那时候还是调度所所长，工作也辛苦，编纂志书也不是我的特长。但是我还是接过来了。那段时间我们很辛苦地下乡收集资料。比方哪个地方建第一座电厂，第一个电站是在哪个地方建造，第一个水库在哪个地方，我们都要经过访问。我是主笔，所有资料都要我来动手写。那时候正好是夏天，没有空调，我坐在那里写，没有条件让我舒舒服服地待着。我每天都要工作到晚上10点钟。其间，我们共查阅历史档案276卷，走访67人次，召开座谈会16次，抄录收集资料760件，约50万字，拍摄并提供彩色照片72张（拍照相机还要自己带），从中选编纳入该志书的现场照片有24种，图张3张，统计表58种。

我再来谈谈永嘉县第二部电力志书。2013年6月永嘉县供电公司由戴西

---

① "破四旧"，指的是破除旧思想、旧文化、旧风俗、旧习惯。1966年6月1日，《人民日报》社论《横扫一切牛鬼蛇神》，提出"破除几千年来一切剥削阶级所造成的毒害人民的旧思想、旧文化、旧风俗、旧习惯"的口号。

1989 年永嘉县电力志编写组赴永临水电公司收集资料合影
（前排右三为尹德义）

1989 年永嘉县电力志编写组同志在紧张工作

伍同志主编的第二部电力工业志书《永嘉县电力工业志书（1989—2010）》完成。参与修志人员不怕困难，博采资料，不吝涂改，认真耕耘，反复修改。志书四改篇目，三易春秋，五改其稿，耗时近三年，查阅资料 1000 多册，1050 多万字，复印摘录 2460 张，共 136 万字，收集照片 900 多幅，走访 190 人次，召开座谈会 13 次。经 30 个月的辛勤劳动，编写组于 2013 年 4 月写出

1989 年永嘉县电力志书稿初审会（中间为尹德义）

近 67 万字的初稿，后几经修改，于 2013 年 6 月定稿付梓出版。

采访者：1993 年，您任北溪水电站工程建设指挥部办公室主任兼工程管理主管，对吗？请谈谈这段工作经历。

尹德义：1993 年，我转到县电业局北溪水电站工程办公室工作，1997 年退休后，我和陈继生局长返聘留在北溪水电站继续搞工程，赶进度。2002 年北溪水电站竣工，投产营运发电。这为永嘉电网增加 3.6 万千瓦电力供应，有效缓解了供电压力。

北溪水电站工程于 1992 年 9 月委托华东勘测设计研究院进行勘测设计工作，1993 年 10 月完成《浙江省永嘉县北溪水电站可行性研究报告》，浙江省计经委于 1994 年 6 月 29 日以浙计经建〔1994〕516 号文批复立项。1994 年 9 月完成《初步设计报告》。北溪水电站距永嘉县城 94 公里，它是改革开放后投资体制新模式的典范。这个水电站是由永嘉县电业局融资建设的一座大型民营企业，装机容量 3.6 万千瓦，总投资 2.8 亿元。为招商引资，有 20 多家投资商来联系洽谈，我们频繁陪客户到工程现场考察，单程汽车爬山路要 2 个小时，费心费力，最后浙江之俊集团公司被选中，控股占 70%，永嘉县电业局占 30%。我们这个办公室主要是到外地招商引资，到过北京、南京等地。我这个人天生喜欢走路，在北溪水电站，周末有时来客人了，我就到工地上去，休息天也下不来。

1992 年 9 月，我们开始启动工程，到 1998 年 6 月浙江之俊集团公司与永嘉县电业局、永嘉县人民政府签订《开发建设永嘉县北溪水电站协议书》，筹备花了 6 年时间。1999 年 3 月 7 日，上级下达开工令，经各方努力沟通，上下团结，艰苦奋斗，在各级政府和有关部门的支持下，北溪水电站于 2001 年 12 月进行试运投产，前后共计 9 年。北溪水电站建成以后，我感到很欣慰。北溪水电站的审批是经过深入调查的，对生态环境没有什么影响，搞得还是非常仔细的。

1992 年浙江北溪水电站动工典礼

建北溪水电站最大的困难是开挖引水隧洞。我们把上面的水从水库里引下来，引到 5 公里之外。但是这个地方地质破碎，隧洞开挖的时候出现了短距离塌方现象，需要在里面架支撑物，这就影响工程进度。我们在建造大岙坦水电站的时候没有搭架子。搭架子容易导致工程渗水、漏水，事情处理起来比较棘手，当然安全问题还是第一位的，一旦不谨慎处理会发生大面积塌方。另外一个困难就是公路交通的问题，原来到工地上是没有公路的，我们只能从碧莲、四川方向爬山上来，大概需要半个小时，或者从小楠溪一带爬山过来，距离增加，速度减慢，若从大楠溪那边过来的话，道路比较平坦，山路较少，速度也快一点。当时还没通公路，后来通了。这样就有两条公路可以通北溪水电站。还有一个困难就是政策处理问题。当地三个乡的主要干部都参加北溪水电站的政策处理。县政法委书记亲自上阵，去做政策处理工作。附近三个乡都抽了一个书记，一般都是副书记、副乡长去做此项工作。我之前讲的退休老局长陈继生也参加了政策处理工作。政策处理数量虽然不多，但是难度很大。施工当中，设备订货各方面都还顺利，那个时候政策基本上已经放开了。

北溪水电站建成后，3.6 万千瓦并网发电，为永嘉县北部山区平衡用电、稳定供电质量发挥了重要作用。

北溪水电站拱坝全景

采访者：请您介绍一下 20 世纪 90 年代末到 21 世纪初，永嘉电力工业的发展情况。

尹德义：1996 年 11 月 13 日，永嘉县实现村村通电。2006 年 10 月 22 日，永嘉县实现户户通电。2011 年 3 月 21 日，浙江省经济和信息化委员会、中共浙江省委、浙江省人民政府农业和农村工作领导小组办公室、浙江省电力公司文件（浙经信电力〔2011〕126 号文）通报：永嘉县被命名为浙江省 B 类新农村电气化县，从此国家级楠溪江风景名胜区山村遍光明。电力生产、供应取得巨大的进步：供电更安全，质量更稳定，永嘉县不再限电、拉电。

三　搞水利电力工作是我的缘分

采访者：您退休之后是否还在关注永嘉的电力事业发展？

尹德义：是的，我退休之后还在关注永嘉的电力事业发展。改革开放 40

年中，永嘉电网与华东大电网连接，到2018年永嘉已建成35千伏以上（包括110千伏、220千伏）变电所32座，总容量310万千伏安，电力用户40.88万户，全县社会年用电量达31亿千瓦时，2018年的最高负荷达到64.08万千瓦，在册全日制职工784人。

采访者：退休之后，您还继续发挥余热，热心于国网永嘉县供电公司离退休职工活动中心的工作，是吗？

尹德义：国网永嘉县供电公司历届党委书记、经理一贯遵照《老年人权益保障法》为离退休职工做好事，办实事，排忧解难，关怀备至，使退休职工过得幸福、快乐、安康。2012年5月24日，我们成立离退休职工活动中心，并召开成立大会。公司领导对成立该活动中心十分重视，鼎力支持，腾出县前路113号电业大楼七层、八层共300多平方米的办公用房（包括5楼会议中心）给活动中心使用，投入资金修缮布置，改善用房周围环境，设有健身房、摄影展示室、棋牌室、书画室、客厅电视、固定电话室。我是离退休职工活动中心领导班子成员。这个活动中心也有个党支部，我是活动中心的副主任，所以我对这个工作也比较上心，也能坚持。比如，活动中心编辑了一本书《夕阳无限好》，当时大家积极投稿。我们积极地为退休职工服务，把活动中心作为一个平台，起到上传下达的作用，把我们离退休职工的要求和一些想法、意见收集起来，向上面汇报。比如，过去重阳节每年都要召开座谈会，大家在一起交流思想。我们的工作就是尽量满足离退休职工的要求。

采访者：今年（2019年）是中华人民共和国成立70周年，新中国的电力事业发展也走过了70年的光辉历程，请问您有哪些感悟？

尹德义：搞水利电力工作是我的缘分，小时候我梦想当一名工程师。1986年5月1日，水利电力部授予从事水利工作25年以上的科技干部荣誉证书和荣誉奖章，我有幸成为其中一员。1988年11月24日，经温州市工程技术人员职务评审委员会〔88〕8号文批准，我晋升为工程师，实现愿望。我从事水利水电事业48年，这48年我尽职尽责跑遍永嘉县每个乡、镇、村庄的山山水水，多处水利工程、水电站工地都留下了我的脚印。我觉得从事电力事业要树立一个信念，不怕苦不怕累，不怕麻烦。我们建造电站时碰到的问题很多，比如与工人之间的矛盾，土地征用时与农民之间的矛盾，在征地时还会吃官司的苦头，我觉得遇到困难尽量依靠政府解决，我们不能与他们直接争论。过去我们虽然苦了，但是电力事业红火了，现在我们的日子好过了。国家发展了，我们老百姓才有希望，这是我们最大的正能量。这一生中，我觉得没有辜负国家，也没有辜负我自己。

见证台州电力的飞越

口 述 者： 李丙清
采 访 者： 程平、官云
整 理 者： 许诺、王先能、罗勇
采访时间： 2019 年 5 月 11 日
采访地点： 国网临海市供电公司变电运检中心

李丙清 1938 年出生，山东济南人，1956 年 1 月在济南第九中学应征入伍，1956 年 1 月至 1959 年 9 月，任海军航空兵二师机械员；1959 年 9 月至 1960 年 10 月任黄岩县八一通用机械厂团委书记；1960 年 10 月至 1962 年 7 月在杭州大学就读；1962 年 7 月至 1972 年 2 月任台州地委办公室机要员；1972 年 2 月至 1979 年 3 月，任台州电力公司负责人；1979 年 3 月至 1983 年 5 月，任台州发电厂工程指挥部办公室主任；1983 年 5 月至 1987 年 11 月，任台州发电厂副厂长；1987 年 11 月至 1996 年 8 月，任台州电业局党委书记；1996 年 8 月至 1998 年 7 月，任台州电业局正处级调研员；1998 年 7 月退休。

一　早年经历

采访者： 李书记，您好！请您先简单地介绍一下自己的早年经历。

李丙清： 我1938年1月出生于现在的山东省济南市市中区，1956年1月在济南第九中学应征入伍。我在上海大场（海军二航校办学点）学习半年，分配到海航第2师修理厂（宁波压赛堰机场）。

1958年，海航第2师转场到路桥机场，我们修理厂一齐被转场。

1958年为支援地方大办钢铁，师里抽调60多名战士，由三名营连级干部带领，在黄岩城关办起黄岩八一机械修配厂，有力地支援了黄岩县的大办钢铁及各种修理加工工作。1959年，黄岩县委要求把八一机械修配厂留给地方，三位领导回去了，指明由我负责与黄岩通用机械厂合并事宜。1959年9月至1960年10月，我担任黄岩县八一通用机械厂①团委书记，当时厂里青年团员200多人，年轻的党员大部分是复员军人。我将他们联合在一起组成青年突击队，在城关没日没夜地干。黄岩大街搬迁，我们包干搬迁，每个青年工人都争先恐后地干，厂领导全力支持我们，当然首先是团干部带头干。我们多次受到县里的表扬，我还被评为先进团干部，出席过浙江省团代会。我培养的学徒有几十个。1959年大办城市合作社时，我还是大桥分社主任。

我作为厂团委书记，首先是在厂党委的领导下，带头执行党的决议。我团结同志，与广大职工打成一片，并善于动脑筋，关心青年职工。我还帮助多名青年职工喜成眷属。我成为职工的贴心人。因为厂里新职工比较多，我请求厂里引进一名文化教员，办起宣传栏、《青年之家》小报，宣传先进，搞技术革新，提高职工的技术水平。

---

① 黄岩县八一通用机械厂位于城关镇东北郊外东浦，南邻黄椒公路，西濒永宁江，占地面积37800平方米，其中建筑物面积14000平方米，是当时黄岩县最大的机械厂。该厂有30多年历史，经历了私营、私资联营、公私合营和地方国营四个阶段。1946～1950年为私营孙记复兴铁工厂，厂址一度迁设海门。1950年以后，宝元铁工厂和兴隆铁工厂并入，实行私资联营，定名新进铁工厂，1955年在社会主义改造中转为公私合营，名为黄岩铁工厂，1958年转入地方国营，改名为黄岩通用机械厂。1959年与黄岩八一机械修配厂合并，称黄岩县八一通用机械厂。

采访者：1960～1962 年您出于什么原因到杭州大学就读？就读什么专业？当时读书的经历是怎样的？

李丙清：我在厂里是生产骨干、团委书记，也是镇里和县里的青年干部。当时各行各业都需要干部，缺乏的主要是工业、政法、经贸等行业的干部。我进杭州大学，在经济系工业管理专业就读。我第一学年学哲学、毛选、政策法规等，第二学年学政治、经济、工业企业管理、财务管理、市场管理等。印象最深的一个老师是宁波人。他年龄比较大。他说："你们跟普高生不一样，因为你们都是干过具体工作的。"所以他给我们讲的时候内容比较通俗，他教一遍我们就懂。1962 年，我从杭州大学毕业以后，因为台州地委 1962 年 4 月恢复（第三次成立），急需干部，我就被分配到台州工交办公室秘书组，没过多长时间，就被调到台州地委办公室。

采访者：1962～1972 年，您任台州地委办公室机要员，请您回忆一下这 10 年的政府工作有哪些印象深刻的事情？这 10 年的工作经验给您日后的发展带来哪些帮助？

李丙清：在党委部门工作，文件资料及上级和各县委的机密文件是十分重要的。领导活动保密性特别强，有些文件领导阅后需及时收回，千万不能将文件随手带回家，也就是及时送、及时收。领导索要文件资料要及时送，也就要我牢记文件的放置处。我要对各县来的领导接待好，服务好，这些为以后的工作打下坚实的基础。

二　投身台州电力事业

采访者：1972 年 2 月至 1979 年 3 月，您调到台州电力公司，是出于什么原因？当时任什么职位？

李丙清：台州地区在 1972 年以前没有电力管理部门，地区革委会研究决定成立台州电力公司。

关于台州地区自 20 世纪初到 20 世纪 60 年代的电力情况，我是有所了解的。发电情况是这样的：1917 年至 20 世纪 50 年代初，台州地区以小型柴油发电机组发电为主。20 世纪 50 年代中后期开始兴办小型水力发电站和潮汐发电试验电站。20 世纪 60 年代，贯彻“水火并举”的方针，城镇的小火电厂和山区的小水电站同步发展。供电情况是这样的：台州地区各县从 1917 年到 20 世纪 50 年代，均以 220 伏、380 伏和 2.3 千伏向电厂周围用户供电。20 世纪 50 年代中期开始，各县架设 3.3 千伏、6 千伏配电线路送电。各发电厂自成电网，自发自供。20 世纪 60 年代中期，方山、枫山两座 35 千伏变电所建成投运，变电所出线为 10 千伏电压线路。此后，各县的 2.3 千伏、3.3 千伏、6 千伏非标准电压线路陆续改造升压为 10 千伏线路，并开始分片联网供电。

当时领导找我谈话，说：“你在大学是学工业管理的，领导要你组建台州电力公司。”电力公司当时一无人，二无钱，三无办公地点。组织上从水电局抽调一名土建干部和一名水电干部，长潭来了三名干部，就这样，台州电力公司算成立了。我们没有独立的办公室，办公地点就在水电局。水电局有一个乒乓球室，乒乓球桌子就是我们的办公桌；没椅子，只有几条长凳子。工资也是从长潭水电站借的。1973 年，我们接收了 10 名退伍军人。长潭送出的电由我们调度方山、枫山、麻车三个 35 千伏变电所。1974 年，架设临海到黄岩的线路，我们从黄岩、临海、玉环电厂借调了十多名线路工人。1974 年，我们还借钱建起办公楼，后成立调度所，先后将黄岩、温岭、临海、三门、天台连成一片，将有限的电能充分合理调配，使每度电发挥应有的作用，如海门化肥厂、临海化肥厂、烧碱厂等的用电问题都得到很好的解决。20 世纪 70 年代，台州地区南、北两片联网，35 千伏电网开始形成，电力线路、变电设备的维护检修以及电力调度实行地、县分级管理。联网的优越性显现出来，这促进了电力的发展，推动了台州的经济发展，人民的生活发生了很大的改变，地区、县里领导更加重视电力工业的发展。

采访者：1983 年，当时出于什么原因，您出任台州发电厂副厂长？

李丙清：我时任台州电力公司负责人。20 世纪 70 年代，台州电力虽有较大的发展，但与经济发展、人民生活水平的提高还远远不相符合。台州缺电严重，地委决心要办大电厂，所以决定成立电力筹建办公室，由台州地区专署副专员杜杰任办公室主任，物资局、交通局、建设局各抽一名局长担任副主任，我也担任副主任。杜专员和我专职负责联络省、国家建委、计委、电力部。我又从临海电厂借调几名同志，常驻北京以及到各地收集材料。1978 年电厂的可行性报告审查通过。电力筹建办公室后来又添了临海一位副县长和杜桥区的区委书记。后来由省电力局和台州地委联合成立工程指挥部，地委副书记任指挥，省电力局和省委组织部抽调有关领导为副指挥。1983 年，筹建台州发电厂，省局领导与地区领导交换意见，正式要求把我留在电厂班子里负责行政工作，出任台州发电厂副厂长。台州电厂的班子，是在一号机组投产后才开始筹建的，1983 年 5 月，第一任厂长是朱吉灿，副厂长是王育刚和我。当时分工情况是：朱吉灿管生产，王育刚管经营兼基建，我管行政。

采访者：台州发电厂开工建设进展十分迅速，请您回忆一下当时的经过。

李丙清：1978 年 12 月 13 日，国家计划委员会批准台州发电厂计划任务书，第一期工程建设 2 台 12.5 万千瓦发电机组。台州发电厂工程由浙江省电力设计院设计，土建由浙江省第二建筑工程公司等单位施工，电气设备由浙江省火电建设公司安装，工程由台州发电厂工程指挥部组织实施。

1978 年年底，项目被国家批准之后，在省委的领导下，依靠地方的大力支持，较快地完成了前期的各项工作。地质钻探缺乏力量，台州地区领导就组织力量进场钻探。关于征用土地和征地劳力安排工作，正因为地区、椒江市和临海县领导的有力支持，进行了细致的说服教育工作，坚持按国家规定的政策办事，在不长的时间内就得到了圆满的解决，没有出现因征地而影响工程进度的现象。开山，是前期工程的攻坚战，是一场硬仗。地区确定以临海县为主，抽调县、区、社干部 97 人，动员了 3800 多名民工，组成 16 个民工团，他们披星戴月，日夜奋战，先用钢钎榔头，后用空压机，又用拖拉机拉小列车，仅用一年多时间就搬走长山和元宝芯两座山，共 78 万立方米的土石方。跟同规模的工程相比，提前了两年多时间。

工程进入全面施工阶段后，由于台州电厂规模较大，单项工程多、技术复杂以及浙江施工企业的具体情况，现场的施工单位达 25 个之多，不仅有承担设备安装的省火电建设公司、主体工程土建施工的省第二建筑公司（简称省二建）和担任码头建设的省海港工程队，还有承担外围工程施工和土石方开挖的地、县建筑队伍以及大大小小的民工队。这被人们称为“正规军”和“游击队”配合作战的施工现场，如何合理安排，协同作战，既确保工程进度又确保工程质量，做到文明施工，这的确是个难题。当时负责现场的指挥者，面对现实，知难而进，重大问题依靠上级主管部门解决，现场按照综合控制进度，一日一碰头，一星期一次协调会，正确而又及时地处理设计、安装、土建和各施工单位之间的矛盾，从而有效地调动了各方的积极性，加快了工程建设的步伐。

码头是电厂的咽喉工程，是大型机具和设备的唯一通道，它能否提前建成对电厂的建设进度有重大影响。因此，从一开始，码头工作就紧抓不放。

浙江省海港工程队于 1980 年 10 月进场，当时码头现场一片乱石，没有房子，缺水缺电，他们在抬头见海浪的前沿扎营，春节期间不休息，顶风冒雨坚持干，连续战斗 20 个月，先于 1981 年 6 月 20 日交付使用重件码头，打开了大型机具和设备运输的通道，后在 1982 年 6 月 15 日全部完成码头的主体工程，提前 1 天竣工。

省二建是这个工地的土建主力，无论是高大的主厂房，还是深入地下 15 米的循泵房，都是他们建的，就连 150 米、180 米高的大烟囱，也是他们采用内砌外滑无井架新工艺建设起来的。一号、二号机组的烟囱高度为 150 米，是水磨除尘；三号至六号机组的两个烟囱高度为 180 米，是静电除尘，大大减少了烟尘的外放。为了保证烟囱砌筑工程一气呵成，他们一日三班连轴转。电焊工撑着雨伞焊钢筋，泥木工互相支援，开卷扬机的两位姑娘的脸都被小虫咬肿了，依然坚持在工作岗位上。

省火电建设公司不仅负责电、水、上煤和出灰等系统的设备安装，还负责设备订货、催货和运输，任务很艰巨。尤其在工期紧、人手不足、安装质量要求高的条件下，要保证工程顺利完工，这对他们是一次严峻的考验。安装一号炉时，为了保证焊接质量，他们采用了氢焊新工艺。可是这个工艺难度大，要求高，过去没有干过。公司把整个锅炉的钢材、剖口、焊条等技术措施，详细列出，发给每个施工人员，并且抽调 30 名焊工进行技术培训。为培训这些焊工，光 X 光片就耗费 600 张之多。由于工人精心施工，严格要求，水压试验时，1.2 万多个焊口，仅有两处出现细小的渗漏现象，达到一次水压试验成功的目标。他们并没有就此满足，在二号机组施工时更是严格要求，当运用 X 光拍片发现再热器焊口有 211 个不合要求时，他们全部割了重新返工，使二号炉焊接质量更上一层楼。

在充分发挥“正规军”主力作用的同时，也尽可能发挥“游击队”的作用，尤其是他们不怕艰苦的长处。例如，承担输煤、化水、升压站以及地下管沟施工的温岭、临海和椒江三个县市建筑公司，直到 1981 年下半年才确定让他们进场。虽然急促上阵，许多人不但没有干过，就连看也没有看过，但他们没有畏难情绪，没有退却，在省二建的带动下，虚心学习，知难而进，不但如期完成施工任务，而且工程质量也比较好。温岭建筑公司在一号、二号转运站施工时，按原计划 5 个月完成，后因协作单位打桩推迟，工期不得不缩短到 3 个月。恰好又值台风季节，转运站的基础在海滩上，涨潮白洋洋，退潮坑坑洼洼，若不能在大潮汛之前做好基础，全部计划就会落空。公司领导带领 60 多个突击队员，吃睡在海滩边，一鼓作气，连续苦干 17 个昼夜，终于按时完成这项工程。他们深有体会地说：“论技术，论设备，比不过省公司，但劳动时间不受8小时约束，可以发挥苦干的优势。”

在建设中，我们敢于以改革的精神，实行各种形式的责任制，对调动施工企业和职工、民工的积极性，加快工程建设，有重要作用。

开山第一仗，我们就按省定额包给临海和仙居工程队，仅用一年时间就完成移山的任务。“包”字一进工地就显示出它的强大生命力。后来进入主厂房构件吊装环节，由建设单位、火电建设公司和省二建“三架马车”组成吊装队伍，开始“吃大锅饭”，结果你看我，我看你，互相推诿，互相扯皮，18天时间内每天只吊2件。按这样的进度，5000多件构件，完成至少要吊几年。后来实行超定额奖励，即定吊装量，每天8件，超额计奖；定吊装工种和编制人数，超过的不计奖，不到定编人数而完成任务的，奖金照定编人数发。实行这一办法后，工人利用晚上和雨天做起吊准备，白天和晴天充分利用工时多吊、吊好，工效显著提高，最高的一天吊46件。干了一段时间后，有的人看到工人多拿几块钱，认为这是“向钱看”，是“腐蚀工人的思想”，一度取消了这个办法，结果工效大幅度下降，吊装每天又倒退到只有几件。后来在原来办法的基础上做了一些改进，又实行超定额奖励的责任制，工效又上去了。这个事实说明，只有实行责任制，才能提高效率，加快工程建设。国家不但不会增加支出，反而大大节约开支。主厂房构件吊装，按水电部定额需400个台班，费用约80万元，实行超定额计奖后，实际用183个台班就全部完成吊装任务，费用为36.6万元，其中奖励仅2.8万元，为国家节约投资40多万元。

由于台州发电厂的特殊地理条件，地质情况十分复杂，有些难度大的“骨头”令大家望而生畏，谁也不愿啃，最后只得由电厂指挥部“自营”。还有的工程本来是施工单位承包的，为了争时间，抢工期，建设单位不得不“自讨苦吃”，事先组织力量完成，这不但有利于缩短工期，而且还节约国家资金。

“进水口”和“出水口”是工程的“两块骨头”。循环水进水口位于奶儿礁，它底宽6.2米，长36米，高12米，前面是水流湍急的椒江，后面是深入地下15米的循泵房，水以下部分平均深度达8米。“围堰”不行，潜水作业也不行，真是难上加难。后来得到东海舰队工程指挥部的支援，他们采用定向光面爆破新技术，既没有影响用来防止爆炸冲击波和海水倒灌的钢闸门，也没有因乱石横飞造成航道淤塞。我们最后用机械清渣，较快地完成了任务。还有排水口问题，按照设计排水明渠需要开山10多万立方米，那么大的工作量，而离发电时间又越来越近，怎么办？指挥部的工程技术人员经过详细调查、勘探，对比后摸清了地质状况，决定把明渠往山坡外移，减少开山 9 万立方米，既缩短了工期，降低施工难度，又节约投资 40 多万元。排水口原设计离岸 40 米，潮涨潮落，全部是淤泥，有力难使，这个问题也是求助于海军的支援，用水下爆压加人工开挖解决的。

厂区的循环水管沟、主厂房基础、冷却塔基础等开挖，还有锅炉炉顶钢架制作、主厂房墙板吊装、煤场斗轮机和一号、二号转运站钢管桩的运输、矫圆、加固、短接长以及斗轮机的辅轨等，都是“自讨苦吃”，自己组织力量干，或者发包。煤场打沙桩工作尤为突出，按设计，煤场需要打沙桩 2 万余根，施工单位提出每根 46 元，每天打 7 根。这要两年半才能完成。这条路肯定走不通。我们经过详细调查核对，发现斗轮机基础已打钢管桩，不需要打沙桩，改为 1.7 万根，并且“自讨苦吃”，干脆“自营”，以每根人工费 4 元的标准包给黄岩县桐屿工程队。开始一天打不到 7 根，后来三班制，每天打 42 根，半年就完成了任务，人工费用连同材料费也只花了 30 万元，为国家节约投资 60 万元。

1982 年 12 月 23 日，第一期工程第一台 12.5 万千瓦汽轮发电机组经过 72 小时满负荷试运行，一次启动成功，比国家核定的合理工期提前 67 天。当时全厂一片欢腾，个个都像从战场获胜归来的将士，喜悦之情无以言表。电厂建设惊动了电力部、国防部。他们派员来厂采访，并要求我们联系有关单位去北方施工。1983 年 8 月 28 日，第二台 12.5 万千瓦汽轮发电机组投入运行，又比国家核定的工期提前 33 天完成。

发电厂投产后对运煤船无条件供应淡水。他们在别的地方上水要钱，装煤时上水，每上一吨水就得少装一吨煤，而且水质并不理想，我们的溪口水库水质好。他们很感激我们，这对降低发电成本起到不小的作用。

第二期工程由台州发电厂成立工程扩建处实行以厂带建，建设规模和设计、施工单位同第一期工程。这是 1985 年国务院要求务必完成的 500 万千瓦投产项目之一。1984 年土建工程开工，4 月 23 日，浙江省火电建设公司开始进行施工准备工作；8 月 11 日开始，三号机组锅炉受热面大件组装，10 月 5 日全面铺开；大件吊装从 11 月 5 日开始，历时 30 天完成。1985 年 6 月 9 日，锅炉冲管结束；7 月 12 日，经过 72 小时满负荷试运行实现并网发电，比原定工期提前 125 天，工程质量评定为优。第二期工程实现一年投产两台机组的任务，当时得到李鹏同志的表扬。第三期工程两台机组工期分别提前 119 天和 151 天完成。6 台机组的建设均被评为优质工程，是全国同类型机组建设的先进典型。

20 世纪 70 年代后期，台州地区电力系统经常接受国家及省市领导的视察，比如 1977 年 10 月中共浙江省委书记铁瑛、副书记陈作霖视察江厦潮汐试验电站工地及天台县桐柏水电站；1978 年 6 月财政部部长张劲夫视察天台县桐柏水电站等；在台州发电厂建厂期间，省局副局长刘福成驻厂，葛洪升局长定期来厂检查；试运行期间，省局李志刚副局长也在现场，台州地委领导也是不间断地来厂检查、指导、慰问；省里的领导也经常来厂视察，比如浙江省副省长翟翕武。

以往建电厂只顾主体工程，容易忽视生产者的生活建设。在台州发电厂建设一开始，我们抢先建了一批宿舍，让施工队伍居住，改善他们的居住条件。完工以后，我们让生产职工入住，这样既省钱，又给职工和家属带来便利。对施工、安装单位的职工，我们充分给予关心、照顾，物资供应都按时足额供应。火电公司开玩笑说我是他们公司的半个经理。这也是加快进度、保证质量的无形力量。

台州发电厂从基建开始，就对生产运行人员进行培训，分别赴镇海发电厂、安徽有关电厂抓培训，一抓素质，二抓技术，三抓规章制度，四抓团结合作，五抓尊敬师傅，为培训单位留下良好印象。我们培养干部是多方位的，要让他们成为全能者，这就为今后的生产管理打下良好基础。台州发电厂是协同作战的示范单位、经营管理的先进单位，是培养干部的摇篮。20 世纪 90 年代末，台州发电厂被国家电力公司命名为“一流火力发电厂”，并获得“全国精神文明建设先进单位”和国家电力公司“双文明单位”等荣誉称号。

台州发电厂的建成，南通温州，北通宁波，西接金华，跟华东电网相连，对繁荣浙江经济，特别是促进浙东南地区经济的起飞，发挥了重要作用。正如省委一位领导同志概括的：“这一着棋子一放，半个浙江的经济活了！”

采访者：台州地区多台风等自然灾害，当时台州发电厂是如何抗击台风的，有没有令您印象深刻的事件？

李丙清：1985 年 7 月 31 日第六号台风到来，正值台州地区夏收，收割完的稻草还散放在田边，大雨来时将各地的部分稻草都冲到椒江，主要是天台、仙居、临海、黄岩四个地方的部分稻草冲到了椒江，江口全是稻草，见不到江水。从椒江上游冲下来的稻草堵塞电厂循泵房进水口和深水坑，造成汽机真空下降，2 台机组被迫停机。全厂职工一直战斗到 3 台机组恢复正常发电。当时我们请求部队支援，台州军分区边防部队、路桥机场的海军全力支援。

当时有人开玩笑说：“捞稻草战役比淮海战役规模还大，海陆空部队全部上阵。”那次台风给我们造成的损失很大，也给我们一个教训。那次以后，我们在取水口外边又加了一个防污网。

采访者：1987 年，您调台州电业局任党委书记，请您谈谈这段工作经历。

李丙清：1987 年 10 月，台州电业局调整领导班子：我出任党委书记，丁连春为纪委书记，陈章禄为党委委员、局长，郭根法为党委委员、副局长，徐立新为副局长兼总工程师，陈青达为副局长。郑继宝、刘宝铃退居二线，分别为正、副局级调研员。

我在任期间，充分发挥工会的作用。工会是职工的娘家人，工会都是为职工讲话的。我上任后，把共青团的工作、工会的工作抓起来，使我们电业局形成一股力量，上下一条心，黄土变成金，就是这个道理。领导班子涣散的话，安全生产等各个方面问题随时都有可能发生。

1990 年 4 月台州行署副专员陈子敬到台州发电厂检查工作
（左一为台州电业局党委书记李丙清，左二为台州发电厂厂长韦国忠，左三为台州行署副专员陈子敬，左四为台州电业局局长陈邦波）

采访者：台州电业局在安全文明生产方面成绩显著，请问当时台州电力系统是如何保障安全生产的？

李丙清：安全文明生产是企业的灵魂，1991 年台州出过一次不应该发生的事故。一个刚退伍的同志被分配到我们局，安排在检修队。当时到 110 千伏三门变电所工作检修。中午吃饭时，他出于好奇心，在无人监管的情况下，独自爬上 10 千伏杆上。当时该杆有电。后来他触电，头着地而死亡。由于这次事故，我和局长受到严厉处分，这次事故的教训是深刻的，我们在全局进行反复的学习，总结原因。为此，我们对新进局的同志必须要进行三个月的安全学习，反复演习，真正做到一丝不苟、以老带新。安规考试当时是一年举办一次，生产在第一线的职工要进行安规考试，局长、书记也要进行安规考试。局里行政部门工作人员不考，但是要审查，这是我们台州电力系统的传统，是硬规定。那次事故后，全局安全生产局面有很大的改变，形成人人讲安全、事事讲安全、处处谈安全、问题弄不懂不上岗的良好氛围。我们大抓宣传教育，以各种形式讲安全，一对一抓安全，党员带头抓安全。后来的安全生产面貌大大改变，人的精神状态也大有改观，局里的文化娱乐活动也轰轰烈烈地开展起来。我们局被评为浙江省文明单位、台州文明单位，局团委被评为台州先进团委。1993 年 7 月 1 日，台州电业局被华东电业管理局批准为 1992 年度安全、文明生产达标企业。我还代表台州局应邀参加全国第七届运动会开幕仪式。台州局后来多次被评为企业先进达标单位。台州电业局飞速发展壮大，成为国家大型供电企业，被评为国家一流供电企业、全国精神文明建设先进单位。

采访者：三门核电站是继中国第一座自行设计、建造的核电站——秦山核电站之后，获准在浙江省境内建设的第二座核电站。请问当时三门核电站项目前期工作是如何进行的？

李丙清：三门核电站占地总面积 740 万平方米，可分别安装 6 台 125 万千瓦核电机组。三门核电站的前期工作和三门火电站的前期项目是省局交给台州局的重点预备工程。我们成立了一个小班子，由刘宝铃负责，郑继宝协助，经费暂时由台州局、三门县电力公司垫支。我们同时到秦山核电站、广东的大亚湾核电站参观，听取他们的建议，了解具体情况。回来以后，我们写材料也能做到有的放矢。国家核电办、电力部规划院、省地质局、省水利厅、电科院等专家多次来我们局。我们局同三门县领导多次赴北京汇报。1992 年 12 月 21 日至 24 日，能源部副部长史大桢带队在杭州花家山宾馆召开三门核电厂初步研究报告审查会议。浙江省省长葛洪升、副省长柴松岳等出席会议。

采访者：请您谈一谈台州农村电网建设的发展情况。

李丙清：农村电网的建设是随着改革开放逐渐深入而提到议事日程上的。

以往乡村居民生活用电、小作坊用电很不平衡。随着我国农村经济的发展，电力部首先在山东试点农网改造，推动建设村村通电的光明工程。当时我局还派出人员支援云和县，完成一个乡的通电工程。

过去，台州各县只是就近有10千伏线路，如临海只到大田，三门只到上叶村。随着小火电站的建成，台州各县不同程度建成35千伏电网。直到1983年台州发电厂建成发电后，台州电网才真正走上正轨，各县建成110千伏变电所，农村全部实行35千伏供电，村村实行10千伏用电。1994年，台州开始实行村村通电，1995年12月31日，仙居县横溪镇老屋基村家家户户亮起电灯，实现了台州市村村通电的目标。。

根据建设农村电气化县的标准，经上级验收合格，电力工业部于1997年12月和1998年12月先后授予椒江、路桥、临海、黄岩、温岭、玉环6县（市、区）“农村电气化县（市、区）”称号。截至1998年12月，各县（市、区）共建成农村用电合格村、标准村2739个，占村总数的55.04%。1999～2004年，进行一、二期农村电网改造，共使用农村电网建设和改造资金12.25亿元。2002年6月，椒江、路桥、黄岩、临海等9县（市、区）实行城乡居民生活用电同网同价，减少了农村居民电费支出。县（市、区）供电局通过放映安全用电电影、广播宣传安全用电知识、张贴安全用电标语，逐步普及安全用电知识。农村居民触电伤亡事故逐年减少，2005年达到农村无触电死亡事故，保障了农村用电安全。

国家光明工程户户通电——1995年12月30日与天台县南屏乡小岭头村党支部书记翁香文同志握手

采访者：1996～1998 年您任台州电业局正处级调研员，请问这两年您主要负责哪些工作？

李丙清：我退居二线后一天也没有闲着。为了充分开发风能，国家经贸委于 1995 年 3 月将括苍山风电场列入国家加大投资力度、加大改造步伐的“双加”工程，批准建设括苍山风电场工程项目。该风电场由浙江风力发电发展有限责任公司负责建设和运行管理。省局为了建风电场，派我前往工作。我跑线路，看场地沿线，做政策处理工作，视察道路改造工程，做招投标工作，成了工程项目的“主导者”。县里、乡里、村里的农民事事都找我，我两头跑，做联络工作。当时我跑坏了三双胶鞋，而且还要照顾丹麦专家的生活，谁让我对台州这么熟悉呢？丹麦专家工作很勤奋，他们早晨吃了早饭就去工作，到天黑才下班，中午不下来吃饭。

我来介绍一下括苍山风电场。当时风电场引进丹麦麦康公司定桨距风力发电机，风轮直径 43 米，风机塔高 45 米。该机为当时世界上单机容量最大、自控程度最高、最先进的风力发电机；设计年发电量为 5219 万千瓦时。1997 年 12 月 26 日，第一台（即 10 号风机）风力发电机并网发电。1998 年 6 月 26 日，浙江省装机容量最大的 1.98 万千瓦括苍山风电场首期工程 33 台 600 千瓦风力发电机，全部并网发电，并通过国家电力公司、中国福霖风能公司、浙江省电力工业局组织的专家验收组的检查和验收。风电场建有风机运行控制室、运行值班人员宿舍、会议室、食堂等，建筑面积 680 平方米。工程总投资 2.14 亿元，单位造价 1.08 万元/千瓦。风电场运行值班实行两班制，每班值班员 3 人，汽车驾驶员 1 人；每个班次在山上风电场控制室连续值班 8 天，下山休息 6 天，轮换值班。

三　总结与感悟

采访者：您是 1998 年退休的吗？退休后是否还在关注台州电力事业发展？

李丙清：是的。退休后，台州市直机关、关工委要我去工作，我被选为副主任。台州局青年职工多，又是个大单位，也是关工委的一个重点单位。工作期间，我将台州局先进的人和事积极推荐给市里，有几位同志被评为先进工作者，三门的一位职工通过台州逐级推荐，成为五一劳动奖章获得者，他

1998 年 6 月 20 日李丙清在括苍山风电场

从一个农电工转为正式工，后来成为供电所所长。

采访者：今年（2019 年）正值新中国成立 70 周年，请问您对台州电力发展有哪些感悟、期待和展望？

李丙清：今年（2019）是中华人民共和国成立 70 周年。一代人有一代人的使命，一代人有一代人的担当。我的工作经历见证了台州电力工业发展的全过程，虽然我不是 1949 年来台州的，但我很早就来到台州。改革开放 40 年，台州电力发展是飞跃式的，从柴油机、木炭机、小水电、小火电，到今天的百万千瓦大电厂、抽水蓄能电站、核电站、光伏发电站，变化真是太大了。所以，台州现在是山海水城、制造之都，这都是与我们电力发展分不开的。如果电力不发展，台州的工业和其他各方面也都上不去。电力的发展推动了台州的工农业生产，提高了人民的生活水平。台州电力的发展，振兴了浙东沿海这一片。这有我们电力先行官的一份功劳！

绘出丽水电力蓝图

口 述 者： 应巧娜

采 访 者： 陈建珍、吴绍宁

整 理 者： 莫莎莎、徐文军、潘肖红

采访时间： 2019 年 4 月 21 日

采访地点： 国网丽水供电公司

应巧娜 1940 年出生于浙江淳安，祖籍浙江缙云，1965 年浙江大学毕业后，被分配到江西乐平发电厂，从事电力工作；1972 年 1 月调到缙云发电厂，其间参与 35 千伏缙云变电所电气二次设计和壶镇变电所工作；并从事变电所和水电站的设计、检修、安装及管理工作。1981 年 8 月，调到丽水电业局任变电队队长、设计室主任、局副总工程师、局总工程师等职。其间多次参与电力工程的设计；1988 年被评为高级工程师；1998 年退休。

一　早年经历

采访者： 应总，您好！先请您介绍一下您的基本情况。

应巧娜： 我是1940年（农历）2月14日出生在浙江淳安的，祖籍浙江缙云。我们家有三个孩子，我、一个哥哥和一个姐姐，我姐姐是在别人家长大的。我7岁的时候（1946年）从淳安回到缙云老家，是在缙云村里的一个小学开始读书。那时候学校是宗族拿钱办学的。教室就在宗族祠堂里。我先是在缙云学习，我哥哥当时在缙云简易师范读书，他买了一本语文书寄给我，这样我开始读小学。1948年春天，我和母亲回到淳安，我就在淳安的村小读书。

为什么我能接受文化教育呢？我父亲在淳安从事手工业40多年，没有文化，工作的时候很不方便，所以他支持我读书。另外，我学习非常好，我在淳安村小读书的时候，默写语文课文连一个字、一个标点符号都没有错过，得到老师“呱呱叫”的评语。

新中国建立后，我1950年开始读书，中间就没有间断过，从村小学读到中心小学，中心小学就在淳安县的港口镇，这个小学是全县最好的小学。1954年，我考上了淳安中学。淳安中学我读到了高一第一个学期就转学到缙云了。在淳安中学读书的时候，我的表现挺好，是优秀共青团员、三好学生。我是1957年夏初中毕业的。1956年，中专学校招生很多，到我们那一年（1957年），中专学校招生数量大压缩，全省的中专学校都不招生。但是我成绩好，表现好，1957年就被保送到高中了。1960年，我高中毕业，是考到浙江大学。听说当时浙江省把一批成绩好的留下来放到浙江大学，不让其他学校录取。实际上我第一志愿填的不是浙江大学，我第一志愿填报的是中国科技大学，结果被第二志愿录取了，就这样我到浙江大学读书了。

采访者： 您刚才提到从淳安移民到缙云，您移民的时候，家里的情况怎么样？怎么跟着您父亲过来的？

应巧娜： 1957年，因为“反右”运动，学校很早就放假了。当时我哥哥在缙云县里学习，我跟父亲一起回了缙云，然后就在缙云县城我哥哥那里。当时缙云中学的外语是英语，我在淳安中学学的是俄语，我从没有学

缙云中学 1960 届高三毕业生全体团员合影（前排右三为应巧娜）

过英语，已经拖了一个学期，觉得不能再拖了。这样就提前转到缙云中学了。我 1958 年上半年转学过来的时候，父母亲还在淳安。父母亲是 1959 年新安江水库蓄水的时候坐船逃出来的。那个时候移民是很苦的，政府安排我们村里的村民都移到分水、桐庐。当时正好是 1959 年困难时期，有些村民移出去以后又擅自回去种荒芜的土地。1959 年，水漫上去以后，我父亲先把这些村民送到山上去，他们就躲在山上了。正好那一次我哥哥在杭州开会，他说父母亲在淳安，想去看一下怎么样了。看过之后他说："你这个地方还好住啊！周围都没人了！"村里其他人家都集体移民走了，房子也拆了，只有我父亲的房子还在那里。因我父母年岁大了，要回到祖籍缙云，属自由移民。实际上当时是没有人管的。讲起新安江移民，像我们这一批移民，当时就是带一点衣服走，其他的东西全部丢光！当时淳安县 27 万人口，迁走 20 万人。

交通方面，那个时候除了县城那边有汽车外，我们那里全部靠小木船。这一批移民实在是苦，我如果把这个事情写出来的话，可写一本很感动的小说。

采访者：您 1960 年到浙江大学学习，当时读的哪个专业？

应巧娜：我喜欢物理，所以填的是物理专业，录取的也是物理系。我们那个时候政治气氛很浓厚的，入学以后按系搞政治学习，然后就是劳动。我们按照连队编制，进行了两三个月的政治学习和劳动。然后重新分专业，把我分到电机系。那个时候叫发电厂、电力网与电力系统专业，简称发电专业，实际上就是现在电力工程系的电气自动化专业。那个时候我们都是服从分配，你叫我到哪里我就去哪里，也没有多少自己的理想，想法比较简单。我高中读书的时候，选专业很自由，学校不管，家里也不管，都是我们学校里边的教导主任，根据我们的成绩选择学校。

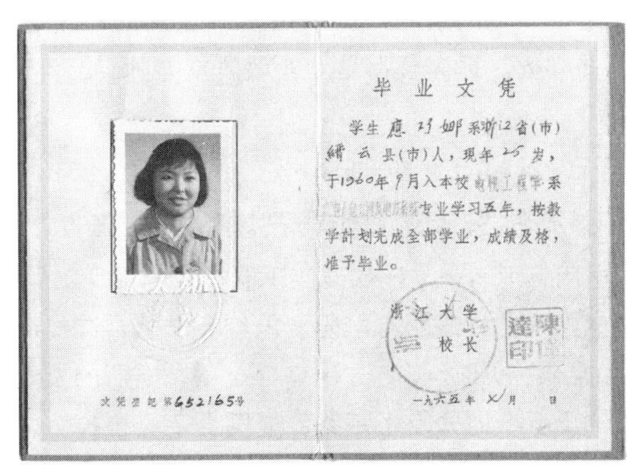
毕业文凭

学生應巧娜系浙江省（市）缙云县（市）人，现年25岁，于1960年9月入本校电机工程学系[illegible]专业学习五年，按教学計划完成全部学业，成績及格，准予毕业。

浙江大学
校长

一九六五年X月 日

文凭登记第652165号

应巧娜的浙江大学毕业文凭

采访者：那个时候电机系在浙江大学的专业里面水平怎么样？为什么把您调到这个专业？

应巧娜：我也不清楚，反正重新分过。浙江大学的光仪系、机械系很不错。电机系里的电机专业，以及电机系研究的双水内冷的发电机是全国有名的。当时我们电机系有五个专业，我们发电专业 25 人一个班。后来国家提出“调整、巩固、充实、提高”的八字方针，1961 年被撤销的浙江工学院的一个班并到我们这个班，所以我们发电专业毕业的时候有两个班。那时学校要求很严，学生淘汰率很高。因此，在我们班里读过书的，包括留级生、插班生，一共有 53 人。最后我们毕业的时候，只有 25 人毕业，一大半淘汰掉了。没有毕业的可能就留级或退学，还有就是参军或参加工作。那个时候浙江大学要办成万人大学，我们入学的时候恰好赶上“调整、巩固、充实、提高”方针的出台，浙江大学就千方百计地压缩学生名额，所以那个时候淘汰率非常高。

如果你两门主课不及格，就没有补考资格，直接退学。补考以后，如果一门主课不及格就留级；如果四门都补考了，有四门功课不及格，直接退学。所以那个时候淘汰率非常高。

采访者：每门课是不是要求你们做设计，写论文？

应巧娜：论文写得不多，我们毕业设计时也没写论文。我毕业设计是在浙江省中调所设计的，课题是浙江电网的动态稳定。我们读书的时候没有计算机，用的是计算尺。我们专业教研组有两个计算台，一个是直流计算台，一个是交流计算台。直流计算台可以进行一般的计算，它用电阻代替电气元件。交流计算台用电阻、电感线圈和电容器来代替电网中的电气元器件，比较真实地反映电网结构，可以用来做电网的稳定运算。当时一个计算台像大衣柜一样大。计算台都是专业教研室老师自己动手制作的。

采访者：这些计算台都是电路板做的吗？

应巧娜：对，就是电路，就是把浙江省电网中的变压器、线路通过手算，用电感、电容、电阻标示出来。比如说变压器按照容量算出电感的标准值 X，算出来后就用电感来代替，线路有电阻、电容、电感。这样形成一个浙江电网，把浙江电网的参数全部放到交流计算台上去。电厂的发电机也一样。通电以后，就可以测出哪个地方发生短路，电网会不会垮掉。这就是动态是否稳定。

那个时候浙江电网里新安江电厂已经发电，跟上海新桥变电所已经联网了，就是新安江到新桥变电所的新（安江）杭（州变电所）上（海新桥变电所）线。因为新安江电厂是华东的调峰电厂，所以这一条线路的稳定性很重要。如果这条线不稳定，就会把这条线路跳掉，那浙江省就和华东电网解网了，解网以后，对上海影响很大。当时宁波电网还没有和浙江省联网。在联网前就要对联网后电网是否能达到静态和动态稳定进行计算。

采访者：在浙江大学读书期间有没有参加过实习？

应巧娜：读书期间，我们完成了学校安排的三次实习。第一次是到衢州通用机械厂①，我实习工作是翻砂造型，就是造型做好以后浇铸，跟泥沙打交道。为什么我们要搞翻砂造型？因为我们大学的时候有金工课，还有一部分学生是到金工车间学车工。那个时候我们用粮票购买粮食后统一交到食堂里。作为大学生，我们那个时候是有国家保障的，一个月有三十几斤定

① 1956 年，衢县新企修配厂等 4 家私营企业公私合营，合并成立衢州通用机械厂。

量粮票，杭州的学生还有两斤的熟食券用来在外面买东西吃。一般来说女同学吃饭是没问题的，男同学也吃得饱。

第二次实习是在杭州的闸口电厂①。闸口电厂在新中国成立前叫电灯公司，我听我父亲说起过，他说杭州电灯公司的灯点起来非常亮。闸口电厂是从美国进口的锅炉，从英国进口的发电机。我们在闸口电厂的锅炉车间、汽机车间实习。新中国成立后，闸口电厂增加了两台国产机组。

第三次实习是 1964 年上半年在新安江电厂②实习，在厂房里面就有周恩来总理的题词——“为我国第一座自己设计，自制设备，自己安装的大型水力发电厂的建成而欢呼！”我们在新安江电厂实习的时候，只能跟着看不能操作。他们上夜班我们跟着上夜班，他们上白班我们跟着上白班，跟着他们三班倒。当时张国诚（后来曾任浙江省电力局局长，离休干部）在新安江电厂当总工程师，我那个时候还见过他，当时电厂停电进行水轮机检修，我们有个值夜班的同学，在师傅带领下进到正在停运检修的水轮机尾水管的窝壳里去参观，窝壳就是尾水出去的地方。结果他不小心掉到窝壳的水里面去了。幸亏水是静止的，对身体无碍。结果把他那个班的安全记录打破了，尽管没出现什么事情，但是这件事情也算是一件安全事故。第二天，张国诚就到车间里来检查工作，正好是我们那个班上班。我看他胸前有一个徽章，安全帽也戴上了。

采访者：实习的时候有老师或者技术人员带你们吗？

应巧娜：都有老师带的，在厂里我们跟着跟班的师傅学习。我在新安江水电厂运行车间实习的时候，先在控制室实习，然后到开关站。开关站的设备是进口的，2204 伏的空气开关站就是从苏联进口的。当时去新安江水电厂参观的人也很多，但是不让外宾参观 2204 伏开关站，理由是高压部分危险，但是我们可以去看。

采访者：您实习的时候，浙江实现全省并网了吗？

应巧娜：没有，还早呢！我 1965 年毕业设计的时候在搞动态稳定计算，

① 闸口发电厂位于浙江省杭州市，浙赣、沪杭铁路干线交汇于厂区北侧，与厂输煤专线接轨于闸口岔道，其铁路干线贯穿南北，1932 年建成发电。

② 新安江水力发电厂建于 1957 年 4 月，是中华人民共和国成立后中国自行设计、自制设备、自主建设的第一座大型水力发电厂。

就把宁波并上来以后的动态稳定都进行计算，这说明当时宁波还没并到浙江网里边来。杭州、嘉兴、金华并过来了。温州、丽水没并。

采访者：您介绍一下您的毕业设计。

应巧娜：就是浙江电网的动态稳定计算。电网稳定分为静态稳定和动态稳定。静态稳定是什么意思呢？就是说正常的稳定，在没有发生大的冲击和短路的情况下不稳定了，这个就是失去了静态稳定，这是基本条件。比如说一台发电机并上来了，也相当于对电网产生一个冲击了。一个大用户停掉了，或者一台变压器并上来，负荷带上来了，像这种的都是静态稳定。如果静态稳定达不到要求，就没法运行了。如果静态稳定达到要求，在系统里边发生短路，那个短路电流是很大的，比这个静态的时候负荷带上来的冲击大得多，所以一定要保证稳定。电力系统不可能没事故，比如说一个雷击把这个击穿了以后，就发生 110 千伏以上单相接地，单相接地就要跳闸。如果是 35 千伏、10 千伏的话，就是单相接地，相间短路，就要跳闸了。如果动态稳定，开关跳闸把故障点切除，系统照样运行。停电是局部的。如果系统动态不稳定，系统就会震荡，使非故障电气元件开关跳闸，跳闸的话就会发生停电事故。严重来说就是我刚才讲的，新杭上线如果不稳定，在系统有冲击时跳闸，新安江水电厂的电送不到上海，就影响上海的供电。如果不稳定的话就要采取措施！比如说增加线路，或者把单回路变成双回路，或者把变压器增加容量，增加容量以后的负荷就分开来了。动态稳定的计算目的就是来改造电网的，是电网改造以后满足这个动态稳定的要求，来保证电网的稳定。

二　与电力结缘

采访者：1965 年您就毕业了，毕业之后工作怎么安排的？

应巧娜：当时是全国分配工作，就把我分配到江西了。当时教研组分配工作的时候，说新疆伊犁有一个名额（实际上没有），我当时把地图打开一看，吓死了！那个时候东南沿海城市很多，密密麻麻的，到西部城市就很少了。那个时候到伊犁去，没有飞机、没有铁路，都是坐车啊。我们有个同学分配到四川渡口，就是后来的攀枝花钢铁厂，路上就走了一个月，所以说我被分配到江西还算近的。

当时我是分配到江西省，然后从江西省分到江西电管局，江西电管局再分到乐平发电厂。一开始乐平发电厂是冶金部投资的，因为冶金部在德兴有一个德兴铜矿，德兴铜矿开采的时候需要电，然后就配套建了一个乐平发电厂。为什么建在乐平呢？因为乐平那里有一条乐安江，火电厂也需要有水，就把电厂建到乐平了；还有就是乐平是出煤的地方，例如众家山煤矿的煤很多，但是煤的质量不是很高。乐平发电厂建成以后交给电力部门管理。

我到乐平发电厂是搞继电保护的，当时乐平发电厂是两台 1.2 万千瓦燃煤发电机组，锅炉是链条炉，就是把煤整块放进去，粉碎一下就直接燃烧了。煤的燃烧率并不高，出来以后好多煤都没有燃烧。我调回来之前又上了两台煤粉炉，煤粉炉是把煤磨成粉，再放进去燃烧就完全一点，出来的就是煤灰了。链条炉出来的就是煤渣，煤渣里边很多煤都没燃烧充分。

三　“逼上梁山勤耕耘”

采访者：1971 年，您是怎么从江西调回来的？

应巧娜：江西调回来的时候我已经有两个孩子了，我爱人在缙云教书。我本来想调到金华电业局的，我们老乡在那里当领导的。但是当时“文化大革命”权力更迭很频繁，很难调。我就调回缙云了。那个时候我不想回缙云，因为那个电网太小了。

当时的调动手续是通过缙云县组织部和革命委员会办理的，我是正常调动，主要是因为夫妻两地分居，也没什么其他原因。本来是想把我爱人调到江西的，当时我们厂已经把他的档案调过去了。但是当时厂里两派对立，斗争很激烈，就没有调成。后来我就说我要回浙江。幸好我回浙江了，当时浙江的状况比那边好多了。

采访者：1972 年，您调回缙云后就直接到缙云电厂了吗？

应巧娜：一开始把我调到缙云县，因为我学电，1972 年 1 月份把我调到缙云电厂。缙云电厂与江西的乐平发电厂没法比。乐平发电厂是 110 千伏的高压，缙云电厂当时就一个10千伏，还是跟新建的白马水库联起来之后才达到10千伏。

缙云电厂当时就两台柴油机发电，一台是185千瓦的，罗马尼亚进口的；一台是84千瓦的；还有一个东门水电站，那里也有两台60千瓦的机器，就是这点东西。早上把发电机开起来，晚上停掉。所以我在缙云中学上学的时候，就晚上自修的时候有电。那个时候缙云县城上班作息时间是由电厂定的，电厂的电不供出来的话，工厂里面就没法上班，电厂8点上班，那你就8点上班，如果缙云电厂8点没有送上电，就要8点半上班。当时的作息时间，夏季、冬季要调整的，调整作息时间是由电厂来定的。

采访者：您介绍一下新中国成立之后缙云电厂的发展状况？

应巧娜：当时缙云主要有三个镇——五云镇、新建镇、壶镇镇。新建镇有个白马水库，建了一个水电站，并且与缙云县城五云镇联网了。壶镇镇有个国营棉纺厂需要用电，壶镇镇就在南宫寺建了一台450千瓦的柴油机发电厂，但是这是旧的柴油机，后来也没好好发电。为了解决棉纺厂的用电问题，从金华的35千伏永康变电所出线，建成35千伏永壶输变电工程，变电所设在陶滩，1971年投运。壶镇镇原有供电所是集体编制的，新建镇供电所也是集体的。缙云电厂新中国成立前是私营的，新中国成立以后搞公私合营，就成为国营企业了。县里决定，1972年1月1日以后把35千伏永壶输变电工程交给缙云电厂管理，把壶镇供电所合并过来，就变成国营了。

1972年，大洋水库已经在建了，大洋水库大坝是一个土坝，它是用泥土堆起来的。它是缙云水电局的王若芝凭经验设计的。1970年动工，1971年就有一个小机组，用于解决施工用电。1972年我回来工作时，大洋水库下面的那个梯级电站已经开始设计了。我回来正好碰到35千伏的线路和缙云变电所的设计，那时候专业人员不多，我就去搞那个缙云变电所的设计。我参加了缙云变电所的电气二次部分的设计。

缙云变电所1972年设计，到1973年还没有施工，当时把壶镇变电所接管过来，属金华电业局调度。金华电业局要求派一个技术人员去，缙云电厂就把我派到壶镇镇陶滩变电所搞技术工作，我在那里待了一年。壶镇镇陶滩变电所，就是壶镇变电所，一般叫壶镇35千伏变电所，线路是金华永康变电所拉过去的，当时棉纺厂用电就建了这个变电所。棉纺厂是国营企业，变电所建好以后就交给缙云电厂管了。

采访者： 您过来之后，当时的职务是什么？

应巧娜： 没职务，就相当于一个技术员，那个时候不正规，都没有评职称。我是1981年才评上工程师的。1973年10月1日35千伏线路检修，35千伏线路和10千伏线路都是壶镇供电所管的，我是在变电所搞技术。10月1日检修的时候要向金华电业局调度申请停电，当时供电所没有向调度申请。10月1日晨6点许，供电所人员打给变电所值班员说："我们出去了，你把电停下来！"值班员说："好的，我马上联系，叫他停下来。"检修工人就坐汽车出去了。值班员马上和金华电力调度联系停电。结果调度那天因为停电比较多，很忙。他说："你们没申请，不能停电。"然后他就把电话挂掉了。

调度拒绝停电后，值班员急死了！那个时候才6点多，他马上来找我，把这个情况跟我讲之后问我怎么办。我马上也去打电话到金华调度，金华调度比较忙不同意。这是人命关天的事情！后来我就跟那个班长说："没办法，我们就搞人工短路，把它跳掉。"因所内未装35千伏接地闸刀，只能在导线上制造短路。我让他穿好绝缘靴、戴好绝缘手套。然后我说："你把凳子端去，站在凳子上，然后把那个铝排仍上去。"因母线和主变开关之间的连线最低，且线路没有开关，就选择在此处制造短路，终于把电停掉了。这个事情省里也很重视的，在事故分析时，省电力部门也派人参加了。5月份安全检查的时候，浙江省电力局的方庆唐工程师还带队到我们变电所来检查。

采访者： 那个时候有没有处分那个金华调度？

应巧娜： 没有，本身就是我们这边不对，我们没有提前申请。

采访者： 您说省里也来调查这事了？

应巧娜： 我们电力系统出了事故都要进行事故分析的。那时候省网也还小，管理的范围比较广。虽然是35千伏的事故，省里也派人参加了。

采访者： 您做事很干脆，敢承担这个责任。

应巧娜： 没办法，那个时候"逼上梁山"。后来他们打电话问我，那个接地闸刀有没有烧毁？我说："没有接地闸刀。"那个时候物资供应很紧张，接地线都买不到。本来应该装出线接地闸刀保证安全的，大概是买不到材料，就没有装接地闸刀。我们就是用一根一米多长的铝排导体甩过去，制造人工短路。这一件事情，记载里面是没有的。

采访者：您也参与了缙云变电所的设计，是吧？您能介绍一下具体情况吗？

应巧娜：35 千伏缙云变电所是 1972 年设计的。当时我刚好从江西调过来，组织上就叫我参加设计了。因我原来就搞继电保护，所以承担电气二次部分设计。1973 年我到壶镇变电所，1974 年大洋二级电站要进行设备安装。当时缙云电厂属于缙云水电局管理，缙云电厂是水电局下面的一个国营企业。当时水电局不像现在政企分得那么清楚：政府就是政府，企业就是企业。那时水电局想直管缙云变电所，缙云电厂的领导应双鼎就说："你水电局要管，那就你自己去安装吧。"

当时我参加设计缙云变电所。大洋二级电站是另外一个人设计的，当时他老婆要生孩子，他就没有去，是我去的。后来缙云变电所要安装了，我又回到缙云变电所。我当时就说，这个事情定下来以后我要回缙云变电所搞安装工作，我是有责任的，变电所要投产的。二级电站就不让我回缙云电厂。后来张华仁（他参加设计二级电站）到二级电站去把我换出来。时间就拖到了 1974 年 5 月 28 日，我从大洋水库的二级电站出来以后就到缙云变电所，真正安装是在 6 月初，8 月 1 日要发电，只有两个月时间。当时我们这些人都没搞过，我还算是接触过，因为我在乐平发电厂工作的时候，厂里有高压设备，我在继电保护的工作岗位上待过，况且我以前也观摩过设备的安装，但是技术力量对我们来说相当薄弱。当时我是管技术的，35 千伏变电所，连管后勤的人加起来才 10 个人。这个变电所是干得很苦的，因为我们试验设备没有，试验人员也没有。后来我们求助了金华电业局的吕周根，他是搞高压试验的技术人员。我们安装的时候，早上 4 点起来干活，晚上 11 点休息，我在这个变电所干下来，人是又黑又瘦的，我最胖的时候 125 斤，那个时候只有 97 斤。虽然干得很辛苦，但是大家很团结，我觉得团结就是力量。技术上面我负责，分工也是由我来主持，大家积极配合，领导也很支持。那个时候没有车子，有一次我们让金华的吕周根帮我们进行开关调试，结果我们有个开关没有摇手，要到永康变电所去借。车子也没有，怎么办呢？我们就跟厂里领导讲，连夜要把这个摇手运过来。厂里唯一一辆方头的钱塘江牌货车已经装满钢材，第二天要运出去。领导就让驾驶员带货开车到永康变电所去拿摇手。

7 月 31 日，我们要进行投产启动试验，当时只有大洋二级电站送电过来，35 千伏才能带电，其他地方没电可送。在大洋二级电站的电送过来以后，我这里就并上，合上去就带电，带电了才真叫一次试验成功。其他的都没带过电，我就去合上开关，开关一合上警铃就响，我们这个警铃一响，我就说哪个地方熔丝熔断了。我当时脑子非常清醒，我知道哪个地方有问题。而且，当时我就想到设计错了，所以施工接线也接错了。我马上就跑到隔离开关那里，把电缆甩掉，运行就正常了。

在我这一生中，这是一次真正的启动成功的工程。

采访者：您以前有完整地承接过一个变电所的设计吗？

应巧娜：没有干过，这个变电所也不是由我完整设计的，我仅仅设计了二次部分。我们电气有一次跟二次，一次就是开关、变压器、母线，这些是一次部分，也是一次带电。保护、信号是二次部分，我主要是搞二次部分。我在江西就是搞二次部分的继电保护，二次部分比较复杂。一次部分比较直观，一台变压器就是一台变压器，一个避雷器就一个避雷器。

采访者：35 千伏在当时来说并不是特别难？

应巧娜：像丽水的 35 千伏还算是比较难的，当时丽水 35 千伏算是最高电压等级了。所以那个时候把我调回来之后就把我放在县革委会领导的线路办公室，设计、施工都归线路办公室管的。这个办公室也是革委会下面的，具体的事情是水电局管的。

采访者：您说当时大家施工的时候，也都是加班加点干，是吗？

应巧娜：对，我们都是加班加点一起干。电缆图纸都是我交给他们的，同时我也搞继电保护，我们那个时候没什么技术员，都是和工人一起干。我们边做边学，接线怎么接，接线要怎么分配，很辛苦。那个时候大家还都挺听话，很团结，虽然一分钱奖金没有，我们这么干下来，没有拿到一分钱的奖金，但是我们仍旧齐心协力地干。无所谓收入不收入，那时候人的思想真单纯！当时金华地区电业局来帮助我们，他们也没什么报酬。35 千伏变电所能搞上去，金华电业局给我们的支持是少不了的，但是这些事情省里面的电业志都没有记载。

采访者：请您介绍一下大洋二级电站。

应巧娜：大洋电站现在一共是六级。1981 年我调走的时候是五级电站，六级电站是我调到丽水以后才投产的。大洋二级电站是冲击式电站，水头是

220 米，是立式机组。一级电站是卧式机组，坝后式的，就是装在大坝的后面，利用水的压力发电，如果你不装发电机也就是浪费掉这点压力。所以就装个坝后式的电机，这是低压机组的，是 380 伏供电。一级电站是跟二级电站通过一台 10 千伏的变压器联网。发电机的机端电压是 400 伏。发电机要比那个电网的额定电压高 5% 。低压的额定电压是 380 伏，高 5% 就是 400 伏，那 400 伏升压到 10 千伏送到二级电站，然后二级电站再通过 10 千伏开关柜，送到变压器，再 35 千伏送出去。

二级电站是利用水库的一级电站的尾水引流过来，这一切要利用地形，从很长的水渠引过来，引来以后，在电站的发电机组上面、很高的地方搞一个前池，把水先蓄在那里，相当于一个小水库。最后通过压力管放下来冲击发电机，水轮机就转起来。

我有一本书没带来，就是《盘电颂》，里面记载的都比较详细。盘电就是盘溪电站，这也是二级电站，二级电站装机是 2400 千瓦，是三台 800 千瓦的机组。这个水轮机和调速器是我们萧山发电设备厂生产的。二级电站下面是三级电站，三级电站的水头比二级电站稍微低一点，208 米，二级电站 220 米，也是冲击式电站，通过尾水渠道引过来的。再接下去是四级电站，四级电站是 90 米的。这四个电站属于国营的，五级电站是集体的，是公社集体建的。五级电站不是引水的，就是把四级电站发下来的水拦起来，拦到水库里面再发电。这个梯级电站在世界上都很出名的，国际小水电会议专门组织与会人员到梯级电站来参观。再后来就是一个六级电站，六级电站也是集体的，所以一共是六级。我在五级电站建好后调到丽水局去了。

采访者：您能谈谈 1975 年 35 千伏的缙云到丽水的输变电工程吗？

应巧娜：缙云到丽水输变电工程主要是丽水地区水电局做的，我们只是配合，搞间隔安装、间隔设计，钱是水电局出的。在缙云变电所投产以后，我们缙云电厂负责检修、运行、扩建等方面的工作。

采访者：1976 年，您调到丽水地区水电局，参加了丽水 110 千伏的古市变电所建设，是吗？

应巧娜：是这样的，那时我是借调的。那个时候宁波和金华已经并网了，温州有没有并网我不大清楚。但是丽水比较落后，好多是孤立电网。缙云已经并到金华电网，遂昌和松阳并到衢州电网，其他都还孤立的。当时这边没有电力部门，都是水电局的电力办公室管的。

浙江省也很重视丽水的用电问题。1976 年省里立项要建造 110 千伏输变电工程。当时由丽水地区水电局负责。因紧水滩水电站还没有开工，丽水的用电又很紧张。上面就想把 110 千伏电拉到丽水来解决用电问题。所以立项时就是沙（埠）遂（昌）丽（水）工程，变电所有两个，是古市变电所和丽水变电所，还有两条 110 千伏线路。当时水电局技术人员很少，做工程的初步设计就到各县代理部门借调人员。我是其中之一。我和王普松一起搞 110 千伏丽水变电所的设计，他搞电气一次，我搞电气二次。

古市变电所在松阳，原来归遂昌县。

110 千伏丽水变电所设计原计划是 35 千伏变电所升压到 110 千伏。后来没上，35 千伏变电所没升级。当时初步设计搞好以后，就到省里审查。当时浙江省水电合并，是水利电力局，还在梅花碑。我们审查就在梅花碑那里，由水利电力局审查的。我记得我们审查的时候是 8 月份，参加审查的是省里方庆唐主任工程师。方庆唐这个工程师当时就说：“德清是锦上添花，沙遂丽这个项目是雪里送炭，我宁愿那个项目不上，你这个项目也要上。”但是 1976 年唐山地震之后，我们这个项目也搁置了。

采访者：后来这个项目又恢复了，是吗？

应巧娜：恢复了。恢复建设的时候直接利用原来的初步设计，但把丽水变电所改成云和变电所了。因为 1976 年设计的时候，紧水滩还没有开工。恢复建设后，紧水滩已经开工了，丽水变电所建设要考虑紧水滩的施工用电，所以就移到云和去了。1981 年古市变、云和变投产。

四　在丽水电业局搞设计

采访者：1981 年，丽水电业局成立，是吗？

应巧娜：1977 年，丽水先成立电力公司。当时丽水的电力不如缙云，缙云有梯级电站发电的，丽水只有一个 1500 千瓦的汽轮机发电的桃山电厂，1500 千瓦的小机组很不稳定，什么时候跳闸不知道。所以缙云盘溪发电以后，1975 年就上了一个丽水到缙云的线路；1976 年下半年在丽水成立了调度室。丽水调度室成立的时候都没有核心员工，招的都是新人，当时的调度室主任是我同学，我就说："你把这些刚刚招进来什么都不懂的人放到调度室去，等于就接接电话了，你把这几个人放在那里怎么行?"他说："我没有办法，有人总比没人好啊!"现在还有几个1976年招进来的调度员仍旧在这里工作。

1977年成立丽水电力公司，隶属于丽水水利电力局。1980年成立了电力工业局，电力公司就从水电局分出来了，那里叫水利局，这里叫电力局。当时电力工业局局长是沈夏淳，副局长是余炳钧。电力局刚成立的时候召开了丽水地区的电力工作会议，我作为技术人员也参加了。会议期间我跟电力局的一个人住在一个房间里，她就说希望我调过去。其实早在1976年就有领导要我调到丽水水电局去。当时我提出一个条件——把我爱人调过去，但是不要教书。当时丽水水电局四十几个人，要安排一个人也不容易，后来就没下文了。后来成立电力工业局（简称电业局）了，需要更多的人员。我就同意调了。

1981年电业局成立了，电业局就打了报告要调5个人过去，其中云和2个，缙云1个，就是我，丽水县2个。因为我在缙云还算有些名气，资历比较老，缙云县就不肯放人。调动过程很曲折，整整弄了10个月呢！我是缙云电厂第一个上报被评的电气工程师，1981年由丽水地区科委批准的。

采访者：当时您在丽水电业局担任什么职务?

应巧娜：1981年8月12日，我到丽水电业局报到。报到以后把我放到变电队，我就到变电队当第一任变电队队长。那个时候中层干部都要浙江省电力局任命。11月份浙江省电力局批准了我的任命，我就当了变电队队长。实际上我就当了一年多的变电队队长，1982年3月我从变电队队长的职位上退下来到设计室当副主任，变电队队长就由从金华寿昌变电所调来的徐阳松担任。我调过去的时候丽水有两个110千伏的变电所——古市变电所和云和变电所，已经投运了，是6月份投运的，我后来就是搞运行管理。

采访者：您在设计室工作的时候主要分管哪些项目?

应巧娜：丽水电业局成立以后我们本地区的电力建设任务繁重起来了，后来部里批了一个设计室的证书给我们，批下来以后就成立设计室。当时管生产的副局长是余炳钧，他说："你到设计室当主任是挺合适的。"后来就把我调到设计室当主任了。我们做的是变电所线路设计，属于基建。我到设计室以后的第一个工程就是35千伏城北变电所，另一个是110千伏的龙泉变电所，龙泉变电所投产以后，我就离开设计室了。当时我们设计室的人，全部是我们自己局里抽来的，我在设计室当主任的时候搞得很团结，我把他们当成我的孩子看待，他们也真把我当母亲看待。当时局长石启明要我搞独立核算，他说："你独立吧！"我说："我独立，那十几个人要跟我吃饭的，我到时候做不出来，我怎么办？"当时没想到设计室独立出去是不会没有饭吃的。

那个时候我们当中层干部，没有财权，人事权也没有，你最多可以去要求一下，从电业局里调一些人过来。1983年工资调整的时候，我们设计室搞了第一次聚会，晚上在我们自己食堂里聚餐，用我们工资增加的部分，一共是四十来块钱。我们十几个人在食堂楼上聚餐，自己烧，搞到晚上10点多，大家都非常开心。

采访者：那个时候您的工作状态怎么样？也会加班加点做设计吗？

应巧娜：晚上也加班的，其他地方也还好。我在设计室主要担任管理工作，还有一个就是审图，那些图纸都要我审，我要签字的。具体的画图这方面工作我都不大做的。

设计室业务还有外面找来的，我举个例子，比如上标电厂还没有开工选厂址的时候，省里来视察，我陪他们去的，尽管这不是我的任务，我也会去的。我们当时负责丽水地区110千伏及以下的项目，因为我们的设计室是成立的最晚，1982年才批下来。人家的设计室资格都比我们老，所以我们也没有想到要到其他地方去争项目，那个时候也不招标，反正就是我们自己项目下来，我们就自己做。

当时设计室的电气组做变电所项目，变电所里边有一次、二次；还有一个就是线路组，搞线路测量、线路设计；再有一个就是相当于综合性质的概预算，然后描图。那时候设计室里都是没结婚的小姑娘、小伙子，他们对我很尊重，我对他们也很爱护。没钱的时候，我们也对外做一些晒图、描图工作，外面拿到我们这儿加工是要付钱的了。我当时就找局长，跟他说："外面到我们这里来加工，这点收入你给我们团支部，局里不要收了，你给我们团支部搞搞活动。"他同意了，财务科科长也同意。团支部搞什么活动呢？就是到外面去，我们有一次到南明山去搞野炊，买东西到外面烧饭吃，大家搞得很开心的。

采访者：当时整个丽水地区的110千伏以下的规划和设计，都是你们来设计吗？在设计的时候，每条线路需要设计什么呢？

应巧娜：规划是属于计划科搞，不属于我们这里搞。我们只搞设计，项目来了我们就搞设计。设计的话，一个要先做可行性研究，可行性研究一般来说是规划部门搞的。可行性研究通过了，然后就立项，立项了以后就搞初步设计，初步设计就是我们设计室搞的。接下来就是平面布置，整个变电所平面怎么布置。然后就是主接线的方式，主接线、双母线、单母线，还是单母线带旁路，这个就是主接线的形式，全部都是初步设计定的。另外一个很重要的事情就是概预算。

变电所的线路到哪里都是规划部门先搞出来的，但它的初步设计要踏勘，就是走过去看而不是正式的测量，踏勘以后路径就出来了，然后要沿着线路走，这个比较辛苦，都是需要爬山的。踏勘人员爬山爬过去，一路走过去看看，他们是有经验的，例如，地形怎么样，线路由哪个路径出来，大致有多少铁塔，或者水泥杆，然后投资，选用导线的型号是多少，是300的还是150的，采用铜线还是铝线，一般来说高压线路都是钢芯铝胶线，铜线成本太高，好像现在还是这样，等等，这些都是初步设计定下来的，然后就投资，投资多少都有规定。

当时我们110千伏设计好以后，是省里基建处组织审批的，省里拨款，但是省里面是这样的，35千伏是农电处管的农业用电，110千伏就归基建处管了。

采访者：在设计过程当中有哪些重要的工程，或者有什么事情，令您印象比较深刻？

应巧娜：我觉得蛮顺利的。我在设计室的时候，龙泉变电所施工了，为了赶进度，我们的修试队自己安装第一个110千伏变电所。当时力量薄弱，修试队没有线路工，石启明局长带我们到现场去开会，他知道我们设计室有线路工，也知道我参加过缙云变电所安装工作，他现场就问我："你们设计室来帮帮忙，行不行？"我说我们可以帮忙，所以我整个设计室人马全部都拉过去，帮助龙泉变电所安装。

采访者：1985年，您评上副总工程师是吗？

应巧娜：在龙泉变施工的时候，我是设计室主任，那个时候我的副总工程师任命已经批下来了。设计室属于基建这条线，后来石启明局长就找我，要我管生产。

采访者：1985 年您评副总的时候，丽水有几个副总？

应巧娜：两个，陈衡是老的工程师，他是我们电业局最老的工程师。我们评工程师之前他已经是工程师了。总工程师原来是吕德宣，副局长兼总工程师。1985 年的时候他已经到省里去了。我看到我被任命副总的那个批文上面是这样的——因为吕德宣调走了，所以为了充实这里的力量，把我提为副总。

采访者：丽水第一个 220 千伏的变电工程，您当时抓的是生产准备工作？

应巧娜：1985 年我提为副总以后，丽水变就要施工了，那个时候我们生产副局长不在现场，生产准备工作是我一手抓的。抓生产是蛮辛苦的，要做好协调工作，然后再安装，启动方案是我一手搞的。启动那个时候也算比较大的工程了，上面要跟省调度员联系，下面要跟县调度员联系，县里面的调度员是我们自己的调度员。

还有就是人员培训，丽水变电所的人员也要派出去培训。我们要提前做生产准备工作，这些工作也要提前培训。具体有哪些内容我也真的想不起来了，总之这个工程比较顺利，投产也比较顺利。

采访者：您 1985 年当副总之后，变电所和电网运行情况怎么样？

应巧娜：每年我们局里要进行两次安全检查。一次是 5 月份的“安全月”，还有一次就是冬季之前的安全检查。一般来说都是我带一个队去检查，巡视检查我们变电所线路。我也不怕苦，110 千伏线路他们带电作业我也跟他们一起去。有一次在紧水滩那里我们夜巡 220 千伏线路，夜巡的目的是检查线路是否接触不好，线路如果接触不好，晚上就看到有火花。

从运行来说，在这一段时间线路上出了几个事情。一个是线路施工出了一个人身伤亡事故，那个线路施工人员去捡绳子从坡上滑下来，坠落身亡了。还有就是 1986 年、1987 年在古市变电所，我们承装公司一个职工触电身亡，这个是人身伤亡事故。还有一个就是 1987 年的紧水滩到龙泉的 110 千伏线路上面砍树，这个线路大部分都在山上。我们每一年都对这些毛竹、树木进行巡查，巡查以后如果发现靠近线路，都把树木砍掉。当时我们雇了两个民工砍树。因为那个拉线的方向没弄好，树被砍以后就倒到线路上去，当时 110

千伏线路马上就跳闸了，结果民工不懂电，树倒到线路上，他就去拉了。我们这边的调度员不清楚现场情况，就命令强送电一次，造成了一死一伤。

一般来说，我们安全运行还是不错的，我们丽水变还得到了安全运行2000天的奖励。我们还是很重视运行的，每一条线路上都配有巡线工。此外就是定期检修，计划检修就是定期的，每一年都要进行一次检修。总的来说，这段时间我们的安全生产还是好的。

采访者：220 千伏丽水变电所建完后，通到金华？

应巧娜：丽水通到金华，然后丽水再通到温州，跟温州通了以后，丽水的220 千伏跟全省的就形成一个环网了。因为我们的电网如果是辐射状的，是不安全的。当时浙江省电网最高电压还是220 千伏的环形运行，110 千伏的是开口运行。这两个不能同时合环运行，110 千伏的就打开了，220 千伏的合环运行。

1987 年，青田温溪到温州那里连通，青田到丽水没连通。所以我们这个还是辐射状的。记得有一次我到省里边去找陈积民局长汇报工作，我就把这个图拿给他看，想要赶紧把网整合。他看了之后就说："你这个网不算是完整的网，像一只蜘蛛。"意思就是没有跟系统很好地环起来，220 千伏当时也没环起来。一直到220 千伏的温丽线，到温州连通以后，然后环起来了。

环网是有好处的，就是这个地方跳掉，另一个地方还连着，这样就不会停电。辐射状电网是单线联系的，如果连接的这条线路停掉，相当于这个网就脱出来孤立，如果自己有电源，还是能够维持的，有的地方是没电源的。像紧水滩虽然有一个电站，紧水滩水电站丰水期是要 24 小时发电的，枯水期它就顶峰发电的。它如果停在那里，220 千伏的金华这条线路跳掉，就等于这里用户要停电了。但是我们供电系统一个目的就是要保证用户供电，不要停电，电一停掉，所有的生产生活都受影响。还有一个目的是保证电能质量。

采访者：那个时候紧水滩水电站的调度是归丽水吗？

应巧娜：归省调。我们 220 千伏变电所也是归省调的。220 千线路变电所里面的 110 千伏线路和 35 千伏线路是我们自己调度的。220 千伏这个线路跟紧水滩水电站，还有石塘水电站，都是归省调调度。调度是分级的，五级调度就是县调一级、我们区调一级、省调一级，还有就是华东调度和国调。

采访者：也就是说，基本上到20世纪80年代末的时候，在丽水地区形成220千伏线路为主、为中心、110千伏线路辐射的电网格局。

应巧娜：辐射为基础。35千伏和10千伏是基础供电电压。后来我退休以后，浙江省公司有一个领导，他要推广20千伏的电压等级作为用户的供电等级，取消35千伏跟10千伏，最后没有成功。当时我们就觉得35千伏和10千伏经过了几十年，布点变压器什么东西都搞好了，你现在把这个东西推翻掉，再上一个20千伏，这个事本身就不合理的。后来他调走后这个事情就停掉了。

采访者：后来丽水有没有再建第二条220千伏的线路？有没有形成其他的110千伏变电所建设，或者新的大规模工程建设？

应巧娜：丽水变电所建的时候，没有考虑在丽水建第二个220千伏变电所。因为那个时候思想保守，丽水这么一个小地方，一个220千伏变电所就够了。但是到了1991年前后，我考虑其他地区都发展起来了，丽水这么大一个地域，一个变电所肯定不够。我先把丽水地图看了一遍，龙泉、庆元那一片地域很阔、很广，而且110千伏变电所离龙泉变比较远，我提出来在龙泉布置一个220千伏变电所。当年我给规划部门讲，规划部门就报到省里去，省里就同意我们这个规划了。当时的220千伏就是现在的宏山变。

随着全省的电力网发展，到快要退休的时候，我就设想丽水要出现500千伏电压等级。当时滩坑水电站在规划当中，滩坑水电站上马500千伏是肯定的。当时省局就说，丽水出现500千伏至少要到2010年以后，估计要到2015年左右。实际到2007年，我们的500千伏就投产了。所以每年的春节座谈会上，我都感慨很深，我说发展那么快。我退休之前，整个丽水地区110千伏网络已经完整了，每一个县里都已经有110千伏变电所了，最后一个庆元变电所也在1997年年底投产了。

现在，我们这里已经有1000千伏的电压等级了，杭州还没有1000千伏。这1000千伏是送到福建的，经过我们这里，在我们这里落个点，建了一个1000千伏变电所。1000千伏变电所上去以后，滩坑水电站的电从500千伏直接送到1000千伏上网，上网就送到福建去了，那500千伏也到福建了。这几年全国的电网发展很快，而且投入也很大。

还有一个就是水电，水电开发原来是瓯江水电站的，瓯江水电站的水库很大，瓯江水电站“下马”以后就分级开发了，国家开发的第一级就是紧水滩水电站，紧水滩水电站下面是石塘水电站，这两个电站是一家管理的。石塘水电站下面是玉溪水电站，玉溪水电站就是我们地方开发的，它产权属于地方政府。玉溪水电站的下面是开潭水电站。开潭水电站是当时我们办三产的时候，职工集资办的。这个电站也很曲折的，是东北的朝阳集团控股建造的。后来因为没有资金就停了两年，最后朝阳集团把控股权转让给我们南方公司，南方公司其实是我们职工集资和银行贷款成立的，最后把开潭水电站建好了。开潭水电站建起来以后，就形成了一个南明湖，可以说南明湖是我们电力职工建起来的。现在管理归属到水电局。我觉得是坏事变好事，瓯江水电站在分级开发以后，装机容量更大，水源全部利用起来。

采访者： 您提到瓯江水电站的逐级开发，一条江的水利能源利用得这么充分，其实全国也都少见的。那您觉得丽水这个水利建设为什么能把水资源用得那么好？

应巧娜： 从自然条件来说，丽水面积占了浙江省的1/6，丽水山多且高。以前人家都称丽水地区是"浙江的西藏"，经济不发达，只有一条国道与外界相连。山多有什么好处呢？这个水都是从山上来的，山上的水流下来，水头高就有压力和动力，就能推动发电机的运行。

另外，从20世纪70年代开始，各级政府对这个小水电都非常重视。国家也鼓励小水电开发，给了很多的优惠政策。比如说上网电价，你刚投产的时候都很高的，投资比较大的，但是这个回报率是很高的。所以那个小型的水电站，个人的开发都很积极。据说现在丽水可以开发的、具备开发条件的，基本上都开发完了。我记得老家缙云乡下村子前面是一条小溪，有一个天然的坡度，后来渠道下面几百米的地方搞了一个电站。但是那个小电站运行的时间不长，枯水期就没电了。后来又在龙溪上面搞一个水库。这说明，20世纪70年代后期各级政府搞小水电的积极性非常高。个人投资就更早了，新中国成立前的太平汛电站就是个人投资的。原先是小打小闹、几十个千瓦。有政策鼓励以后，就是几百千瓦、上千千瓦的都有个人投资了。

采访者： 这个小水电建设，市里边是什么态度？

应巧娜： 很支持的。我们也支持，我们主要帮助他们搞好安全运行，把电量送出去，特别是丰水期。电站调度也是分级的，小的电站是县里调度，大一点电站我们区里调度，再大的电站像紧水滩、石塘、滩坑是省调调度，丽水的电网发展主要是靠水电。

采访者：整个丽水地区实际上是一个电力能源的输出市，是吗？

应巧娜：对，我们是丰水期输出，枯水期输入。浙江汛期是4月15日到9月中旬，一般来说，雨水多不能把它浪费掉，我们要收集天气资料，收集降雨资料，千方百计地调度，有水库调度，有电力调度，都要调度好，以免水力资源的浪费。整体上来看，对地方来说，送进来更重要。毕竟我们生产发展现在也蛮快，像去年（2018年）我们丽水电网用电量已经达到了103亿千瓦时了，我那个时候好像是十来个亿千瓦时吧，现在发展得很快。

1988年，参加全国供电局电力总工培训时，应巧娜在北京500千伏房山变

采访者：在电网和变电所建设过程当中，您个人有哪些印象深刻的经历吗？

应巧娜：我觉得我们丽水比较保守，没有超前的思想。这个不单是我们电力系统，我先生在公路系统，他们开会的时候也讲，说其他地区是争着要钱，要项目，你们丽水好像不会来要。我们这里经济本身不发达。我觉得应该有超前思想，我们电力应该要超前，电力发展不起来，经济就上不去。

另外我就顺便谈一下玉溪水电站接入系统的事情，我们是部属企业，地方有本位主义。因为我们电业局是属于国家电网公司的，当时是部属企业了。地方上有的部门想在自己地区搞一个网，把几个县电网和玉溪水电站连在一起，再经一条110千伏线路和220千伏丽水变连接。所以我就写了一篇论文，从供电可靠性、投资、发电可靠性、投资成本、电力运行成本等方面，论述了其中的利弊，最后这个方案没实施。原计划把青田、缙云，还有玉溪水电站几个县搞一个开关站，这几个县连成一块，等于是我们丽水变这一条线路跳掉，这一片用电、发电全部瘫痪！而且当时110千伏缙云变电所已经在建，缙云变是不可能接到地方的。提出这个方案的人，忽视了电网的规划，没有按照电网规划来做，他提出来这么一个方案，就是一根线接到电网，这个是不现实的！那时候我还没有退休，地方部门千方百计要去争。我们这个110千伏投产的时候，就是沙遂紧投产的时候，地方上不放，电力工业局要自己管。当时省电力局就提出：那110千伏线路、变电所交给金华电业局管理。这样就把电力工业局改为电业局，划给省电力局直管。后来到了20世纪末，地方部门也想通了，因为这个拿过来管理没好处，地方只要有电用就行，管过来还增加成本。现在国家给你管，电供给你用，多好。你自己来管，电价还是一样的，不可能自己定电价的。电厂上网电价、用户的电价是一样的。那现在国家给你管，电供给你，你何乐而不为呢？

各级领导也都明白过来了，后来就纷纷同意把各个县的电力部门的资产交给国家电网管理。现在电力系统是国网公司直属的。电力部门的资产、人、财、物全部属于县里，但是行业管理由我们负责，为什么呢？那个时候政企分开还没提得那么响，我们电业局两个职能：一个是企业的职能，一个是地方的行政管理职能。所以我们还行使了行政管理职能，电的规划、行业管理、安全管理，全部是我们管的。我们每一年都要召开电力工作会议，每一年都要去安全检查。

浙江省电力局也是这样的，电力企业经营是电力部管的，就是电力部的直属企业。实际上电力规划、行业管理全部是省电力局管的。后来随着改革开放，国家机构纷纷改革，强调政企分开，管理的职能全部分出去，所以省里面叫电力公司，我们下面叫供电公司。

采访者：1995年您聘为总工程师的时候，前任总工程师离开了？

应巧娜：1988年，总工吕德宣离开以后，就没总工了。后来管基建的副总退休以后就剩我一个副总了，当时我还是管生产的，基建基本上是不管的，当时体制不健全。那时候我自己也没有想要当领导的思想，但是当时省局里的领导和当地的群众对我的印象挺好的。

1994年1月初，我们第一次中层干部招聘。这件事情是局长徐方平和副书记丁连春负责，他们两个就把考试这块工作全交给我了。我记得 1993 年 12 月 31 日还在上班，人由我点，我们商量之后就出卷子。我就带了人躲到紧水滩水电站那里出卷子，手机也没收了，对外界联系全部隔绝。当时在用人和招聘制度、管理上更规范一些，招聘就是大家竞争上岗，需要考试和面试，我等于是面试主裁判，面试的题目也大多是我出的，我们保密做得很好。

采访者：您提了总工程师之后，整个全局的事情就您具体来抓了是吗？

应巧娜：我觉得跟原来的工作差不多，只是职务提上去而已。除了管生产也管基建。我任总工程师三年多一点、四年不到。

采访者：刚才您提到 1993 年的时候实施办公自动化，是吧？

应巧娜：办公自动化当时是我直接管的，1993 年，我们召开第一次全地区计算机应用会议。1990 年，计算机专业毕业的章寒冰，他分配到我们这里来。我们就把他安排到调度，并成立一个计算机室。他的工作能力很强，从开始做信息自动化系统，到具体的实施都是他搞的。1996 年，我们办公自动化跟生产自动化通过了省局的验收。1997 年我还带他们一起到东北、北京去考察，看厂家，就是我们这个办公自动化选哪一厂家合作，后来我们到了清华同方，也到了沈阳的东大阿尔派，现在叫东软集团，是东北大学与日本的阿尔派公司合作成立的软件公司。我们考察以后就选择了清华同方，1997 年就开始搞了。这个就是我们局里办公自动化的前身。

采访者：那在科技方面，当时还有其他的什么创新吗？

应巧娜：其他的方面比如说我们 QC 小组，QC 就是质量管理。每一个生产部门都有 QC 小组，每一年都搞 QC 项目评选。班组里每年都要评审，评出来以后要上报省公司，省公司再评审，把那个项目评审下来。这些技术方面的工作都是我在负责。

还有一个是技术比武，我们是 10 千伏的技术比武，我有一张照片就是在云和变电所搞技术比武时拍的，这个也是我组织的。各个县里边 10 千伏的检修工都到变电所来，通过技术比赛，查看这些工人的技术水平怎么样。这个“比武”是要评分的。把教育科科长、变电所的领导专职、生技科的专职这些人组织起来到现场去当评委。各个县里面的工人报名，一起进行技术比武，提高我们的检修运行水平。

1994 年云和变 10 千伏运行工技术比武现场（右三为应巧娜）

此外，在线路上面有防覆冰的处理。这里很多线路在山区，线路会冰冻的，有的地方冰冻起来有热水瓶那么大。1982 年、1983 年的时候发生过事故，那个铁塔塔顶都倒掉，过了几个月又维修回去了。当时也有防冰冻技术，就是把铁塔加固，还有就是在易冰冻地方不要停掉线路，因为电在那里就有热量，它有线损有热量，它冰冻会慢一点。

还有线路雾闪①，雾里面有很多带电离子，还有很多灰尘微粒，在高压的情况下，绝缘子就会被击穿，110 千伏的闪络②接地就要跳闸的。防雾闪，防雷，这些方面都有一些科研项目。省局每年会召开一些技术方面会议，总工程师、生技科科长、厂家都要参加，我在丽水电业局任副总的时候就去参加过这些会议。

---

① 雾闪（fog flashover），由雾引起的电气设备外绝缘污秽闪络现象。送变电电气设备外绝缘发生污秽闪络的必要条件是：外绝缘表面沉积的污秽层中有游离物质及外绝缘表面上有一定水分，使游离物质在绝缘表面生成电解质。由于形成雾的潮湿气候条件容易促使污秽闪络发生，绝大部分电气设备的污秽闪络发生在起雾频繁的季节。在雾季发生的污秽闪络称为雾闪。

② 闪络，固体绝缘（如绝缘子、绝缘套管）周围的气体或液体电介质被击穿时，沿固体绝缘表面放电的现象。闪络发生时的电压称“闪络电压”。绝缘子和绝缘套管在空气中的闪络电压分为干闪络电压、湿闪络电压和冲击闪络电压，是标志其绝缘性能的重要数据。

五　这一辈子，我就要到电力企业

采访者：您在电力系统工作33年，有什么工作经验和体会？

应巧娜：我那个时候是有几次机会到公务员岗位，我一直不肯去。缙云水电局局长就对我说："你到我水电局来。"我说："我不去，我一定要在电力企业，我不愿意去坐办公室。"后来，我调到丽水电业局的时候，丽水电业局跟水电局刚刚分家不久，水电局的局长就想把我调到地区水电局，我说："我不要去，这一辈子，我就到电力企业，不愿意到行政岗位去。"

我愿意搞具体业务。我退休后，人家返聘我去帮助工作，我从来不计较报酬，多少钱无所谓。我当时是这样想的，我读了17年的书，从小学、大学毕业，干了三十几年的工作，这一辈子我肚子里也积累不少的知识，退休以后如果不工作，那么这点知识就没有用了。所以退休后的前十年，我在丽水市局下面开关厂干过一段时间。然后就是永库电站要投产了，电气安装没人管，我答应帮忙照看。

再后来我去了木材厂，就是浙江丽人木业集团有限公司，那里要建35千伏变电所，我全权负责变电所的建造，变电所建好后，解决了厂里的用电问题。后来我就到杭州去了。

采访者：您真正退下来，不做电力工作是哪一年？

应巧娜：2009年以后我就没有再做了。后来局里门球队让我参加。因为我文化程度比较高，工作也比较热情，丽水市直机关老干部门球协会的会长就让我当门球协会的秘书长，后来会长年纪大了就离职了。之后会长的职务就交给我了。每年丽水市组织部都会组织一次离休干部学习组长和老干部各协会会长集体开会学习，这个会是老干部局下面十来个协会的会长和已经离休的学习组长一起去开的。组织部很重视，每次开会前都是地委书记做报告，组织部部长会到现场去指导开会学习。

当门球协会会长期间，我对这个工作也是比较认真的，筹集了几十万元钱，改造了门球场地，当了一届。后来因为要到杭州，我就不当了。

采访者：电力系统从白手起家，到您退休时已经有了很大发展，您见证了电力系统由薄弱走向完善，现在电力系统发展更好更快了。

应巧娜：现在电力系统发展特别快。我 1998 年退休的时候，我们地区还是 110 千伏的网，每个县都有 110 千伏变电所了，第二个 220 千伏变电所还没上来。我退休到现在 21 年了，现在的变化实在是太大了！电压等级现在提高到 1000 千伏了，现在每个县基本都有 220 千伏变电所了，这个变化很大。另一方面，自动化程度也大大地提高了，办公自动化和生产自动化已经实现。我那个时候还没有“无人值班”的，虽然当时有的地方已经实现了无人值班，但是我们这里还没有，现在 220 千伏变电所都实现无人值班了。

采访者：对后来的电力人，您有什么要说的吗？

应巧娜：我觉得电力事业是一个既光荣又艰苦的事业，所以我希望后来人，能够热爱电力事业，把电力事业搞好。因为电是个先锋，国家每一个地方都离不开电，如果没有电，整个世界都会瘫痪。现在所有的自动化，现在用的手机，应用的一些无人机，都离不开电。现在自动化程度越来越强，人类的文明发展也越来越高，电力的重要性也越来越高。所以，既然在电力企业当中，就要热爱这个事业。

采访者：今生无悔。

应巧娜：我觉得我可以做得更好，现在也不能回头，也没什么好后悔的，我也是尽力了。当时我们报酬很少，公司制改革以后工资才上去。所以我一直说：“我这一辈子拿的工资，不如他们现在一年的收入。”

这是历史发展的结果。我们这一代人，当年生活上不容易，低收入，五十几块钱我拿了十几年，一直到丽水电业局以后，才提高到八十几块钱。我退休的时候一年收入三万多块钱。工作上面我们一直挑重担，“文化大革命”十年，没有大学毕业生，技术工作全部是我们挑下来的。“文化大革命”后期才开始有推荐的工农兵大学生，1977 年恢复高考以后，技术人员逐渐多了起来。当然随着社会发展，大学毕业的人也越来越多。现在要进电力部门很难，本科生要求是 985、211 工程的大学，一般大学还进不来，现在都要硕士、博士了。这都是社会发展的结果。所以我干了一辈子电力事业，无怨无悔。

采访者：我们就讲这么多，您还有要补充的吗？

应巧娜：我要谢谢你们，也谢谢我们局里，谢谢我们省公司，我们局领导对我们挺好的，他们对离退休工作也很重视。我们有一个专职的总支部书记，我们退休的下面成立三个支部，杭州也成立了一个党支部，省公司每年都会组织两次离退休的处级干部学习会。所以这一块我们衷心感谢党和国家，对我们离退休人员的关心。现在我们生活也很幸福，过得很好。

点灯东海岸

口 述 者： 宋继明

采 访 者： 陈国东、何伊娜

整 理 者： 何伊娜、杨丽萍、吴以琳

采访时间： 2019年4月23日

采访地点： 国网舟山供电公司

宋继明 1928年出生，山东临朐人，1945年9月在山东滕县入伍；1950年10月进入定海电厂工作；1953年起担任定海电厂厂长；1958年7月起任舟山电厂筹备处副主任、党委委员；1960年3月起任舟山电厂厂长；1972年12月起任舟山地区电力公司副经理；1977年9月任舟山地区电力公司党委委员；1983年12月任舟山地区电力公司调研员；1988年9月退休。

一　早年经历

采访者： 宋老，您好，特别感谢您接受我们的采访，请您谈一下您早年的经历。

宋继明： 我出生在1928年，是山东临朐人，16岁入伍当兵。当时的社会比较动乱，一方面遭受着日本人的侵略，另一方面还得遭受汉奸和特务的压迫和监视。再加上遇到荒年，庄稼收不上来，村民大多逃荒离开，没离开的人也很快饿死。我家里的情况很糟糕，父亲离家而去，母亲饿死，哥哥和嫂嫂逃荒，家中仅剩我一个人。为了生计，我便应征入伍。最初是加入国民党的一个部队，一年后转入新四军二纵九旅①的被服厂，作为学徒工，做衣服支援前线。因为处于战争年代，我们时常遭受轰炸威胁，人员牺牲很大，但总算是保存了后方的工厂。济南解放后，我们接管济南被服厂，随后我便被分配到杭州被服厂做统计员。杭州被服厂撤销后，工人们陆续被分配工作，我被分配到宁波地区专员公署。

二　担任定海电厂厂长，克服重重困难

采访者： 后来是什么契机让您进入定海电厂工作的？请您谈谈当时电厂的情况。

宋继明： 我是在1950年9月和另外两名同志一起接管定海电厂工作的。一名同志叫蔡永才，因病去世；另一名同志姓钱，因为工作原因调走。实际上之后具体工作是我主持。

1950年，定海电厂的情况并不乐观。首先，发电设备很少。厂子里只有三台机器，一台功率30千瓦，一台60千瓦，一台120千瓦。因为设备

① 津浦前线野战军第二纵队由原新四军二师四旅、五旅和四师九旅编成，九旅于1947年改称华东野战军二纵6师，1949年改称21军63师。

数量少而且功率不高，一天只能供电3小时，直到1952年才做到24小时供电。其次，发电材料不够。发电机是烧柴油的，现在可以从大庆或者外国进口柴油，但当时政府无法供油料给电厂。我们从宁波请来一个老师傅，他用炉子烧木炭产生一氧化碳来推动柴油机发电，这才勉强解决燃料问题。除此之外，机器定期运行和维护需要机油润滑，当时也买不到这类东西。因此，我们用喝茶的茶油作为润滑油的替代品。发电的稳定性很差，群众意见很大，甚至编出一句顺口溜："电灯忽暗忽亮，收起电费来你一分不让。"

采访者：您最初在定海电厂担任什么职务？主要负责哪些工作？

宋继明：我最初在定海电厂的总务股担任保管员。正如我之前所说，电厂一开始由我和另外两名同志一起管理，他们离开后，实际工作就落在我的身上。1950年10月，宁波政府派来一位厂长，名叫艾衍笃。1952年，艾衍笃被调走。

采访者：艾衍笃厂长被调走后，您成为电厂实际主持工作的负责人，之后再被正式任命为定海电厂的厂长？

宋继明：是的。1952年厂长被调走后，政府并未再派遣专门人员来管理电厂，于是就让我当总务股的股长，随后又让我担任电厂的代理厂长。1953年，艾衍笃不再回来当厂长，政府便正式任命我担任定海电厂的厂长。最初的时候，我很紧张，因为我没有学习过相应的知识，也没有掌握专门的技术，年龄很轻，文化水平低，资历不够。我思想上包袱很重，晚上辗转难眠，希望自己能够做好厂长工作，更好地为人民服务。

采访者：当时电厂主要面临哪些困难？

宋继明：主要是设备问题。设备功率小，数量少，我们便向上级部门申请购置新设备。1954年政府批准申请，在蟠洋山路那里安装两台200千瓦的柴油机组。当时舟山以备战为主，所以地址选在蟠洋山路旁边的山下，山面朝定海城区，背朝外边，防空效果好些。当时条件不行，机器是去外地买的，政府对投资管理也很严格。我们没有专业技师来安装柴油机组，于是就向浙江省电力局申请支持。省电力局安排两个工作人员来帮助我们安装机器，一个人姓张，过去专门从事柴油机方面的工作；另一个是嘉兴民丰造纸厂的电气技术员，五六十岁。有了技术人员的帮助，柴油机组顺利安装完成。此外，由于选址在山后的问题，运输燃料也很辛苦，柴油需要用小板车运。

设备问题虽然解决，但是还需要提高输送电压。为了将输送电压从 2.3 千伏提高到 6.3 千伏，我们请来绍兴电厂的几个老师傅，协助我们架设新的电线。当时材料短缺，我们就用木杆子上面的铁横担的三角铁，没有就买来硬树剖开，用柏油煮后加工成木横担代替三角铁搭设新的线路。绍兴师傅在电厂工作半年后便返回绍兴，但他们留下的宝贵经验让电厂里的其他师傅摸索出自主架设线路和提高电压的技术。在城区供电范围上我们可以一直供电到白泉。

除了我们自身的问题外，舟山当地的情况也比较复杂，主要是用电问题。舟山主要是渔业、农业和一些工厂的用电。而农业用电，老百姓用不起，用电去灌溉，没几亩土地，电价也高。还有一个问题是用电不平衡，舟山的工厂都是单班制生产，到下半夜，人家不肯用电，因为成本高，情愿自己搞个自备发电机组。

我必须要感谢厂子里的老师傅们，我本人缺乏相应的经验，而且基础设施和设备简陋，一些问题都靠一批踏实肯干的老师傅们努力克服的。刚开始是马师傅，他搞电气，还有一个搞木炭的张师傅，叫张根宝，还有两个线路工人，我们搞安装汽轮机的就是杨师傅，叫杨桂生，当然，还有上级分配来的技术人员，他们都是电厂发展的骨干和功臣。

三　筹建舟山电厂，解决不同难题

采访者： 您 1954 年的时候还参加筹建舟山电厂的工作，请您谈谈当时的情况。

宋继明： 筹建工作先后有两次。第一次是为了筹建舟山电厂和配置汽轮发电机，我们成立了专门的筹备委员会。政府派遣专员来负责，姓李，由于冷冻厂筹建的问题停建了，第一次筹备工作被迫停止。所有在宁波电厂培训人员和 750 千瓦整套设备全部划给金华电厂。

这跟舟山当时的供电情况有关系。舟山用电基本集中在白天和晚上，下半夜没有人用电。原本配置汽轮发电机是给冷冻厂供电，但是汽轮发电机的燃料是煤或者油，煤炭购不到，烧油成本太高。所以建冷冻厂的计划也就搁置下来，汽轮发电机也没有配置的必要，舟山电厂的筹建工作也就搁浅了。

当时舟山供电专门设了一个开关，因为下半夜没人用电，所以需要专门人员按时关掉供电开关。舟山用电基本集中在白天，如果发生事故，就需要关闭开关。政府有相应的规定，先断农村的供电，再断城市。因为舟山处于备战状态，我们需要保证海军和陆军的供电。但是有时候会遇到紧急情况，需要全部断电。为此，我们重新购置 750 千瓦发电机，开始第二次筹建电厂的工作。

1954 年，定海电厂来了两个部队转业的干部，一个叫茅锡齐，一个叫王洪友。姓茅的干部当电厂书记，姓王的干部当副厂长。茅书记来了之后，就紧抓组织工作，电厂成立了党支部。电厂党支部成立后，调我担任筹备处的副主任。定海电厂还是原来的那个班子，书记也在那里负责。1987 年舟山市成立，舟山电厂划给舟山市。定海县也划过来了，后来建立的十六门电厂也划过来，实际上舟山电厂和十六门电厂的两个班子合成一个，加上定海电厂，就搞成两个变电所。虽说担任副主任，但我其实没有什么经验，有的只是几年电厂工作的经历。1954 年，在发电方面要求全国学习北京清河电厂的 750 千瓦发电机模式，讲究“简易发电”，就是“材料省、上得快”。所以，我在筹备处也着手配置 750 千瓦发电机，学习“简易发电”。省电力局局长也来视察，要求我们学习“简易发电”的经验。

“简易发电”主要就是材料省。建发电厂需要材料，当时物资比较匮乏，这方面的材料便需要省下来，也可建个草棚子当发电厂。舟山电厂厂址选在勾山，前靠河，刚开始冷却水要用淡水，那个地方有淡水，所以选择勾山。750 千瓦发电机的发电站需要 30 吨水泥、几十方木材。但是水泥不够，当时砖头也不够。舟山正在进行“破四旧”运动，过去旧社会坟上有砖，我们砌厂房的砖全部是坟上的砖。地板是用坟上的石板一块块铺起来的。建起厂房，因为设施和基础建筑简陋，发电厂的灰渣本来是从上面出来，我们的是从下面出灰，还得找工人将灰渣抬出去，工作量很大。那些年大家的生活都比较艰苦，老师傅们都很诚恳，很勤劳，他们现在有些去世了，还在世的都八九十岁高龄，他们不辞辛劳、埋头苦干的精神值得我们学习和铭记。

1954～1956 年，我们都在建设 750 千瓦发电机，舟山电厂落成后，我们决定再建一台 1500 千瓦发电机组。老百姓一开始不理解我们，认为我们在小打小闹，不愿意配置大机组。这实际上是条件不允许，第一个问题是国家没投资，没投资我们就没有钱和物资；第二个问题是我们舟山三班制生产的工厂少，舟山没有工业，只有一个联合加工厂和一些船厂、食品厂，都是单班制生产，不需要通宵达旦供电，尤其下半夜不需要发电；第三个问题是搭设机组的各方面条件不行。所以我们就只做1500千瓦机组。

等第一台、第二台1500千瓦机组安装完成后，我们重新选厂址，在十六门，之所以选择这个地方，是因为靠海，离码头近一点，前边还有一个小山，飞机来了可以挡一挡，这也是国防需要，当时选址就讲究“备战、备荒、为人民，以岛为家”。然后继续做第三个1500千瓦机组。三个都完成后，第五台机器我们配置3000千瓦机组供电。后来人手跟不上，因为需要拉电，过去的设备都比较差，除了750千瓦机组是正式的上海汽轮机厂、锅炉厂生产的外，其他1500千瓦的机组全部是非制造厂生产的，质量较差，因此，机组经常出现故障。

采访者：刚才您讲了当时社会上一直希望咱们电厂搞一个大机组，所以就一直扩建，从750千瓦到1500千瓦再到3000千瓦，扩建的过程中又遇到哪些困难？

宋继明：最大的难题就是经济困难，需要国家的投资。投资归建设银行监管，抓得很严，你不可能浪费一分钱，你要做预算，如果没有预算，你连灯泡也不好买。还有，购买物资也困难，好的物资就更缺了，像是钢筋、水泥这些建筑材料都缺。我们自己又没有钢筋厂或是水泥厂，绍兴、宁波有自己的水泥厂，那就为自己所用了。舟山没有，全部靠人家。

采访者：1966年之前是不是成立了一个电力技校？请您讲讲技校的相关情况。

宋继明：1966年之前，我们按照上级指示成立了电力技工学校（简称电力技校）。“文化大革命”开始，学校就停课了，后来经军管会批准，学生全部分配工作。

采访者：1965年，舟山建成了第一座35千伏北门变电所，结束了舟山本岛45年来由发电厂直配供电的历史。请您讲讲这个变电所的建设过程、难点，建成后为舟山本岛供电情况带来了哪些改变？

宋继明：20世纪60年代中期，我们还需要去农村参加“四清”工作组。我去了两年。当时茅书记调走，调来一个黄书记，黄书记原本是管理钢铁厂的，钢铁厂被取消，就来到电厂。当时电厂成立了革命委员会，但是缺少人手值班。革委会到处叫人，仍然无法保证电厂的正常运转。里面的事情比较乱，我了解的就这么多。

采访者：舟山这些电厂的厂址一直在变，请您谈谈具体的情况。

宋继明：第一个就是在蟠洋山路，面朝北，前边是山，选址时考虑到国防需要。第二个是勾山，勾山那个厂址前边有一条河，刚开始冷却水要用淡水，那个地方有淡水，所以选择了那个地方。第三个是十六门，就是现在的定海电厂，原来一个1500千瓦，一个3000千瓦，又叫红旗车间。选择这个地方，靠海，码头近一点，前边还有一个小山，飞机来了可以挡一挡，也是国防需要。当时电厂选址都还有“备战、备荒、为人民”的思想，以岛为家。当时厂址选址很重视，大都是要上级领导或军队领导同意。

后来的舟山电力股份有限公司的地址在定海南郊，南郊就是现在舟山剧院隔壁，现在的舟山剧院那个地方就是我们原来电厂的地址。那时电厂在前边，后边有片土地，电力公司和电厂就搬到后边去了，前边让给了一个铁工厂，铁工厂取消以后就搞了个电影院。

采访者：您办公室也是随着这个电厂地址的变化而变化?

宋继明：那会儿也没有什么正式办公室。当时在勾山，工人也好，我们也好，都是向老百姓租房子住，也没有宿舍。那时候搞简易发电厂，材料也没有，就是厂房——厂房也很危险的，一直到20世纪80年代才盖宿舍，之前没有宿舍的。

四　舟山地区电力公司

采访者：请您谈谈您担任舟山地区电力公司副经理的经历。

宋继明：大约是1977年，当时定海电厂开始发电了，舟山电厂还有两台机器当备机，上边考虑成立电管局和电力公司，两块牌子一套班子，配了一个局长、一个副局长、两个副经理，我是副经理，还有就是成立党委，党委书记兼十六门电厂的支部书记和勾山电厂的支部书记，就那么成立起来的。成立后，电管局的名字取消了，就剩电力公司了。那会儿刚刚改革开放。

后来，有年轻的大学生来电力公司。我担任副经理的时间不长，退二线后当调研员。新来的人成立“三总师”：总工程师、总会计师和总经济师，以后又改成副经理，变了几次。原来的公司在定海，以后又搬到十六门去了。后来是刘传伟当经理和党委书记，干了二十多年。

五　投身岛屿通电事业，改变舟山通电窘境

采访者： 在很长一段时间里，舟山周边的诸多小岛都是用柴油机自发自供，后来经历一个漫长的过程才与舟山本岛联网，请您讲讲这一过程。

宋继明： 1970 年，长峙岛跨海架空输电线路开工，这是第一条岛屿之间的架空输电线路，从长峙岛到十六门。两个地方距离不远，一公里左右，在两边的山上竖起木杆，然后架设电线。后来有设计师设计了电塔。

在岛屿通电之前，各个海岛都是各自发电，用柴油机。柴油机比汽轮发电机方便，有柴油、设备、润滑油，一间小房子，就足以完成发电。而汽轮机一定要烧煤的，有锅炉，汽轮机配电，还需要冷却水，但因为海岛没有淡水，现在海水可以淡化，那时候海水不好淡化，自来水都供不上，用海水冷却又不行，有条件限制。运煤还需要码头和船只。柴油的话汽车也好运输，小板车也好拉，所以大家都用柴油机发电。我们起初也是用柴油机，1977 年的时候定海电厂开建，才换上 1.2 万千瓦的汽轮发电机。

采访者： 省局主持的直流输电工程，历时八年，最终让舟山与浙江省其他地区联网，使得舟山的电力供应情况得到了很大的改善，请您讲讲您所了解的相关情况，当时您主要参与哪些方面的工作？

宋继明： 当时省里的领导认为浙江的发展离不开通电，因此想做到全省联网，舟山的岛屿通电成为亟须解决的问题。当时电网技术并不发达，没办法敷设海底电缆，因此岛屿通电问题是一个难关。之前我有提到，发电厂是需要拉电的，机器出现问题，需要抢修，断电。如果舟山岛屿通电了，我们出现问题，陆上电网就会供电进来。除了技术难关外，还有一些现实因素。

省局的张国诚局长负责岛屿通电的工程，用的方式便是直流输电。直流输电是国家要搞的研究项目，我们争取来这个项目，省里派专门人员来协助

我们。省里下来一个陆连潮，还有一个李永海，专门两三个人，建立一个组织，我们舟山这边也建了一个组织来负责直流输电的工程，成员里有李明山（原定海供电管理所主任），还有一个章增茂，是部队转业的。之后我们专门安排了工人，开始策划这个线路，最后终于成功。

舟山市电力公司第五届代表大会于 1998 年 8 月 21 日至 8 月 22 日召开
（一排右六为宋继明同志）

1998 年，舟山市电力公司第五届代表大会召开（主席台左起：原公司副经理宋继明、公司党委副书记黄世建、党委书记陈英雷、市委组织部副部长陈沪生、市经委主任蒋宝华、公司经理刘传伟、纪委书记王华宁）

蔚蓝之上

口 述 者： 汪洵

采 访 者： 何伊娜、杨丽萍

整 理 者： 何伊娜、丁平、王佳琳

采访时间： 2019 年 4 月 26 日

采访地点： 国网舟山供电公司

汪洵 1937 年出生，祖籍江苏淮安。1957 年毕业于第一机械工业部上海动力机器制造学校，主修汽轮机制造专业，热能动力专业高级工程师。1958 年 4 月，分配到舟山电厂筹建处，开启了他和舟山的一世情缘。早期一直负责电厂的基建、安装和检修工作。1981 年调任舟山地区电力公司生技科任副科长，1983 年升任副经理，1988 年电力公司体制改革后，任公司总经济师，1997 年 12 月 30 日退休。在舟山勤勤恳恳工作了近 40 年，为电力事业奉献一生。

一　我的学生年代

采访者：汪总您好，特别感谢您从宁波远道过来，接受我们的口述历史采访。就像我说的，口述历史主要就是听您讲讲人生经历。咱们就从您哪年出生、家乡在哪里、学生生活怎么样开始讲起吧。

汪洵：我是1937年12月7日出生的，今年（2019年）82周岁了。我出生的地方是江苏省淮安市，但是我很快就到上海了。我在上海读完了小学和初中，到了1953年的时候，进入上海动力机器制造学校，先读了1年预备班，后来又读了3年，到1957年毕业。

我当时就读的上海动力机器制造学校，可以说是上海最好的中专学校。它是1907年，由一个德国医生创办的医学堂逐步发展过来的，后来学校渐渐地转到工科方面去。国民党政府统治时期，它叫上海国立高级机器制造学校，简称“国立高机”。因为这个学校在旧社会名望很高，所以新中国成立以后，它成为上海市中专学校中一个代表。

每年“五一”在人民广场举行游行的时候，都是我们学校代表中专学校去的。这个学校师资力量还是比较强的，后来我们学校的很多老师都不断被抽调到上海其他的大学里去当老师，可见这些人水平都是相当高的。

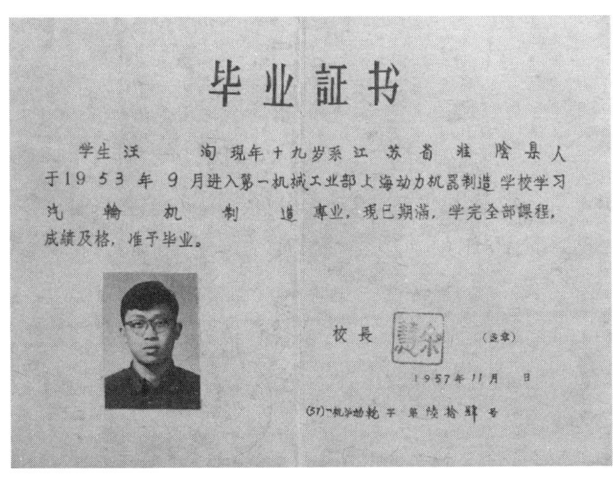

毕业証书

学生汪　　洵现年十九岁系江苏省淮阴县人于1953年9月进入第一机械工业部上海动力机器制造学校学习汽轮机制造專业，现已期满，学完全部課程，成績及格，准予毕业。

校長（盖章）

1957年11月　日

(57)一机沪动轮字第陆拾肆号

1957年11月，颁发给汪洵的第一机械工业部上海动力机器制造学校毕业证书

我们读书的时候，全部采用苏联的教学方法和考试方式，课本都是按照苏联教科书翻译过来的。考试不像我们现在三四十个人坐在课堂里，每人发一张卷子这样考；而是让同学们首先在一个像图书馆里放图书目录卡的抽屉里面，抽取试题，每张试题卡一般就四五道题，然后让同学单独准备半个小时，每个学生的试题都不尽相同。半个小时以后，老师坐在一间房间里，让同学单独进去解答，解答好了以后就可以出来了，老师会给你打分。一般是5分制，3分为及格，5分为最好。

学校安排的作息时间和一般学校都不一样，上午都安排上课，有三大节、共六小节课，前面两大节课上完以后，休息时会提供一点食品。当时还是比较简陋了，就一杯豆浆、一个馒头，我们一边休息、一边吃，吃好了以后再继续上第三大节课。下午一般都安排体育课、到实习工厂去实习。实习岗位分门别类，有很多种，大概车床和钳工各学半个月，铣床、磨床、刨床各学一星期。像我们这样出来的，一般安装检修的活都是能干的，无非就是不大熟练，但是怎么做基本上都知道的。学生都是住宿，那个时候中专的补贴一个月是9块5毛钱。晚上会有晚自修。我们在毛主席的“世界是你们的，也是我们的，但归根结底是你们的。你们青年人朝气蓬勃，正在兴旺时期，就像早晨八九点钟的太阳，希望寄托在你们身上”的精神鼓舞下，度过了充实的中专生活。我认为那是我人生中非常开心的时候，是一个激情燃烧的年代。

二　舟山电厂的筹备及其建设

采访者：*您是在哪一年开始工作的，初次参加工作的感受如何？*

汪洵：1958年4月底，我被分配到了舟山电厂。那个时候应该叫舟山电厂筹建处，我是怎么被分配过去的？这里面其实也有点戏剧性。我们的宋继明副经理，他是当时舟山电厂筹建处的副主任。因为办电厂没有技术人员，就打听到我们这个学校还有一些学生等待分配，结果在几个学生当中他挑了一下，觉得我身体素质可以，学习成绩也比较好，就把我挑过来了。过去以后，我就开始在舟山电厂筹建处工作。曾经在筹建处工作过的人，就只有我和他两个人活到现在。

那时候筹建处实际上没有多少人，一个是行署工业科的科长，兼任筹建处主任，叫刘耀峰；另一个是宋继明；还有一个叫朱永锡，是大连海军学校转业的讲师；后来又从舟山水产食品厂把谢镜熏调了过来，他是一级技术员，技术水平算是比较高的；还有一个搞财务的，叫韩利生，这个人原来是定海电厂柴油机厂的会计，也转到筹建处来了。一个筹建处，当时就我们这六个人。

采访者：当时您在筹建处做了些什么呢？

汪洵：我刚到舟山的时候只有学校里学到的一点课本知识，根本没有工作经验，什么也不懂。来了以后，首先给我的任务是在军用地图上把我们建厂那个地方的地形给描绘出来。在描绘电厂地图的过程中，我帮助接待了我们厂里首批来报到的工人，我记得是 27 人。

当时这批人都不是从外面招工招进来的，他们都是下放干部，或者转业军人，就是这两种。他们来了以后，厂里就把他们送到宁波永耀电厂去培训。我就陪新工人一起到宁波永耀电厂去。那个时候，永耀电厂是宁波最大的发电厂，主力机组就两台 3300 千瓦的汽轮发电机组。现在的 3300 千瓦多小啊，当时的水平都比较低。我们办的这个厂的容量是 750 千瓦汽轮发电机组，这个项目还是省里批的，当时省里也很重视。

采访者：您是带队的？

汪洵：我不属于带队的，当时我还是个小孩子样，没有这种能力，我就是陪他们一起去，毕竟我多少还懂得一点汽轮机知识。本来我要等他们培训好以后一起回来的，结果我去了不到半个月，就把我抽调到杭州的浙江省工业设计研究院担任甲方代表，配合他们搞电厂设计。浙江省工业设计研究院的第四室是专门搞发电厂设计的，以前这个科室是没有的，他们是刚刚组建起来的，这批人都是从上海电力设计院下放过来的。大部分人年龄跟我差不多，大家又都是上海人，所以到那里以后，老乡碰老乡就非常亲热。毕竟我是甲方的代表，我一边跟他们学习，一边跟他们商量这个电厂怎么设计，就这样一起生活，一起吃饭，一起睡在一个寝室里。大家同吃同住同工作，相处得很融洽。

采访者：你们做这个设计花了多长时间？

汪洵：这个设计时间不是很长，就两个月左右。为什么呢？因为这个设计套用北京清河电厂的标准设计，当时国内办电厂比较多，搞设计也来不及了，就制定一个标准设计供大家可以套用，再根据舟山的实际地形做一些局部的修改调整。

采访者：您参加完这个工作就回来了？

汪洵：对，回来就是为了参加安装。

采访者：安装都是咱们电厂自己安装的？

汪洵：在前去宁波培训的 27 人中，有一个是从舟山水产食品厂调来的杨桂生师傅，他维修、安装过蒸汽机，技术水平很高，动手能力极强，胆量也很大。我对杨师傅很尊敬，杨师傅也传授给我很多实践知识和技术。因为杨师傅的文化水平只有小学三年级的程度，看图和计算方面有一定困难，所以我平时会经常协助他，甚至还帮他书写家信，我们两人之间的感情也越来越深。后来杨师傅担任了车间主任，成为电厂设备安装的领导者，我们之间更是形影不离。

采访者：他是您的师傅？

汪洵：我们虽然不是师徒关系，但我们之间的关系是相当密切的。他在我们整个办电厂的过程中，从小机组到定海电厂，他都参与了。后来定海电厂的安装，杨师傅是主力。

采访者：当时的材料是不是很紧张？

汪洵：对，材料很紧张。建这个 750 千瓦电厂的时候，国家还是比较困难的。那个时候厂房也很简易，砌厂房用的砖都是从坟墓上面拆下来的，坟墓旁边的很多石板也被我们拿来做地坪。当时的三大主机算是比较好的，都是上海大牌的厂生产的，比如上海汽轮机厂、上海锅炉厂，但是下面配套的东西都很不完整。

像循环水泵就没有，没有怎么办呢？杨师傅胆子很大，他拿一个农业水泵来代替。我当时想，怎么可以用这种东西来代替呢？他说："没有问题的。"后来我们就从外面买了一个农业水泵，用上后效果还可以。化学水处理设备没有，锅炉必须要用软水，不然会结水垢，影响传热。杨师傅就提议制作蒸发器，形成蒸馏水。我则发挥自己的专长，在杨师傅的指导下设计出了图纸，由杨师傅组织工人完成了制作，后来锅炉的水都用蒸发器来解决。

采访者：这些做法很有创意，也很大胆，你们两个人配合得也很好。

汪洵：在整个建设过程当中，我是学汽轮机的，锅炉没学过，但是刚开始车间就这几个人，锅炉也没人管，所以锅炉、汽轮机就我和杨师傅一起来管。我们两个人好多年都是这样子配合过来的。

安装汽轮机，最主要的就是要把汽轮机的轴跟发电机的轴对准了，高低左右只能相差在百分之几毫米内，要通过安装来解决问题。在校准中心的工作中，一般都是他在测量，我帮他记录下来，帮他计算，这边应该再偏多少，那边应该再过来多少。后来安装也是这个样子，小机组跟大机组没多大分别，跟麻雀和老鹰一样的。

锅炉一般是我看图多，我看图纸的能力还是有的，按照图纸，这个东西应该装在什么地方，杨师傅就组织人来装，有时候我也爬到锅炉里面一起弄，就是这样的一个过程。

那时候，特别是750千瓦机组安装的时候，根本就没有其他技术人员，就是我们几个人在搞。

750千瓦机组弄好了以后，又装了两台1500千瓦机组。从这时候开始，有一些外面的中专生进来厂里了，他们一般都搞运行，不搞安装和检修。

因为发电厂平时没有时间检修，只能选择电网用电少的时候检修。例如过年检修的时候，别人都要回家，就剩下我们两个人在检修。

因此，在历次的电厂建设过程中，从到设计院联系设计，开列设备、材料采购清单，到机炉安装，内部的机电协调配合，跟舟山建筑公司的土建协调等等，都由我来承担，我在厂里好像扮演了“不是基建科科长的科长”的角色。

采访者：您刚才提到的1500千瓦机组，据了解，其中有一个机组是“大跃进”期间生产的，不是专业厂制造的，后来它运行状况比较差，存在一些缺陷，您了解当时的情况吗？

汪洵：事情是这样的，就是有一次雷击的时候，发电机定子里面有一匝线圈被击穿了要修理，然后谢镜熏和一个叫余金玉的老师傅负责组织维修。当时谢镜熏认为，这只是表面上的问题，就叫余金玉把它包扎一下。实际上，这是线圈里面出问题了，他们只把外面包扎一下是不管用的。后来修好了以后，发电机一开，“哗”的一声，就着火了，整个发电机都烧了。那么，这个事情就要追查责任了。由于历史问题，他被判了17年有期徒刑。这个事情对他的家庭、妻子和儿女都带来了很大的伤害和困难，对我们企业来说，也失去了一个熟练的技术人员。

采访者： 我在电力志里看到，说1963年、1964年，第二台1500千瓦机组扩建的时候，因为土建中锅炉基础处理的技术问题，导致这个工程拖了两年。这个事您有没有印象？

汪洵： 这个事情我知道。因为土建的事情我也在管，当中发现什么问题都要同我接洽的。那个时候，为了节省钱，厂房基础不打桩，就用黄沙在下面铺好，然后用振动的办法把它给整密实，来提高它的抗压能力。后来不知道是施工的原因，还是本身技术不过关，厂房产生倾斜，所以停下来商量怎么处理，拖了很长时间。这里不单单是锅炉基础的问题。

三　十六门电厂的设计和安装

采访者： 十六门电厂是自行设计、安装的，花费的时间很长，经历了4年，这个车间又叫红旗车间，请您具体介绍一下。

汪洵： 20世纪60年代，军管会提出：现在用电比较紧张，单独一个舟山电厂不可靠，应该另外再搞一个电厂，这样既可以互为备用，也可以增强发电能力。军管会从战备上考虑，原本想让我们在舟山电厂背面荷花池这个地方办厂，那里原来是部队的空置营房，位置相对比较隐蔽。但我们去看了一下，觉得那个地方位置不行。

舟山电厂的厂址本身选得就不是很好。当时我们发电用的煤都要从海上运进来，途中要经过一个浦，浦是大海与河流的过渡通道，上面是河流，下面是大海，在浦与河流的交接处，设一道闸门，河道需要放水的时候，我们就把闸门拉开，将河水放到海里；当海水涨起来的时候，我们就把闸门给它关起来，不让海水进来。外面来的运煤船，必须在海水潮位高的时候才能进来。如果海水潮位比较低，就只能在西塘角煤厂把煤卸下来，然后再用汽车装运过来，这样就比较麻烦了。煤渣出来以后，也要运出去，也是很不方便。如果要在荷花池那个位置办电厂的话，它比舟山电厂的路还要远，必须用汽车装运煤。

后来我们又去看了十六门这个地方，大家都觉得这个位置比较理想。因为它地处靠山、临海的位置，主厂房可建于硬地基上，可以就近建造煤码头，在海边上造水泵房，采用海水冷却，建造灰渣池。原来舟山电厂那边用河水，这里可以用海水，而且这个水泵房的施工也比较节省。它可以在海水潮位最低的时候，一次性用钢筋混凝土把水泵房建造起来，高度到超过海水潮面为止，上面的部分可以慢慢施工。

这个厂房和烟囱紧贴山边，输煤栈桥也可以沿着山坡建造，空中的飞机一般很难发现。从战备角度来讲，这是很好的。我们就把这个情况向军管会汇报了，得到上级的认可，后来就定在十六门这个地方建新电厂。

十六门电厂的整个设计，是由我组织的一个设计小组完成的，这是我一生中值得骄傲的一件事。整个厂区的总平面图和锅炉汽轮机的施工设计图由我来承担。电气方面，我们有一个从外地调来的孙祖诚技术员承担；土建设计方面，由从浙江省建筑设计研究院借来的林孝亮工程师承担，由我们电厂的土建技术员金勤恩协助。设计小组就我们四个人，其中只有后来成为浙江省建筑设计研究院总工程师的林孝亮才是正宗的设计师。他当时刚从北京调过来，曾经参加过北京十大建筑的设计，技术水平很不错。他设计的厂房柱子和梁的截面，都比杭州市建筑设计研究院的要小，这样就大量地节省了投资。事实证明，多年以后这个厂房质量依然没有任何问题。

我们在设计的过程中，采用了几个认为比较好的设计方案。一个是刚才说的水泵房，另一个就是循环水冲渣。因为汽轮机冷却后的水要排回海里去，而且这些水量特别大，而锅炉燃烧下来的灰渣需要冲到灰渣池里去。按照常规设计，是要另外做一条冲渣沟的，就是在锅炉出来的冲渣沟旁边放一根管子，管子上面会有很多喷头，锅炉出渣的时候上面的喷头就会喷水，然后把渣都冲下来。现在我们这个设计叫“一带两便”，就是让汽轮机冷却器里面排出来的水流到锅炉下面去，把锅炉下面的渣冲到海边的灰渣池里去，循环水冷却水继续流向大海。

至于为什么十六门电厂很长时间才建造起来，不是因为电厂设计和安装造成的。实际情况是这样的：电厂的建设，我们从 1968 年就开始酝酿，1969 年的时候就完成了设计，设计搞好以后，因为武斗的关系停顿了一段时间，直到 1970 年才去十六门做准备工作，等到时机成熟了才去开工，所以直到 1971 年的时候才投产，足足地耽误了一年多时间。

这些弄好了以后，十六门电厂又扩建了一台 3000 千瓦的机组，是让浙江电力设计院来弄的设计。实际上，我们之前安装 1500 千瓦的机组的时候，已经预留了一台3000千瓦机组位置，他们利用我们原来的厂房设计，在这个基础上稍微做了点调整，就搞了一台3000千瓦机组设计。所以十六门电厂最终有两台发电机组。

采访者：这个电厂后来划给定海电厂了？

汪洵：对，划给定海电厂了。

四　定海电厂的筹建过程

采访者：您是从定海电厂筹建之初就参与了这项工作吧？

汪洵：对。1978年，我是先被借调到岱山去帮助搞电厂设计，并在岱山电厂工作了两个月，所以岱山发电厂的厂址也是在我的参与下确定下来的。后来要办定海电厂，成立筹建处，当时洪传浩是行署下来的干部，他担任筹建处的副主任。因为他跟我比较熟悉，以前办电厂、选址的时候，大家经常碰面的，他就提出来要把我调回来加入定海电厂筹建处。我去了以后，首先是参加定海电厂的选址，其次就是搞电厂设计。当时因为洪传浩对电厂的情况不太熟悉，就让我到舟山电厂去抽几个人过来一起参加设计。我首先就提出要把老搭档杨师傅请出来；再一个就是刘传伟，后来他当了电力公司的经理；还有一个就是庄根昌，后来他当了定海电厂厂长。

首先是电厂的选址，它往往要考虑这几个因素：运输、取水、排水、排渣、厂房地基、出线等。最后，看来看去还是现在定海电厂那个位置比较好，它也是靠着海边的，水泵房到厂房也很近，煤厂也造在海边，离码头非常近。而且这个厂房的地基是一个20米左右的小山包，开掉土石方的工作量也不是很大，地基也非常好，造房子会很省钱。这个厂的位置离定海沈家门中心距离不是太远，也方便电厂出线。还有一个因素，就是它离十六门电厂也很近，将来有什么事情，可以互相照应，借个东西也方便点。

厂址定下来后，我们三个人就一起到杭州市电力设计院去帮忙搞电厂设计，我们同他们院长和设计主任相互之间都很熟悉，大家商量以后就帮我们抓紧弄，大概用了不到两个月时间，电厂的初步设计就搞出来了。然后我们就撤回来了，杭州市电力设计院继续搞施工图。

回来以后，这边开山平基的事情大致已经定下，可以动工了。当时成立了一个指挥部，指挥部的成员都是从各个单位抽调过来搞会战的，王守明当总指挥，电管局局长唐定生、副局长于绍南、定海区委常委耿佐仁当副总指挥。指挥部下面又成立一个杭州办事处，办事处的主任是原来教育局的局长。后来把我调到办事处去工作，杨师傅和刘传伟、庄根昌就组织了一支电厂安装队。我在办事处的任务就是督促施工图早点弄出来，成套设备在北京已经一次性定好了，其他零零星星的设备材料，会有其他人配合去采购。

指挥部里面有一个很重要的工作岗位，就是计划部门，当时是张律负责计划。他原来是行署的“笔杆子”，在办公室里面写文章的，曾经调到十六门电厂工作过。成立指挥部的时候，王守明认为他很能干，就从十六门电厂把他抽调过来。后来他当上了舟山计划委员会主任。他的任务就是编制整个施工计划，并按时出一份情况简报，及时通报施工的情况。

张律调到市里面当计划委员会副主任后，就由我来接他的这个摊子。之后电厂搞得还比较顺利，安装质量也可以。我记得是 1979 年安装第一台机组，1980 年安装第二台机组，两个机组都发电了。

采访者：是 12000 千瓦的发电机组吗？

汪洵：是的。

采访者：您刚才讲舟山电厂是 3000 千瓦的机组，定海电厂一下子就装 12000 千瓦机组，在安装调试方面会有一些技术方面的难题吗？

汪洵：基本没有什么大问题。我们舟山电力自行安装一直都是传统，在省里面还是有点名气的。其他地方一般都是叫安装公司来安装，我们从 750 千瓦的小机组开始，除了舟山电厂的 3 号机曾经叫安装公司来安装外，其他的就一直是自己安装的。

到目前为止，舟山的发电厂一共有 11 个厂子。除了舟山电厂和虾峙电厂外，其他九个厂我全部参与了。其中包括：十六门电厂、岱山小蒲门电厂、定海电厂、六横电厂、嵊泗电厂、浪激渚电厂、桃花电厂等。最后一个是六横发电厂，它现在有两台百万千瓦发电机组在运行。那是我退休以后，在咨询委员会当咨询委员的时候参加了该厂的选址。我借调到舟山市规划建筑设计研究院的时候，帮助完成了嵊泗电厂、桃花电厂的施工图设计。

采访者：那您在定海电厂那边待了多长时间被借调到舟山市规划建筑设计研究院去的呢？

汪洵：定海电厂建成，成立班子以后，我就被借调到那里去了。

采访者：在定海电厂成立以前，舟山电力供应是不是还挺紧张的，还会经常有计划地用电？

汪洵：有的。办电厂基本上就是这样，不够了就要考虑再办电厂，当然还可以选择跟大陆联网。

五　在舟山地区电力公司的工作

采访者：您从舟山市规划建筑设计研究院回来后，就到了舟山地区的电力公司当生技科的副科长，在这期间您都做了哪些事？

汪洵：把我调回公司工作后，我主要组织了 3 个项目的实施：一个是普陀山 10 千伏海缆工程，这个工程是舟山第一条海底输电线路；另外两个是输变电工程，实际上是两条架空线，一个是西蟹峙架空输电，另一个是长峙输电线，当时，我们专门组织了一个安装队搞这两个项目。

舟山市电力公司首届二次职工代表大会合影（二排右六为汪洵）

采访者：铺设舟山第一条10千伏的海缆，您是怎么开展工作的？

汪洵：这个施工是委托上海海缆公司搞的，他们有一个专门的海缆船。这是一个好的开头吧，对我们自己也有很好的促进和借鉴作用。现在舟山电力公司的海缆施工队伍全国有名，当时叫别人家来施工，后来我们就自己开始施工，搞了一个海缆船。我们先把近距离的海岛一个个施工下去，现在全国好多地方都请我们去放海缆或者维修海缆，我们的施工船也越造越大，施工方法也越来越先进了。

现在来看这两条架空线也没有什么大的特色，只是开了向外岛送电的先河。以前都是本岛用火力发电的电力，外岛要么没有，要么就是小型柴油发电机供电，架空线过去了以后，外岛的柴油机就都停了。

舟山本岛和附近小岛的输变电工程，这些都是我在当副经理和总经济师的时候搞的，都是我带领人员进行勘查定点、组织施工的。像定海区有盘峙岛、西蟹峙岛、大猫山岛、摘箬山岛、长白岛、册子岛等通电工程。普陀区的马峙岛、葫芦岛、白沙岛、佛渡岛等通电工程，也是我那个时候组织实施的。因为我管计划，又管用电，这些工程从勘查确定方案，到组织投资资金，我是可以调度的。

因为我在市里还兼任三电办副主任，我们有一笔钱叫电力建设资金。这些外岛一般都是经济比较困难的地方，用电需求很迫切，却没钱建设。往往就是由我来组织协调，拿一部分钱出来，然后再从市政府这块拿点钱补贴一下。电价的确定，当时都是统一的。

采访者：刚才您提到三电办，三电办这个事您能再具体说说吗？

汪洵：三电办主要管计划用电、节约用电、安全用电，关键是计划用电。原来从省里到舟山，都有一段时间电力比较紧张，就由三电办来制定用电计划，哪些线路什么时候供电，什么时候停电。比方有些工厂，白天给你供电，晚上给你停掉。三电办这个机构，它是属于舟山政府的一个机构，主任一般是由政府部门委派，副主任是由电力部门主管领导兼任的。平时停供电方案，就是我们来制订的。

采访者：当时方案大致是一个什么构想，您还记得吗？

汪洵：基本上就是按照保重点、兼顾一般的原则安排的。大体的次序是：首先保证居民用电，其次是军事用电、重点工厂企业用电、商业用电、农业用电、一般企业用电等。在用电时间、用电数量上也会做出相应规定。

采访者：后来的110千伏架空线工程，您是不是也有参与？

汪洵：110千伏的架空线是从大陆到舟山，再经过大猫岛过来的，这个工程我没有主管过。另外一条从镇海炼油厂油码头到金塘一段的35千伏升压到110千伏的移位工程是我主管的。因为之前码头旁边经常有船停泊，船停靠抛锚时，常把这个海缆勾起来，海缆损坏了就要修理，麻烦得很。有一次，我非常偶然地经过这个油码头，还进去休息了一下。他们的领导就出来跟我们聊聊天，和我们讲这个油码头准备扩建的事情，但是海缆放在那里，弄得他们没有办法扩建。我和他们说："这个海缆我们可以想办法把它移位。"他们听说海缆移动到另一个地方，要花上亿元钱，所以不敢干这个事情。我说："不可能花这么多钱的，如果你们有兴趣的话，可以到舟山来跟我们谈。由你们出资，把这个海缆移掉。"因为我自己是管基建的，知道这个事情，心中也是有底的。没过多久，他们就派人来商议，最后谈判决定由我们负责移位，他们出资2900万元，承包给我们。

设计的时候我考虑到今后的发展，将原来的35千伏线路升压到110千伏架空线到黄蟒山。这个工程从1994年启动，到1997年我退休正式投入使用。

采访者：直流输电是一个大工程，通过这个工程，舟山和大陆联网了，您有参与这一过程吗？请您讲讲相关的情况。

汪洵：对于直流输电来说，我跟它倒是有点缘分的。这个工程是省局发起的，投资方也是省局，当时这个工程搞了10年，施工期大概有7年。在直流输电的班子里，有好多人我都是熟悉的。我记得当初直流输电刚筹建的时候，在杭州成立了一个班子，在搞初步设计的时候，因为直流输电要用水来冷却，曾经把我借调过去，由我来完成了化学水处理系统的设计。

后来直流输电进入施工阶段，省局要求舟山明确一个公司副经理以上的人来抓这个事情。当时因为我是分管基建和用电的，这个任务就落到了我的身上。我管了一段时间，但是不长。后来省局又提出来，希望舟山能有一个学电气的人来担任副经理，那实际上就指名吴副经理来担任。这个事情就移交给了他，我实际也就是开了一个头。

采访者：您说对省局领导挺熟悉的，您对张国诚有什么印象？

汪洵：正因为我参与了直流输电工程的初步设计，与参与工程的一些省局、华东电管局的技术人员有些熟悉。对张国诚局长我也很熟悉，我非常尊重他，他是一个典型的知识分子革命干部，他到现在为止思路一直很清晰，身体也蛮好，前不久我在杭州遇到他，还在散步时与他交谈了半个多小时，最近他才到舟山来过。他当时是省局局长，也直接管这个项目。曾经有一段时间对是不是要继续进行这个项目产生很大争议，是他一直在坚持着。有一个事例可以证明：决定舟山这条线路的铁塔时，在到底是按照交流三线，还是按照直流两线设计的问题上，有人提出应该按交流三线设计，万一直流不成功的话，可以再改回来做交流线路使用，是他一直在力排众议坚持按直流设计，以稳定军心。最终这条铁塔线路还是按照直流两线施工完成的。他很有壮士断腕的魄力。

现在看起来第一期直流工程虽然已经过时了，基本都不用了，留下来这些线路，改成交流也有一定困难。但现在国内的直流输电和柔性直流输电，无不是在它的技术基础上发展起来的。张局长在直流输电上面花了非常大的精力，如果讲中国开创直流输电的先河，可以说就是从他这里开始的。如果没有当初这个直流技术，那也就没有现在的直流发展。

采访者：现在的直流是什么样的？

汪洵：现在搞柔性直流，这个要比原来的更方便、更可靠。

采访者：您当时还担任舟山市电力公司的总经济师？

汪洵：我们电力公司在体制改革上曾走过一段弯路，实行过三总师制。三总师制是怎么样的一个制度呢？三总师是由企业总经理任命，第一个就是总工程师，下面管三个专职师，专职师相当于科长，每个专职师下面有两三个技术员。第二个是总经济师，由我担任的，我下面最多的时候有 43 人。总经济师下面包括计划专职师、基建专职师、用电专职师、物资专职师、能源专职师。每个专职师下面，都有一帮办事人员。人数最多的是物资专职师，除了科室人员以外，还包括仓库保管员，可以说是兵强马壮。为什么把我这个地方搞得这么大？反正事实就是这样子。第三个是总会计师，总会计师原来是一个财务科，改制以前的财务科科长就变成总会计师了，下面有财务和审计两个专职师，审计专职师不像会计专职师那样，有一大班子的人，就是“光杆司令”一个。

后来又搞了一个总政工师，由我们原来的党委副书记来担任，总政工师下面人最少了，可以说就他一个人。到最后，三总师变成了四总师，这样子一弄，工作上虽然还是可以正常进行，但是我们这个体制跟省局业务部门的体制都不能对口，跟下面舟山地区的行政机构也不一样，人家都是科长、办事员，我们弄了个专职师，到外面去工作时，就很难介绍。比如，我带用电专职师到省里去开会，那我该怎么跟人家介绍他？我只得介绍说，这是我们的用电专职师，我不能讲他是科长，因为我们公司已经这样定了，然后我要再接下去讲，用电专职师相当于科长。科里面要开科务会议，我们也不能叫科务会议，因为我们没有科，所以这个体制在称呼上带来了很多问题。

后来，这个体制的三总师不变，但我总经济师下面的五个专职师全部取消，基建方面就归到市公司下面的输变电公司来管理，变成输变电公司下面的一个施工单位。物资方面原来是最大的班子，后来成立一个物资公司。这个物资公司很明确，由经理直接管。我就只能通过输变电公司，来组织一些基建方面的施工项目。我总经济师的职责还是没变的，但下面的职能部门都变了或没了。

当时我们这个体制就是比较乱，考虑得不太成熟。后来我们几个总师相继退休了，退休以后这个体制又全部改了回来，重新任命副经理，设立科室，取消专职师。

每一个岗位都要
脚踏实地

口 述 者： 单永义
采 访 者： 赵瑱瑱、周晓菲
整 理 者： 赵瑱瑱、王冰、周晓菲
采访时间： 2019 年 3 月 21 日
采访地点： 杭州市庆春苑

单永义 1935 年出生，辽宁开原人，1952 年在沈阳电业局当学徒，1952～1954 年在东北电业技工学校学习；1955 年毕业后分配到长春送变电工程公司；1957 年年初至 1958 年 2 月在武汉送变电工程局一处工作；1958～1977 年在浙江省电力安装公司工作；1978～1984 年在浙江省火电建设公司任党委副书记、纪委书记；1984～1987 年任杭州电力学校副校长。1987～1996 年任浙江省超高压输变电公司副总经理。

一　早年经历

采访者：单总，您好！先请您简单地介绍一下早年经历。

单永义：1935 年 11 月 28 日，我出生在辽宁省开原市，小学也是在开原市读的。新中国成立划分成分的时候，把我们家划为“贫农”，“土地改革”以后我们家又划成了中农，但是当时我家的经济状况还是很困难。那时候我们还没有分家，我父亲和我叔叔住在一块。我有一个哥哥、两个姐姐、两个弟弟、一个妹妹，我们两家加起来十四口人，一起生活。我们家没有土地，都是租人家的土地，主要靠我父亲种田糊口，有时候也需要花钱买东西，我叔叔在铁路上当电工拿工资，就这样维持家庭生活。家庭生活还是困难的，所以我初中读了不到两年就辍学了，然后到沈阳电业局①当学徒了。

采访者：您当时去沈阳电业局当学徒的时候多少岁？

单永义：我应该是 1952 年当学徒的，十五六岁，我们这伙人都是十五六岁，那时候去当学徒是因为家庭困难。在沈阳电业局当学徒，学校是管吃的，有时候学校也会给点儿补贴。但是，我在沈阳电业局当学徒的时间不长，没过几个月就去了东北电业技工学校（简称东电技校）。

采访者：当时进入东北电业技工学校需要考试吗？

单永义：不需要考试，我们是学徒啊。学徒是从各个电业局推荐的，东北电业管理局办这个学校的时候，所有的学生都是东北地区的电业局推荐的。我觉得在东北电业技工学校正式开学之前，他们就已经有安排了。其他的我们就不知道了，反正当时我们到东北电业技工学校报到的时候，沈阳电业局、大连电业局、哈尔滨电业局、齐齐哈尔电业局、牡丹江电业局、锦州电业局，所有的电业局都有推荐的学生。到学校就是简单的测验，为什么要测验？因

---

① 沈阳电业局在辽宁省沈阳市和平区大西路，是东北电网中历史较长的供电企业之一。它担负着沈阳市区、4 个郊区、2 个县（辽中、新民县）的供电任务。

为学校要求初中学历，实际上有些人达不到初中的知识水平，所以就测试一下。如果测验没有问题就留下来，确实有问题的退回原来的电业局继续当学徒。我记得当时留下来的学生有一千多人。在东北电业技工学校，我们的生活过得还算不错。我们电力技工学校的待遇是75工分，每一个工分是两毛钱，相当于一个月有15块钱工资，除了吃饭还剩余五六块钱。剩下这个钱够我们买衣服、牙膏、肥皂，反正我们不需要从家里要钱，一切生活问题全都解决了。那时候读技校就是这个道理，基本解决了吃饭穿衣这些问题。

采访者：您在东北电业技工学校学习时学的什么专业？学校一共设置了几个专业？您所在的专业当时有多少学生呢？

单永义：当时我被分到立塔班。学校一共有两个专业，一个是搞送电的，一个是搞变电的，我被分配在送电专业，变电专业的事情我说不清楚。当时我们一共有四个立塔班，包括两个架线班和两个基础班。基础班就是挖坑、做测量等工作。铁塔的基础搞好以后，把塔立起来的工作就是我们立塔班来做，立起来后它要导线了，那么架线班再把这个线架起来。我们立塔班人不多，四十人都是男生。

采访者：当时带你们的这些老师都是什么人？

单永义：带我们的老师都是各个电业局的老师傅，这些人都是八级工，老师傅的名字我记不起来了。当时工人有级别划分，一级工是最低的，八级工是最高级别。带我们实习的老师都是各个电业局调来的最好老师，什么立塔、接线、搞测量他们都会，虽然他们文化水平也不高，但是他们都有经验。就当时情况来说，教实践的老师专门教立塔、测量，理论知识由别的老师带。教理论的老师都是正规学校毕业的，有的是高职毕业的，有的是大学毕业的。我们的理论授课老师是高职毕业的曾庆和，教我们数学、物理、化学。

采访者：您为什么对曾庆和老师印象这么深？

单永义：他是我们的班主任，带了我们两年多。一般的代课老师上完一堂课就直接走了，这些老师就记不住，但是曾老师一直带我们，所以印象比较

1954 年 3 月 30 日，东电技校九班一、二组毕业师生合影
（一排右四为曾庆和，三排右三为单永义）

深刻。当时我们到铁塔厂实习，参加“506”工程①就是他带我们去的。

采访者：请您谈谈在东北电业技工学校读书期间的实习经历。

单永义：我在东北电业技工学校待了两年，经历了两次实习：一次是“506”工程实习，一次是铁塔厂实习。“506”工程是这样子：那时候是国民经济第一个五年计划，我记忆当中它是第六百个重点工程，“506”就是“506”号工程，那我们就叫这线路“松东李”，就是松花江到沈阳东陵再到李石寨变电所，但这个“506”工程是 220 千伏线路，是中国第一条。那个时候我们是参加实习的，真正搞这个工程的也是全国各个生产局的一些老师傅去施工的，我们就跟着老师傅干活，打打下手，抬抬塔料，帮着做做塔，看看图纸。那时候国家对“506”工程相当重视，塔吊也好，导线也好，哪个地方需要，火车都得停下来给你卸，因为那是第一个 220 千伏线路工程。而且，那个时候我们还没有完全掌握造电厂的核心技术，导线、地下接管都是苏联

① “506”工程即松李送变电工程，是中国自己勘测设计的第一条 220 千伏工程。工程设计从 1952 年 7 月开始，1953 年 1 月提出初步设计，燃料工业部刘澜波副部长亲自带队到沈阳检查并批准设计，工程由东北电业管理局设计局（东北电力设计院前身）设计。

援助我们的。但是我国第一个220千伏的东北丰满电厂①是日本人建的，我就谈不清楚了。

我第二项实习是在鞍山市立山铁塔厂，它是中国第一个铁塔厂，专门生产铁塔，是东北电业管理局建造的。那个时候到铁塔厂实习，铸铁这些东西基本都干过。铁塔铸造时有个下料的工序，铁塔下面有机井，尺寸断好了后，就打洞了，还有一个连接板也得打洞，再厚的就要用电钻了，这些我们都干过。还有一个就是铁塔弄好了以后要打号的，打号都是人工打的，与我们用铁打的图章一样，对好后就要用榔头打。打洞、下料、钻孔这些活我们跟着老师傅都干过。但是用硫酸去锈、镀锌的工作都是老师傅亲自操作，因为这些工序太危险，我们实习生就不用参加了。

采访者： 当时能吃饱饭吗？

单永义： 饭肯定吃得饱，那时候工人还蛮吃香的。搞“506”工程的时候有301大队、302大队、303大队三个大队，我们都住在老百姓的家里，吃饭有集体食堂。

采访者： 您当时有没有觉得这个工作很艰苦？

单永义： 也不觉得艰苦。当时年纪轻轻，觉得冰天雪地里满山跑也蛮开心的。

采访者： 您从东北电业技工学校毕业的时候有没有结业考试？毕业之后您被分配到什么地方工作？

单永义： 有考试的。我们这一批到浙江来的，就有一个因为去世没毕业的，其他的都毕业了，并且拿到毕业证书。毕业以后我们大部分人都分配到长春送变电工程公司了，一部分人回到原来的电业局。到长春送变电工程公司以后，我们参加了“354”工程。“354”工程是安徽马鞍山到铜官山的110千伏线路，它主要是从马鞍山电厂送电到铜官山铜矿。这个工程在我们参加之前已经开始搞了。

---

① 丰满电厂始建于1937年的日伪时期，1942年大坝蓄水，1943年3月25日第一台主机投产发电。1948年3月9日，丰满发电厂回到了人民的怀抱，从1950年至1953年丰电职工开始对大坝进行改建、续建、钻孔灌浆。到1960年5月，丰满电厂一期工程全部结束，共有八台主机，总容量55.15万千瓦，成为全国第一座大型水电站。现隶属于国家电网。

采访者：到安徽参加“354”工程时，是您第一次到南方来吗？

单永义：是的，那是我第一次到南方。实际上，我们刚到南方很不习惯南方的生活，在东北我们洗菜都是用自来水，在南方是在河边洗菜，死蛇什么的都在河里头。当时我们住在当涂县，刚到的那两天我都没有好好吃饭。水是从长江边上挑回来的，淋点白矾沉淀一下就能食用，但是我仍旧觉得这个食堂太脏了，就不想吃，我那两天一直吃甜的麻饼充饥，后来我就习惯了。但是我在搞“354”工程的时候，没到饭店里吃过饭，是在食堂里吃稀饭馒头和酱菜之类的东西。

1954 年长江特大洪水

采访者：“354”工程进行的时候发生了洪涝灾害吗？当时的受灾情况您能介绍一下吗？

单永义：1954 年长江特大洪水①国家是有记录的。为什么发生洪灾呢？它是长江涨水后决口了，水就漫出来了。洪灾发生以后我们就跑到山上，那些会游泳的老师傅，害怕材料淋湿，就租船去把材料捞出来弄到山上。那时候整个县城的人都在山上生活，但就这么点地方，卫生条件又不好，所以大部分人都拉肚子。涨大水以后，“354”工程没搞完，我们就坐船到南京，从南

---

① 1954 年长江特大洪水是指 1954 年 6 月起，长江中下游、淮河流域雨量集中，持续时间长，发生我国数十年来罕见的洪水。自 6 月 26 日至 10 月 3 日整整一百天，武汉关水位都在警戒水位以上。在中国共产党和人民政府领导下，长江中下游和淮河两岸人民展开了英勇的抗洪斗争。同年 10 月 24 日，《人民日报》发表社论《我们战胜了洪水》。由于受灾面积较大，造成农业生产未完成计划，农产品采购和粮食供应紧张，增加了 1955 年市场、轻工业生产和财政计划安排的困难。

京到浦口，然后从浦口再坐火车到天津。到达天津后，身体不好的住医院治疗，治好了以后都到河北。我记得在河北南苑还参加“181”工程，也是110千伏线路，但是具体内容谈不清楚了。“181”工程搞完以后，有一些老师傅就到北京去听京戏了。那时候我们年纪不大，听不大懂京戏，我们就到北京市里逛了逛，还拍了几张照片。

采访者：当时参加这种工程有保密要求吗？

单永义：没有要求。那时候所有的重点工程都是由国家编号的。

采访者：当时你们清楚这些工程到底干什么用的吗？

单永义：“181”工程从哪里修到哪里我们不清楚。但是，我们参加“506”工程实习的时候，这个工程就知道得很清楚。我记得“181”工程是我们支援他们的，工程支援完了以后南方洪灾也结束了，我们回去继续搞“354”工程，但是回来工作是相当艰苦的。当时我们从河北回来后发现水没有完全退下去，要想继续工作必须要立杆，你想立杆就得把水抽出来，怎么抽啊？那就做一个类似于圆桶形状的铁桶，然后把铁桶拼接起来再往下沉，把管子放到里面用水泵往外抽，直到把里面的水抽干为止。但是当时抽水的时候，涌进去的水还是比抽出来的多，最后抽干以后就把泥巴挖出来，把底盘弄下去，那个时候等于在水里工作，有时候我们一个个都像泥猴一样。我们把杆子立起来后就开始接线，接线就比较舒服了。

采访者：那个时候有没有出过事故？

单永义：出过事故的。那时候组装运输都在水上进行，水上运输时汽油桶要绑在支架上，漂浮起来，上面放着横担，瓷瓶什么的放上头，就这样运。有一次我们是在马鞍山附近，运的时候汽油桶翻了，就把我们两个同事砸进去了，没救过来。我们年纪都差不多，他们比我们大不了几岁。我现在都记得一个叫刘景生，一个叫李树元，两个人都淹死了，当时就埋在马鞍山那个山上了，这是1954年的事。那时候死人是不得了的事情，当时我们工地主任叫刘云书，他去工地上看到那两个人躺那儿死了，随后他自己也晕倒了。1954年就出了这么一个事故，死了两个人，我们那时候是工人，情况都知道的。

采访者：这个事故对你们的工作产生了怎样的影响？

单永义：影响很大。那时候我们年纪小还有点儿迷信，晚上住在工地上，小便的时候都不敢出来，总觉得他们晚上要来抓我们。

采访者：安徽的工程做完以后，你们直接去武汉了吗？

单永义：没有，安徽马鞍山工程做完以后我们就回了长春，在家休息几天后就到长春送变电工程公司报到，学习了一个阶段。实际上这时候长春送变电工程公司分家了。长春送变电公司一分为三。我们武汉送变电工程局一处是第一公司，第二公司分到北京的良乡，第三公司仍旧是在大本营长春市。就这样长春送变电工程公司一分为三，我们是武汉送变电工程局第一工程处，就去了无锡。当时武汉送变电工程局有三个处，一处是华东地区，二处在中南地区，还有第三工程处是在西北，他们大本营在哪里我就不清楚了。我们是武汉送变电工程局第一工程处，在华东。武汉送变电工程局在武汉市航空路 58 号，我们在那儿学习过，所以记得很牢。

长春送变电公司的第一工程处管辖的是福建、浙江、安徽、山东、江苏、上海五省一市。五省一市的工程都是我们第一工程处做。

我们第一工程处规模也不小，大概有一千人。那个时候我们主要搞的工程是 110 千伏线路的古福线——从古田水电站到福州，这是 1955 年的工程。我记得那时候我们在福建省，山比较多，我们立塔的时候野猪之类的动物都能看到的。这个工程接近尾声的时候我就离开了，那时候武汉送变电工程局第一工程处开始搞“肃清反革命”和审查干部。那时候我已经入党了。

采访者：您还记得是谁启发您入党的？您能谈谈入党的经过吗？

单永义：入党是我们工地的支部书记、工地主任推荐的。当时我们有两个入党名额，一个是王胜国，一个就是我。我是在福建水口镇入党，入党之前进行了几次谈话。“肃清反革命”的时候就把我抽出来搞“肃反”了，我就到工程处了。所以后来工程上的事情我接触得比较少，就是搞外调，搞来搞去，搞了一年的时间。搞完“肃清反革命”以后我们武汉工程局就成立了两个训练班——老师傅文化训练班和技术训练班，当时有很多同志保送到武汉送变电公司技术训练班。我是 1957 年年初去那儿学习的，到 1958 年 2 月份才回来。

采访者：您在武汉送变电技术培训班主要学了哪些课程？在学习期间您印象最深刻的事情是什么？

单永义：当时，我们学的是正式的中专课程。我们为什么要学这个东西？因为那个时候有三个工程处，工程技术干部不够，所以我们技术工人到那儿去培训，培训以后准备当技术干部用的。后来国家政策调整把“基本建设”缩短了，培训的这批人就用不上了，因此有的就继续当工人，有的就当干部。

那个时候我就被提拔当干部了。回来以后我就被“下放”浙江电力安装公司了，当时是送变电大队，我就在“总支部委员会”里做干部，起初是给总支部当干事，以后就当专职组织委员，那时候我还兼任送变电大队机关支部书记。后来，送变电公司和浙江电力公司合并，我就进了安装公司组织部当干事，当时党委书记、组织部部长就是现在送变电的老书记董志武。

采访者：您为什么用“下放”这个词呢？

单永义：不是我们随意说的，国家说的就是“下放”。武汉送变电工程局，它的全称是中华人民共和国基本建设局武汉送变电工程局，它是直属中央的机构。我后来到了浙江电力安装公司，不属于国家直接管控了，相当于降了一级。

采访者：当时这些完全没有自己的选择吗？

单永义：这个是没有选择，我们从东北调南方都是因为机构变动，那时候很简单的，不存在什么工作调动，没有什么要求的，调到哪儿算哪儿。

采访者：您还记得跟您同时从武汉一起“下放”到浙江来的一共有多少人？

单永义：搞送电的有五六十人，搞变电的有四五十人，大概有一百人，过去有个“下放”清册的，我现在找不到了。这个“下放”清册在火电公司，华东送变电公司档案里应该有。华东送变电公司分家的时候，应该是留有备份的，那个名册很清楚。我过去在火电公司工作，“下放”清册我还看到过的，它按照每个省多少人、多少干部、多少工人来编册的，归置得很清楚。

二　亲力亲为搞电力

采访者：1958年您到浙江省电力安装公司工作，能谈谈在此期间的工作经历吗？

单永义：我印象深刻的线路有三条——新杭线、杭嘉线、温白线，其他规模较小的工程我记不清了。新杭线是一个大工程，新杭线发电以后就送我们到余杭市区的变电所。当时变电是变电队搞的，这个线路我们经常跑来跑去，所以这个线路的很多地方我很熟。

再一个印象深刻的就是杭州到嘉兴，这个线路是110千伏线路，线路比较长。我们搞杭嘉线时出过一个事故，桐乡砖瓦厂支援我们的一个工人被手扶拖拉机绞磨打死了。当时是四个人推绞线，紧线的时候力量很大，如果少一个人，三个人推就更费劲了，那么有的人推不进去，可能就跑出来了，最后剩下他一个人，他也推不动了，但是他跑得不及时，磨刚好打到了头，就把他打死了，就死在那个绞磨里头。这个事故是我亲自处理的，所以印象比较深刻。

采访者：那要给家属赔偿吗？

单永义：这个肯定得赔偿的，是劳动公司去处理，赔偿是不会少的。我把工人送回去的时候，棺材都是我在那儿买的，但钱不是我付的。所有的衣物都是请当地人挑好的，把衣服给他穿好，弄好后装在棺材里就给他送到砖瓦厂。以后赔偿我就不知道了。其他一些事故我记不清楚了。

采访者：您在浙江省电力安装公司工作后又被调去新安江电厂工作是吗？

单永义：1962年左右我在新安江电厂工作。那时候省水电厅厅长是王醒，他是新安江工程局的局长，电力安装公司归他管，所以他就把两个机电安装大队和安装公司合并了，后来又分开了。这样我就调到了新安江电厂，我不是搞电厂的，所以对电厂的情况不了解。

采访者：当时新安江工程局的领导是葛洪升吗？

单永义：不是葛洪升。那时候当领导的都是老干部，李志刚也当过我们局长。

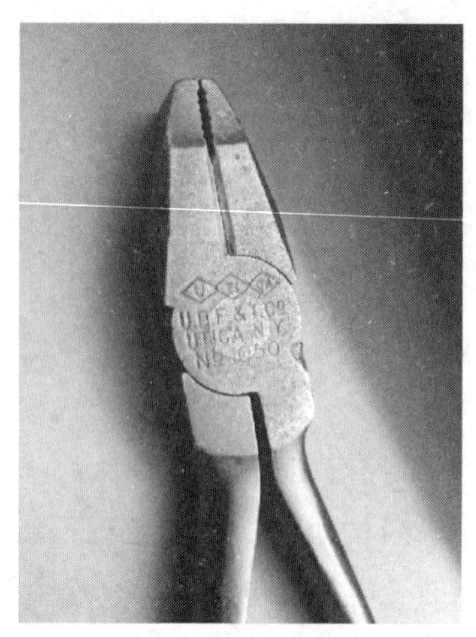

单永义工作中使用过的钳子

采访者：您在1970年之后做政工工作，这个时期主要的工作内容有哪些呢？

单永义：我主要负责两部分工作，一个支部工作，一个干部工作。支部工作就是负责每个地方党支部的改选和党员的活动。干部工作就是干部的考察、提拔任用。总支部工作就是这两方面的工作。

采访者：像铁道兵他们有铁道兵之歌，你们电力系统有自己的歌曲吗？

单永义：没有。那时候电力安装公司名气比较大的是篮球队，我们篮球队有好几个球员都是代表金华地区的。如果浙江省举行篮球比赛，我们都要参加比赛的！那个时候我打乒乓球、篮球，其他文艺方面好像没有。

采访者：为什么是代表金华地区？

单永义：我们那时候在搞新杭线，我们篮球比赛从建德开始，富阳篮球队、建德篮球队都打不过我们，新安江电厂也经常跟我们打比赛，他们也打不过我们，篮球队数我们最厉害。因为这一片都是金华地区的，所以我们就代表金华地区了。篮球队员都是普通工人，我也是其中一个，我弹跳力很好的，打的是中锋。

采访者：改革开放初期经济发展起来，用电需求也比较大了，你们业务工作也多了，那你们作为上面的领导，是不是负担也重了？

单永义：我记得当时我们电力安装公司还搞两个工程，一个是1969年2.5

万千瓦的梅溪电厂，还有一个是半山 2.5 万千瓦的机组。我记得，梅溪电厂、半山电厂都是没分家之前搞的两个工程，分家以后就搞火电了。

采访者： 做两个工程的时候，当时您需要做哪些工作？

单永义： 我那时候已经是领导干部，主要是下去了解情况，有什么问题帮他们处理。

采访者： 那么，梅溪电厂的建设过程顺利吗？

单永义： 过程很顺利的，有几个电厂都撤销了。因为山区污染太厉害，煤灰污染空气和农田。半山电厂现在都改气了，基本都撤销了。那个时候还搞这么两个工程，其他的就是 1977 年分家以后，我就到火电了，到火电以后就和柯毓柱他们并在一起了。

采访者： 当时为什么要分开呢？

单永义： 当时我们电力安装公司下放到浙江以后就归水电厅管了，水电厅归梅花碑管。当时浙江有一个水口，有一个电口，我们安装公司归水口管，电口就是电管局系统。

1977 年以后葛洪升是浙江省电力工业局局长，他认为这个划分不合理，于是他把安装公司要过去，从水口拿到了电口。电管局电口归葛洪升管理以后，就开始搞梅溪电厂和半山电厂了。他参加劳动后，了解了一些情况，觉得在水口不合适，就把安装公司从水口挪到了电口。电力安装公司就归电管局管理了。

葛洪升把浙江省安装公司弄到这儿以后，他就把电力安装公司一分为二——送变电公司和火电公司。这个事是葛洪升决定的，真正用意我就不清楚了。

分开以后，那我们就搞镇海电厂。镇海电厂是烧油的，在全国也是有点名气的。我印象当中当时镇海电厂发电的时候轰动全国，全国各个省的代表来这边开会。我们那时候还不敢启动，启动都是上海帮助启动的。镇海电厂从始至终都是我们自己做的，那时候我们就是领导班子：蒙关启、柯毓柱、王顺兴、于民、赵振先、孙本铭、我，还有几个已经去世了。就是那时候，我当了党委副书记。

采访者：您当时主管哪一方面工作？

单永义：协助蒙关启做思想政治工作。我主要是管理党员教育这一块，包括上党课，负责各个支部活动和选拔一些先进人物。还有就是工会和我们一道组织劳动竞赛，发动群众一起参加竞赛。比赛完了以后组织评比，表决先进人物。当时搞这些蛮热闹的。

采访者：你们当时有人被评为浙江省劳动模范或者全国劳动模范吗？

单永义：有被评为浙江省劳动模范和市先进生产者的，还有先进集体。那时候都是基层工人被评选，杭州市的、省的都有。有几个我记得清楚，黄玉成我就记得很清楚，他是土建班组的，这个班组是先进集体，他个人也是先进生产者；送变电田遇春好像也评过杭州市的先进生产者、劳动模范。我们年年都有的，省市里的先进生产者、劳模肯定都有的，但时间太长了，我记不清楚了。

采访者：您参与三电工作的修建了吗？

单永义：三电工作就是杭嘉湖地区，10 千伏的，是困难时期搞的三电。杭嘉湖除了杭嘉线以外，还有桐乡、德清、嘉兴等地区。杭嘉湖地区这个三电搞了很多，具体的我就谈不清楚了。

采访者：1984 年到 1987 年您到杭州电力学校当副校长，您能谈谈此期间有哪些印象深刻的事情吗？

单永义：我是 1984 年去杭州电力学校当校长的，实际上这个职位不适合我。我一直搞政工工作，到杭州电力学校后要我搞基建，我不懂基建的！到杭州电力学校后，我边干边学。工作上，我主要是用以前的经验，多采纳干部的意见，把人用好就行了。另一件事就是搞学校建设，我到这个学校的时候，学校的教学楼、教职工的办公楼和操场都搞好了。我主要是造了一个多功能的、跨度很大的综合性的大礼堂，既有食堂又有礼堂。这个综合性礼堂建好以后，我组织很多人去参观。此外，随着生源的增多，我们还盖了三栋四层的学生宿舍，里面的设施都配好了。还有一个就是实验楼，实验楼打桩基础工作做好之后我就调走了。我在杭州电力学校就做了这么三件事，其他教学我也不懂，我主要在那儿搞基建工作。

采访者：您刚刚谈到生源增多的问题，那么当时的生源主要是电力职工的孩子吗？

单永义：不是，招生工作是面向社会的。杭州电力学校招的学生基本上都是好学生，质量是非常高的。实际这些学生都是家庭条件比较困难，读大学有困难的，读这个不用花多少钱。这些学生毕业以后大部分分配到了浙江电力设计院，现在都是设计院的技术骨干了。

采访者：那个时候有“走后门”的现象吗？

单永义：根本没有“走后门”的现象。那时候都是通过招生办的，与大学招生一样，到招生办拿档案，根据成绩来招的。

采访者：在这之后您是不是调到超高压输变电公司去做领导了？那您能不能具体介绍一下当时有哪些印象深刻的事情？

单永义：我到超高压输变电公司当副经理，具体负责北仑港到绍兴的500千伏的北绍线和绍兴变电站。搞线路的时候，技术、材料供应、人员各方面都没有问题。印象深刻的事情就是政策处理，这个线路经过居民区需要拆迁，拆迁就会影响工程的进程，这个很关键。比如，我们工程路过几间房子要拆迁，居民不同意，就需要做说服工作，线路经过的不是一两间房子啊，这个是影响工程进度的。这个比较多，我印象深刻。

还有一个问题，政府也管不了，就是停电跨越，停电跨越停的是各个地方供电局的电。处理不好最后到局里了，因为都是电力局的。这也是有影响的。我停不了电，影响我们工程的进度，也不是件容易的事情。生产局和基建也有矛盾，是这也影响我们施工。在线路施工当中，就这两个东西影响我们最大，其他的没有什么影响。

采访者：您有没有具体的例子，比如要跨这里，跨不过去，当地找麻烦，是要与当地的领导沟通吗？

单永义：这个政策处理，牵扯农民问题就找地方政府。政策处理必须要找当地政府的。当时我们施工的时候，经常往地方政府跑，跑得都很熟悉了，最后都解决了。

采访者：您到超高压输变电公司以后，有出过大事故吗？

单永义：超高压输变电公司没有出过事故，火电出过事故。

采访者：哪个地方的火电厂出了事故，您能介绍一下吗？

单永义：火电是台州。我到火电就搞两个工程，一个是镇海电厂，还有一个台州电厂。在两个工程当中，我记得镇海电厂好像死了一个。镇海电厂吊塔有个尖，钢丝绳在上面滑动，刚好有一块铁刮到钢丝绳，工地上的焊工要去上面把铁割下来。割掉的铁是直接从二三十公尺的地方往下落，那时候电气队的人员在搞电缆，坐在旁边休息，这块铁掉下来，正好打在旁边水泥柱子上，然后又弹开，弹在那个休息的人的脑袋上。当时我们把他送到杭州市第三医院，但是没有抢救过来。

台州电厂有三个事故。一个是在九米层高的地方没有拉住吊车的钢丝绳，直接掉下去摔死了。另外一个是被吊机挤死了。我们施工的时候，吊机一直来回摆动，施工人员也在底下走来走去。当时风很大，吊机的声音也大，他没有听到，这个柱子有个空当，吊机这么走，他人在这个地方没有注意到，吊机就把他挤死了。

我们在台州的时候还有一个大事故。我们用 60 吨的吊机吊预制梁，吊的时候把起重臂的“头”压掉了，整个掉下去了。为什么出这个事故呢？我们每个重件、水泥梁都有重量标号的，这个事故就是因为重量标号标错了，可能是二十几吨标成十几吨的。我们吊机的工作人员吊不动，他就坚持吊，结果把起重臂的“头”压掉了。这次没有死人，但这个事故还是比较大的，为此我们停工了好几个月。

采访者：瓶窑的 500 千伏输变电工程是浙江省内的第一条 500 千伏的变电站，您参与这个工程建设了吗？

单永义：扩建瓶窑变的时候我参加了。我是后来调进超高压公司的，在此之前他们就已经开始干了。

采访者：扩建瓶窑变大概是哪一年？

单永义：扩建瓶窑变应该是在北绍线修好之后了，好像是换变压器。我没有参与瓶窑变前面建筑和线路的扩建，我参加的就是北绍线。还有一个是绍兴变电所，这个变电所我是一竿子干到底的。另一个是兰亭变电所的选址工作，我没有参加，但以后找桩子、开挖、机组这些工作我都参加了。

采访者： 当时有没有印象深刻的事情？

单永义： 印象深刻的还是政策处理方面。绍兴的郊区，那里有个里木栅村，当时村里已经正常发电了，我们去了以后，当时闹得不太舒服，我们的汽车都不让开回来。况且，当时工程建设时我们都按规定办事的，谈好合同，钱给你，一切都安排妥当，我们才能施工。

三　性格决定命运

采访者： 在您印象中，跟您搭过班子的或者当年你们从武汉过来的这一批同事，后来发展怎么样？

单永义： 我印象深刻的同学有两个，一个是送变电公司张沛兰，在火电所当副经理，是我在火电时提拔起来了。其他的还有火电保卫科科长刘振中；送变电公司供应科科长郭红财，还有一批都是科级干部。

我们技校当时来的有二十多个人，都是在武汉学习的。到这儿来的人当中，孙本铭还活着，现在已经97岁了，他当时是我们的工地主任。分家的时候，他们把我们这伙人都拉到这里来了。早在长春送变电公司的时候，他就是我们工地主任；到华东送变电，他还是工地主任；到浙江以后，他是科级干部，送变电大队的大队长；火电分家的时候，他是副经理，我是副书记，我们在一个领导班子里。他实际上是我们的老领导，他还健在。

采访者： 您能谈谈您眼中的孙本铭吗？或者哪些人对您的影响比较大？

单永义： 孙本铭老先生是东北人，比我们能干。他身上有很多值得我们学习的地方。接触的领导当中我比较佩服的还是葛洪升。我们在镇海安装的时候，和他打过交道。他这个人工作的时候相当泼辣，抓工作非常狠的。他工作确实兢兢业业，不搞特殊。

有一次，他去台州，我也要去台州，他打电话问我们有没有汽车，他要跟着去，当时还有方景堂，我说："有，我明天开完会回台州。"他就坐我们的车到绍兴钢铁厂处理当地的用电问题，我搞不懂就一直跟着。在路上坐汽车的时候，他跟我说："老单，今天中午我在你那儿吃饭。"我说："好的。"他问我："有没有大包子?"我说："大包子有没有不晓得。"他就说你给我弄几个大包子就行了。他就很随随便便到我们那儿，吃完饭就回他们指挥部了。平常来我们这儿和工人打成一片的，买了饭就在那儿吃。他的作风是很朴实的，联系群众，不搞特殊。

另外一件事是，他让我们单位的裘家良给他买点米。裘家良当时是办公室主任，管后勤，我问他："你弄这个玩意儿干啥?"他说："葛局长要买米，他不敢叫别人买，买了以后人家不要钱的，他让我买了以后给他送过去。"虽然这些都是小事儿，但葛洪升就很注意。其实他要是给指挥部说：你给我买点大米，哪里还不能报销?这是裘家良跟我讲的，所以他很注意这方面的事情，特殊什么都不搞的，领导中我比较佩服的就是他。

采访者：您后来有再接触过他吗?

单永义：我们就很少和他接触了。他后来调到北京当特区办主任，还是省长一级的。但是在浙江电力方面，他的贡献是最大的。

采访者：您做了一辈子电力工作了，现在对于新进来的电力职工有什么建议?

单永义：工作是一方面，其次还要处理好人际关系。你只会做工作，人际关系不会处理也办不成事情的。你要想发展并得到大家的拥护，你的个人修养也很重要。

性格决定命运，搞电力这一块不要怕吃苦，我到浙江跑了多少地方——浙江电力安装公司、火电公司、超高压公司、电力学校，现在又弄了技经院①，技经院成立前我已经退了。前面几个地方我都待过一段时间，什么职位都做过，党委书记、经理、校长、纪委书记等。看着我从事了很多工作，但是实际上很多事情我都没有做好，希望后辈能脚踏实地工作。

采访者：谢谢您和我们分享，可能有的话还没有说到，将来有机会的话还要请您再说说。

单永义：有些话也不一定对的，说错的，你们纠正。

---

① 指国网浙江省电力有限公司经济技术研究院。

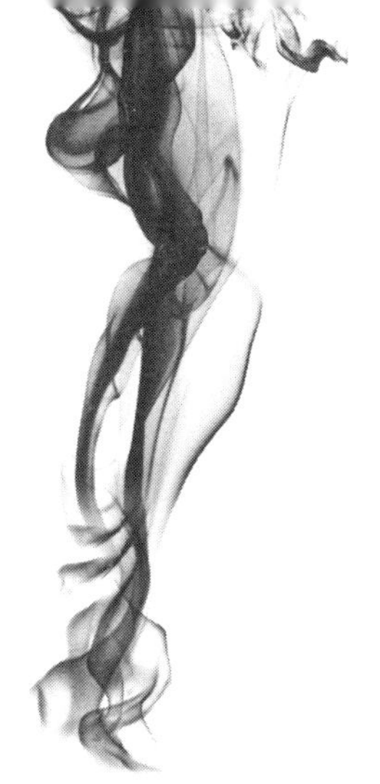

电力需要钻研

口 述 者: 何丙茂
采 访 者: 徐熙瑾、赵晓明
整 理 者: 徐熙瑾、吴斌、陆诚
采访时间: 2019 年 3 月 29 日
采访地点: 国网浙江省电力有限公司电力科学研究院

何丙茂 1937 年出生，福建漳浦人，中共党员。1949～1952 年，在海澄中学读初中；1952～1955 年，在漳州三中读高中；1956 年，考入浙江大学，学习发配电专业；1961 年毕业之后，到新安江电厂工作；1968 年，由新安江电厂调到富春江电厂工作；1973 年，调到浙江省电力中心试验研究所的系统室工作；1988 年年底，调到浙江省电力中心试验研究所情报室工作；1997 年正式退休，退休后又接受中试所的返聘。他在工作期间坚持学习和研究，解决了很多生产难题和技术故障，取得了许多研究成果。

一　我的学生时代

采访者： 何老，请您先简单介绍一下自己，比如说您的出生日期和出生地分别是什么？小时候家里情况怎么样？

何丙茂： 我是1937年12月24日在福建漳浦县官浔镇出生的。我父亲叫何猫江，他之前和别人合伙开了一个布店，整个家就靠这个布店的收入来维持。家里的条件还是可以的，但家人都非常节约，知道生活的不易。我父亲曾经给一个老板当伙计，管布店。后来这个老板要去上海，我父亲就把这个布店接下来了，开起了布店。

我父亲开布店以前，每天会批发一些布匹，挑到农村去卖，靠着卖布的钱维持一家人的生活。在这之前生活更加艰苦，那时候父亲每天上山砍芒，用卖芒的钱来维持生计。砍芒一砍就要砍一天，早上起来烧一锅粥，吃饱后带一碗中午吃。家里人凑合吃父亲早上剩下的一点粥汤，基本上是吃不饱的，生活很艰辛。

采访者： 您读的小学是哪个小学？后来初中又到了哪里？

何丙茂： 我读的是官浔中心小学。我们那个小学很好的，老师水平比较高，办学也比较正规，所以这所小学出了不少人才。

我是在海澄县的海澄中学读的初中。以前有个龙溪县，又有个海澄县，现在合起来叫龙海县，它是龙溪县跟海澄县合并之后的叫法。当时刚好有批老师过来，是江浙这边以南下干部身份过来的。他们的业务水平都比较高，讲课好，理论水平也高。我的学习就是在那时打下了扎实的基础。

采访者： 您在中学的时候表现出对哪门课有兴趣了吗？

何丙茂： 我小学、初中、高中都对数理化比较感兴趣，成绩都相当好。我小时候很会打算盘的，跟镇里面几个老先生比，他们还不一定打得过我。五位数、六位数的加减乘除，打起来很快。有两年征公粮，乡里算账的人手不够，我还去算过账。

当时镇上有个老先生，他主动要教我打算盘。不是单单教指法，还教算法。这个老先生可能对我有一点点影响，也可能认为我确实在这方面有点天赋。我后来高中就到漳州去读书了，这些也慢慢激发了我对数理化方面的兴趣。

我名字中的“炳”字的火字旁，是到高中时候才丢掉的①。初中毕业后，学校发的文凭里面把我名字里面的“火”给丢掉了，可能是写错了。后来我到三中去报名登记的时候，负责登记的人一看，说你这个不对，于是我只好重新登记了。就从那个时候开始，名字里面的这个“火”就没有了。

采访者：那您的高中是在哪里就读的？高中情况怎么样呢？

何丙茂：我读高中到漳州三中读的，我对这个中学的印象也是很好的。当时同学关系也非常好，相处很和谐，学习都是相互帮助的。我感觉漳州三中的老师都蛮好的，校长也蛮好的。校长叫林伟雄，他很注重教师的才干，在他当校长期间，漳州三中有了很大的起色。

采访者：您读书的这个漳州三中是私立的学校还是公立的学校？

何丙茂：最早的漳州三中是私立的，后来改成公立了。林伟雄校长来的时候就已经改成公立了。因为我们那个地方教会学校蛮多的，漳州三中是教会学校，漳州二中也是教会学校，学校的教学质量也挺好的。之前漳州三中是一个女子中学，二中都是男的，后来这个性别限制就打破了。

我还记得我们高中的物理老师张祖模，他的教学水平是很高的。我毕业的时候，本来想考厦门大学，因为厦门大学化学系有一个很有名气的学部委员，叫卢嘉锡。以前学部委员非常少，所以我很想跟着他学习。那时候我的化学成绩很好，高考后填志愿，我的志愿就填了一个厦门大学的化学专业，其实就是冲那个学部委员去的。后来张祖模老师跟我说：“何丙茂，现在我们国家建设很需要动力方面的人才，我希望你学动力，而且我建议你去考浙江大学。浙江大学是东方剑桥，水平很高的。”我也很崇拜张老师，所以他讲的话我很愿意听。后来我重新填的志愿，第一志愿改成了浙江大学，后来就考到浙江大学来了。

---

① 何炳茂闲谈提及，初中毕业证书上名字误为“何丙茂”，故而长年沿用，在电力试验所情报室任职期间所编资料亦多作“何丙茂”。

采访者：您考入大学是哪一年？

何丙茂浙江大学 1956 级入学照片

何丙茂：那一年是 1956 年。1956 年召开党的八大，那个时候整个政治环境就比较宽松了。学校录取学生的时候对学生的学习成绩比较重视。所以我们这一届考生运气还不错。

采访者：您大学时候读的什么专业？为什么当时选这个专业？

何丙茂：我大学读的是发电厂、电力网及电力系统专业，简称发配电。这个专业就是我们物理老师张祖模给我选的，他认为动力很重要，整个国家没有动力，其他什么东西都谈不上的。浙江大学当时在电力这一块也有很厉害的人物，比如说浙江大学的一个副校长王国松①，他是电网博士，又是电机博士，双博士。在那个时代，我们国内可能还没有第二个像王国松这样的双博士。我们系主任是寿俊良②，从厦门大学过来的，也是很厉害的老师，教研组优秀的老师很多。

① 王国松（1903～1983），字劲夫，浙江温州人，著名电机工程学家、教育家，一级教授，中国电机工程学会发起人之一，第一届全国人大代表，第二、四届民盟中央委员。

② 寿俊良（1901～1980），上海人。1953 年厦门大学院系调整，他被调至浙江大学，任电机系主任，1959 年，在寿俊良主持下经反复设计、研造，试制成功我国第一台双水内冷发电机，使我国电机制造工业赶上世界先进水平。

采访者：当时专业课都学的什么？

何丙茂：发配电的课程最多。因为发配电专业既要学制造，又要学运行、电机、电网、锅炉、汽轮机、水轮机以及水工建筑。基础课程有高等数学、物理、化学、电工基础、材料力学和机械原理。这个专业需要的知识比较广，需要学的东西特别多。

采访者：1959 年前后是困难时期，生活上应该会经常饿肚子。那在学习上，因为专业课也开始学了，有没有在哪里参加过实践？

何丙茂：以前学工科的还是蛮重视理论和实践相结合的。我们发配电里面还有一门课程叫作金属工艺学，除了上课以外，还到校内实习工厂里面去学操作。我到校工厂去做过车工，也做过钳工。我也学过铸工，就是浇铸，现在讲起来也是高科技。

我毕业实习在一机部上海电气科学研究所。在我们走后不久，江泽民就调到这个所当所长，这个所是一机部很重要的一个所。地址是在上海西郊，实习的时候，我跟一个老师学搞遥调、遥测，在那里实习了好几个月。

二　从中试所到新安江：是金子总会发光

采访者：您有没有参与设计过一些生产设备或者辅助装置之类的？

何丙茂：有的。先说一下巡检装置吧！我当时参加了一个水电部的重点课题，就是新安江水电厂 400 点巡回检测装置的研发。该项目主研单位是一机部上海电气科学研究所，主办人是吴培根，参研的主要是水电部水利科学院北京低压开关厂和新安江水电厂。水电部搞巡检还是很有毅力的，在 400 点之前搞了一套试验样机 40 点，40 点之前是一套中国科学院自动化研究所搞的电子管式 150 点样机。我去新安江时 150 点已在试运行中，作为班长，我常参与装置的运行和故障排除。400 点布线逻辑巡检装置在光荣退休前一直运行良好，这个装置用了 1 万多个二级管、3000 多个三级管，可算中大型装置。虽然后来 400 点巡检退了下来，改为计算机监控，但那是科技进步的产物，毕竟时代一直在发展。

采访者：您是在毕业之后就被分到了新安江水电厂吗？能谈一谈那时的情况吗？

何丙茂：我在毕业分配的时候被分配到了浙江省水利电力厅电力科学研究所，当时叫作中试所。因为当时分配的时候，刚好遇到鹰潭到厦门的铁路被水冲垮了一部分，所以我报到去晚了，到那边的时候发现已经有人把我这个岗位顶掉了。后来就到了新安江水电厂，分配到自动化班。可能因为我干得还可以吧，他们就叫我当副班长，再后来当上了班长。

采访者：新安江水电厂完全是由我国自主设计、自主施工的吗？

何丙茂：是的，设备也是自主研发的。水轮发电机是哈尔滨生产的，控制设备主要还是以上海为主，电力变压器是沈阳变压器厂生产的，开关是沈阳开关厂生产的。设计是以华东勘测设计研究院为主。

采访者：当时为了发展电力，建水库的时候，存在大量移民的情况吗？

何丙茂：当时老百姓都比较好说话，一部分人就安排到江西，江西的条件跟浙江比差得多了，但是他们没说话，就去了。有的在本省安置，这些移民都没有太大怨言，毕竟都是为了国家。

采访者：有人说建水库会对环境产生不利影响。新安江建设对当地环境有什么样的影响吗？

何丙茂：我不这样认为，起码新安江对浙江绝对是非常好的。新安江建好以后，发电量蛮大，对浙江经济发展贡献很大。有人说三峡大坝被污染了什么的，我搞水电的时间算是比较长的，我认为这些人都是胡说八道。三峡大坝建成以前，每年长江的洪水带来了多大的灾难，流经的各省市都非常紧张。

采访者：据说当时新安江建成之后，新安江输出了大批的技术人员到其他的水电厂搞建设，是这样的吗？

何丙茂：这个是我们国家的传统。新安江电厂建成以后，从东北丰满水电厂调了一些工程技术人员和工人过来。管理人员有一部分是从上海过来的，还有一些是学校分配的学生。在新安江水库建设过程中一些优秀的职工也选拔到电厂来。新安江电厂无论是干部，还是技术人员、工人，都是比较优秀的，当时在浙江是最强的了。后来也有新安江电厂的同志输出到富春江、葛洲坝搞建设。

采访者：您在新安江工作的时候，有没有做过技术的改进和创新？比如有一个磁场变阻器，它是什么工作原理呢？

何丙茂：发电机磁场（即转子电流）是励磁机提供的，励磁机的磁场是励磁机的励磁绕组产生的。磁场变阻器用来调整励磁机电流大小，进而改变发电机电压和无功。磁场变阻器有多大呢？一个装磁场变阻器的柜子有 1 米高，80 厘米宽，80 厘米长。磁场变阻器柜里面安装着一片片的电阻，电阻还要有接头，抽头用铜线拉到一个转盘上，转盘有一个滑动臂。滑动臂位置不同，这些电阻接进去的电阻数就变了。

那时候电厂运行时的振动很大，磁场变阻器接头很容易松，接头松动问题每次都会造成很大的损失。后来我想到，如果把它焊起来，那不就不会松了嘛。于是我就找了我们班里面一个老师傅，叫张择秀，是一个天津人，让他把磁场变阻器拆下来进行接头焊接。这个方法解决了磁场变阻器的接头松动问题，故障停机就少了，领导、支部书记、实验室主任都很开心，他们还在外面贴大字报表扬我。

采访者：那时候厂里采用计算机了吗？您提到的自动调频是怎么回事？

何丙茂：那个时候还没有计算机。那时自动装置先用磁放器，后来用晶体管、二极管、三极管，还没有什么 CPU，都是布线逻辑[①]。没有超大规模集成电路，哪来计算机？哪来 CPU？现在一台电脑，真正用晶体管的计算机，它那个装置要有一个很大的房间，要好多的柜子，才能实现。

我还经手过我们国家第一套自动调频装置，该装置由磁放大器构成。自动调频是什么概念呢？当系统不是很大的时候，工厂里面的大电动机，或者是炼钢厂的电炉投入或撤出时会有一个用电冲击，这对系统的频率会造成波动。我们国家规定的频率是 50 周，所以要绝对控制在 50 周，偏离 50 周就对

---

① 它是通过布线方式实现交换机的逻辑控制功能。通常这种交换机仍使用机电接线器而将控制部分更新成电子器件，因此称它为布控半电子式交换机，这种交换机相对于机电交换机来说，虽然在器件与技术上向电子化迈进了一大步，但它基本上继承与保留了纵横制交换机布控方式的弊端，如体积大，业务与维护功能低，缺乏灵活性，因此它只是机电式向电子式演变历程中的过渡性产物。

很多用电设备造成损害，会导致很多的产品变成次品、废品。所以当时水电部就想搞一个自动调频试验，试验点就选在了新安江水电厂。当时先搞的单机试验，再到全厂调频、调功。这个项目以水科院为主，我们电厂和华东中试所参与，华通开关厂制造。单机调频成功鉴定会由水电部主持，在上海科学会堂举行，电厂资料由李玉生主笔。调频搞好以后，电厂的水轮机导水叶开度就跟踪系统的用电量，使频率保持在50周上下允许的小偏差内。

采访者：资料上说220千伏和110千伏并到华东电网，那之前是并到哪个网上？

何丙茂：新安江水电厂投运初期，电是用不光的，发电有富余。1963年、1964年电还是蛮充裕的，可能1964年、1965年的时候，慢慢地就不够用了。因为工业发展上来了，用电增加了。新杭沪220千伏线路建成后就跟上海联网，这是华东大电网的早期起步阶段，实在太伟大了。

采访者：那满负荷运营的时候，大家的工作量是不是就更大了？

何丙茂：大电网中的水电站一般是不会满负荷运营的。一般是用来调峰，阶段性的。比如说上班的时间或者晚上，负荷比较重的时候水电站才会满负荷运行。新安江电厂职工每天工作8小时，此外也要随叫随到。我们晚上的时候常常会被叫去处理事故，那都是家常便饭。

采访者：提到干部，当时的工程院院士潘家铮，还有柴松岳、钟伯熙，您都认识吗？①

何丙茂：潘家铮我不太了解，柴松岳我清楚，他是搞运行的，钟伯熙是副厂长，后来兼总工程师和总会计师。柴松岳是舟山人，从舟山招来的学徒工，招来以后到丰满实习。实习以后就回到新安江电厂，当值班员。他们是1958年招来的学徒工，我是1961年分配过去。1958年以前学徒工转正，好像要三年，可能我去的时候，他也处于转正的那个阶段。他是搞运行的，我是实验室的，所以还是比较熟悉的。后来柴松岳也调到富春江当厂长，后来富春江电厂每年到春节，都派人到杭州来，看望一些老职工、老领导，我们大家也

① 潘家铮（1927～2012），浙江绍兴人，水工结构和水电建设专家、科幻小说作家、中国科学院院士、中国工程院院士、清华大学双聘教授、博士生导师、国家电网公司高级顾问。

有机会会面。

柴松岳这个人很能干的，他调到富春江的时候已经是中层了。他这个人也很平易近人的。

钟伯熙在新中国成立前是浙江大学地下党成员之一，后来他被调任杭州热电厂任书记和厂长，再往后当上了杭州市市长。钟伯熙能力很强，有魄力，管理比较严格，对一般员工的困难乐于帮助，我也曾得到过他的帮忙。

采访者：柴松岳在新安江的时候你们接触过吗？在技术上、业务上有什么交流吗？

何丙茂：没有啊，我们是两个不同部门。他搞运行，我搞实验检修，不同部门，所以业务上交叉的不多。但是我感觉到这个小伙子是很聪明的。有一次我碰到他给发电机开冷却水。发电机的冷却水不需要用那么大，因为你多开是浪费掉了，但是少开又不够用，也是不行的。他就开到了50%左右，而且他没有看表的。我于是问柴松岳，我说："你怎么知道它是50%呢?"他说："我知道啊，我平时也会试的。我记得全开的时候要转几转，比如全开要转20转，那么我开一半的话10转就够了。"通过这件事我就觉得这小伙子干活是用心的，这种人并不多的，很多人做了很久还是稀里糊涂的。当省长后他对原来的老同志照样平易近人。

采访者：对于张国诚您是否熟悉？他当时是厂长吗？

何丙茂：我在新安江的时候，张国诚当时是副总，我离开的时候他也升总工了。那时候的具体情况我已经想不起来了。这个人不辞辛劳，平易近人，无论对待工人还是干部，都能跟大家打成一片。他是上海大同大学毕业的，这个大学属于比较老的大学了，后来并掉了①。他在大同大学参加的地下党，新中国成立以后，他在杨树浦发电厂上班。调新安江的时候，他正在杨树浦发电厂当值长。当时在杨树浦发电厂工作不容易啊，那是上海的要害部门。他在厂里面当值长，所谓值长就是一种电厂生产岗位，在这一值里面他就是

① 大同大学（Utopia University），位于上海，是民国时期一所著名的综合性私立大学，尤以理工著称，在其四十年的大学历史中，一直是上海乃至全国私立大学中的翘楚，素有"北有南开、南有大同"之说。1952年秋，大同大学在院系调整中被撤并，其院系分别并入复旦大学、上海交通大学、华东师范大学、同济大学、上海财政经济学院和华东化工学院。

总负责人了，所有的设备运行指挥总负责，这就是值长。

值长的责任很大的，整个设备都是由他负责，包括人员的调度也要归他管，还有跟上级汇报什么东西等，总之有问题就找他。值长下面分不同专业，也有好多班组长，大概是这样的。他是当时搞火电的值长，到新安江就管水电了。

采访者：您跟张国诚有过什么接触吗？

何丙茂：印象中有过两次接触的。我记得一次是自动化班开会，当时我在自动化班当班长，张国诚提出他要来参加我们班的会议。那天晚上下大雨，他打电话问我在哪里开会？我告诉他在滩头坞开。当时张国诚穿了一件雨衣“噗噗噗”就过来了。有人就给我提意见了：“何丙茂，你这个事情做得好像不大合适啊，领导来参加你们的会议已经很不错了，你还叫领导亲自过来？”

第二个事情也是印象比较深刻的。新安江电厂是“大跃进”的产物，建设时有些急于求成，存在的问题较多，事故也较多。很多时候事故发生时，我们还没有到达控制室，张总已经在控制室那边了，他就是反应得很快，抓得很紧，有时候我们都会感觉到不太好意思。

我一直觉得张国诚这个人很不错，他工作非常负责，抓得很细，不辞辛劳，而且很有能力，立场也很坚定。我在新安江管的也是电厂一个要害部门，他在新安江跟我交集很多，我们的关系还是不错的。后来我调中试所了，他又从新安江电厂调到省电力局当副局长、局长。

采访者：当时整个新安江的自动化工作都是您来负责吗？

何丙茂：不是。新安江自动化工作由生技科管理，我作为自动化班班长和试验参与者负责落实。正因为如此，我才有机会参与多项全国首套自动化装置的开发。1964 年，我参加了水电部主办的在湖南省柘溪水电厂召开的全国五大水电厂劳动竞赛交流会，那时候我是作为新安江的代表去参加的。湖南省的总工会很重视这个交流会，就连他们省总工会的主席也参加了这个劳动竞赛交流会。

采访者：在新安江工作期间，您在生活上怎么样，那时候结婚了吗？为什么后来又去了富春江？

何丙茂：我在新安江就结婚了，我大女儿是 1964 年出生的。我妻子是福建的，但是她住在杭州。我在新安江干得很好，为什么到富春江？第一个方面是因为工作需要；第二个方面，富春江离杭州比新安江距离杭州稍微近一点，领导有点照顾的意思。当时筹建工作需要一帮骨干过来干，我就过来参加筹建了。

采访者：您之前在新安江工作，大女儿在 1964 年出生，那时候和家人一直分居两地吗？

何丙茂：还是分居两地。两地有两地的好处，这样我能够白天干活，晚上看书。我在新安江八年，看了很多的书。新安江资料也很丰富，对以后的工作帮助非常大。我是从新安江到富春江，再到后来的中试所，这样一路过来的。这个过程中一直没有中断学习，因为我很重视学习的。包括后来在中试所，他们那些新来的学生，我跟他们聊天的时候，我就要求他们要重视学习。新来的学生首先要补的课，就是现场这一课，学习是一辈子的事！

采访者：那您这个时候有没有什么生活上不方便的地方？比如家里人没有办法照顾之类的。

何丙茂：那当然有啊。以前是没有探亲假的，后来国家在这方面改了一下，每年给了 12 天的探亲假，再后来探亲假天数好像又增加一点。

我们这一代两地分居是很正常的。不知道你是否看过电视连续剧《马兰花》，里面讲的就是林俊德搞原子弹实验的事情。我们这代人跟林俊德类似的人很多啊，大部分人连家庭都管不了的。身在工作岗位，肩上是有责任的，有很强的光荣感，毕竟是给国家做事情，做重要的事情。那种特定时期的光荣感恐怕现在很少有人能够体会得到了。

三　从富春江到中试所：时代赋予的光荣感

采访者：您是 1968 年就调到富春江了？

何丙茂：对的。富春江当时刚刚筹建。新安江、富春江是一个半梯级水电站，新安江在上游有水库，就是千岛湖，富春江是利用新安江的尾水来发的电。我大概是 1968 年 12 月过去的，那时候水库大坝应该建到一半了，还没有全部建好，也还没有蓄水。我去了之后就参加了筹建组，主要还是搞技术专业方面的工作。

采访者：您是 1968 年去的富春江，当时的设备运营情况怎么样呢？

何丙茂：当时电厂职工素质还是蛮高的，工作兢兢业业，干得还是很不错。其实当时的设计也是有问题了，我们去了之后，跟新安江初期一样，也是搞得蛮辛苦的。

采访者：您在新安江发现励磁装置不能运行，问题是什么？

何丙茂：当时发现几乎所有机组的自动励磁调节器都不能运行，排查后才发现，原来是调节器的特性没有调整好。后来我知道这个事情之后，就下决心要把它弄好。最典型的就是 4 号机，我怎么弄都弄不好。后来我大胆拆开查了一下，原来是主磁放大器的线接错了。当时新安江电厂是“大跃进”的产物，制造厂赶工，所以这方面比较粗糙，线路接错了，这个不容易发现的。磁放大器理论我搞得还是比较清楚的，我也很纳闷，怎么它就不对了？怀疑哈尔滨生产厂家弄错，还是需要胆量的。

采访者：可控硅励磁，实际上在当时来说是一个新技术。富春江解决了可控硅励磁的这种稳定性问题，在全国是第一家吗？

何丙茂：用可控硅励磁不是第一家，用在这么大容量的机组是第一家。富春江 2 号机可控硅励磁是天津传动设计研究所开发设计的，上海开关厂制造。当时大家对一些问题没有掌握得很透彻，投运后故障不断。主要是脉冲变压器不能提供微秒级相差以内同时触发脉冲、脉冲宽度的选定问题，还有繁杂的电路设计不符合抗干扰要求的接线等问题。这些问题会造成可控硅电压击穿，电流烧坏，系统跳闸事故频繁。我编写的《2 号机的可控硅的励磁总结》，就是把可控硅励磁用在这个 2 号机的一个试验总结。这么大容量机组的可控硅励磁事故频发引起电力行业的极大不安，问题解决后对电力行业的发展起到极大的推动作用。

采访者：除了技术上的改进外，当时富春江电厂情况是什么样子的？富春江当时的建设，完全是为了葛洲坝的建设吗？

何丙茂：我认为不是，建这个厂不就是为了发电嘛。富春江是低水头的，葛洲坝也是低水头的，而且葛洲坝是在长江三峡下游嘛。富春江是新安江的下游，两者有一定的相似性，所以葛洲坝比较重视，派了很多老师傅和技术人员到我们这里来参加工作，来一起学习，是这种情况。你说建这个厂完全是为葛洲坝，我觉得这么说不准确。

采访者： 当时的富春江除了发电外，也能起到航运调节作用吗？

何丙茂： 现在是可以的。刚建好的时候，在航运方面起不了很大的作用。当然，建好之后上游就形成了水库，比较大的船也可以通航，船走得也比较平稳。但是下游水比较少，尤其电厂不发电的时候，水就比较浅，通航也比较困难。现在杭州市把下游都疏浚了，过坝设备也改进了，现在的交通很通畅，好像可以走 300 吨或者 500 吨的船了。

采访者： 您到浙江省电力中心试验研究所前，这个所里面情况怎么样？

何丙茂： 当时人很少，水平也很低。所里面只有几个组，还没有室，所以开展的工作也是比较初级的。那时候比较高水平的改制、创新不是说没有，只能说是微乎其微。1978 年以后，也就是在科技大会之后，所里发展得就比较快了，整个电力系统都发展起来了，中试所也逐渐变大变强了。

采访者： 您有一篇文章是 1976 年发表的，有关同步发电机励磁调节器的是吗？

何丙茂： 因为在富春江搞的是水轮发电机，大型的可控硅励磁的。到省里面来，省里面都是小机组，容量都很小，都用直流励磁机的。需要解决省里面这一大堆的直流励磁机的自动化调节问题。所以我就针对火电小机组，搞了一个开关式的自动励磁调节器 KKT。我搞的第一台样机用在艮山门电厂，虽然是样机，但是它安全运行了十几年，直到这个厂拆掉前还在正常运行。

采访者： 您介绍一下中试所的建设情况。

何丙茂： 原来中试所在闸口，地方较小。改革开放后要加快发展，就搬到华电弄 1 号。来这里之前已经有了几个室，如系统室、电测室、高压室、热机室，还有修配厂。

当时研究所所长是吴爱民，是个山东老革命。我 1973 年调来分在继电自动组，后来这个组发展为系统室。系统室有这么几块业务：第一块业务是保证整个系统的稳定运行。中心调度所有一个运行方式科，他们在做计算。我们中试所系统室有个系统组，也在搞这方面的运行计算。我们是中长期的运行计算，中心调度所着重中短期，相互补充，不过也没有分得特别清楚。

第二块业务就是继电保护。继电保护非常重要，我们国家电力法规规定的每个条文都是一定要满足的。继电保护保证电力设备的运行，至关重要。引起电力系统事故的因素有很多，这个时候继电保护就要起作用了，要把故障点快速切除，否则影响会很大。

第三块重要业务是自动装置，包括自动励磁调整。这一块工作目的是保证提高系统的自动化水平，使我们系统更稳定、产品质量更好。像那个直流输电，里面的控制是属于自动化组。直流输电里面也有继电保护，那就是继电保护组来负责的。比如说直流输电里面这条线路上去了，对系统稳定的影响分析，就属于系统组的范畴了。中试所主要是这三块业务。

采访者：在励磁这块，您在 1986 年发表过一篇文章叫《励磁调节器多重化电路设计实验》，主要是解决什么问题呢？

何丙茂：对于我来讲，励磁方面的研究是我很重要的一个工作。除此之外，我还在 1983 年发表过一篇文章，叫《同步发电机励磁多重化控制技术》。当时在多重化控制技术指导下做了一些装置，在两个电厂成功应用以后，就没有再用了，更没有到制造厂里面进行型号的定型和批量生产。尽管如此，多重化控制试验和应用受到了行业的高度关注。该装置还设置了 PID 调节，从电力部电科院引进了电力系统稳定器，增设了低励限制，可靠性高。这个项目还获得了华东电管局科技进步一等奖、省科技进步三等奖。

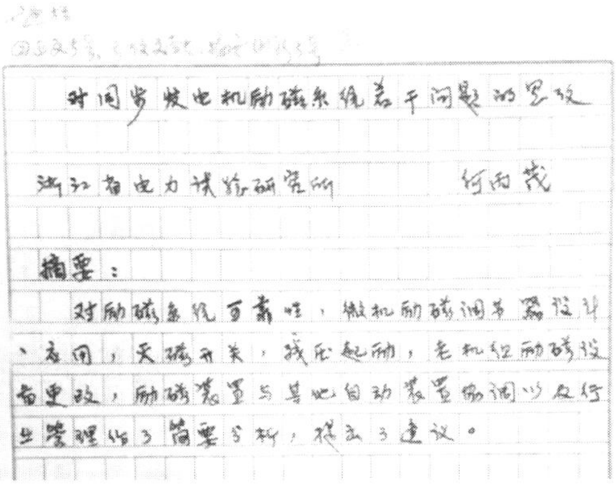
对同步发电机励磁系统若干问题的探讨

浙江省电力试验研究所 何丙茂

摘要：

对励磁系统可靠性，微机励磁调节器设计、应用，灭磁开关，残压起励，老机组励磁设备更改，励磁装置与其他自动装置协调以及运行管理作了简要分析，提出了建议。

何丙茂有关同步发电机励磁系统论文的手稿

采访者：您这个多重化控制技术是在原来研究上更深入一步吗？

何丙茂：以前多重化控制技术别人有提起，但是我比较深入地进行一些思考。把它设计成装置，用在现场了。当时我在考虑这个问题的时候，正好台州电厂上来的励磁装置运行不可靠。我仔细分析，觉得它部分设计思想有些偏差，可靠性方面考虑得不够，还有励磁装置的调节性能过于简单。我联系台州电厂对这台装置进行了改造。虽然说是改造，但机器全部拆掉了，然后安装上我主设计的这套装置。我主要动的还是控制回路，这个设计思想就搞了多重化，搞了"三取二"。

采访者："三取二"是什么意思？

何丙茂："三取二"是什么意思呢？例如我们七八个人对某种事情进行评分，最后统计的时候，去掉最高分，去掉最低分，取中间的平均分，这就代表了行业水平。我这个也是类似的情况，我弄了三个通道，可控硅就是靠那个触发脉冲来打通的。来得最早的脉冲我不要，来得最迟的我也不要，我就取中间的脉冲。那么相当于三个通道有三个脉冲，我就三个当中取两个，这就是"三取二"。这样一来，它的可靠性就可以提高很多。单台机组到 30 万千瓦以后，励磁装置的成本占比就会非常小，而且多重化后成本的提高也是微乎其微。一旦出现励磁故障，就会引起发电机组停机，这样损失非常大。由此可见，提高励磁装置的可靠性，对于生产来说意义重大。

采访者：您这个资料上还提到大胆采用了先进的电子元件，指的是哪些电子元件？

何丙茂：那里面我用的元件，好多都是刚出来不久的。比如我用的 CMOS 电路。当时还用了一些小规模的集成电路，是比较先进的，集成度高，体积小。在抗干扰方面有一个理论，设备越小，抗干扰性越好。因为电磁过来以后，你这个装置一定会接收到电磁干扰波，这个装置越小，接收的干扰越少。

四　室主任就好像部队里面的连排长

采访者：那个时候在现实工作环节中进行的技术改造、升级和创新，这个东西是否可以顺利地报上去，进行全国的技术评估之后进行推广？当时没有这样的机制吗？

何丙茂：电力系统也是有的。当时我把这个东西搞出来后，报到华东电管局，后来还获得了科技进步一等奖。我的同步发电机励磁多重化控制技术，在1989年获得了华东电管局的科技进步一等奖和省科技进步三等奖。

采访者：您当时最难解决的一个问题是什么？具体哪块您花的精力比较大一些？

何丙茂：从工程调试来说，直流输电调试是我碰到的最难调试的项目。直流输电整个控制系统的运行调试相当复杂。从部件到子系统，到单端，再到两端，要一步一步干，非常难。而且我们国家的大学、研究所和制造厂经验也是在摸索中积累的，所以有好多问题也是要到现场去处理掉，现场是最后一关嘛。

舟山直流输电调试时，受端的调向机，前期遇到的技术问题蛮多的，那时候搞了一个小模拟装置来试试看，也是为了解决一个问题，就这样一步一步摸索过来的。

采访者：那时候系统室大家相处还比较融洽是吗？

何丙茂：相处很融洽。我给你举一个例子，比如说我们那个时候在舟山干得蛮累的，有一个叫钱少东的小伙子。有一次我跟他说："你这趟回杭州，路过绍兴的时候就回家去看看你父母。毕竟这么长时间没回去了，在家住两天吧。"他很高兴地答应了。他刚刚到绍兴，我电话就打去了，我说："钱少东，你要到潮汐发电去，设备我叫他们带过去。"他二话没说就去了，没有说我不想去或者有困难之类的话。

采访者：能否讲一讲系统室的人员组织工作？

何丙茂：我在系统室还做了一件我认为比较有意义的事情，那就是招揽一些人才，把队伍组织起来了。比如说当时我费了很大劲，从嘉兴电器控制设备厂把竺士章挖过来了。事实证明，我的努力没有白费，因为竺士章过来之后发展得很好。他在励磁方面，尤其对电力系统低频振荡和PSS应用方面钻研得很深。他和省电力局生产处的一个同志一起，受电力部的委托，编写了一个PSS方面的技术标准，被省电力公司评为一级技术专家。那时候竞争很大，整个省电力公司只有他一个人被评上。那时候我还物色了不少人，把他们引进来之后，大部分人都很有出息。

采访者：您是哪一年到的情报室？您到情报室的背景是什么？

何丙茂：我是在1988年年底到的情报室。那时候所里的领导对情报室的工作不太满意，所以就叫我过来。情报室和系统室是平级的，我那时候还兼了电气方面的几个室组成的支部的书记。当然，对于我个人来讲，我在系统室的工作也得心应手，很舍不得离开系统室，主观上也不愿意去情报室，系统室的人也舍不得我离开，所以他们也找了所里面去反映，不想让我走。但是我们两个所长，还有书记、总工轮番找我谈，那没办法，我只好答应了，就这样子过来了。

采访者：情报室是您以前没有接触过的领域对吧？您到情报室后，那边的工作是怎么开展起来的呢？

何丙茂：情报室是完全陌生的领域，从来没有接触过。过来之后就先熟悉一下业务，然后就慢慢干起来了。情报室嘛，第一个是技术资料方面的，第二个是刊物方面的，第三个是情报方面的，最后一个是录像方面的，就这么四个摊子。

因为中试所在当时的电力部的定位，是省电力局的四大中心，负责情报中心的主要就是情报室。就当时来讲，情报室还有一个牌子，就是省电力局科技情报站，所以我这里相当于有两个牌子。因为省电力局科技情报站的情报工作要跟基层联络，我们相当于省电力局一个职能部门，这样联络起来就比较方便。这个科技情报站设在中试所，后来因为一些原因撤掉了。

我觉得当室主任，就好像部队里面的连排长，你只要做好带头工作，一般就没什么问题。你自己工作卖力气一点，积极性高一些，碰到好处的时候你要多想大家，那一般来讲就没什么问题。毕竟也没有多少人，你的一举一动大家都看在眼里的，一般都会认可你的，那工作自然而然就好开展了。如果你室主任不能做表率，处处为自己打算，不考虑他人，那就不行了。

采访者：您调到情报室以后，第一步是不是要明确怎么来干，确定目标和方向？

何丙茂：是的。他们原来都有目标，但是我过来之后也有我的打算。我跟他们说："你们可以看看，实际上省里面的情报信息是很丰富的。"我还给他们举了一个例子，比如我们省局的科技处、计划处，还有省局的领导、总工出国，到部里面开会，出国能够接触到的有用的技术资料是非常多的，很有用的情报信息也是非常多的。但是这些信息和资料，一般都是出差回来后直接往柜里面一放，包括他自己都不会再去看，你说可惜不可惜？我就很想让信息流动起来发挥作用。

我们室还负责《浙江电力》刊物的出版，不过那时候《浙江电力》还是比较初级的。我过来以后，很重视编委会和编辑通讯员网络的建设，还建立了审稿制度。我很重视稿件水平和质量，因此充分发挥编辑部刊物组每个同志的积极性，在版面设计、约稿等方面下了不少功夫，为刊物的长远发展打了一些基础。渐渐地刊物的水平有了提高，刊物的形式也有了很大的进步，包括后来又增加了条码等。

老年时期的何丙茂

采访者：当时的录像主要录什么？

何丙茂：一个是科技方面的，一个就是现场的生产。电力局也给我们录像的任务。录像这块业务不太容易学，所以我就没怎么具体干，负责的几位同志干得不错。我很支持他们的，到上级部门要了很多资金扩充录像设备。

采访者：您在情报室除科室管理外，具体业务还做过哪些？

何丙茂：我是《浙江电力》副主编，电方面的文章我主审，主编是金学培总工，他是搞热的。情报室的工作最主要的是为专业服务，为领导的决策服务。所谓为领导的决策服务，主要是指技术方面的支持。我来搞情报工作，主要目的是想把情报跟生产技术方面能够结合得紧一点，主动地为生产服务。

当时全国都在开展变电站无人值班工作。这个工作刚刚开展，我就抓紧到各地去了解情况，通过打电话、写信和跑现场咨询等各种方式获取信息，收集到很多资料。回来后我就抓紧消化这些资料，编了一套大概100万字的书，叫《无人值班变电站技术文件资料产品信息选编》，订得蛮多的，影响还是比较大的。我还编了一本电网文件选编，在非常多的文件里筛选出一批和调度运行关系密切的文件、文章，汇编成册，得到领导的好评。

五　回顾与展望

采访者：您说的这个情报工作，您从1988年开始做，一直做到哪年才结束呢？

何丙茂：我一直做到1997年退休，所里又返聘了一两年。

采访者：那您完全退下来大概是在70岁对吗？那时候已经到了20世纪90年代，电力在那个时候是否也获得了快速发展？

何丙茂：对的。我在1997年退休，退休以后又干了约十年。20世纪90年代电力事业也获得了快速发展，网架更加坚强，单机容量更大了，包括一些新的能源，比如核电、风电、太阳能等这些都发展起来了。20世纪90年代浙江省搞风电，在全国来讲还是比较早的。我记得当时参与了舟山的一个风电厂的调试，也为这个风力发电机研制过一个励磁调节器。风力发电近十年来发展很快。

采访者：随着经济的快速发展，电力事业也发展得比较快，比如电力改革、电网建设、发电量快速提升，还包括电力机构、管理制度的改革、电厂和电网的分离等。目前来看的话，20世纪80~90年代电网改革的情况，您觉得是不是比较成功？有没有什么经验和教训呢？

何丙茂：对厂网分离我是有一些看法的，我认为厂网分离这个改革并不成功。比如说我们浙江那些发电厂，本来就是省电力局管的，发电厂跟电网一起管。现在把发电厂都分到电网外面去了，五大发电公司管理的人全部集中在北京，两者距离太远了，厂里面如果发生什么事情他们也不好管理。他们只能管收钱，其他的没办法管，所以我认为搞厂网分离并不合适。当然，他们可能是从市场经济角度出发，想要在厂里面形成竞争。我认为电力是一个天然的垄断行业，如果你一定要在这种垄断里面搞个竞争，那肯定会带来一些浪费。我总的想法是，电力方面就是要加强监督，例如这个电价并不是电力系统想卖多少就卖多少，那肯定是不行的，国家的价格部门要管着你的成本和你的利润。因此，我觉得只要加强监督就行了，并不一定要把它打得支离破碎，非得让它们竞争，那样只会造成更多的浪费。电力跟通信不一样，通信的基础设施投入不是那么高。

采访者：现在浙江电力发展得如何？在全国来说处在怎么样一个位置？

何丙茂：发展得还是很不错的。浙江电力系统在全国来说是跑得比较靠前的，安全方面也做得比较好，好多领域都是全国领先。浙江电网是在张国诚当电力局局长的时候，规模才慢慢地大起来。在陈积民当局长的时候，发展得更快了，当然和国家的发展关系也很大。我觉得浙江人普遍还是比较聪明的，而且对待工作，大家都是兢兢业业。

采访者：如果现在电力系统进来新人，您有什么想对他们说的呢？

何丙茂：我觉得电力系统还是很有干头的，电力对于一个国家来讲太重要了。不是有这么一句话：“苏维埃加电气化，就是共产主义。”① 当然了，技术水平一直处于发展变化之中，但是电力依旧很有用，社会的发展还是得依靠电力，这个不会变。回望我的一生，电力系统养我养了一辈子，我也为电力系统尽心尽力一辈子。选择电力，我无怨无悔，工作得也很开心。无论到哪个岗位，我都很努力工作，也做出了一些小成绩。

对于新人来讲，我希望他们能够感觉到来电力系统工作是一种幸运，是一种福气。一方面，他们要尽快地将理论与实际结合，努力学习过程中也要重视实践；另一方面，他们要时时刻刻端正自己的态度，要一心一意为电力系统服务。在工作之中，不但要学技术，更要学会做人。我相信后来人一定能够把这一棒接好，让电力有更好的明天。

---

① 俄国十月革命以后，把发展生产力摆在了首要的位置。列宁在 1920 年提出了“共产主义就是苏维埃政权加全国电气化”著名公式，强调了现代化经济建设对社会主义发展的重要性。

把电力送到每
一个城镇乡村

口 述 者： 王承奋

采 访 者： 尹燕、王浩

整 理 者： 潘乐易、钟海芹、李筱

采访时间： 2019 年 3 月 26 日

采访地点： 浙江省送变电工程有限公司

王承奋 1940 年出生，浙江余姚人，1955 年考入杭州水力发电学校工业企业电气装备专业，1959 年 5 月毕业后进入浙江省电力安装公司工作。1983 年 2 月至 2000 年 4 月先后担任浙江省送变电工程公司党委副书记兼纪委书记、副经理、公司党委书记。工作期间，参与建设省内外输变电工程、发电工程和国外工程多项。

一　艰苦的童年与求学时光

采访者：王老，您好！先请您介绍一下自己个人情况，您是哪一年出生的，老家是哪里？

王承奋：我的老家是浙江余姚，南面有四明山，北面是杭州湾。当时的余姚是山海之间的一个古老城市和文献名邦。我出生之前，家境还可以，有爷爷、奶奶、父亲、母亲。我父亲初中毕业后去上海中法大药房当会计。这药房是一个叫黄楚九的余姚人开办的。听母亲说我父亲是余姚实获中学的学生，好学上进，字写得好。妈妈不识字，奶奶教她识字。但是后来奶奶病故。父亲也病了。我是1940年5月出生的。但在我出生之前日本侵略军已经到我家乡为非作歹。我母亲挺了大肚子到处逃难，1943年10月又生了我弟弟。

到我6岁时，抗日战争结束。我父亲生了几年肺病在上海住医院。那时开始用青霉素治疗，药品很贵重。爷爷、母亲和舅舅带着我们到上海去看他。我们是从杭州湾乘木船漂过去的，因为当时钱塘江大桥断了，铁路也都挖了，只有这一条水路。母亲说我晕船，上船一直在吐。上岸后路上还碰到端枪的一伙人来抢劫钱财。我们到了那边没几天，我父亲就走了，他才三十出头。我也只看了爸爸这一面。幼小的弟弟寄托在小表姑那里，没有看到过爸爸。当时，他在病房里躺着，我在病房外的空地上望着他，他脸上毫无血色。我父亲死了后，药房老板给了我家一个月薪水的抚恤金。我们全家就没有了收入。爷爷失业，他那时候已经66岁了。1949年5月余姚解放。第二年，他得了霍乱走了。家里就只剩下母亲、弟弟和我，妈妈只有靠开小店的外公外婆、舅舅、务农的姨父母帮助下，照顾我们长大。

采访者：你们家算什么成分？

王承奋：我们家是贫民。家里就只有祖上留下来的一个小房子和一个小菜园。没有收入，就把家里的家产变卖了，父亲生病的时候把母亲的首饰及像样的家具都卖了。战争时期，我们没有饭吃，就吃糠和麸皮。新中国成立前夕，当时国民党败兵端了枪，到我们家里找这个、找那个的，我们听不懂，家里也没有什么东西可拿，他们就走了。

采访者： 看来您祖上曾经是辉煌过的。您父亲还有兄弟吗？

王承奋： 辉煌谈不上。有祖居，有小菜园。祖上是贩运山货竹器起家的。母亲说，我的太爷爷在当地树行当过阿大（经理）的。到了我爷爷这里，主要受贫病、战争的影响，生活已经贫困。爷爷当过铁匠铺的学徒，生了三个儿子，殁了老大和老三，我父亲就是老二。我父亲娶了张家女，但她死于肝病，后来又娶了我母亲，生下我弟兄俩，他却病死了。在抗日战争前后的这段时间里，我家死了五口人。

采访者： 新中国成立前你们家里变得很穷了，那你怎么上的学？

王承奋： 家里还有一些家具可以卖掉。我当时只知道家里的东西一天天少了，原来的大床铺也不见了。后面的小屋也被人拆走了。我妈前面那个妈妈，是张家的，她留下的嫁妆也都卖了。

采访者： 那你小学是在老家上的？

王承奋： 我是在余姚邵康节先生家族开办的康节小学读书的。1949 年 5 月余姚解放后，校长邵之炳先生是当地民主人士。后来母亲做临时工挣钱，常常把我交给外婆，我就去了外婆家乡的小庙里读书。弟弟也进入平民小学。小脚的外婆帮我背着破竹椅子，和我一起走一里多的泥路，送我到庙里读书。后来又在逍林镇街上上小学，住在修自行车的二舅家中。那里是我天天接触社会的地方。后来又回城在余姚二小上学直到毕业。最难以忘记的是杨先生的中国地理课和华老师的语文课。

我外婆家原先也是比较好的，开过南货店，但后来也都衰败了。舅父们依靠修自行车、做大饼和跑到上海贩货回来开小店来维持生计，这样才养活了全家，还帮助我们。

采访者： 您的初中也是在当地读的吗？

王承奋： 我初中是在余姚中学读的，现在叫余姚一中。我没有爸爸也没有叔叔伯伯，家里没有固定收入，当时依据家庭情况，我可以减免学费。班主任是我们余姚乡下人，他叫吴静庄，教语文，平时也很照顾我。我不是寄宿生，他也照顾我住在学校男生宿舍里。睡的是上铺，有电灯的，这也是我最早开始接触到电灯。以前在家里都用菜油灯和煤油灯。我在读小学的时候，《水浒传》《济公传》都是在蚊帐里就着煤油灯看的。在中学里我看完了奥斯特洛夫斯基的《钢铁是怎样炼成的》和一些苏联惊险小说。

我在初中的时候还是比较受学校关怀和重视的，老师叫我当全校的少先队大队长。有一个洪老师，他是全校少先队的总辅导员，给我留下了蛮深的印象，对我的学习和思想都有很大的帮助。到现在我还记得学校里挂在办公楼上的一条大标语，就是“劳动是英雄豪迈的事业”。学校组织我们参观发电厂、面粉厂等。我还到铁路工地去看工人集体铺设钢轨的作业，这使我终生难忘。

1955 年初中毕业，读高中家里是负担不起了。正好我小舅舅给我带来了一个消息，说杭州水力发电学校在招生，所以那年夏天我就去宁波效实中学考。我们乘轮船回来，中途我突然发病，是我同班班长朱萃泉和同学把我抬到家里的。母亲用她仅有的二角钱买来几块饼干，就着水喂我吃了，我才慢慢清醒。当时《浙江日报》和《当代日报》都公布了杭州水力发电学校录取的名单，据说是四十个人里才能考上一个。小舅舅长我一轮，他是县委的工作人员。他告诉我，这是培养国家技术干部的学校，并且送我一本 1954 年通过的新宪法。去学习就是为了建设新中国，迎接第二个五年计划。

杭州水力发电学校当时归中央管理，当时大学生和技术人员少，就专门在全国搞了四所水力发电学校培养人才，而且重点抓水电。学校要为电力建设培养人才，就是这样一个出发点。所以后来 1958 年夏天学校又在新安江水电站工地安排学生实习。

7 月，我们几个余姚学生相约去杭州水力发电学校报到。坐上了新修通的萧甬线火车，隆隆地开过钱塘江大桥。在杭州城站下火车。当时杭州公共汽车只有一路。坐公共汽车来到市巷站，下来再往西穿过小巷一直到打索桥头，就看到了新造的校舍。这是 1954 年建成的，是个新学校。我们这些没有饭吃的学生觉得能进到这学校念书，都感到太幸福了。我印象最深的一句话是晨练时的口号：“锻炼身体，保卫祖国，建设祖国。”刚到学校那会儿，我身体很差，就读之后解决了我家的大问题，因为有饭吃了，还可以继续读书。原先在家里吃不饱饭。我们的校舍，据说是当时梁思成推广的那种大屋顶，像大庙一样的，很实用。现在这个校舍作为历史文物建筑群体原样保留了下来。当时这个学校的开办，造了这么好的校舍，说明当时国家对电力人才的培养很重视。正如我小舅舅当时和我讲：“你去学习后，你就是国家第二个

‘五年计划’的干部。”说这个话的时候还是第一个“五年计划”的实施阶段。当时我家还没有能力使用电灯。而学校每个教室里安装了 6 条 40 瓦日光灯，老师说还没有达到当时苏联的照明标准。

采访者：你们算是这个学校的第一届学生吗？

王承奋：不是。因为这个学校也有前身，当时有一个工业干部学校，还有一个老的技术学校，一起并作水力发电学校。我们前面有两届三年制的。但大部分是新的，有一批老的同学从通江桥那边的一个学校里面转过来，特别是那批工人调干的学生，里面还有搞测量的、搞纺织的、搞化工的。新的水力发电学校只设立工业企业电气装备专业和水电站施工机械及装备专业，四年制的。专业教科书全部是从苏联原版翻译过来的。

采访者：您学的是什么专业？

王承奋：工业企业电气装备专业，四年制的。现在大学里也有个相似的专业，叫作发电厂、电力网及其系统。自动化方面的当时还没有提。

采访者：您 15 岁的时候进这个学校，正好是记忆力最好的时候，也是正成长的时候，对这个学校的印象应该是很深的，您回忆一下在校期间接触的老师和课程，还有去实习的经历。

王承奋：学的东西是很多的，教语文的老师叫杜伯乙，他是我们的老乡，他的爸爸是我中学的校长，叫杜天縻，是余姚很有名的人物，曾经到过我们家，是爷爷的朋友。杜老师给我们上过的课，我到现在还记得，像《孔雀东南飞》这些课文。教数学的老师叫陈日樵，当时学校里的数学教到微积分、导数、微分方程这个水平，数学老师的教学给我留下了很深的印象，所以我后来在那边数学还不错，当时还是学校数学兴趣小组的组长。教制图的是王修本老师，后来他被调去当长沙水力发电学校的副校长。我喜欢他教的制图。化学是钟老师教的，她是一个女老师，年纪相对大一点，四五十岁的样子。我对化工掌握得不是很好。政治、语文、数学、化学，以及苏联版本的物理学，对我这个流浪学生来说，都是正规化的学习。当时老师们常常引用列宁提出的一个公式：共产主义就是苏维埃政权加全国电气化！总的看来，70 年来我们这学校的学生一生都在做这个大事情。对！我们的初心！也是母亲和亲人们的嘱咐，邻居和老乡们的希望。

我们学的电工学课程是后来去浙江大学的教授方正瑚老师讲的，主要是理论电工学。教我们电机学的罗老师，个子很小，年纪也不过是二十七八。但是他的电机课讲得很不错，他的福建口音，我也能听明白和理解。我学到的电机、电工方面的知识非常系统，这个也影响到我后来工作当中的思维和技术眼光。

除了电工学这一门外，还有发电厂和变电所的设备、继电保护、电力网等。还有一个重要的课叫电力驱动原理，像电力起重机、挖土机和卷扬机的原理都在这里面。还要掌握一些电工材料知识，这个是一个老师编的补充教材，平时要用到很多绝缘材料，如绝缘板、玻璃、云母都有介绍，让学生知道在什么地方是 A 级绝缘，什么地方是 C 级绝缘[①]。材料力学、工程力学、机械零件，这几门课都学得很细，包括摩擦力计算、螺丝的构造，还有在实践当中的车、钳、刨、铣、焊等全部都要动手去学。还有上杆子、架电线、内线安装、造小电动机、车床等实习课，这些实习经历对我们都很有帮助。教我上杆子的老师是上海人，叫赵义雄，他挺喜欢我的。对于电动机，至少它的内部构造，哪部分是重要的，加什么润滑油，怎么修，这些东西我们都知道了。当时学校的教育方针是，教育为无产阶级的政治服务，教学与生产劳动相结合。学生一边学一边实践，就是最好的学习。

采访者： *您之前说一共建了四所这样的学校，另外几所在哪里？*

王承奋： 另外的是在北京、长沙和南京，我曾看到过比较确切的资料。《新安江水电站志》里面讲到当时的学校建设方针同李锐同志有关，是他建议搞人才培养。还有一个事与李锐同志有关，就是新安江水电站坝址的确定，因为他是坝址选择委员会的主任。我们公司也参加了这个工程，主要负责工程施工用电和电力送出工程。我那时候刚参加工作，就能直接接触到这么一个大型工程啊！所以，我对新安江水电站还是感到很亲切的。

我们 1958 年到新安江水电站工地实习，那也是我第一次离开杭州进山搞水电。那一年“大跃进”开始了，新安江水电站必须抓紧上马，快点建设起来。当时全国各地调集了接近 15000 人，我们去的时候，他们刚刚开始浇筑大坝基础。

原来这工地是靠柴油机发电的，后来增加列车电站发电，但是容量还是

---

① 这里指的是绝缘等级，即电机（或变压器）绕组采用的绝缘材料的耐热等级。绝缘材料按耐热能力一般可分为 Y 级、A 级、E 级、B 级、F 级、H 级、C 级等。

不够，稳定性很差。所以当时需要把黄坛口水电站发的电向新安江水电站工地输送，为工地施工提供电力，这是非常关键的一步。其实，这条从黄坛口到新安江的110千伏线路在1957年就已经开始建造了。由于新安江水电站提前建设，黄坛口水电站重新上马，搬到江西上犹水电站去的人不得不回来施工。负责华东送变电101工地线路施工。到1958年7月底的时候，黄坛口水电站到新安江水电站这条110千伏线路架通。另外还架了一条黄江线，是送电到江山水泥厂，用于生产供大坝浇铸用的水泥。所以，黄坛口水电站可以说是新安江水电站工程的前奏。而这第一套110千伏电网是浙江电力建设的前奏。施工的队伍就是我毕生服务的单位。其中重要的骨干来自东北电管局技术工人和解放军转业军人。还有许多来自我的母校——杭州水力发电学校，以及上海、江苏、浙江的电力技工和干部。

二　投身输变电网架建设

采访者：您毕业后分配到杭州哪个单位？

王承奋：我们这一届毕业生被分配到全国各地，每个省里有一两个人。我被分配到杭州，之前在学校里有很多学习，接触了新安江水电站和一些电厂。所以我填的分配志愿是去省电力安装公司。我被分配到1958年9月份成立的浙江省电力安装公司，这也是我所希望的。这公司当时在杭州梅花碑，当时水利厅、交通厅都在那边。公司的组织部部长董志武宣布把我分配到送电队。送电队是1958年年底下放浙江省的，在水电部杭州工农干部培训班的院子里借了几间房作为办公室。我进去之后认识了两个送电队的人。一个叫钱无忧（女），还有一个叫吴志彦。报到之后，我们就在学校的浴室里住了一个礼拜。

采访者：您报到以后，刚开始工作的那段时间，是什么情况？

王承奋：我被分配到新杭线工地去实习。新杭线指新安江水电站到杭州第一座220千伏变电所的线路，总长115公里。我们一早从杭州长途汽车总站武林门坐车去桐庐工地。90公里开了5小时，到了桐庐，还要摆渡过河才能到桐庐县城。这汽车是烧木炭的，我还试摇了它的鼓风机。小街上有古老的小铺。

工地指挥部那边有两个技术人员：一个叫程均基，他是浙江大学毕业的，他是这个工地上的技术负责人；还有一个叫王运文的华侨，他是中专毕业的。他们接待了我们，中饭后就安排我们到班组去实习。我分在七班，在桐庐与杭州中间的一个小站，所以我得往回走，又乘长途车到永昌那个地方。

采访者：是山区吗？

王承奋：对，进山的。我到施工班组实习是 1959 年 6 月 1 日下午。当时我用小扁担挑着铺盖和皮箱，这头是铺盖，那头是爸爸留下来的小皮箱，里边装了专业书。但实际上当时我是没有时间看书的，早上很早就出工了，晚上没有灯。在去的路上，我们问老乡："建铁塔的工人住在哪?"他们遥指溪对面的一个小院子。

当时工程全线有十二个施工班，我被分到第七班。班长田遇春成为我的第一个工人师傅。他说："你来啦！就住下吧。"其他老师傅就开始给我们张罗住处，他们每人都有一张帆布床。我们刚来的因采购未到都没有发帆布床，工作服和手套也没有，就只有自己带去的铺盖。他们给我在房东房门口的过道上搁了一块门板当床。

6 月 1 日那天，我正式告别了儿童时代，就这样在房东家住下了。快要吃晚饭的时候，我们发现在屋后有一个伙房，工人自己搭的烧柴火的灶头，有一个炊事员给大家烧饭。这个班里有二十来号人，把房东家都挤满了。后院的粪缸、门外面的溪水，就是我们重要的生活设施。

隔壁床的老孙师傅有一张破桌子，上面放着的一盏煤油灯，成为我们的共享。后来我才知道他管理几个民工。那个时候没有机动的东西啊，全靠人力，然后通过钢丝绳和滑轮传动用土办法把重物吊起来。

采访者：所以要在当地雇一些民工。

王承奋：嗯！当时没有"雇"的概念。这些民工是地方上组织的农民，支援工程建设的，发一元多的日工资。地方政府有干部联络各公社。每天都召集一批民工和我们的工人一起工作。这些重点工程都是工农联盟同心协力建设成功的。

大宗的运输都是由专门的运输班带一个上百人的民工队，把铁塔、沙石料、水泥往山上搬。我们的工人在铁塔基础坑旁边搭好操作平台，铺好铁板，再把沙石料按比例上台。两边各三个人，像炒豆子一样把这些料拌匀，反复几次，再倒水进去。水泥和水按照一定比例加进去。那时候没有山上用的搅拌机械设备，只能人工搅拌。拌好之后，在混凝土下坑之前，还要对它进行塌落度的测试，就是把混凝土放进一架倒圆锥体罐子里，再把它拔起来，看混凝土塌了多少，以此来测量它的干湿度。合格的混凝土才把它往坑里甩下去。领班师傅再用大锹把它铲起来，用力地把它甩到下面已经放好钢筋和石块的基坑里面，最后还得用一个带三角形铁板的捣固钎来夯实，把混凝土中的空气释放捣实。

我是学电的，结果到了这里连电灯、电线都没有，机械也没有。只有一句话：一张白纸，要画出最新最美的图画来！

采访者：那您挺失望的吧？

王承奋：不失望。那个时候，我觉得自己就是来做这项建设工作的。我们是送电的人，肯定要把电送到没有电的地方去。哪个地方要电，我们就送过去。我们带着煤油灯去工作，把电灯带给千家万户。

第一天就这样住下，第二天出工了。第一天领工的是张玉柱师傅，他是在新中国成立初期办的沈阳技工学校经过锻炼后才分配到这里的。我刚才说的田遇春师傅，他也是东北人，锦州的，再就是吉林的、黑龙江的。这支队伍主要来自东北。这帮人的大名就叫送电工！1953 年他们就建设了中国第一条超高压输电线路。苏联《真理报》报道了这个工程投产。第二年他们就分兵武汉，把大江南北作为风餐露宿、建设祖国的大舞台。1958 年他们又分头下放各省市区，把建设中国现代化电力网作为自己青春使命。

这里我有一个感想，就是说这帮来自东北各地的青年们千里迢迢到我们这里来工作，他们把东北抗日的精神，把解放军的精神，把爱国心和事业心结合在一起，才产生了我们这支送变电建设队伍的铁军精神。我觉得，这也是我们共产党领导人民群众和青年建设自己的国家的最好体现。

采访者：您说说您第一天跟着师傅，具体做什么呢？

王承奋：测量和土方工作。民工已经把坑挖好，我们要用镐或锹把坑底按要求修整为水平，但是不能使原状土松动，不可以挖过头，所以要用水平仪仔细测量，仔细操平。我是从这里开始学习水平仪的，后来又用到经纬仪，这套东西在学校里没碰过。当时我们都要向师傅学和靠自己去摸索。

后来参加混凝土施工。我身体还不是很强壮，到后来要参加浇、捣混凝土的工作，我力气小，翻不动板子。翻板子就是要把混凝土有序地翻拌，要翻好几遍，这样翻匀了才把它浇下去。后来，我做最脏的一个工作，就是倒洋灰（水泥）①。洋灰要先称一下，然后要把它倒在分散的砂石料堆上面的窝里。倒下去之后灰飞得到处都是，当时也没有口罩和工作服，我的衣服是从家里带来的一套灰色的学生装。工作了两天后，学生装上面都沾满了汗和灰，我想把它洗一洗，浸泡到水里面，结果衣服一下就硬了。第三天，我连衣服都没得穿了。1959 年 7 月份队伍回杭州培训。

采访者：这个塔的每一个基础落在什么地方，这些是谁负责勘察选择地址的？

王承奋：这些都是设计院出图纸的，班组里面也有测工，他们还会做一些测量工作，根据图纸找到设计院钉的木桩，有中心桩、辅桩，还有延长线上的桩。一个基础里面有很多个桩需要你去找，一般上山先找到转角地方的桩，其他桩就都能找到。把所有的桩都找到后，再放样开坑，就可以根据地形情况修路和开森林通道了。

修路的时候要保护这些桩点，有的地方在很陡的山上，就要修之字形道上去，这些都要请民工帮忙来做。把这些施工用道修通后，有的地方还要砍树清理一下。接下来就是放样，放样要有仪器，这是测工的活了。

万一中心桩丢了，我们还可以根据前面和后面的桩对起来或者把铁塔的四条腿的小中心定下来，然后对角线连起来，中心桩就能够恢复。所以这个工作也是要很负责任地做的。

采访者：一开始您参与的这个工作，是只负责做基础呢？还是说等全部塔立起来再做？

王承奋：没有。当年基础做好之后，新杭线就暂停施工了。当时国家很困难，钢材等原材料都没有及时供应。我们施工人员撤退到杭州市西郊老东岳村庄里组织文化技术培训和练兵。后来有了图纸之后，由杭州余杭的一个工

---

① 洋灰，即水泥，粉状水硬性无机胶凝材料。加水搅拌后成浆体，能在空气中硬化或者在水中硬化，并能把砂、石等材料牢固地胶结在一起。旧日中国曾将水泥这种舶来物品称为“洋灰”。

厂负责制作铁塔。铁塔制造出来之后，到了第二年，也就是1960年，就开始立塔。工地上组织青年突击队和劳动竞赛。当时这工厂做的铁塔都是没有镀锌的，只涂了一层底漆。我们把铁塔装好了之后，再涂一层保护油漆。干这个是很苦的，要从铁塔上面慢慢地往下弄，因为涂的时候油漆滴滴答答的，涂到最后，手都没有地方抓了。造出来的铁塔，有的做得还不够精确，有时候要在工地上直接改，重新放样打眼。

采访者：当时你们建的这个塔有多高啊？

王承奋：二十多米到四十多米的都有。1960年开始全面立塔，第一基就在新安江大坝右边的山上，我们叫一号塔。它对面就是二号塔，这是跨新安江的一档线。由高林杰班负责施工。同时由于与水电站工程交错施工，他们通过试验，采用预先放导引索加牵引的办法，把这档粗大的电力线提前腾空飞架新安江，为工程提前通电开好头。

三　杭州变电所100吨变压器的运输

采访者：请您谈一谈有关杭州变电所的故事。

王承奋：新安江水电站首批发电机在1959年已经开始发电了。1960年，我们搞了立塔工程和架线工程。这个电，要力争在1960年国庆前送到杭州、上海。这有一个难题，就是变电所的大件运输。

变压器一组是由三个单体组成的。A、B、C三相电，每台容量是3万千伏安，三个加起来就是9万千伏安。当时这个变压器在浙江省甚至全国都算是比较大的，一台就有100吨重。这个变电所在余杭的山沟里面，新安江的电通过我们建设的220千伏线路送到这个地方，进行控制和分配。

那时候为了运变压器，我们组织了很多的力量。这里要提到一个人，就是史荣福。他在旧社会就是一个起重行家，有自己的起重队。据有关资料记载，他在1937年以前参与过钱塘江大桥的打桩工作，后来公私合营的时候，他们被组合到国有企业里面来，这个施工队伍工作能力很强，队伍里都是江苏溧阳人，溧阳人是以起重作为他们的一种生活手段。他们在黄坛口、新安江水电站的建设中发挥了卓越的才能。史荣福师傅后来任公司副经理，是全国劳模。史荣福给我的个人印象很好，我来电力安装公司机关后多次跟他上工地，每次都有很大收获。有一次他在送电的工地上听到一个声音，吱嘎吱嘎在响。他说这里的滑车在骂人了："你叫我做工作，为什么不给我加油？"他一听就听出来了，我却没有听到。还有他拿起石头贴上个木板往铁塔敲两下，就知道上面的螺丝紧不紧。如果上面叮叮咚咚地响，就说明有螺丝不紧，这些都是他们的经验。

采访者：他当时多大年纪了？

王承奋：他年纪比较大了，后来是我们公司的副经理。再后来公司分家的时候，他分到火电去了。我的一个同学，叫郑万云，也是跟着他。当时火电公司起重力量是以他为重，土办法（造）大把杆，吊火电厂的一些大型设备，这些都是他们搞的。公司叫我和郑万云跟着他，就是配合他做好大件运输当中的记录工作和检查工作。

为了运输这 3 个 100 吨重的设备，根据史荣福师傅的方案，由公司的金属结构厂用铁板做了一个土平板车。平板车的轮子也是用铁板卷的，外面包上厚厚的橡胶胎，里面加了衬。在当时的条件下，没有这么大的设备，只有自己做，这就是自力更生，自己动手，土法上马，穷则思变。

采访者：这个变压器是哪里生产的，从哪运过来的？

王承奋：变压器是沈阳变压器厂生产的，从沈阳拉过来的，到艮山门火车站下车，再拉到工地上，有五六十公里吧。当时的公路都是破败不堪的，桥梁的木头都烂了，所以有的地方是用填河的办法，桥走不过去，就干脆把小河给填上。但是也有地方填得不到位，填得不够平，平板车冲下去之后拉不上来。

其中有一座蛮长的桥，不足 100 米长。这座桥是临时桥，就是破桥拆掉后临时架设的钢便桥。这种桥把架子搭起来后，就在上面铺钢板，边上再用钢丝绳拉好。我们的车子从艮山门出发，进城方向的一座桥上有个洞，车一下子就陷下去了。起重工们用千斤顶把它顶上来的，然后继续往前开。结果走了大概 1 公里，轮胎外层的橡胶全掉了，变成一个铁轮子在往前滚动。接着就开到了刚才讲的那座桥上面。史荣福一直紧贴着车子跟在后面，我在他后面大概是 5 米的位置。当时车开上去，桥两边的钢丝绳原来紧紧的，也变得左右摇摆，整座桥都在晃动，车上的大件设备也在摇摆。这时候史荣福赶紧叫司机加速，加大油门，稳稳当当地开过去了，可以说是千钧一发。这也是我们在没有条件的情况下的一次成功的搏斗。

在这之前，新安江大坝砼浇筑各坝段已接近70米高，需要放下闸门把下面的导流底孔堵起来，准备截流蓄水。这个闸门有三百多吨重，史荣福用土办法，造了4台人工绞盘车和6组“神仙葫芦”①，光是人工绞盘车就有一米多高，一字排开。我们先从上面把闸门贴着墙浇好，然后把它提起来，再从上面的缝里面慢慢放下去。第一组花了24小时，就是手工把它慢慢放下去的。最后3个洞都堵牢了，新安江就开始蓄水了。还有，史师傅在安装德国进口的缆索起重机中发挥神威，把机器的千吨底座拖上大坝两端的山头，我在实习时看到了这个现场，滑道钢轨还在那里。

后来史荣福被评为“全国青年社会主义建设积极分子”，他实际上先在黄坛口水电站的建设中立了功，用土抱杆搬开了河道中的巨石，使电站提前发电，直送新安江水电站工地，满足了施工的动力需求。我也为之而敬佩和骄傲，他古铜色皱脸的神情，总在我眼前显现。然后到新安江，再到我们公司，他做出了很大的贡献。最后，他是在火电公司退休的。

采访者：你们把100吨的变压器运到现场，到那里还得吊下来安装，这个过程麻不麻烦？

王承奋：这里面有一个故事。到了变电所后，进所的道路需要自己造。当时变电队支部王顺兴书记和主任张怀功（转业军人）带领变电队职队工修路，全军动员到溪坑里面捞沙子，到山上放炮炸石头，然后用木轨道做一条小铁路运输石头，拉起大石滚压路，才把路弄结实了。三台单相的大变压器就是经过这么大的困难才送到了变电所。这个过程不光是体力劳动，还需要奋斗精神和实干巧干，所谓的风餐露宿，创造发明，奋发图强，都是以这些为背景的。为了这个工程，省委书记江华密切关注工程进展，与我们公司保持热线联系，并且派遣公安干警、电信技术人员到现场服务。至于卸车和安装，是变电队的常规作业。1960年国庆前夕，新安江水电站发出的电力经过我们施工、安装、调试的220千伏新杭输变电工程，送到了杭州、上海。我们为新中国的发展而自豪！

---

① 神仙葫芦，又叫“手拉葫芦”“环链葫芦”、倒链、斤不落，是一种使用简单、携带方便的手动起重机械。

1960 年浙江省第一台 220 千伏变压器在运输途中

四　在艰难困苦中奋斗与创新

采访者： 您还参与了哪些送变电工程？

王承奋： 新安江到杭州到上海这条线路搞好了，我们就把 110 千伏的线路往绍兴、宁波方向送，往兰溪、寿昌、姜家等地送，形成了与上海及江苏相互联结的初步超高压电力网。20 世纪 60 年代，以此为主要骨干大动脉，在浙江省开展了农村电力线路网络的建设，使农村生产力得到发展，农村的夜晚逐步亮了起来。我的家乡有了 110 千伏变电站，我的家也有了电灯。

后来“备战、备荒、为人民”① 这个阶段，1970 年前后我们搞了七奉线和上海后方三线地区的电力建设。从七里泷的富春江水电站往奉化的 220 千伏输变电工程，使浙江省北部出现了第一套初步环路。

当时，我们虽然是下放劳动的，但是我们在班组里面相处得都很融洽，互相关心，齐心协力把工作搞上去。下放这班组里有工人出身的李嵩岩师傅，技术人员有王心德、夏仲仟和我。

---

① “备战、备荒、为人民”：20 世纪 60 ~ 70 年代的一个著名口号。1965 年 1 月 12 日，毛泽东在关于第三个五年计划的谈话中提出了“备战、备荒、为人民”的号召。

我们在这个阶段还搞了些技术革新。我们开始吊装铁塔，用木头把杆加土办法吊的，后来我们搞了一种悬浮式把杆，就是人工先把铁塔的四条腿支起来连成一个框，中间放一个把杆，再用钢丝绳系统把它顶上去，然后用承托系统从下面托住，上面拉线拉住四条主铁的顶端，起吊钢丝绳可以改变方向，把一片铁塔片拉起来。这边拉好固定后，然后再把另外一片铁塔拉起来，中间用叉子把两片铁塔连起来。这个方法就是当时我们在现场改进成功的，叫悬浮式把杆。我们后来又把它下面的承托系统做了改进，改进后的承托系统不管方向如何转来转去，线都不会乱。四个角一分开，线一绑，抱杆就站住了。试验成功后得到推广，整个线路的立塔速度就提高了，作业安全可靠性也提高了。公司还在我们班现场开了交流会。

“文化大革命”期间，我们公司也有革新发明的。地面划印架线法和装配式架线法①就是我们公司在现场搞成的，其中装配式架线法还在全国科技大会上获过三等奖，这也是公司最早得到国家科技奖项的一个项目。这个方法主要由梅法基工程师带领实施的。他是广东人，上海大同大学毕业的，新中国成立前的老工程师。他是从上海下放到这里来的，那也很不简单啊。他一个人在这边埋头苦干，学日语，学英语，研究技术。

采访者：这个水电和火电分家的事情，您了解吗？

王承奋：知道。1978 年 1 月分的家。刚分的时候叫工程处，后来都叫公司了，火电变作浙江省火电建设公司，我们变作浙江省送变电工程公司，这些都是省局党组根据电力发展的要求做出的决定。有一年春节前，党组书记来给公司员工拜年。他说你们和火电公司是我们的法宝。电源建设和电网建设就靠你们。有一段时间搞所谓体制改革，要把我们送变电作为一般的施工单位推到市场上。后来冰雪灾害一来，才发现自己的队伍还是有自己的一套看家本事的。现在我们公司成为真正的人民电力网的建设者和保卫者。

1976 年，我们公司把上海金山到嘉兴的金嘉线线路搞好，接着搞镇海的发电厂。这个就要讲到葛洪升了，他当时是局长，也是镇海这个工程的总指挥。镇海发电厂是浙江省第一个拥有两台 12.5 万千瓦发电机组的大电厂，同时也是当时浙江省的第一大厂。

火电要搞发电厂，所以我们就在这个阶段分家了。火电的人还是归火电，

① 这里指架空输电线路装配式架线法。

我们就在隔壁，还有一批送变电的人也输送到火电那里去。当时整个公司近2000人，大部分都在他们那里，我们这里只留了800多人。送变电的力量、物资、器具、能力明显比较弱。在这种情况下，我们要为这个电厂服务。当时工程处的副经理李嵩岩和程均基总工等人想了一些办法，要把这个任务完成。

1978年开始的镇宁奉工程线路

1978年开始的镇宁奉工程办公室（宁波少体校内）

1978年要搞一条镇海到宁波到奉化的220千伏线路，从镇海到杭州的这条220千伏的线路也要搞起来。当时镇宁奉工程时间非常紧，我们力量相对薄弱。在这种情况下，我们的老书记董志武就带着我们机关的干部，在现场设立工作部，直接指挥现场工作来推进这个工程。这里就涉及一个环网的问题，七奉线、镇宁奉、镇余绍萧，这样子就是第一个大圈，包括两个电源点：杭州半山电厂的扩建，还有这边镇海发电厂的建设。再加上 1969 年建设的梅溪电厂，这样子就把这几个电厂都给连起来了。

采访者： 你们当时是把这个镇海的工程当作一个战役来打的？

王承奋： 是的，对于浙江、江苏乃至华东的发展，我们还是尽到了我们的责任。所以镇海发电厂开始投入建设，我们整个机关都扑上去了。

采访者： 咱们下面重点讲讲镇海发电厂这个工程。

王承奋： 发电厂要启动的话，它有一个先决条件，就是厂用电问题。厂用电通了之后，它的主机和内部的一些辅助器械才能够运转起来。

我们首先是在它边上搞了一个 110 千伏的变电站。当时这一小段 110 千伏变电站的架线是我去架的，是采用划印法把那一小段线架好了。变电站通电之后，那么内部就有电了，但是这个也是很危险的，因为它还没有更大的电源来配套。我们镇宁奉这个线路拉通的话，奉化那边可以向这里倒送电，这样子就有可能启动成功。

采访者： 你们只是一开始把线路通过来，然后下面就是火电在建设？

王承奋： 应该这样说，大发电厂的启动和电力送出，必须有相应的电力网条件。在这个工程中，我们克服分家带来的许多困难，进行二次创业，提出了“镇宁奉精神”。在这个基础上，到了 20 世纪 90 年代公司从下而上地进行好传统教育，把它规整一下，搞了一个企业精神。

采访者： 你们这个企业精神是“风餐露宿讲奉献，优质高效争一流”？

王承奋： 对。

采访者： “风餐露宿讲奉献，优质高效争一流”，这方面主要体现在工程质量上，是吗？

王承奋： 这 14 个字包含四种精神，即艰苦奋斗，为人民服务；科学管理，创新求发展。前面是优良传统，后面是创新发展。优质高效争一流，这里面就是强调新时代企业经营、科学管理的问题。企业在市场里面要依法经营，内部要靠科学管理，要努力培养人才，建设好领导班子和职工班组（部门）。不光是安全质量要抓好，当时还配套提出“十龙治理”，十条龙，指的是十个子系统，包括搞组织体系的，搞技术的，搞计划的，搞财务的，搞劳动人事的，搞机具管理的，搞安全的，搞质量的，搞后勤供应的，还有搞教育的。企业要效益，要人才，要市场声誉，这三条大鱼在一个网兜（体系运行）里面把它抓起来。十条主脉组合起来形成一张网，就是这样的思路。

当时实行总经理负责制和经济责任制。经济责任制就是说，我们有那么多工程，大家都吃大锅饭肯定是不行的。因此，每个工程要分解，假如这个工程有三个班进去，那么就分作三段，分成三个预算，搞成小锅吃饭，而且要给予经济方面的利益，你浪费了你就亏，你节约了就给你效益奖励，把奖金都给你。这不是领导的恩施，而是自己做出来的。

以前我们完成一个 220 千伏的工程，要一年，要费很多的人和时间。实行经济责任制之后，一年可以干 10 个大的、小的工程。一般情况下，工程施工预算已经下去了，你在那边贡献一个礼拜，就会有一个礼拜的效益出来。

因此，经济利益是靠一个个工程积累起来的。安全质量不能出问题，每一秒钟都要抓紧，铁塔上面一颗螺丝都不能松，也不能少。在一分钟里面把这个螺丝给拧紧，你的质量就保证了，工程就是这样一分钟一分钟地累积起来的。而公司的利润，则是一个工程、一个工程地积累，“蛋糕”要想越做越大，靠谁？要靠大家的努力。领导班子自身要以身作则，反对腐败，要勤劳，要深入，思路创新，工作踏实。我们的班组建设在全国同行中是属于开展比较早的，而且多次被推广。送变电很多的事情上，班组是刺刀尖兵。没有好的班组，任何好的想法都实现不了的。

采访者：您觉得那个年代您参与的最艰苦、最难的工程是哪个？

王承奋：当时上海的基地在后方的安徽，也叫皖南。许多厂子都搬进了山里面，有些造枪造炮的工程都要在山洞里完成。我们就要给它们送电，相当于这一片区域都要用 110 千伏的线路给连起来。那时候，我们这个班要分做两块任务。一块是浇制两盘，一个叫底盘，一个叫拉线盘。电线杆子竖直放在地下，要想在泥地上面站稳不陷下去就要有地盘和卡盘。电线杆子在离开地面稍高的地方，用卡盘固定住，它就不会左右晃。另外扎钢筋、打榔头、浇制水泥、放炮打石头、挖坑、接电线等工作，送电工程都要干。在上海后方工程里，除了浇制两盘之外，另一块就是搞运输，我们要把混凝土预制件和电线水泥杆运送过去。混凝土预制件是在贵池的地方师范学校里边，我们自己扎钢筋，自己浇制。水泥杆要从南京运到山里边。什么型号的杆子运到哪个山沟，都要配送到位。山里面施工的那帮弟兄还要组织力量再把它运到山上焊接，并立起来。我们当时一个运输车上只有一两个人，要把那么多电线杆子从南京搬到山沟里，这个也是很不容易的事。

1977 年，嘉兴 220 千伏杭州—上海输电线路环入嘉兴变工程

另外比较险重的任务就是高塔工程。我们送变电的在变电所的条件相对好——西堠门[①]这里边有一个故事。当时，这条线路是向舟山送电的第一条架空线路，我们为了架这个线先在西堠门的一个小岛上面做了一个铁塔，不算太高，有 70 多米。两边都有山，一边距离 400 多米，另外一边距离 1000 多米。因为山比较高，那天放线也是非常危险的。我和高塔突击队及老同学斯松桥工程师是不会忘记这场海峡放线的奋斗经历的。

我知道这是舟山那边第一次搞跨海架空线工程，当时钱塘江河口的潮水是很厉害的，据了解，那里的深度有 90 多米，流速有 17 级以上。这种情况下，扔下一根钢丝绳，它会马上漂走。于是，技术人员想了一个办法，用碗口粗的一根塑料丙纶绳，就是可以拴大轮船的那种缆绳，想在潮水相对静止的情况下，像十八勇士强渡大渡河一样冲过去，用登陆艇把线拉过去。但是那天差了一点时间，平潮的时间很难确定好。结果拉过去之后，这边已经到

① 西堠门，位于舟山市定海区册子乡西南部。

了一半的地方了，拴在像房子那么大的石头上的另外一边断掉了，绳子立马“啪”打过去，差点把人打倒了，然后潮水一下子就把它吞走了。当时只有把它送回来，但是又很难收回。只能船开到前面，等到它漂起来的时候再把它捞起来，就像吃面条一样把它收回来。

王承奋在 110 千伏钱塘江闻家堰高塔上（1975 年 10 月建成）

登陆艇兜了一圈还是找不到，那时候天上一点星光都没有，看不到海面上的东西。后来我们用了一个土办法，弄了一只手电筒来，把手电筒从线上面滑出去，看它滑到什么地方。第一次滑下去，手电筒不见了，可能是掉到水里面去了。这时候有一艘大轮船准备开进来，港监也没拦住，用无线电拼命地叫它停止。如果冲进来挂在我们这个电线上面的话，铁塔要倒，大轮船也会受影响。最终在离岸边 100 公尺左右的地方把船给逼停了。然后，我们继续找，一直接近半夜 12 点钟的时候，再去看水面好像有个像星星一样的东西。那是手电筒在那里放光，说明电线已经离水了。

后来我们就吸取教训了，在第二天、第三天潮水相对平静的情况下把它放过来，然后用登陆艇拉过去，线还是漂在水面上，再用牵引机硬往上拽，绳子的弧度会越来越小，最后离开水面，就是这样一个操作方法。实际上海上放线不是直线的，它得绕个大弯，有潮汐力推动。我们就是利用退潮的力量，同时结合机器牵引的力量，但是泡在水里面的部分要把它拉起来很费事，当时我们从下午用牵引机一直牵到晚上 10 点多钟才结束。跨海架线与潮水做斗争我们还是第一次经历，所以吃了点苦头。

不过现在是不允许这样做的，因为我们的电线是铝的，不能下海水，必须腾空放线。我们去过巴西，在亚马孙河也造了两个大的铁塔，亚马孙河也有大的潮水，也是高空出线。后来在椒江放线和温州瓯江放线都是采用这个方法。

当时温州放线也产生问题了。线放过去之后被河底的泥沙覆盖住了，拉不起来了，后来还是用潮水的力量，趁潮水平滩的时候把它拉起来了。现在有更先进的办法，380 米的高塔放线施工是用直升机腾空放一根细的、强度比较高的钢丝绳，一边用张力机把它张牢，另一边直升机拼命地往前拉，而且自动地放到两侧铁塔的两个配套的滑车槽里面去。这两边一拉，就挺起来了。这是用小的钢丝绳拉大的钢丝绳，大的钢丝绳拉到对面之后，再把导线用大的钢丝绳拉过去，这样子几个来回，把一群电线都放过去了。这个工程很厉害的，中央人民广播电台多次报道。这个是现在最先进的办法，也是建立在前人经验的基础上产生的方法。不像现在 500 千伏的超高压输电线路都是 50 多米以上的铁塔，最高的跨海峡铁塔有 300 多米高的。

不管施工方法怎么改，青年突击队的组织方式和施工管理不断改进和提高，送变电职工这种甘于奉献、吃苦耐劳、艰苦奋斗、发愤图强的精神是不会变。现在送变电还要更好地加强科学管理，加强创新发展。

采访者：改革开放后，公司的经营生产观念有没有发生什么变化？

王承奋：改革开放之后我们有了一些新的思路，像国外工程要不要搞，省外工程要不要搞，投标要不要参与，这些基本上是大家的一些想法汇聚而成的。1984 年，我们公司开始考虑做国外工程，那时候我是经营副经理。后来菲律宾工程、省外工程都开展起来了。当时公司在门口做了个不锈钢的雕塑，人家说像三只手，我说不是的。我就给解释是“三足鼎立”，指的就是我们的铁塔制造业、国内施工市场和国际市场。它们都是我们的经营范围。

企业总归要走向市场的。这点就是我在浙江大学听王爱民教授讲的。企业放在市场环境中，同计划环境下是不一样的。在市场环境里更加要讲管理，讲声誉，讲利润，讲成本核算，讲劳动力的组合和人才培养，等等。当时我们的领导班子当中，特别是赵佐楹经理，他提出了企业前进要转好两个轮子。一个是技术轮子，一个是管理轮子。我说这个比喻很好，还得加上一个方向盘，就是我们企业的决策层、领导班子和战略意图。后来我归纳为主体有效论，就是强调一个企业的有效整体构造。主体的意思就是，企业是市场里面的主体，企业里面职工和领导成员是主体，这两个主体建设协调得好，技术和管理这两个轮子肯定能转好的。所以这个管理模型，是通过实践来提炼和理解的。在这一点上，我非常感谢这个企业里边上上下下的所有人员，包括中层干部、班组的班长和工人们，因为审核企业战略方案都是要靠一线同志来发现问题、研究对策、管理实施的。各管理部门则要做好对一线的服务工作。无论是在送变电的历史上，还是以后，公司都强调企业精神，强调创新，强调管理，从而不断提高企业的整体素质。正如我党关于经济体系改革文件里面有一句话指出，企业活力的源泉是全体劳动者的智慧、积极性和创造力。

1977 年嘉兴 220 千伏杭州—上海输电线路环入嘉兴变工程
（左起王承奋、赵佐楹、右叶禧）

采访者：铁塔和线路建设好后，还会不会发生什么问题？

王承奋：地球环境在变化，在送变电的过程当中会碰到台风、暴雨、冰雪这样的极端天气。20 世纪 90 年代，我们在建设衢州沙埠到遂昌到紧水滩这条 110 千伏的线路时，就遇到了冰雪的问题，冰雪把我们的铁塔压倒了。这也是浙江历史上第一次发生这种事情。后来全国都开始发生灾害问题。现在公司有一个抢修部，还有一个检修部，以后新的工程会减少，老的工程要检修，而且还要应付各种天灾人祸。

我们的工程离不开天地，离不开社会，必须艰苦跋涉，必须了解民情和施工条件。有一次广西工地反映说有棵大树在线路底下，需要砍掉。我们一起去看。这棵大树伸展开来，把这个兄弟民族村庄的一大部分都遮住的。老百姓不让你砍是有道理的。后来我们联系甲方修改线路的设计，增加铁塔把这棵大树绕了过去。一般情况下，像设计方案、当地关系、施工难度等，我都会去了解的，尽量做到顺利一点。

采访者：20 世纪 90 年代初，你们第一次走到国外去？

王承奋：20 世纪 90 年代的时候，我到菲律宾工地上去，到他们的山村里去，那里比我们新中国成立前的农村还要糟糕，连路都没有的。他们没有运输条件，就用牛搞运输的。我们那个时候刚开始走向国际市场，主要是通过西安的设备出口公司出去给他们修复被火山、地震和台风损坏的线路，这些线路以前是日本人修建的。日本当时也以那里为市场同我们竞争，后来他们又到菲律宾干了另外一个工程，也干得不错。我们送变电公司在国外的工程都搞得还可以。我们在那边自己租房子，租仓库，挖厕所，开伙房，和当地的老百姓关系都挺好的。后来的巴西、柬埔寨，这些是我退休之后，公司在东南亚的一些工程，都是实现了有效管理的。

采访者：您做领导的时候，到过节的时候要去员工家家访，这项工作是您亲自去做的吗？

王承奋：对。这个当时也是我们自己设计出来的。工人之间的融洽程度，离不开家属对他们工作的支持，这些都很重要。我们还拍摄了一些录像在电视上宣传他们的先进事迹，举办庆祝光荣岗位 20 年等活动。

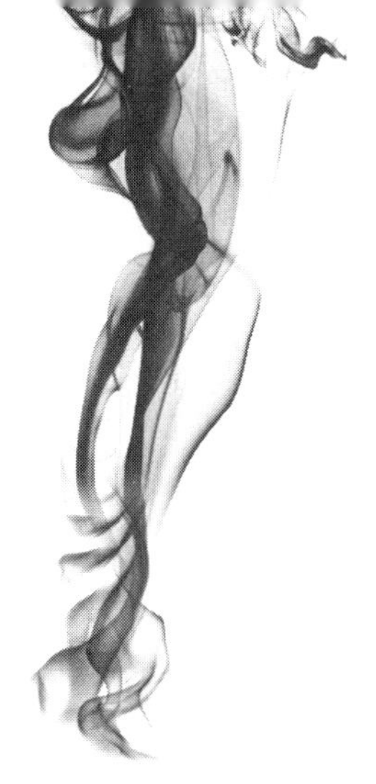

尽责何必问艰辛

口 述 者： 万易

采 访 者： 王萱、边小君

整 理 者： 张继伟、王萱、戴勇

采访时间： 2019 年 4 月 9 日

采访地点： 国网浙江培训中心

万易 1935 年出生，江苏南京人，1957 年毕业于上海交通大学电力工程系，先后任职于湖南省电业局和株洲发电厂，1963 年开始从事电力教育事业，先后任教于湖南省电力技工学校、湖南省电力学校、上海电力专科学校和浙江省电力职工大学，1983 年任浙江省电力职工大学教务副主任，1988 年到退休担任学校教务副校长。1989 年获得“全国优秀教师”称号。

一　早年经历

采访者：万校长，您好！先请您介绍一下您的个人信息。

万易：好，我1935年9月7日出生在南京，实际上是在上海生活，小学、中学、大学都在上海接受教育的。我祖父是保定陆军军官学校①一期毕业的，他退休以后在南京有一套住宅，所以当时我们一家人常在南京生活。我出生的时候就在南京生活了一段时间，抗日战争爆发后去了重庆，抗日战争胜利以后再回上海的。在上海我们搬了几个地方，最后是在淮海路定居。这里离上海南洋模范中学比较近，与上海交通大学的距离也近。

采访者：那您讲讲您在南洋模范中学②上学的经历，有没有让您印象深刻的老师或者事情？

万易：南洋模范中学给我的印象是很深刻的，记忆是难以忘却的。我在南洋模范中学和上海交通大学读书，是有家庭因素的。我三叔、四叔都是南洋模范中学毕业的；我父亲、三叔都是上海交通大学毕业的。那时候在南洋模范中学上学的，有很多都是有这种家庭背景的。当时的南洋模范中学，教师好，教学管理严，但我们的个性是很开放的，你有什么爱好就任你发展。我还记得我们考大学时，有一道毛主席讲的“三好”是什么的填空题，“三好”是“身体好、学习好、工作好”③。身体好是首要的，身体好了你才能学习好，学习好了日后才能工作好。我和一些同学喜欢运动，比如篮球、足球，

---

① 保定陆军军官学校创建于1902年，简称保定军校，是中国近代史上第一所正规高等陆军军事学校，前身为清朝北洋速成武备学堂、北洋陆军的陆军速成学堂、陆军军官学堂。保定军校主要功能是训练初级军官，重视基础教育。教官和科队长也多聘留德、留日的学生及陆军大学和本校的优秀毕业生担任。

② 南洋模范中学原为私立南洋模范中小学，虞洽卿为校董会董事长，沈维桢为校长。1930年自办高中。1937年“八·一三”事变后，撤出上海交通大学，于次年春租得姚主教路（现天平路）200号花园洋房作校舍至今。1956年改为公立，曾改名为上海市七十一中学，后恢复原名。

③ 1953年6月至7月，在中国新民主主义青年团第二次全国代表大会期间，毛泽东发表了《青年团的工作要照顾青年特点》的重要讲话，提出把“三好”作为青年团工作的方向，要求青年们做到“身体好、学习好、工作好”。

我们自己组织了“南模幼联”篮球队，自己报名参加社会组织的比赛，夺得过上海市青年会组织的“夏令少年篮球赛”总冠军。这培育了我们争强好胜、不服输的性格。

1951 年“南模幼联”篮球队获冠军留影（前排左一为万易）

我印象最深刻的是数学老师赵宪初，他是上海交通大学电机系毕业的，后任南洋模范中学的校长。当时，赵老师教我们三角函数，他一上课就在黑板上画好一个三角形，然后用他特有的调调背唱最基础的三角函数公式：sinA 等于对边比斜边，cosA 等于邻边比斜边……，在讲台上边走边唱，时而点着黑板上的三角形与背诵的某三角函数对应，全班同学在赵老师的启发带领下，都跟着背唱起来，这种“赵氏”背唱成为我们上课必背唱的习惯。赵老师按照学生特点总结的教学方法，使我们对三角有了兴趣，记得牢，基础也扎实了。凡受教的学生都终生难忘。我们那时候没有统一的教材，学校的教材都是老师自己编写的。我们英语课的“陈氏英语法”、文法、课文、练习等都是陈老师编的；语文课的“南模文选”是语文老师自己编选的。那个时候很多学校都有各自的特色。

我深感中学教育对知识和个性的养成非常重要，是影响我一生成长至关重要的时期。除老师的教诲和影响外，同学间的影响是很大的。印象深刻、影响较大的一些同学，至今仍挂在心上，时有联系。康宏逵是这些“发小”中较有成就的一个，他毕业于北京大学哲学系，是国内数理逻辑的权威、专家。我们从初一开始，甚至初二到七宝分校住读以及高中回到上海本校，都是一个班的。他受家庭的影响，诗、书、琴、画都较出色，也爱好篮球运动，理科和文科成绩都很优秀，是非常全面的人才。他有很强的个性，善于独立思考，有独到的见解，又有不畏强势、坚持自己的见解和观点的精神。

采访者：简单谈一下您考大学的事情，当时您是怎么想到要报上海交通大学，那会儿高考难不难？

万易：我是1953年参加高考的，因为当时国家建设急需人才，高校招生多，除了应届毕业生外，各校都有调干生入学，故应届毕业生基本都能录取。根据高考的成绩和填写的学校志愿录取，各校的录取名单统一刊登在各大报刊上。

为了保证同学高考的质量，学校专门组织了各门高考课程的统一辅导课，由最好的老师集中讲授。我对考入大学还是很有信心的。因为自己的数理基础较好，对当时宣传的“共产主义就是苏维埃政权加全国电气化”有些印象。因为“电气化”就是要搞电力建设，故填报了上海交通大学的电力工程系了。其实，那时候我们还是很幼稚的，对个人日后的发展即便考虑到，也想不到那么远。

1957年2月万易毕业实习期间于北京天坛留影

采访者：请回忆一下您大学期间的实习情况。

万易：当时大学教学很注重理论联系实际的，学校里专门有工厂，让学生学习基本的钳工、翻砂、铸工等工艺操作过程。我生产实习到江苏戚墅堰电厂①，

① 戚墅堰电厂，原来是商办震华制造电机厂，1921年在北京交通部以股份有限公司立案注册；1928年8月14日，由中央建设委员会接收，更名戚墅堰电厂。

毕业实习到北京电业局[①]。我们的毕业实习是要结合实际做一些项目课题，北京实习时，我们结合实习单位生产的实际问题做一些工程设计和技术改进的工作。我们有在学校做过课程设计的基础，熟悉做工程设计翻阅工程手册、进行技术经济比较、选定方案和设备的计算步骤，因此我们很有信心完成工作。但事实给我们的教训很深。我们辛勤努力的工作成果，有些项目的专业工程师不经审核，不经计算和比较，很快就能选定方案和设备。因为他们累积有丰富的工程实际经验，熟悉工程，相比之下我们就显得太理论化和“书生气”了。现实使我意识到：要成为称职的工程技术人员，只有理论知识是不够的，必须多深入工程生产实际，理论联系实际，不断积累工程实际经验，日后才能真正担得起工作的担子。

二　甘做电力教育中的“拼命四郎”

采访者：您上海交通大学毕业之后分配到湖南工作了是吗？那您在湖南主要做了哪些工作？

万易：是的，当时我们都是往全国各地分配的。我们这届没有一个留在上海的，大部分都是去东北、西南等地工作，我跟我爱人被分配到湖南长沙工作。

到湖南省电业局报到后，我分配在调度室工作。这个工作与我的专业对口，大学的时候我们电力工程分四个专业（电厂、电力系统、高电压、继电保护），我是学电力系统的，调度就是管系统的。1957 年，国家有政策，规定要毕业生实习一年，而且工资按 80% 发放，所以我们那时候工资只有 42. 5 元，在当时也不算低了。因为我家庭情况还好，我没有要贴补家用的经济负担，主要就是考虑尽快地适应和做好工作。

当时省局总工马贻绪，我至今仍有深刻的印象，他是苏州人，是一位民主人士，在湖南电力系统中很有威信，社会地位也很高。马总对我们学校分

① 1949 年 10 月，中华人民共和国成立后，华北电业公司隶属于中央人民政府燃料工业部领导，北平分公司改称为北京分公司。12 月，华北电业公司改称华北电业管理总局，北京分公司改称北京电业局。1950 年 5 月撤销华北电业管理总局后，北京电业局划归燃料工业部电业管理总局领导。1952 年 12 月华北电业管理局成立后，北京电业局、电力修建工程局和土木建筑工程公司均划归华北电业管理局领导。

配来的4位同学很关心，专门约谈过我们一次，他语重心长地对我们说："你们是交通大学毕业的，都是有较好的理论基础，但是你们现在还不懂生产，还不懂工程，在这方面你们要努力提高。"他讲得很直接，很明确，后来我就定了一个去株洲电厂实习一年的计划。我考虑调度主要管系统，系统中最主要的是电厂，株洲电厂是苏联设计和筹建的，那个时候湖南的电厂都是容量小、设备旧的老旧小电厂，株洲电厂是容量最大、设备和技术最新的现代化的大电厂，我就主动要求到株洲电厂实习一年，实习结束后再回调度室工作。

采访者：但实际上您在株洲电厂①待了不止一年。

万易：是的，省局和调度室与株洲电厂联系过多次，株洲电厂是以工作需要为由不放人的。

我到株洲电厂时，株洲电厂最大的问题在锅炉上。株洲电厂是当时苏联帮助设计和筹建的国家重点工程，选用的都是苏联的成套设备。按设计，锅炉的燃用煤应是发热量高的萍乡优质煤，但当时国家燃煤政策规定，电厂的燃用煤就近取用发热量低、灰分高的劣质煤。因此，当时锅炉用的煤种与设计煤种不匹配，有时煤又潮湿，从而影响锅炉的燃烧，生产很不稳定。

为了尽快熟悉电厂的生产实际，我要求到生产运行一线的运行班组，以普通工人的身份与运行班工人同吃、同住、同劳动、同三班倒。我被安排在运行丁值，我的重点在锅炉运行班。当时锅炉班首要的工作是保证供给锅炉燃烧用的煤粉，以保证锅炉运行的稳定。在锅炉班上班是非常紧张的。保障下煤管下煤顺畅、不堵塞，是重中之重的工作。当时疏导下煤管的方法是很粗笨的，就是用榔头敲击下煤管的外壁和用长的铁钎捅堵塞的下煤管，因此一个班下来，值班人员的脸都熏黑了，是很辛苦的。特别是0：00～8：00的早班，精神本就较差，尤其疲惫。当时，我急生产所急，哪里有困难，哪里人手紧张，我就主动补上去，有时就坚守在下煤管处值班，下煤一不通畅了，就用力地敲和捅，保证下煤管通畅。通过生产的磨炼，我也磨合了与工人师傅的感情，大家关系融洽，感情深厚，我也熟悉了生产过程，养成了自觉的工作责任感。当时我也想过对下煤管进行改进的问题，因为专业不对口，有

① 湖南省株洲电厂位于株洲市白石港，始建于1955年，为全国"一五"期间156项重点工程之一。经过第二、三期工程扩建至1972年三期工程全部结束，总装机容量达148兆瓦，该厂自投产至1976年，一直是全省最大的火力发电厂。

一定的困难。有一次我在翻阅苏联科技刊物时，看到一篇关于下煤管结构方面的文章，我随即翻译成中文，交给总工程师转给锅炉车间，作为日后检修设备改造时的参考。

我就是这样一个个岗位走过来的，后来电厂要我担任值长工作，掌管全厂锅炉、汽机、电气的生产运行，我心里是很踏实的。按规定每次上班要提前半个小时接班，我是接班前一个小时就到岗了。从煤场、锅炉、汽机一直检查上来，特别是对主要问题和重点设备的检查更加严格。因为我深知，电厂内各部门都是有机联系的，电力系统内各个电厂都是有机联系的，局部有问题就会影响全厂，就会影响整个系统，影响社会，所以我深感责任重大。

我想是我的工作得到了认可，株洲电厂是系统中重要的电厂，因此，省局就同意了株洲电厂留下我的申请。我深感当时国家规定的应届毕业生实习一年的政策很正确，很有必要。

采访者：从1958年到1963年，您实际上在株洲电厂待了五年的时间，也不短了，其间株洲电厂还有苏联专家吗？

万易：我到株洲电厂的时候苏联专家已经离场了。当时第一期工程两台6000千瓦机组已经生产发电了。株洲市有几家大的军工单位，这些单位都是株洲电厂直接供电的重要用户。

采访者：您在的这五年，这个电厂没有出大事故吧？

万易：我亲历了一次重大的全厂停电事故，教育至深，至今难忘。株洲电厂的大门处挂有一块“安全生产日”的醒目大牌子，以警示安全生产的重要性。当时每月都有安全生产奖金，安全生产日高，奖金也高。只要一出安全事故，安全生产日的记录就打破了，奖金就停发了。此时全厂就会开展安全大检查，安全生产的意识明显会增强，时间久了会淡化下来的。当时还缺乏严格的制度化管理。

我经历的全厂停电事故发生在我值0：00～8：00的早班时，那天凌晨四五点，正是黎明前较感困乏之时。当时我在锅炉班巡视，突然看到车间内的照明异常地闪灭了一下，我马上意识到出问题了，迅速跑回主控制室我的岗位上。当我穿过与锅炉车间相邻的汽机车间时，全厂的正常照明都熄灭了，全厂已经停电了，漆黑一片，只有操作台上的一些事故用的指示灯闪烁着。因为这些事故照明是蓄电池直流电源供电的。同时我看到汽机司机已在紧张地处理事故了。回到控制室我马上与当时调度员禀报并联系恢复电厂用电之事。

经了解，事故是湘潭地区线路故障引起。因继电保护失灵而越级跳闸，导致我们株洲电厂两台机组断网停机了，更导致系统运行的混乱。后经调度处理，从系统送电到厂里，才启动机组，恢复生产运行。

发生这么重大的事故，责任是很大的，心里的压力也是很大的。为了分析事故的原因，分析事故处理的情况以明确各自承担的责任，我们全值的班组长在恢复了正常生产运行、交接班下班后也不休息，立即到总工程师办公室召开事故分析会。因为事故来得突然，瞬间我们的厂用电源都中断了，我跑到主控制室也无法恢复用电，检查我们处理事故、紧急停炉、停机都是正确的，没有造成人身安全和设备损坏的问题，恢复厂用电后，恢复开炉、开机也及时迅速。故我们自查是没有事故责任的。后来局里组织事故调查会，我去参加事故分析，因为这次事故主要是系统继电保护的问题，省调度所负主要责任，对我们没有追究太多。

事故的教训是很深刻的。安全生产的意识增强了，特别是对厂用电的重要性和保证厂用电的可靠性有了切身的认识。为此，我们研究和制定了确保厂用电安全、确保厂用电不中断的电气运行方式，并明确相应的操作和分工。事故锻炼人，这使我们提高了处理事故的能力，增进了同事间的感情。我们是在同一生产战线上保证安全生产的战友！

采访者：1963 年您进入电力技工学校以后，就开始从事教育了。当时湖南这所学校是什么情况？

万易：湖南省电力技工学校的办学还是很正规的。当时在校的学生不多，以初中毕业生为主，高中毕业生只有少数。专业教师主要是中专毕业学历，缺少来自生产一线、有实际生产经验的教师。学校主要培养省内变电、发电、供电和电力安装建设方面的工人。有少许毕业生分配到湘西边远地方。

采访者：您到学校以后就开始教课了吗？

万易：是的，我到学校后被分配到电气教研室，主要讲授基础课《电机学》以及专业课《电气设备的运行》。

电力技工学校有一套很有特色的教材，这套教材是电力工业部专门组织有深厚理论学识、有丰富生产实际经验的知名老专家、学者和工程师编写的。

我教《电机学》，电机的核心电磁理论是深奥且难理解的。全国大学、大专、中专学校都采用苏联的教材，都是用数学方法分析，抽象难懂。这套技工学校的教材用生动形象的物理概念来分析，通俗易懂，学生容易理解接受，是很适合初中文化水平的技工学校学生用的好教材。这给我很大的提高和启示，是我教好《电机学》和日后参加编写全国中专、全国职工大学《电机学》教材的基础。

采访者：改革开放以后，您来到湖南省电力学校，在学校有什么印象深刻的事情？

万易：改革开放以后，湖南省电力技工学校和长沙电力学校合并为湖南省电力学校。我回到长沙，到湖南省电力学校工作。

我在湖南省电力学校有两件印象很深的工作。我分配在学校电力科电机教研室工作，只讲授《电机学》课程。该课程的教学有理论教学和去电机厂生产实习两部分。在学校进行理论教学时，因有在技工学校教学的基础和启示，我注意用形象的物理概念分析电机理论，深受学生好评，这对于教研室的教师也起了交流和启示作用。不断积累的教学经验，使我对《电机学》的教学有了“得心应手”之感。

我是第一次带学生去益阳电机厂实习，在大学读书时，因专业的特点，我们专业不同于电机制造专业，是不去电机厂生产实习的。因此，我对电机制造方面的知识是很匮乏的。到电机厂实习时，我首先就与同学们一起到车间班组参加生产，边工作边学习，总结和整理电机生产的工艺和方法。下班后我及时组织教学，补充和加深学校的教学内容。除了学校的学生外，也积极地组织有关车间班组的工人听课，深受电机厂和学生好评。后来电机厂指名欢迎我带学生去实习呢。电机厂的生产实习，给我的教学带来很大的提高，整理的资料，日后都编入中专《电机学》新教材中了。

后来，电力工业部组织北京电校、西安电校、武汉电校和我们湖南省电力学校编写全国中专学校《电机学》的教材。学校要我去北京参加编写工作。在北京研讨编写计划、内容、大纲、分工时，为了编出的新教材有特色，我提出了两点并得到一致同意：一是分析电机理论时，采用形象的物理概念，以达到通俗形象、容易理解的效果；二是为了有助于生产实习的学习和指导，要编写电机生产制造有关内容。我分工编写异步电机部分，就把电机厂实习时整理的资料编写到教材中。

采访者：您是何时调到浙江省电力职工大学的，这边调进，那边也得放人，那边放得痛快吗？

万易：我是1983年调到这里的。此前我借调到上海电力专科学校（简称上海电专）函授部任教。1981年我母亲去世，上海只有我女儿一人还在读书。为了照顾家庭，我向学校提出调到上海工作的要求。因为调入上海是很难的事情。学校理解我的心情，照顾我的困难，同意我先借调上海，一年内必须自己解决调入上海的问题。我自己联系借调到上海电力专科学校函授部。我在上海电专函授部担任《电机学》的教学工作，根据函授的特点和要求，每门课程的任课教师必须根据教材编写课程的《自学指导书》，以帮助函授生平时自学之用。大专采用的《电机学》教材与中专不同，我一到学校就有此任务，时间很紧，加上我是借调来的，想给学校有好的评价和印象，以达成我能调入的心愿。我废寝忘食、夜以继日地编写，根据自己教授《电机学》的经验，考虑函授生自学可能产生的问题、重点和难点，编写的指导书深受函授生的欢迎。函授生对学校函授部反映："有这本指导书，就如万老师在身边一样。"我调离上海电专多年后，听说该指导书仍在使用。因为《电机学》是门重要、难学的课程，平时自学很难理解透彻，这种基础理论课，函授生在单位里也难有人指导。因此，每一次考试前的集中面授，听课学生都很认真、积极、努力。我的面授讲课，重点明确，难点深入浅出，容易理解，深受同学欢迎。有些函授辅导站都要我去面授，还有个别地方在集中面授外，专门请我去讲课、辅导。我在上海电专函授部的教学工作是得到认可和好评的，但由于调入上海，特别是要解决我们夫妻两个人调入的问题，确实很难。因此，眼看借调一年的时间就要到了，尽早落实好调入单位就成为我急于要解决的事情。当时上海电专的杭州函授辅导站设在浙江省电力职工大学。我常来杭州面授，当时张慰黎是校长，当他知悉我的困难时，就要我来浙江省电力职工大学任教。那时调入杭州也很不容易的，后经努力，我们夫妻二人于1983年10月调入杭州。

采访者：您能先讲讲1983年刚到这里时的情况吗？

万易：我1983年到学校任教，当时主要是学历教学。为了保证职工大学的教学质量，省教委对各系统办的职工大学，专门组织抽考，证书必须报教委审核批准才有效，才能发放。我到学校后，分配到电气教研室，担任《电机学》的教学工作。

我们职工大学是1979年开办的，因为没有场地。当时是借用饲料公司一块不大的场地办学的，饲料公司地势低洼，一下雨就淹了，办学是很艰苦的。新建的杭州电力学校（简称杭州电校）很正规，教学设施完善。为了支持我们学校办学，把教学大楼的一层借我们办学之用。我到学校时已在电校办学了。1986年省电力试验所搬到新的所址，我们又从电校搬迁到闸口原省电力试验所的地方办学，办学条件已有很大改善。1989年省气象学校停办，省局买了下来，以满足我们学校办学发展的需要，于是我们又搬迁到省气象学校的校址，就是学校现在的场所办学。当时气象学校的场地很小，只有一栋教学楼和一栋学生宿舍，实施教学还是很紧张的。教研室和行政人员都在学生宿舍楼里办公。因此职工大学的办学是很艰辛的。学校的教职工经受了锻炼，培养了艰苦奋斗、无私奉献的精神和团结互助、亲切友爱的深厚情谊。在我们日后探索学校办学之路的过程中，这是非常重要的基础。

采访者：1983年您调到这里来，1988年您就当校长了？

万易：我到学校时张慰黎是校长，因我对上海电专函授部较熟悉，就要我负责学校函授的工作，后又兼任教务副主任。当时的形势对学校的办学提出了新的要求。学校正面临办学转型的挑战，学校就推荐我担任教务副校长。

20世纪90年代，在北仑电厂参加谈判工作
（左三为万易，正中间为北仑电厂总工程师张谦，右侧三人为美国ABB公司代表）

采访者：您上任之后的第一件事情是北仑电厂培训吗？

万易：当时学校已开办财会计算机管理培训班。浙江省第一座现代化大电厂——北仑港发电厂，是从世界银行贷款筹建的。1984年，世界银行开始对北仑电厂工程进行财务评估，那时我们省局财务处还是手工计算，他们是用计算机工作的，他们计算机上只要变动两个参数，省局财务处就要忙一个通宵，最后，省局财务处请我校计算机室老师马骏去协助，才顺利完成了评估。这个深刻的教训，促使省局财务处下决心培训与国际接轨的财会电算人员，我校责无旁贷地承担了此任务，开办了建校以来第一期财务人员培训班，开始了为电力生产需要培养急需人才的办学之路，取得了很好的成果和办学启示。

我接任后的首要工作就是承办北仑电厂一期 2 ×60 万千瓦机组集控运行人员的培训。该厂引进的是当时国际最先进的设备和控制技术，运行人员必须兼通电、热两个专业的知识和操作技能，并具有必要的计算机基础和英语水平，这类掌握高新技术和多专业知识的生产第一线的复合型人才的培训，不论是专业设置、课程内容还是培训方式，都是传统的学历制教育难以完成的。那时，学校急企业所急，为生产服务，克服一切困难，积极筹办，在省局的支持关心和厂校紧密合作下，取得丰硕的成果。

1994 年，北仑电厂领导来浙江省电力职工大学交流（右侧站立者为万易）

采访者：北仑电厂的这次培训对你们学校意味着什么？

万易：北仑电厂的这次培训，是我校举办的第一个复合型人才培训班。1991 年 3 月北仑电厂一号机组并网发电，这期培训班的学员分别担任了总值长、值长、主值、副值的工作，顺利地完成安全生产运行。学员肯定培训的收获，厂领导赞扬培训的质量，办班取得了良好的成效。我们进一步明确了：直接、及时和有效地为企业生产发展服务是我们职工大学办学的正确方向。因此，学校更坚定了办学转型的信心和积极性，此后相继开办了嘉兴电厂、台州电厂的交叉班，半山电厂的值长、单元长培训班，绍兴兰亭500千伏高压变电所运行人员培训班，淮北电厂的“泵与风机”高级工培训班，涉外技术和管理人员英语强化班，与许昌继电器厂联办的微机保护培训班，等等，都取得良好的成效。学校初步形成了以复合型专业人才培训、高新技术岗位培训等为主的适合生产发展需要的办学服务理念和机制，学校焕发出蓬勃的生命力。我认为北仑电厂培训班的成功举办，是我校办学发展的新起点和里程碑。通过这次培训，教师得到了锻炼和提高，双师型师资队伍初步形成。

1994年7月，嘉兴英语强化班老师、学员合影（前排左二为万易）

教师是学校办学的重要基础。学校教师最缺的是生产实际知识和技能。为了完成办好班的重任，一些教师克服长期下厂带来的家庭困难等问题，深入北仑电厂，收集资料编写教材，参与电厂技能培训基地——60万千瓦机组仿真培训装置的建设，掌握了生产的新技术、新知识、新技能，并在培训的过程中补充、深化、完善和提高。一支具有较高专业理论知识和相应生产实践能力的双师型教师队伍组成了。

通过这次培训，我们加深了编写好教材重要性的认识。教材建设是组织教学的必要条件，是提高教学质量的重要保证。我们的培训教材必须根据生产一线岗位所要求的专业理论知识、技能和能力编写，注重的是所学专业知识的针对性、应用性和先进性。传统学历教育的教材强调的是知识的系统性和完善性，是不适用的。编写教材是很艰辛的工作。资料收集的工作量很大，还可能不齐全，因为电厂还在建设中，引进设备的技术资料分散在有关各部门专职技术人员手中，同时都是英文的，说明又简单，必须广泛参阅有关资料、书籍，进行翻译和理论深化。有时，教材的编写与教学同步进行，没有一点提前量，上课等着教材，教师的压力是相当大的，都是废寝忘食、夜以继日、不辞辛苦地进行编写，并在教学过程中不断充实完善。没有艰苦奋斗、无私奉献的精神是做不到的。各种培训班的教材都是我校教师自己编写的。每筹办一种类型的培训班就有一些自编教材，这些年我们积累了一些结合浙江电力发展实际、反映最新技术的培训教材。例如：绍兴兰亭 500 千伏超高压变电所培训教材，这是一套比较完整的（共 9 种）、针对性较强的超高压变的培训教材。当时浙江大学电机系主任李菊称赞这套材料“有水平”，并要了几套供他们参考用。各培训班的学员普遍反映这些教材联系实际，针对性强，精练易懂，便于学习。好的教材有益于教学质量的提高。

通过这次培训，加深了职工大学对办学特色的认识，必须重视实践应用能力和生产技能的培训，才能办出特色，做到学员从学校到生产岗位没有过渡期。为此，我们开始积极努力筹建技能培训基地。尽管师资非常紧张，学校依然下决心抽调骨干教师，建设学校的浙江省电网仿真培训装置和高压线路微机保护培训装置，并参加电厂机组仿真培训装置的建设。

通过这次培训，我们还深刻认识到密切厂校关系的重要性。生产单位对生产岗位专业理论和操作技能的要求了解最深，对人才的需求最迫切，对教学质量的好坏最关心。共同参与制订和审核教学计划、选派掌握新技术又有实践经验的工程技术人员来校交流、讲课，热情支持和帮助教师下厂调研学习，协助学校对学员进行管理，发挥了积极重要的作用。厂校关系密切了，感情深厚了，能增进教师“急生产所急”的教学责任感。如台州电厂，地处浙东沿海边缘，人才流失严重，生产发展又急需人才补充，为了扩建 30 万千伏大型机组的生产需要。厂领导下定决心从生产一线抽调了 42 名生产骨干来校培训，厂长说：“这些人是我横了心抽调来的，他们离厂培训后，进厂半年的新工人都得顶岗了，我们是如坐针毡啊！希望你们一定要给我们培训出合格的人回来，拜托你们了。”短短几句话给我们极大的鼓励和鞭策，增强了教师教学的责任感。

采访者：您做副校长以后是不是也引进了一些人才来做老师？

万易：我从生产单位引进过老师。教师是学校办学的重要基础。职工大学的教师必须具有较高的专业理论知识和相应的生产实践能力。大学毕业生、研究生是不能适应的，因为生产实践能力的培养和提高，不是一朝一夕能达到的。能从生产单位引进人才是最理想的，但也是很不容易的。台州电厂的电气工程师宓君才，他有丰富的生产实践能力，有很强的进取精神，我是抓住他想到杭州解决家庭困难的时机引进的。我还引进了省高压送变电公司的一位女电气工程师严红滨，她在电气教研室教专业课和指导有关高压线路的毕业设计。方丽清夫妇是从省局引进的，他们是许昌继电器厂微机保护方面的专家、高级工程师，主持学校微机保护培训基地的筹建工作。

1990 年 12 月 7 日，赴法国考察期间在 EDF 国际部大厦前留影（右一为万易）

采访者：你们 1990 年去法国考察，也是为了把北仑电厂的培训做得更好，是吗？

万易：我们到法国电力公司职工教育培训中心考察，是根据北仑电厂一期世界银行贷款合同有关职工教育培训的条款，经部里批准，由省局组织的。我们考察的目的要求是明确的，就是学习他们职工教育培训的经验和特色，用以指导我们的办学，使我们的办学更好地为企业生产服务，真正办出我们职工大学的特色。

采访者：刚才您说了去法国考察的情况，有些什么值得我们学习的经验？

万易：我们的考察得到法国电力公司热诚友好的接待和认真的安排。我们考察了各种类型的培训中心、电厂、地区调度中心等单位，听到和看到了比较真实的东西，我们的办学思想更加明确了。给我们留下最深刻印象的启示有：

（1）要组建一支与生产密切结合、熟悉生产的培训教师队伍。他们有一套专职教师和兼职教师比例完善的制度，保证了培训中心教师的素质，保证了办学的质量和效益。法国考察回来后，我们曾认真研究过，因难以实施，故我们变更了做法：一是完善学校专职教师深入生产实践、下厂学习锻炼的制度，这是主要的；二是从生产单位引进人才。

（2）要建设先进的、与生产实际一致并同步发展的技能培训实验室和实践基地。他们培训中心的设备、装置，或是与实际生产用的设备、装置一致，或是实际生产设备装置的仿真装置。由于电力生产现代化的发展，必须使用仿真装置，才能进行运行操作和事故处理的有效培训，不仅需要培训个人，还需要培训一个组的配合应变能力。这是传统的单一岗位上的培训方法无法完成的。法国考察回来后，我们就下定决心，积极努力地开展技能培训基地的建设工作。电网仿真培训装置是最重要的建设项目。学校从电气教研室抽调吴国瑜等骨干教师组成仿真组。经认真分析、调研，确定与北京电科院合作建设。当时我们学校是唯一建有该装置的学校，因此，上海交通大学、浙江大学专门组织专家、教授前来学习。

20 世纪 90 年代，万易（右一）参与讨论电网仿真技术方案

采访者：北仑电厂培训完了，就是绍兴培训了。为什么说绍兴变电所的培训，是你们教改的起点？

万易：绍兴兰亭 500 千伏变电所的培训，是北仑电厂培训后开始的，基本上是同步的。绍兴兰亭 500 千伏变电所是北仑电厂一期的配套工程，北仑电厂发的电，通过绍兴兰亭变输送到华东电网。因此，绍兴兰亭变电所的建设，时间上是同步的。北仑电厂的培训主要是热动教研室和部分电气教研室的教师参与，而绍兴兰亭变电所的培训全是电气教研室的教师参与，学校办学开始转为以专业岗位培训为主的时期。

三　尽职何必问艰辛

采访者：您当时除了当领导以外，还教课是吗？

万易：我的教学任务很重的。我是一名普通的教师，我主要教电专业的相关课程，学历班电专业的《电机学》都是我教的，还有各类培训班的课，比如交叉培训班的电气运行、电机运行等课程，培训班是没有选用教材的，要根据培训要求和生产实际编写教材。

采访者：其实您也可以不教是吗？

万易：当时学校有学历班及各种培训班，还有上海电专的函授班，教学任务是相当重的，特别是还抽调了一些骨干教师筹建技能培训基地。教师的教学工作量几乎都是满的，担子都很重。不仅是我必须上课，我们的校长教《高压工程》课，书记教政治课，领导都要上课的。我认为，我们要有示范作用，榜样的力量是无穷的。领导应是教学的组织者，更应是教学的实践者，少说空话，多干实事，才能万众一心，克服困难，推动学校办学。

我都是满教学工作量的。学历班的电机学教材，我很熟悉，但每个学历班的教学，我都在上课前认真备课，写好新的教案，这是学校对教师的要求；培训班是没有教材的，都要根据培训的要求和生产实际，编写教材或讲义，每个培训班都要编写，上课等着急用的，1993 年我还有部里组织的编写职工大学《电机学》统一教材的工作。我确实是很累的，比较熟悉的同事都知道。我常会胃出血，主要是过度劳累引起的。

采访者：您 1989 年的时候获得“全国优秀教师”的称号，这个好像不是很容易拿到的。

万易：当时学校讨论这个事情，我们班子就推荐我。我当时坚决不同意，我是学校的一个负责人，应该推荐典型的教师比较好些。由于我很坚持就没报上去，结果省局又返回来，一定要推荐我。这个荣誉我觉得比较重，我深感省局领导和学校同事的关爱，这鞭策我尽心尽力地工作。

采访者： 你们在做高等电力职业技术教育的过程中，也应该形成了自己的一套思路和方法。

万易： 我们在努力探索高等职业技术教育的办学途径，这是浙江省电力发展的形势对我们提出的新要求。20 世纪 90 年代，浙江省电力发展迈入了大机组、大电网，高参数、高度自动化的新时期，亟须培养生产一线岗位具有大专层次专业理论知识和相应操作技能的高级技能型人才。为了更加有效地为生产发展服务，我们开始了办学的新探索之路。这是我们坚持办学方向的新起点。

我们认为高职教育是针对生产一线目标岗位而组织教学的一种职业教育，其特点有：理论教学要达到大学专科层次的水平，并通过严格的大专学历考试；实践教学要加强，实践教学与理论教学的比例不低于 4∶6，并通过严格的高级岗位技能考试。十年来，我们办学方向和办学实践的成效为我们探索高职教育奠定了良好基础。主要是：

（1）双师型师资队伍初步形成。我们的教师要有较高的专业理论知识，有讲师以上的中高级职称；同时要熟悉生产实际和解决工程实际问题的能力，具有工程师以上的中高级职称，这是我们完成高职教育的重要基础。我们教师的弱处在于生产实践能力方面需要提高。我们曾研究实施法国电力培训中心的经验，但一时难以做到，此前我已介绍过。为了鼓励学校教师主动积极地深入生产实际，提高素质，我们对教师提出具体要求：对专业课教师、中高级教师，要有工程师以上的职称；初级教师职称的，要达到助工水平；对基础课教师，要全面了解电力生产过程。还有激励的政策和制度：获得讲师和工程师双师职称的教师，岗位工资增加一档。这些对双师型教师队伍的组建都有积极的作用。

（2）实践培训基地已有一定的基础。高职教育最大的特色就是重视实践技能的培养，做到学员从学校到生产岗位没有过渡期。技能培训基地的建设是技能训练的保证，是高职教育成败的关键。省局高瞻远瞩，已建有浙江省电网仿真培训装置、60 万千瓦机组仿真、20 万千瓦机组仿真、12.5 万千万机组仿真装置，开展岗位技能训练。

（3）厂校关系融洽，有利于发挥优势互补的作用。

（4）教材建设有一定的基础。

经过十年来的办学实践，我们已积累有电、热专业的培训教材和讲义，可供高职教育选用、参考。我们的办学方向和办学实践始终得到浙江省教委的关心和肯定。

采访者：电力工业部教育工作会议指定你们大会交流发言，这件事体现了电力工业部对你们办学的肯定。

万易：是的，这是1994年的事，这是我们学校的荣誉。我们的办学得到电力工业部的肯定，这有个过程。

1989年能源部中电联为了检查全国各省职工大学的办学质量，组织了一次评估。我还记得评估组长是中电联教育处处长郝邦振，副组长是西北电力职工大学的校长蒋康。蒋康是清华大学毕业的，他们的办学思想还是传统的学历教育，并以此作为评估的标准。当时我们正开始向与生产发展相结合的办学方向转型。由于办学思想的矛盾，虽然省局领导、省教委领导肯定和支持我们的办学方向，评估组仍认为我们的办学违背了“职工大学的办学方向”，得到了差评。对我们的办学得到认同是从法国考察回来开始转变的。郝邦振是赴法考察组的成员，法国的考察对他是有教育和启示的。他认识到企业办学的正确方向，向能源部领导汇报赴法考察时，他说：这次法国之行，我看到了很多，我知道了企业应怎样办学。

十年来，我们的办学得到企业和社会的肯定。这次会议要交流的内容，主要有：大型火电厂集控运行岗位热、电专业交叉培训班（即交叉培训班）、绍兴兰亭500千伏变电所运行人员培训班、值长（单元长）培训班、调度科长培训班、英语强化培训班等。还有为外省开办的培训班，主要是安徽省淮北电厂“泵与风机”高级工培训班，他们是经调研后，专程来校商量的，他们因电厂骨干不能前来我校培训，要求我们下厂办培训班。我们急企业所急，傅书记、我与两位专业教师一起下厂调研组织办学，并根据电厂的实际编写了培训教材。还有河南省许昌继电器厂来校合作联办微机保护培训班，并建设微机保护培训实验室。

电力工业部教育工作会议后，1995年11月欧洲技术职业教育联盟（EFVET）代表团来中国访问。中电联专门介绍他们来我校参观考察，看了我校正在建设的浙江省电网仿真培训装置、微机保护实验室等，代表团对我校的办学给予了较高的评价，还邀请我们参加欧洲技术职业教育联盟。还有东北电力职工大学，专程来我校“取经”和交流。

这些更激励了学校的发展。我们怎么取得这些成绩的呢？我认为：首先是，国家的大好形势。在小平同志主持下，坚持改革开放，以经济建设为中心的国策，大力发展生产的大好形势，浙江省电力生产的发展、先进技术的

1994 年 7 月，《泵与风机》高级工培训班结业合影（前排左六为万易）

采用和自动化程度的提高，急需相应人才的培养。没有这个大环境是不可能做到的，这是最重要的一点。其次是，省局根据电力生产发展的形势，及时积极地筹划、指导和支持学校办学的改革，以及全体教职工命运与共、团结互助、勇于探索、艰苦奋斗、无私奉献的精神。

采访者： 在您从教的这么多年中，有没有让您印象深刻的人和事？

万易： 印象深刻的事前面都讲了。在职工大学从教 10 多年，办学历程艰辛，同事间团结互助，感情深厚，我就讲讲我的同事吴国瑜吧！吴国瑜是我大学的同学，他是发电厂专业的。他是很谦逊、纯朴、低调的人，工作认真尽责，一丝不苟。大学毕业后到西安交通大学电力系的电力系统教研室任教，到职工大学后任电气教研室主任。当时为了抓紧电网仿真培训装置的建设，下决心抽调吴国瑜等 4 位骨干教师成立仿真组，他任组长。吴国瑜身体不好，他带领仿真组的老师长期在北京出差，五进北京，历时一年半，为了节省学校的经费，他们不住招待所，借住在两间基建用过、环境又很差的临时平房里。他们争分夺秒，不辞辛苦，努力工作，顺利地完成了任务，获得浙江省科学技术进步二等奖、省局科技进步一等奖的显著成绩。

采访者： 除了吴老师之外，还有印象深刻的老师吗？

万易： 还有周光华老师。周光华是清华大学热动力专业毕业的，毕业后到山东工学院任教。周光华艰苦朴实，勤奋钻研，密切联系生产实际，是学校办学转型的骨干教师和积极推动者，获得能源部中电联优秀教师的荣誉。他最大的特点是主动积极地深入生产实际。当时，浙江大学、镇海电厂、中试所是他经常去调研交流的地方，就像是这些单位的职工一样，关系融洽，熟悉生产实际的新动向。热动教研室的毕业设计都是他选定的，是与生产实际密切结合的课题。浙江大学岑可法教授，现在是院士，常请他审阅浙江大学学生的毕业设计，并参加学生毕业设计答辩的评审。他刻苦钻研专业理论，成果丰硕，研究的心得经常与浙江大学、山东工学院的同行专家交流。他在遗嘱中还不忘将部分读书笔记、手稿：（1）燃气轮机叶片的冷却；（2）湿空气透平（HAT）的分析；（3）中低温余热利用——兼卡林纳循环分析，等等，转交原山东工学院同行研究参考之用呢！他生活克勤克俭，生前立有遗嘱把毕生的积蓄全部捐献给国家慈善事业。他的克勤克俭、捐资助学的崇高精神，赢得了社会的尊敬和赞赏。

采访者：周老师的遗嘱上教育基金的事情您再讲讲。

万易：我是周老师指定遗嘱执行人之一，遗嘱上写明把遗款和房产售后的钱款，全部以光华教学奖励基金的名义捐赠给国家慈善事业。他 2004 年去世，直到 2017 年才执行好，为什么这么长时间才得到解决呢？就是房产难以出售的问题。房产的管理、交易是很严格的，房产管理部门说：周光华的女儿是他唯一的法定继承人，必须他女儿来继承处理。周老师的女儿在美国，她认为我们是遗嘱执行人，没有回国处理。要不是房子拆迁，遗嘱还没办法执行呢！直到 2016 年房子拆迁，才领到房子的拆迁补偿款，才完成周老师的遗愿。为了保证周老师的遗愿能安全可靠地落实，我们经过反复调研和考虑后，才确定捐资给云南保山贫困地区的一所小学。捐资共 230 万元，其中：180 万元建教学大楼，用于改善办学条件；80 万元为周光华教学奖励基金，用于教师的培训和资助贫困学生。

采访者：您从事教学这么多年，想请您给年轻人提一些建议。

万易：我们的经历也不一样，我就提三点共勉的建议吧。朋友在老年大学的英语班学习，他常把学习心得与我共勉，有一句话我印象很深："Be true to your work，your word，and your friend."译文是：诚于业，承于诺，忠于友。就是你要忠于你的事业，要重于你的许诺，对朋友要真诚，我觉得这条很好。

还有一条也是朋友推荐的，他说很适合送给年轻人，英文是：“Ask not what your country can do for you, ask what you can do for your country.”就是不要问国家能为你做什么，要问你能够为国家做什么。我们就是应该提倡这种信仰，我觉得这条与年轻人共勉很好。

我很喜欢京剧《穆桂英挂帅》，有句唱词我还记得，就是佘太君劝穆桂英：“尽忠何必问功勋。”后来穆桂英心里解脱以后就表示：“我不挂帅谁挂帅？我一枪能挡百万兵。”这气势了得。我们对国家要尽忠，对工作要尽责，“尽忠何必问功勋”。当然我们没有什么功勋，我们做工作要尽责，不要问艰辛。因为你成功的路，现在要创新，是没有坦途和捷径可走的，都要经历艰辛的过程。我们就是这么亲历过来的。我们要有“尽责何必问艰辛”的思想境界和“一枪能挡百万兵”的气度。

水与火的旧渊源

口 述 者： 简文仲

采 访 者： 吴一弦、吴海平

整 理 者： 李晓慧、卫祎欢、李阳

采访时间： 2019 年 3 月 27 日

采访地点： 杭州市水澄花园北苑

简文仲 1930 年出生于上海市，祖籍广东中山。1951 年参加朝鲜战争；1958 年部队转业进闸口电厂，担任金工车间主任；1962 年进入浙江省电业管理局，担任安全监察科科长；1966 年，在闸口电厂担任技校老师；1969 年，在安吉梅溪电厂担任生产技术科科长（原浙江省电管局安检科科长）；1979 年，在浙江省电力工业局担任教务负责人；1984 年，在杭州电力学校担任教务副校长；1985 年，在浙江电力干部培训中心担任培训班主任；1990 年退休。

一　早年经历

采访者：简老，您好！先请您介绍一下自己的基本信息，包括出生年月、出生地以及家庭情况。

简文仲：我是1930年11月11日出生在上海的。我出生的时候，家里真是穷得不得了。那时候我们一家六个人住在一个10平方米不到的三层阁楼，吃饭、睡觉和上厕所都在那里。我们一家人只有在除夕的时候，才能有点菜，能围在一起吃饭。平时我们用不着饭桌的，一人捧着一个碗坐下，夹一点咸菜吃，咸菜买不起的时候，就一个杯子放点盐，点一口尝尝。我爸爸很早就去世了。我们感谢共产党，永远忘不了毛主席，永远忘不了周总理。新中国成立以后，我们的生活真不同了，我大哥进了上海安全部，姐姐进了上海公安局。

采访者：请您讲讲自己的经历。

简文仲：1937年到1945年那些年，我们都没饭吃。日本人发给我们吃的东西都是霉烂的，吃五香豆的豆瓣，一个豆瓣至少被虫蛀了六个洞，六个洞里面有黑的、白的虫子，已经被虫蛀得一塌糊涂了，日本人真是很坏。我读小学的时候，都是读义务小学，不用交钱。我爸爸死后，我哥哥又负担不起家里人的生活，我十四五岁就到人家店里当学徒，只图有饭吃。以前当学徒是给人家烧饭，打扫卫生，还有给老板娘的孩子喂饭，给他们照顾生意，什么都干的。这样倒还好，但是老板要我签拜师帖，我不肯。因为我听说，拜了师傅之后，被他打死都跟他无关的，有一句话叫"生死由天，各依天命"，我就不愿意签。后来有一次老板拿了条香烟出去了，老板娘硬要说我偷这条香烟，我脾气也上来了，卷了铺盖就回家了。回到家里把我妈妈气坏了，她说养不活我，她拿了把菜刀要把我劈死。我就逃出去了。

逃出去之后，我就跟同学的妈妈借了点钱去卖报纸，做报童。当时报纸有好多种，有《申报》《大公报》《前线日报》，还有其他小报，例如《力报》，我喜欢看《力报》，因为《力报》讲体育，讲踢足球的。我们这批小孩呢，天还没亮的时候，5 点钟左右就要等着，等二道贩子从报馆里面把一大捆一大捆的报纸买出来，摊在地上，我们再去二道贩子那里买，二道贩子要赚我们一部分钱的。晚上我不敢回去，因为太晚怕吵醒家人。四川路桥朝北的下面有个很大的邮政局，这个邮政局的门永远开着。我就住在里面，跟小瘪三一样的。

采访者：当时住在这里的应该不只你一个人吧？

简文仲：还有好多人呢，还有推桥头的。《三毛流浪记》里面不是有推桥头嘛，推桥头就是三轮车车夫拉到那个桥底下就希望有小孩帮一把推上去，要到桥顶的时候就赶快向坐车的人要钱：“老爷、太太，做做好事给我一分钱吧！”大部分人都会给的，但有些人也不给。不给的时候，拉三轮车的车夫就要骂我们了：“小赤佬好生放手！”因为再不放手，这个三轮车就“啪”地冲下去了，人要摔倒，要摔死的。我也推过桥头。上海的“白相人”就是青洪帮下面的这些打手，“爷叔”就是对他们的专称。《三毛流浪记》里面描写三毛去推桥头，“爷叔”跟三毛打架，三毛后来用头一推，就把“爷叔”推倒了。这是不可能的。因为我不交钱给“爷叔”，“爷叔”就叫四五个小鬼打我，打得我逃啊。所以我后来不推桥头了。

采访者：据您的经验，当时哪一份报纸卖得最好？

简文仲：《申报》。为什么好呢？它既有经济上的行情，又比较敢讲话。《大公报》是敢讲话的，但是它没有经济上的行情。《申报》也比较敢于说话，但是不像《大公报》那么公正，不敢说国民党。《新闻报》不说国民党的，全部都是经济上的问题，是很抢手的，还是《新闻报》卖得最多。最坏的是《前线日报》，我批《前线日报》的数量也不多，最多批个三五张，没人看的。

采访者：卖报纸的时候，您当时一天能挣几分钱？

简文仲：大概一天两三毛吧，我既卖早报，又卖夜报。最怕就是卖不掉，我们上海人把卖不掉叫“吃沙包”，就是沙子咽到自己肚子里去了，意思是有苦说不出，卖不掉要亏本的。晚上我们卖不掉报纸怎么办呢？我们也有办法，到晚上 10 点、11 点，只要看见有年轻人在马路上谈恋爱，我们就看准这对青年人，跟着他们喊：“小姐、先生，买我们张报纸吧！”大部分情侣都会买的，这是我们的窍门。后来二哥到餐馆去洗碗，姐姐做缝纫工。他们一定要我回去读书，要培养我。

新中国成立之后，我哥哥进了安全部，我的姐姐很快就被公安局招进去了，并且认识了我的姐夫。我就专门去读一个吴淞水产职业学校。本来学校在吴淞，后来日本人打进来，吴淞学校被炸掉了，所以学校就搬到城里面了，在北站附近。这个学校后来又迁到很远的大夏大学。我读的是鱼捞科，鱼捞科就是坐渔船出去抓鱼，别人都不愿意学鱼捞课，但我要去读，因为学了这个容易找工作。1950 年，在全家人都同意的情况下，我就去参加朝鲜战争了。

采访者：您读吴淞水产职业学校是在哪一年？

简文仲：我是新中国成立前进去读的，就读了一年左右，那时候刚读二年级。新中国成立的时候我已经 19 岁了。当时中国人民解放军是从上海南面的镇江、南京方面打过来的，百万雄师过长江。过江之后先打杭州，杭州的国民党早就逃光了。解放的时候，人都逃光了，没人保护工厂。国民党是真腐败，没士兵了，花两块银圆，或者随便给点什么，然后给你一支枪，让你跟中国人民解放军对打。

采访者：您看到中国人民解放军进城了吗？

简文仲：看到了。中国人民解放军进城真的很好，的确像电影里面放的那样。连弄堂门都不进的，下雨天他们在屋檐下抱支枪，就睡到天亮了。中国共产党来了，人民翻了身，大家都拥护热爱共产党。本来老百姓也不太了解共产党，为什么没几个月就那么拥护、热爱呢？我感觉共产党一来之后做了三件与人民生活密切相关的大事：（1）每个人都有工作，生活有了可靠的保障，譬如我大哥进了安全部，姐姐进了市公安局。（2）环境卫生与国民党时期真是天壤之别。国民党时期垃圾桶没人收垃圾，垃圾堆臭气冲天，又不来按时倒马桶。老百姓没办法，马桶满了，只好在晚上偷偷地倒在垃圾桶旁边，连死婴儿都有，苍蝇蚊子一大批，嗡嗡飞，真是垃圾如山、粪便遍地。共产党来了，早、中、晚一天来拉三次垃圾。有专人拉粪车，还有专人打扫街道和弄堂卫生，搞得环境卫生清清爽爽。（3）最使人难忘的是我们的家庭卫生。国民党时，每家家中都有“四害”——老鼠、苍蝇、蚊子、臭虫。最可怕的是臭虫，红色的、小小的、繁殖力很快。每天晚上入睡之后它就出来咬人吸血。第二天早晨起来人身上都是一颗颗肿起来的红块，又痒又痛。政府给我们发下来一种叫“DDT”的药，并且还有打气筒，叫我们向床板缝隙打，还要对房间空气中打。这样大约打了一个星期，臭虫没有了，连苍蝇、蚊子也很少见了。这三件大事，再加上共产党新政府对人民爱护和气、关心尊重、办事态度好等因素，就自然而然地，老百姓都在谈共产党好了。

二　军旅生涯

采访者：请您讲讲您参军的经历。

简文仲：毛主席号召参军的时候，我们全家都同意我参军。那时候送行的人很多，我是从老北站上车的，不是现在的上海北站。上车之后我们先被拉到南京，南京之后就是下关。出去没多远就是原国民党的海校，我们先住在这里，先给我们培训，主要是审查，如果审查不及格就退回去。新中国成立以前有高中学历的人是有点了不起的，我有高中学历，然后就把我送到大连海军学校，其他的文化程度比较低的人，好像被送到了青岛五海校。

我们学校当时不叫海校，叫“1515 部队”，这是代号，实际上是大连海军学校。那时候是总校，我在二分校，还有一个一分校在老虎滩。我所在的二分校是学轮机、汽轮机、内燃机的。每年夏天，那时候叫“军训”，我就到国民党以前的军舰“武昌舰”实习。我在军训（实习）时立功，就是 1952 年左右。

采访者：当时你们学校也有苏联专家吗？

简文仲：每个系都有苏联专家，苏联专家是指导我们老师上课的。我们老师哪里来呢？都是清华大学、北京大学这些学校地下党员或者是靠近党组织的外围人员。

采访者：朝鲜战争的时候，您去过朝鲜吗？军舰最北到什么地方呢？

简文仲：没去过。向南最多到温州，向北最多到旅顺。再南也不去的。但是我们经常去舟山的，舟山是我们的军港。

1955 年佩戴少尉军衔的简文仲于大连某照相馆留影

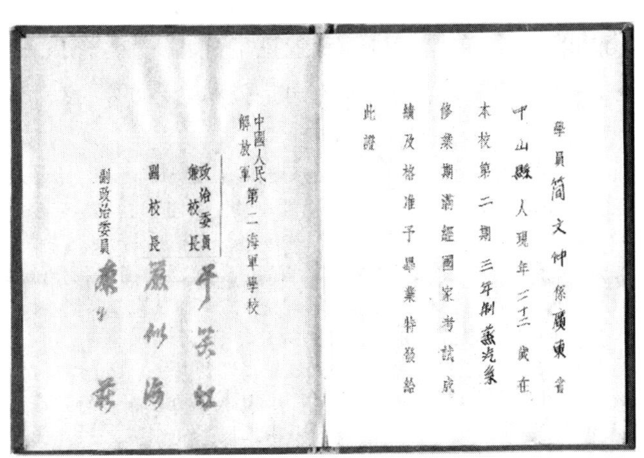

學員簡文仲係廣東省
中山縣人現年二十二歲在
本校第二期三年制艦艇系
修業期滿經國家考試成
績及格准予畢業特發給
此證

中國人民解放軍第二海軍學校
政治委員兼校長 于笑虹
副校長 嚴仰海
副政治委員 秦少[illegible]

简文仲的中国人民解放军第二海军学校毕业证书（1954 年 12 月 7 日颁发）

采访者：那您有没有参与过小的战斗？

简文仲：很可惜，一次都没有，这一点我觉得很遗憾，经常被老八路笑，说："参军不打仗，放屁都不响"，我们真的很难为情的。

采访者：后来您转业主要是因为动了手术吗？

简文仲：对，动了手术第二年正好是 1958 年，各个省都要人。海军参谋长罗舜初①答应了浙江省委书记江华②，找一批复员的军队人员到浙江来支援，我就是这样过来的。当时复员军人被分成两路，一路朝北到大庆油田，一路朝南到杭州。

三　军队转业，建设闸口电厂

采访者： 转业以后您直接到了哪个单位？

简文仲： 就是到闸口电厂。那个时候我们转业来的人真多，全省每个县、市的人事局局长全都到杭州来挑人。我是想留在杭州，因为大家都知道杭州是天堂嘛。杭州那个人事局局长就告诉我："随便你挑，你要到哪个单位，我就给你哪个单位。"当时我们找一本电话簿，看哪个单位电话多，电话多的肯定是大企业。我一挑，还是杭州电气公司，它有闸口电厂，正好我知道发电用汽轮机的，跟我所学的有点对口，我就挑了杭州电气公司。过去拿到工作证之后我被吓了一跳，因为杭州电气公司是公私合营的，我怎么跑到私人老

---

① 罗舜初（1914～1981），福建省上杭县大洋坝人。1929 年春参加上杭农民暴动，1931 年参加中国工农红军，1932 年 7 月进入瑞金红军学校第四期学习。同年 10 月由共青团员转为中国共产党党员。土地革命战争时期，历任红一方面军司令部参谋、红四方面军司令部二局科长、代局长。参加了中央苏区第四、五次反"围剿"作战和二万五千里长征。抗日战争时期，历任八路军总部作战科科长、第一纵队参谋处处长、山东纵队参谋处处长、鲁中军区司令员兼政委、中共鲁中区委书记等职，参与领导了鲁中抗日根据地的巩固与发展工作。解放战争时期，历任辽东军区副司令员兼参谋长、东北民主联军第三纵队政委、中国人民解放军第四野战军第 40 军政委、军长等，率部参加了开辟东北解放区和辽沈、平津、渡江等战役。中华人民共和国成立后，任中国人民解放军海军参谋长、第二副司令员。1960 年 8 月进入中国人民解放军政治学院学习。1963 年任国防部第十研究院院长、国防工业办公室副主任兼国防科委副书记、沈阳军区副司令员、顾问。

② 江华（1907～1999），瑶族，湖南省江华县（今江华瑶族自治县）大石桥乡鹧鸪塘村人，1926 年加入中国共产党。他曾参加井冈山斗争和长征，参与山东抗日根据地斗争和东北解放战争。1949 年 5 月，他由军队转入地方，历任中共杭州市委书记兼市长、中共浙江省委书记、第一书记。12 年间，他对浙江社会主义改造和工农业经济建设做出了重大贡献。1975 年，他任最高人民法院院长，推动法院系统的拨乱反正工作；平反冤假错案，整顿各级法院和司法队伍。1980 年，他兼任最高人民法院特别法庭庭长，主持对林彪、江青两个反革命集团主犯的公开审判。他提出新时期人民司法工作的任务，为加强人民法院建设、巩固人民政权和维护人民权益做了大量工作，1999 年 12 月 24 日病逝于杭州，享年 93 岁。参见中国中共党史人物研究会编《中共党史少数民族人物传第三卷》，民族出版社，2012，第 106 页。

板这里来了?!但那时候也没办法，好在陈伯亮①很看重我，他那时候是杭州电气公司的公方代表。

进入电力系统工作后的简文仲

采访者： 当时私方代表在企业里吗?

简文仲： 还在。私方代表有时来，有时不来。工人都骂他，他叫翁谊安②。后来他自己也感觉没趣，就回香港了，大概到年底的时候，公司就全部变成国营了。

采访者： 当年电厂是翁谊安创办的吗?

简文仲： 是他跟李叔明办起来的，李叔明是大老板，翁谊安是比较小的老板，所以翁谊安常驻杭州的，李叔明在香港。因此这个地方以前叫明安村，

---

① 陈伯亮（1916～1971），上海南汇人，上海君毅中学高中毕业，1937 年抗日战争爆发，到上海难民所工作，1938 年 11 月加入中国共产党；1940 年 5 月任中共浦东工委委员，兼民运工作委员会书记；同年秋打入伪和平建国军第十二路军某团二营，从事策反工作；1942 年 7 月任浦东特派员，领导浦东地区党组织开展工作；1944 年 11 月任中共浦东工委书记，解放战争时期任中共淞沪工作委员会委员、浦东工委委员、浦东人民护丁总队总队长、浦东人民解放总队副总队长；1949 年 3 月，任中共杭州市委委员。杭州解放后，他历任杭州市委副秘书长、杭州市水利电力局副局长、浙江省电业管理局党组成员、副局长等职。参见中共上海市委党史研究室编《中共上海党史大典》，上海教育出版社，2001，第 307 页。

② 翁谊安（1896～1977），江苏武进人。毕业于英国杜伦大学造船科，获硕士学位。1921 年回国，历任上海求新造船厂工程师、大同电化公司经理等职，后集资组建企信银团，投资于闸口发电厂，银团改组杭州电气公司后，任公司常务董事、总经理。1951 年 10 月，杭州电气公司公私合营后，翁任副董事长兼第一经理。1962 年 4 月调浙江省水利电力厅电业管理局。1964 年 11 月退休。1977 年 5 月病逝于上海。

现在叫民安苑，是他们两个人出钱建造的闸口电厂宿舍，但是没有现在那么大，没有多少间。我转业来的时候就住在里面，作为集体宿舍。

采访者：当时进这个单位的一共有几个人？

简文仲：就两个，除了我还有一个人，叫刘春暄，他是“重庆号”里面的一个起义兵。因为他是国民党的起义兵，大家有点瞧不起他，最后他还没到60岁就生肺癌去世了，我去看过他。

采访者：刚进厂的时候您做什么工作呢？

简文仲：那时候刚好要大炼钢铁，但是我们闸口电厂都是有知识、有文化的人，居民区把铁条拿下来，剁成一块块烂铁，但我们这些人不会做的。“大跃进”有个问题，心太急，有点冒进，当时的总工程师也跟着冒进，我们经理、书记去弄了张图纸来，让我们建一个冲天炉，就是很大很高的化铁炉，他希望金工车间合起来能够造出电力设备。后来就造了一个铸工车间。

现在大厂都是用煤粉炉，不用链条炉了，链条炉很落后，但是操作煤粉炉也要有技术。到底还是美国、英国先进，它们老早就使用煤粉炉喷煤粉，我们中国当时还不会造。煤粉炉一定要用好煤，如果用差的、容易结焦的煤，煤粉炉很容易出事故，因为烧起来之后，总有没有充分燃烧的煤，这些煤在水管上面结成一大块，很难处理。我在梅溪电厂的时候最怕这个事情了，结焦的话必须打焦。还好我在职的时候没出过事故，因为当时都用好煤，好煤不结焦的。

采访者：当时闸口电厂的煤主要从哪里来呢？

简文仲：都是从山西来的。特别是1958年以后，每个电厂都要派驻厂员到山西的煤矿买煤催煤。1958年为杭州市、浙江省打下了工业基础，这是肯定的。因为当时造了很多厂，有杭州锅炉厂、杭州制氧机厂、杭州汽轮机厂，半山电厂那边建了混凝土厂。很多在运河两边的厂都是轻工业工厂，例如杭棉和杭州丝织厂，都是大厂。正因为开的厂太多了，所以工厂用电停不下来，设备也来不及修理。按国家规定，一个发电厂必定要有“一大三小”，也就是一年一次大修、三次小修，每个季度都要停几天设备进行整理、修理。

采访者：1958 年因为太忙，当年没有对设备进行大修是吗？

简文仲：对，连小修都没有，结果老出事故。在“大跃进”期间，外面工厂的负荷太重，设备没办法停下来。当时“大跃进”提出“一厂变一厂半”，要求发电厂从 1.2 万千瓦的发电量增加到 1.8 万千瓦！这怎么能实现呢?！发电厂的设计本来就只能发 1.2 万千瓦电的，要增加到 1.8 万千瓦，不但锅炉吃不消，汽轮机也吃不消。当时闸口电厂和杭州电气公司是属于杭州市重工业局管的。

采访者：您是说《浙江省电力志》上写错了吗？

简文仲：对，这本书有些错误和遗漏之处。发电厂、电气公司不是一直都归水利电力厅管的，最早是归杭州市重工业局管理，张书仁书记是重工业局派下来当党委书记的。我在闸口电厂的时候，石青是浙江省水利电力厅副厅长兼水利电力厅电业管理局局长，他经常来，但他对闸口电厂不是领导关系，是业务指导关系。后来正式成立浙江省电业管理局的时候，陈伯亮推荐我，石青就叫我到他那里去了。当时浙江省电业管理局大楼就在现在中山中路步行街，步行街从北到南走到头，就能看见一个大钟楼。

采访者：您在闸口电厂一共工作了多少年？

简文仲：从 1958 年到 1962 年。新安江电厂是 1958 年建的，1956 年以前先要在新安江的南面建一个黄坛口电厂。因为造新安江电厂要用电。第一个步骤就是先在黄坛口造一个电厂，设计有四台 7.5 千瓦的发电机，一共 3 万千瓦。1958 年前造了一台发电机后，拉了一条 110 千伏线路到新安江。1961 年，新安江的第一台发电机组发电，1962 年就成立了浙江省电业管理局。

采访者：新安江电厂建设的过程当中，您有去工地看过吗？

简文仲：没有，老局长张国诚在现场，他建好黄坛口电厂之后，就去支援新安江电厂的建设。新安江水电厂到 1961 年左右，第一台发电机就发电了。第一条线路从新安江拉到杭州变，杭州变就在老余杭。建了我们浙江省第一座 220 千伏变电所。正因为有了新安江的电，我们跟上海就连通了。部里面就决定成立一个由三省一市组成的华东电网。哪三省呢？就是江苏、安徽、浙江。浙江的电全靠那个 220 千伏变电所，新安江的 220 千伏线路拉到杭州，再拉到上海。三省一市在 1962 年 4 月 2 日成立了华东电业管理局。陈伯亮是生产局局长，蔡在明是副总工程师，我是安全科科长，还有一个计划科科长叫徐翰昌，我们一共四个人。

新安江水电厂建设好之后，就把电送到浙江、上海，组成了三省一市华东电网。我们浙江省没有电业管理局，所以我们省委就在 7 月份成立了浙江省电业管理局。浙江省电业管理局是新安江水电厂促进成立的，没有新安江发电，我们也不会成立三省一市的华东电网，没有成立三省一市的华东电网，不会促进浙江省在 7 月份成立正式的电业管理局。但是 1962 年 4 月 2 日那天，我签字报到用的是浙江省电业管理局的名称。为什么呢？因为这个时候有个浙江省电业管理局，隶属于浙江省水利电力厅，王醒是厅长，沈石如是第一副厅长，我们的老局长石青是第二副厅长，他在水利电力厅下面也成立了一个电业管理局。刚好水利电力厅下面的浙江省电业管理局局长是石青，后来正式成立的浙江省电业管理局局长也是石青。实际上这两个管理局是两回事儿，我们后面在 7 月份成立的浙江省电业管理局隶属于华东电业管理局，人权、物权、财权、调度权都归华东电网，所以我 4 月 2 日写的浙江省电业管理局，不是我们后来正式的浙江省电业管理局，是水利电力厅下面的电业管理局。

四　浙江省电业管理局发展史

采访者：后来成立的浙江省电业管理局管辖的范围包括哪些？

简文仲：刚开始管辖的范围好像是国家计委发行政命令下来的，就是浙江北部，杭州、嘉兴、浙西几个县，还有绍兴一个大明电气公司，只管这几个地方。当时石青局长想取名为“浙东供电局”，西面叫“浙西供电局”，但是后来一想，觉得不妥，因为绍兴只有绍兴钢铁厂的自备电厂，一台 6000 千瓦的机组给我们供电，所以后来还是叫“绍兴电力公司”，浙西叫“浙西供电局”。浙西为什么能叫“浙西供电局”呢？主要是用新安江水电厂 110 千伏变电所的电，当时我觉得，怎么省里只给我们这么小的管辖范围，照道理浙江省电业管理局要管全省的呀！陈伯亮对我说：“小简，你不要急，只要我们的工作做好，我们的高压线路往南走，走到哪里，哪里就会归浙江省电业管理局。”后来果然是这样，新安江电厂的机组陆续发电后，220 千伏线路朝南走，110 千伏线路也朝南走，110 千伏线路到了萧山、绍兴，再加上后来新安江的二级电站，富春江发电站也发电。220 千伏线路、110 千伏线路就从北朝南发展，线路发展到什么地方，什么地方就并到我们增设的电业管理局管辖范围了。人力、财力、物力都归我们管，以前是自己地区管自己地区的。大概到 1979 年，线路先到金华，成立金华电力局；线路到了绍兴、宁波、台州，成立绍兴、宁波、台州等电力局；到了丽水，成立丽水电力局；1984 年，线路到了温州，成立温州电力局，这些新成立的电力局都归我们管辖了。那时候正好是新中国成立 35 周年，温州电业管理局正式并浙江省电业管理局管辖，这样才算全部完成浙江省电业管理局的电网建设，但是舟山那边还没有完全并到大陆里面来，因为当时还没有建设海底电缆，舟山有自己的电厂，大约 1992 年海底电缆建设后，舟山也并进来了。浙江省电业管理局并不是在成立初期就能够管辖全省的电业电力的，整个过程从 1962 年到 1984 年，经过 22 年才完成整个浙江省的电网建设，才算归在同一个单位领导。我们所有的人力、物力、财力都归三省一市华东电网领导，包括我们的工资、经费都是上海华东电业管理局发的。我们省里对浙江省电业管理局负有省内的行政管理责任，但实际我们属于华东电网，华东电网属于国家电力部。

我感觉有三个方针促进了浙江电网的发展，第一个方针是周总理定的，就是先造新安江水电厂；第二个方针是建立港口电厂。什么叫港口电厂呢？一个原因是减少环境污染，另一个原因是方便运煤。电厂到后来越建越大，而且都造在杭州这些大城市里面，会有污染，因为都是火力发电的。运煤也困难，没有这么多铁路运煤。所以当时国家决定，从山西造一条铁路到秦皇岛，把山西的煤送到秦皇岛，秦皇岛是港口，都用万吨的船运煤，运到我们浙江港口的几个电厂。先建造镇海电厂，一百零几万千瓦，沿着江边再造台州发电厂，大概也是 60 万、80 万千瓦，再造温州电厂，也是几十万千瓦的，再造北仑电厂，以后又在嘉兴靠海边造了一个嘉兴热电厂。还有在秦山造了个核电厂，是 30 万千瓦的，当时港口电厂最出名的是北仑电厂，那里有四台 60 万千瓦的发电机。我认为第二方针非常正确，改变了过去的老观念。以前的老观念是，哪里是负荷中心，电厂就造到哪里，负荷中心都建在大城市。第二个方针出来以后，情况就改变了，所以我们浙江造这些电厂都在海边荒僻的地方，镇海电厂、北仑电厂、台州电厂都在沿海没有什么人烟的地方。

采访者：第三个方针是什么呢？

简文仲：第三个方针是“西电东送”，现在还贯彻这个方针。当时我听到

“西电东送”这个方针，还不能理解。我想：西面缺电，工业又不够发达，我们东边发达，因为我们东边电厂多，应该是“东电西送”才对。其实是我错了，“西电东送”是正确的。利用四川的水资源造水电厂、内蒙古的核电厂，在山西造煤矿口的大电厂，只要电压升得高，就可以把电送得很远。东边需要电，何必再造那么多电厂呢？西边就有电力资源，有水的资源，有煤的资源，还有可以造核电厂的资源，所以就要“西电东送”，把西边的电压升到很高。现在已经都有好几个 1000 千伏电压的变电所了，西边的电力送过来后，小厂都可以关门了。

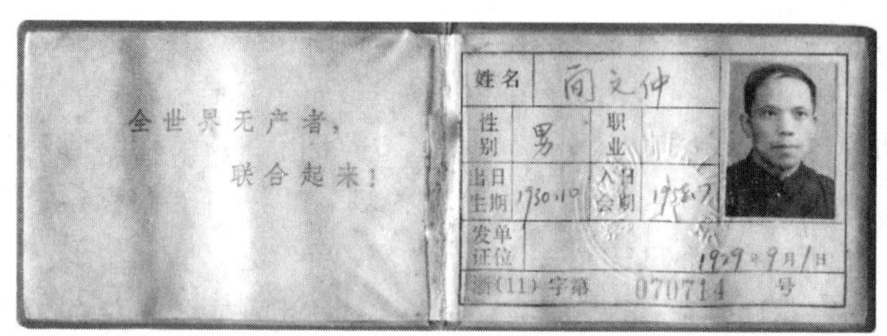

简文仲的工会会员证（浙江电力局工会工作委员会 1979 年 9 月 1 日颁发）

采访者： 1962 年成立浙江省电业管理局的时候，党支部一共有四个人，除了石青和陈伯亮外，还有李旭和曾永源对吗？

简文仲： 对，曾永源是调过来的，他原来是海盐县县长。李旭是红小兵，他是参加过长征的。

采访者： 对，上面有，曾永源曾经是浙江省电业管理局第一个党组班子里的成员，那李旭后来都在党组班子里是吗？

简文仲： 李旭一直在党组班子里。李旭是红小兵，没有参加地下工作，但他参加过长征，爬雪山，过草地，后来他在延安，一直到革命胜利。

采访者： 您在金工车间有没有参与过重大的技术攻关？

简文仲： 我唯一说得上的工作是造了一个铸工车间，使车、钳、刨、铣、磨、模具、翻砂、冷作全部齐全，金工车间后来变成电力修造厂了。电力修造厂是独立的，独立以后好像搬走了，搬到现在的下沙区。因为当时有个厂长是我的学生，叫祝华民，电力修造厂独立后不属于闸口电厂了。

采访者：您在闸口电厂的时候，正好遇到1960年到1963年的三年困难时期，当时电厂的生活怎么样？

简文仲：电厂的人不会饿肚子的。当时国家都给我们发粮票、油票、布票，电力部的工资相对比较高。“大跃进”造成两个不好的风气，一个是命令风，一个是浮夸风。

采访者：当时你们电厂有浮夸风吗？

简文仲：电厂浮夸倒是没有，电厂浮夸不出来的呀，五台机组只能发4.7万千瓦的电。当时要求我们电厂要“一厂变一厂半”，我们也不敢浮夸，因为变不来的，1万千瓦的机组实际上只能发1万千瓦，1.5万千瓦的电怎么发得出来?！整个机器都会被烧掉的！所以我们电力部门一点都不敢浮夸的。

采访者：那你们电厂有没有命令风呢？

简文仲：电厂没有，我讲浮夸风、命令风是在农业生产上面。当年“大跃进”的报纸是骗人的，说一亩田产一万斤粮食，这怎么可能?！有个照片是作假的，当时各大报纸都登过，那个照片里面一个孩子坐在稻谷堆上面，其实下面是拿东西托着的。

采访者：1962年到1966年，您每年的年夜饭都不在家里吃，都在外面吃，对吗？

简文仲：对，因为我们局长对杭州220千伏变电所十分重视。杭州220千伏变电所是归杭州电力局管的，陈伯亮局长跟我说：“小简，你要去杭变看看。”有两个任务，第一个任务是，年三十晚要停电检修，就是把220千伏线路先断开，断开才能检修。这个操作很要紧，一旦操作错误就不得了了。按照当时管理的两个原则，第一个原则就是贯彻五项制度：工作票制度、操作票制度、交接班制度、设备巡回检查制度和设备缺陷管理制度。这五个制度是我们电力部门最基本的制度，必须要按规范贯彻，贯彻得好，日常管理工作就正常了。

第二任务是督促杭州电力局高压工区检修。因为只有春节这几天用电需求少，能够停电检修。我们的调度所先要向华东的调度所申请检修、复役、通电的时间，不能拉长检修的时间，只能缩短，拉长了就是出事故，因为上海、杭州都等着用电的。

采访者： 您到现场主要是发挥监督作用对吗？

简文仲： 对，起监督作用。按照操作票制度，他们先要写操作票，第一步做什么，第二步做什么，第三步做什么。写好之后，值班员要请操作人先写好这张操作票，再经班长签字。我们电力部门很严格的，凡是有操作人，旁边必定要站一个监护人。监护人先要审查，操作人写的操作票步骤对不对，步骤正确，监护人才能签字，出了问题要对监护人问责。我们局长还是不放心，因为他太重视这个220千伏变电所了，所以让我提前去监督。

采访者： 你当时已经是安全科的科长了，也是你的职责范围吧？

简文仲： 对，如果出了操作事故，首先就是我的责任，因为我是全省的安全科科长。有个事故在电力部门里叫“带负荷拉闸刀”。首先要把开关断开，两边就停电了，恢复电力的时候，要先向内合上闸刀，再去开关。最怕操作人员犯糊涂，先拉闸刀，先拉闸刀的话，整个变电所的闸刀估计就要烧起来的，所以一定要先拉开关，带负荷拉闸刀是我们电力部门最恶性的错误操作。

采访者： 您在任的那几年没有出现这种情况吧？

简文仲： 没有的。局长就是怕他们出这种事故，一定要我跟着。

五　建设梅溪电厂

采访者： 请您回忆一下您在梅溪电厂的工作经历。

简文仲： 我认为我做过最接近共产党员标准的一件事情就是建造梅溪电厂。当时在“备战、备荒、为人民”的背景下，梅溪电厂设在西边。为什么要选择梅溪这个地方呢？因为梅溪镇的尽头是一座山，梅溪电厂要造在山坳里面。但是山坳不够大，梅溪电厂所在地以前是个庙，建造两台2.5万千瓦的电厂的话，空间不够，所以必须开山，把山削下来，把平地放大，才能造成梅溪电厂。

采访者： 整个大队一共有多少人？

简文仲： 600人左右。安吉县政府派了石业社的一个班，石业社是专门开石头的，他们会放炮。我管开山放炮的事情，民工们称我“炮兵司令”。我当时真的害怕，因为我们这批人在基层都没有怎么做过事情。我去弄炸药，弄雷管，炸药是一桶桶白颜色的，有点像黄面粉，雷管是一支支短短的管子。雷管最可怕，雷管后面要装一个导火线，导火线就插在雷管里面，雷管就插在炸药里。首先让石业社的炮工在山脚下用榔头、铁钎打洞，打到一定深度之后，先用一支雷管放进去，点燃导火线，一支雷管就在里面爆炸，洞就被扩大了，不然放不了更多炸药。放完最后一节炸药后，就要放雷管进去引爆。最可怕的就是点导火线，打第一个炮眼放进去的雷管导火线最长，第二根短点，第三根再短点，最后一根雷管的导火线最短。全部放完之后，一人拿支点燃的香烟，先点燃那根最长的导火线，再一个个地点过来，当时真是紧张得不得了。点完最后一个导火线就赶紧跑开，我们预先选好了隐蔽地点，躲好之后就听声音。一般打了十个洞，就应该有十个爆炸音，但是经常碰到十个洞打好了，却只听到九个爆炸音，那是最可怕的事情，因为有哑炮，按规定要等 20 分钟到半个小时，还没有炸的话，就要进去处理，最可怕的就是刚刚进去处理的时候就炸起来。

采访者：你们当时没有发生这样的事吧？

简文仲：没有，我很喜欢一本书叫《把一切献给党》，讲的是主人公处理哑炮时突然爆炸而残废的事情。我进山洞处理哑炮的时候就想到这本书的事情。民工一定要我进去，他们才肯进去。民工要进去拿铁耙扒开被炸得零碎的石头，找出导火线，把有雷管的炸药拿出来。不过还好，我们没有遇到爆炸事故，发生哑炮的原因是前面爆炸的石头飞起来，压住正在燃烧的导火线，导火线就熄灭了，所以没有爆炸。

采访者：去点火的是谁呢？

简文仲：一个是我，另一个就是石业社的班长，两个人同时点，因为一个人点来不及的，其他人不肯干这件事。导火线一点就着，“哗”的一声烧过去，看起来让人很害怕。在整个削山的过程中用了上百次炸药，都没有发生事故。但有一次很惊险，因为设计院老早到现场了，等着我开山，老是跟我说：“老简，赶快啊，你赶快炸出来，我们才好设计。”这样弄得我也有压力。有一次我叫人家打洞，准备多炸一点，但是洞里的炸药放太多了，爆炸之后真可怕，昏天黑地，灰尘扬起来，对面人都看不见，这个还不算最可怕的。过一会儿，一个民工急匆匆地跑过来说：“司令，司令，不好了，一块大石头飞起来，飞到对岸去了。”我们对岸是个农村啊，农村都有房子的，我一听就被吓出一身冷汗，飞出去的石头会不会压塌房子、压死人？我怎么负得起这个责任呢!？我赶紧叫人找一条小船，带了炮工，还有两个民工，到对岸去。真是老天爷保佑，那块大石头正好落在人家房前的院子里，既没砸到房子，也没砸到人。我为什么说我比较接近共产党员？因为面临生死关头，别人都不肯进去，只有我挺身而出，带头进去。

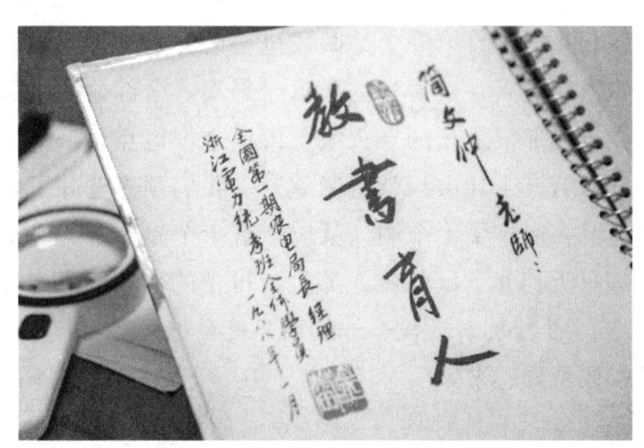

1988 年，全国第一期农电局长经理浙江电力统考班全体学员邀请书法家为简文仲在相册扉页题词留念

采访者： 您刚才说梅溪电厂原址上有一个庙，后来怎么样了？

简文仲： 庙已经拆掉了。开山的时候，有很多铜钟，和尚快去世的时候就盘腿坐在这个底盘上面，盖子就套着和尚，佛家里面叫“坐化”，我们开山的时候有好多这种钟。开山还有一个难题，在开山的过程中发现有条暗河，这时候正好是冬天，冷冰冰的，民工都不肯下去。我是大队长，只好撩起裤脚管，拿了一把铁锹，第一个跳下去，这些农民是很朴实的，大家一看我跳下去了，他们就都跳下去了。冬天的水冰冷刺骨，但是我只要用力锄十来下，烂泥就被锄上来了，同时身体就暖和了，腿就不刺痛了。

采访者： 现在年纪到了有后遗症吗？

简文仲： 没有，我非常感谢这些农民的，他们看我第一个跳下去，他们都跳下来了。他们这些领队的硬把我拉上来，跟我说：“大队长，你放心，我们都会给你挖，你上去吧!”就把我硬拖上去。有时候我也会遇到这样的事，有个别公社的会计，把我拉到旁边跟我说：“大队长，你给我工票多开一点，人头多算一点，将来钱下来了，我们对分。”我说：“绝对不行!”但是我也不会去告诉他的领导。

采访者：那电厂后面的工程还是你们建设的吗？

简文仲：后面的工程不是我们建设的，我们是甲方，乙方是浙江省电力安装公司，他们来安装的。

采访者：那时候的工资情况如何？

简文仲：我 1990 年退休之后的工资是 176.5 元钱，那时工资比这个还要少，记不得了。以前加工资的规定是，比如说，国家没有钱，比如说要加十块钱工资，但不是每个人马上都能加，要分三年加，每年有 30% 的人可以加到工资，加多少钱大家都一样的。这个加工资的问题放到我这里就是个难题了，那时候我还在电力局工作，大家都要争着加工资的，我作为党员，又是组织委员、党支部副书记，我首先表态不要第一个加，要最后一个加，所以我是第三年才加工资的。我表态之后，再做其他人的思想工作，优先给家庭困难的人加工资，后面再轮到其他人。那时候加工资加过两次，加的数额很少，不超过十块钱。

采访者：您在前两年打基础的时候，有没有省里的领导来指导参观？

简文仲：可能这个事情现在对我来说是一个谜，本来电力部批下来不叫梅溪发电厂，叫湖州发电厂。省领导戴克林来过梅溪电厂的，那时候我正好做民工大队长，刚开始 300 个民工睡觉的时候都挤在小学教室，男的、女的都住在一个房间，全部都打地铺。这怎么行呢？有的还是小孩子呢！我向我领导申请搭几个竹棚，他们都同意了，我们就马上在山头上搭了几个竹棚，让民工分开住。我们电厂山头最高是 80.5 米，按照设计的规定，应该是 120 米。戴克林检查的时候问我们：“这个山头多高?”我们说：“80.5 米。”他说：“好，烟囱只能到 80 米，不许超过 80.5 米。”他说：“烟囱只有 80 米的话，飞机飞过来看不到。”我想：“飞机直线飞过来是看不到的，可是飞机稍微侧一侧不就看到了嘛!”戴克林后面看到山顶搭了这么多毛竹棚，大发脾气：“怎么能在山顶上搭房子？飞机一看不就看到了?!”吓得我的领导瑟瑟发抖。戴克林走了之后，他们马上写检讨报告，我的领导都说是他们的责任，没有提我，领导还是关心我、保护我的。

采访者：那后来有没有拆掉竹棚？

简文仲：没拆。怎么拆？拆了这些民工住到哪里去呢?！我们只是把报告打上去。

采访者：1971 年“九一三”事件以后，你们的工程没有停下来吧？

简文仲：没有停。我们是在 1972 年发电的。

采访者：您在梅溪电厂一直待了 10 年，1979 年才离开的吗？

简文仲：对，这个要感谢邓小平。邓小平提出要改革开放，并且他讲了好多问题，要赶快以经济建设为中心，也谈了人才的问题，更谈了教育问题。我是靠邓小平同志要抓教育才有机会调回杭州做教育工作。

到了 1979 年，根据相关指示，局里把我调回来担任新成立的职工大学教务科科长。当时职工大学有两个班，一个是热机班，招的是系统内自己的职工。一个是电气班，来的人是浙江省刚成立的浙江工学院的学生。他们很聪明，都是 20 岁以下的高中生。浙江工学院的校舍还没建好，就招生了，于是把学生化整为零，都交给各个专业的局帮他们教学，那就极大地难为我这个管教务的啦。我们自己一个老师都没有。幸好此时工学院招来了一批基础课老师。第一年是由工学院的老师上基础课。二年级、三年级专业课，我凭着老面子，找浙江大学电机系主任张万里老师、热机系主任陈运铣教授（主任）派系里的老师来兼课。最后他们连毕业论文都管到底。我们的学生发的是职工大学的毕业证书。电气班发的是工学院的毕业证书。也有一部分学生分配在我们电力系统。现在在电力公司安全部工作的张学东，他是当年电气班的班长，详情可以问他。

这边职工大学的事刚完成，那边杭州电力专科学校要招生开学的事又催了！真是党的威信高啊！邓小平一句“抓教育”的指示，全国各地都动起来了。电力部马上在杭州办电力学校，学生是初中毕业再读四年制毕业，托省局代管。此时，校舍已基本造好，老师已有一部分，独缺教务安排教学。此时，省局任命我为电力学校教务副校长。我到任后，立刻派人去南京电校（全国最出名的老中专学校）要来他们的教学大纲。每学期的教学计划照猫画虎地安排妥当，并赶快建立图书馆，这样就招生开学了。

我在电力学校开学后不到一年，省局为了贯彻落实对在职的厂局长轮训的中央指示，把我调回。先把我送到北京，参加电力部开办的全国电力教师的培训班。学的是电力部编写的电力企业管理，内容从电力技术知识到各科室的管理，如人事管理、财务管理等都有。学完回来抓紧开办干部培训班，一期一期的厂局长都要来学习。学好还要通过国家考试。全国公布成绩，还要排出全国各电力局的名次（各系统自己组织考试），真是硬碰硬。所幸每次训练班浙江省都是名列前三名。不是我教得好，而是因为我们浙江的厂局长文化水平高，学习又认真。那时训练班只有我一个班主任兼教师，还有一个管后勤工作的搭档，地点就设在城隍山脚下的四宜路招待所。学习的方式是把书发给学员，主要是自学。有问题，找我解答，偶尔上一堂大课，考试方式是最后每人写一篇如何管好电力企业的论文。

1988 年 1 月，全国第一期农电局长经理浙江电力统考班全体学员合影留念
（前排左三为简文仲）

厂局长轮训结束后，省局调来当时电力学校的正校长，还带来一大批人，有教师、工作人员，还有小汽车，正式成立省电力局干部培训中心。1990 年我就退休了。

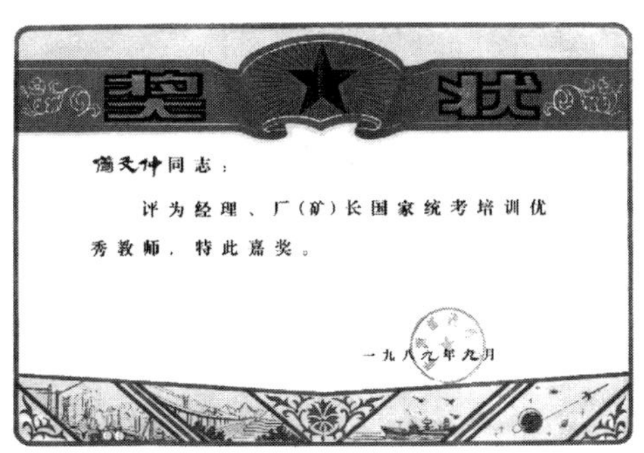

奖 状

简文仲同志：

评为经理、厂（矿）长国家统考培训优秀教师，特此嘉奖。

一九八九年九月

1989 年 9 月，简文仲获得能源部教育司颁发的经理、厂（矿）长
国家统考培训优秀教师嘉奖奖状

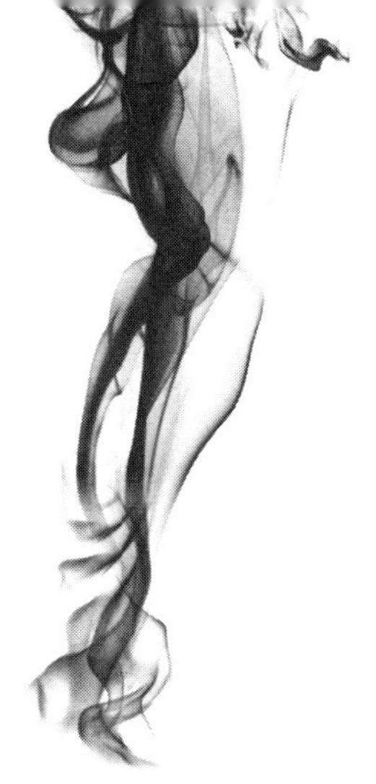

惊滩碧岸出丽水

口 述 者： 盛卸华

采 访 者： 张峻、陶萱

整 理 者： 张峻、徐国锋、陈方

采访时间： 2019 年 4 月 3 日

采访地点： 国网浙江省电力有限公司电力科学研究院

盛卸华 1936 年出生，浙江金华人，1952 年 1 月进初中读书，1954 年赴广州参军，作为技术兵种加入 4436 支队，开始学习雷达技术；1958 年转业到山西第一油厂，后被派遣到东北石油六厂学习仪表修理，1960 年任山西晋城石油厂党办干事。1961 年，他调回浙江，在新安江水电厂工作，并赴华东电管局“四清”工作队工作一年；1968 年调任富春江水电厂，负责仪表修理，此后历任支部书记、副厂长，兼任厂劳动服务公司经理；1987～1998 年，任紧水滩水力发电厂副厂长、厂长、党委书记等重要职务。在紧水滩水力发电厂任职期间，亲历紧水滩水力发电厂机组从投产发电到跻身全国电力系统“双达标”企业行列，并成为全国首批达标水电厂之一的历程，其任职期间有多位省级领导到厂视察；1997 年被授予“浙江省优秀企业家”荣誉称号。

一　早年经历

采访者：盛老，您好！请您先简单地介绍一下自己的早年经历。

盛卸华：我出生日期是农历丙子年十二月十五日，阳历是1937年1月27日。老家是金华汤溪县罗埠镇。我家世代都是农民，小学和中学都是在当地读的。小学是在罗埠镇读的，中学则是在兰溪游埠镇读的。

1952年1月我进初中读书，初中毕业时（1954年6月）广州军区到我们学校来招学生兵，要招空军。当时我对空军是很向往的，就动员几个要好的同学一起去当兵。

参军后，我加入4436支队，这是一支空军下面的雷达部队，属于技术兵种。去了以后我就开始学雷达技术，之后被分配到八连，那时有两部雷达。作为一个雷达兵，我在811站，这个站是流动的。开始我们是在北京，之后到广州、汕头。1957年我当了雷达长，主管一部雷达。

1958年4月我从部队复员，转业到石油系统去了。那个时候我们国家是贫油国，没有地下油，国家想用煤气来炼石油，加上山西煤炭多，国家开始在山西建第一石油厂。我去的时候还是第一石油厂组建阶段，我去主要是学习。我是搞雷达的，在无线电、电工这方面是有基础的。

我1958年6月份去东北锦州石油六厂，在那里主要学习热能自动化和热工仪表。

1960年，我返回山西。原本1958年要在山西太原建第一石油厂，后来改到晋城建石油厂，回厂后我就调到办公室当干事。在山西晋城石油厂待了一年多，我就调回浙江了。

二　调回浙江

采访者：请您介绍一下，调回浙江是什么原因，怎么调回来的？

盛卸华：调回浙江是偶然的。我从当兵到复员地方以后，有7年时间没有回家探过亲。1961年5月份我回家探亲，坐火车时，和坐在我前面的人聊天，得知他是新安江电厂的职工。我问他："你那里有没有搞热工仪表？"他说：

“有啊，我们那里有自动化、继电保护，还有仪表。”后来我才知道，这个人是新安江电厂办公室副主任，姓丁。我当时想跟新安江电厂联系，他就给我留了地址。当时我想调回浙江，回单位以后就提出了调任申请。单位同意以后，我联系新安江电厂的劳资部门，介绍了自己的情况，后来劳资科就回应调档。档案审查通过后，我就调到新安江电厂来了。

采访者：您那时候了解的新安江电厂建设是什么情况？

盛卸华：新安江电厂建设情况，我调回之前倒是在报纸上看到过。但是具体在什么地方，我也不太清楚。来到厂里以后，实际情况确实让我大吃一惊！那么宏伟的一个大坝，我看到以后真是感到很激动啊！我当时就想，新安江电厂的建成，我们国家确实付出了很大代价，当时为了解决上海和杭州的用电，中央决定建新安江电厂，浙江人民，特别是遂安和淳安人民，为建厂做出了巨大贡献和牺牲。原本位于这里的两座千年古城、980 多个村镇、26 万间房屋、30 多万亩土地被淹没，最后成为千岛湖。还有 29 万人移居他乡。这个工程的浩大和浙江人民的贡献，真是非常伟大！我当时真切地体会到，这样的工程只有在中国共产党领导下的新中国才办得成，这也确实是中华民族的品牌，体现了中国的力量。

新安江电厂有严格的管理制度，这是我到新安江电厂后留下的第二个深刻印象。当时厂里给我们发了一本安全规范，每个人都要学。我们刚去的人，一是要先学习安全规范，学完考试，考试合格才能上岗；二是执行工作票制度，比如说我今天要做这项工作，这项工作要开一个工作票，工作票上写有工作负责人、工作人员、工作内容，以及工作要做哪些安全措施；之后经过运行管理人员签字，你才可以开始干工作。电厂要求严格，非常规范。

第三个印象就是，新安江电厂的设备分工很明确。当时班长带我到现场以后，看到设备上有条红线。我就问他：“你画这条红线干什么？”他说：“这条红线是我们的分界线，就是红线上面是你管的，红线下面是我管的。如果出现问题，就可以清晰反映出有问题的部分具体责任人是谁，是哪个方面出的问题。”

采访者：那时候新安江电厂的厂长是谁？管理制度是怎样的？来新安江电厂之后，您主要负责什么工作？

盛卸华：当时新安江电厂厂长是徐百铮，国务院任命的。当时厂里这些制度都有专人管理、专人负责。

我过来以后负责仪表检修，主要是热工仪表检修。1963 年，我被任命为仪表班班长。1963 年，机构改革，试验室取消。热工仪表班也改为机械试验班，划归检修分场，我当试验班的班长。这个试验班实际上负责热工仪表的检修，以及机械试验。比如说新机组投入运行，要先进行试验；机组经过大修以后，要投产，也需要进行一系列的试验。其中最重要的一项，就是进行甩负荷①试验。自动化规范里面有这条规定，因为安全生产过程当中很可能出现这个问题。闸门下落，电流输出，自动保护的电流输出，就可能造成机组的飞速空转。如果这个时候没有去自动化的保护，机组停不下来，就会导致设备损毁。所以必须要有一个保护措施，让它在这种情况下停下来。

采访者：您当时工作中遇到过什么问题吗？

盛卸华：我在那里的时候，没有遇到什么大问题，但我记得有一个项目要把主变从坝顶搬走，当时主变的搬迁主要是为了备战，新安江电厂作为浙江的经济命脉，属于主要军事目标，需要把主变和联变搬到隐蔽地方去。这个工程都是新安江电厂职工自己干的。当时我在检修大队任代理支部书记，也参与了这个工程，主要的工作还是在检修大队。

采访者：1966 年新安江电厂进行并网升级改造（并到 220 千伏和 110 千伏电网）的情况，您了解吗？

盛卸华：我到新安江电厂时，那里已经并电网了，这个是电网里面改造的问题，我不清楚。

浙江的 220 千伏供电问题到后来的富春江电站才解决，因为当时新安江电厂直接给华东供电，浙江电网当时用量不大，浙东，浙西是分开的，整个省里没有形成电网。后来浙江的用电量上升，把原来的浙西供电局和浙东供

---

① 甩负荷：因终端用户用电负荷降低（例如大型用电设备故障或大面积区域线路故障断电），发电厂水轮发电机的发电量超过输送给用户的量，此时要求发电厂将发电量减少到与实际负荷相适应的值；或是电厂内部的原因，供网出口断路器突然跳闸，水轮发电机负荷突然降到基本为零，发电厂的这些执行动作就叫甩负荷。水轮发电机组发生甩负荷后，巨大的剩余能量使机组转速上升很快，调速器迅速关闭导叶，并经过一段时间的调整，重新稳定在空载工况运行。在甩负荷过程中，除了调节保证计算所关心的最大转速上升值和最大水击压力上升值外，还要对甩负荷动态过程品质指标的优劣进行考核。

电局集中：把浙西供电局撤销，成立金华局；把浙东供电局撤销，成立宁波局、杭州局。形成统一局以后，就开始准备联网。1966 年以后浙江开始形成一个电网，新安江水电站的电主要供华东地区，电量不够，所以就和富春江电站合并了。这样，新、富两厂的电能够转变到省网。富春江水电站的开关站，本来是一个厂的开关站，后来把这个开关站变为枢纽——就是把新安江跟富春江联网发的电，通过枢纽以后，富春江的开关站就可以把 220 千伏和 110 千伏的电量供应到浙江省网。浙江省网当时在诸暨牌头建了一个变电所，通过诸暨基地同牌头变联网，然后把电输送到浙江省网。如果浙江省电不够，华东的电也通过富春江水电站再转出去，最后又转回浙江来。所以富春江的开关站在 1970 年以后就变成了枢纽开关站。

当时把新安江和富春江跟浙江省网联网，一是因为需求量大，二是新、富两厂的用电量、救急等方面的调度比较方便。富春江水电站刚好处于中间位置，联网也比较方便，所以就把富春江开关站改装成枢纽，再跟浙江省网进行联网，这样非常有利。

采访者：那么您是什么时候到富春江水电站的？请您简单介绍一下，当时的情况是怎样的？

盛卸华：我们是 1968 年 10 月，在发电之前作为检修人员第二批过去的。我们去的时候，电站的大坝已经建好，机组正在安装，由十二局安装。

原来建长江大坝的时候，水库调度和航运问题不好解决，当时的钱正英部长就决定先到富春江建一个大坝进行试验。因为七里泷这个地方有个别名称作“小三峡”，这里的水系、地形和水下情况跟三峡属同类型，在这里选址建水电站是为了积累水库调度、航运、过坝的经验。兰溪、衢县、金华往来船只比较多，船只怎样过坝、运输怎样解决，都可以在这里进行试验。1981 年，原来在富春江水电站担任水工分场主任的侯广忠被调到葛洲坝，担任葛洲坝水工分场的主要领导人，具体职务我不太清楚。1982 年长江发生洪水灾害的时候，他在葛洲坝运用原来在富春江水电站工作时的经验，把葛洲坝水利指挥和调度工作做得很好。从这一点看，当时钱正英部长是有先见之明的，侯广忠也获得当年的“五一劳动奖章”，后来提拔为葛洲坝电厂厂长。

富春江当时厂里的机组比较特殊，共有五台机组，来自三个国家、四个厂家。第一台机组是苏联供应过来的，中苏关系僵化之后就没有再供应。富春江的坝比较低，水位低，轮机的叶片要很大才能推动水力进行发电。当时中国没有厂家能够制造合适的机组，最开始各个电厂都是用上海电机厂制造的机组。这些机组发电量和装机容量都不大，但是个子很大，都是大块头。富春江水电站的第二台机组就是上海电机厂制造的。上海电机厂是搞火电机组的，搞水电机组经验不足，再加上工作量很大，所以就只做了一台。第三台机组就是当时的富春江水工机械厂制造的，大部分零件委托哈尔滨电机厂制造的，大轴、水轮机、发电机、叶片都是由哈尔滨电机厂加工后运过来，机械厂又自己做了一部分零件来制造这台机组。四号、五号则是法国阿尔斯通的。所以最后大家把它们合称为“三国四方”。

采访者： 这些机组来自不同的厂家，制造标准也不同，是不是给维护工作带来了一些挑战？

盛卸华： 对，问题就在这里。后面的机组运行和检修都面临着很大挑战。三号机组相对来说问题多些，运行中故障较多，当时富春江的维修任务确实较重。法国机组投入运行以后，产生振动，导致运行不正常[①]。我们与法国阿尔斯通交涉，他们也不清楚原因。后来富春江电厂的一个高学历的女工程师，叫林肖男，她运用波段、核磁共振原理进行计算，发现是法国阿尔斯通机组的不合理设计导致的运行问题。后来我们双方合作，采用垫片等方法，解决了这个振动问题。当时法国阿尔斯通也很佩服富春江电厂还有这样的人才，找出了他们没有察觉的问题，还帮助他们解决了。

采访者： 盛老，您到富春江以后的工作情况是怎样的？还是负责检修这一块吗？

盛卸华： 对，还是负责检修。我调到富春江电厂的时候，那里只有一个支部，下设电气排和机械排。我主要负责检修，还到仪表班担任了电气排的党小组组长。1970 年总支部成立，下设四个党支部，柴松岳任第一支部书记，第二支部书记是后来调任葛洲坝的侯广忠，我担任第三支部的书记。我这个支部主要负责检修，包括电气、机械、输配等。后来政府号召全国学习解放军，我们就又改为连队：一连负责运行，柴松岳为指导员；二连是水工，侯广忠就是二连的指导员；我们三连还是负责检修，我担任三连指导员。

---

① 产生振动的原因，盛卸华在采访后写了份说明，即“产生振动的原因，不限于磁共振，主要是负序电流问题引起”。

检修工作这一块，就像在前面说的，三号机组是富春江电厂里较容易出毛病的机器。我们在日常检修过程中发现，二号机组和三号机组的毛病多，后来逐步进行更新改造，工作量很大。要保证安全生产，我们就要提前发现问题，设备坏了就要检修。所以那时候每年都要大修，我们找到问题，再把这些故障排除掉，才能继续安全运行。

采访者：新安江调任富春江电厂的人员中，有没有哪些是您接触过和熟悉的呢？

盛卸华：有，那时候有很多优秀的人才，但我对这些人只是熟悉名字，工作上没什么接触。柴松岳算是当时我经常接触的人，因为我们差不多大，都是工人，工作上经常交流。他是烈士子女，1958 年作为学徒工到新安江电厂，很机灵又很能干，各方面都非常优秀，后来被提拔为运行分场的支部书记。我们俩人关系一直还不错。调任富春江电厂的时候，我们俩一起进的班子，那时候实行党委常委制，我、柴松岳、刘福诚、朱水林都是常委。后来刘福诚调到省局当副局长，柴松岳任党委书记，朱水林任厂长，我任副厂长。当时富春江电厂属厅级单位，所有厅级会议，我们都参加的，柴松岳年纪比较小，上下级关系又都很好，所以大家都叫他“小鬼”，他很讨人喜欢。柴松岳工作能力不错，在人际关系等方面都处理得比较好，省领导很看重他，后来就派他去中共中央党校学习并调任长兴煤矿的党委书记。他从长兴回来以后先是担任省纪委副书记，之后才升任浙江省省长的。

当时新安江电厂的厂长徐百铮和钟伯熙也给我留下很深印象。徐百铮厂长是 1938 年参加革命的老干部了，为人很和善，经常到班组来和工人聊天，大家都很喜欢他。另一个就是钟伯熙，他的工作能力很强，讲话水平也很高，是一个干才。徐百铮任厂长时候，管运行的一个副总，叫张国诚。这个人工作也是非常勤勉的，每天都到现场去，把运行上发现的问题摘录在他的笔记本上，每个月进行总结和分析。他为人好，得到全厂职工的好评，是个好干部。

采访者：1976 年以后，国家对企业管理和运营方面提出了新要求。您在担任富春江电厂副厂长和劳务服务公司经理时，企业是否整顿过？整顿情况是怎样的？

盛卸华：在管理上，富春江基本还是采用新安江的方法，因为大部分人员都是从新安江调过来的。后来在1982年企业整顿的时候，富春江倒是做了一些不错的工作。首先，把管理制度标准化，重新制定了一整套标准化管理责任制。我们把原来新安江那套制度带过来，根据富春江的实际情况，让各个班组、科室分别制定，再集中讨论，重新制定一套管理的规章制度，并且把权责划分清楚。后来这套制度报到部里还得到了表扬，富春江这套管理办法确实不错，之后富春江水电站成为全国改革试点单位。其次，整顿劳动纪律，在这方面，富春江水电站的工人一直做得不错，迟到早退的现象不多。再次，整顿机关作风，纠正不正常的思想和工作状态。后来我到紧水滩水电站，为完成达标任务，第一步就是整顿那里的机关作风，把1982年我在富春江水电站的整顿方法运用到紧水滩水电站。

举个例子，刚才说的三号机组的设备改造问题，20世纪80年代初我们在富春江水电站就开始正规化检修了，设备都重新进行改造。设备改造主要根据它原来的设计，比如发电量和水的消耗量、检测机组的温度、辅助设备的压力，以及压缩器的压力，判断这套东西是不是正常。其实关键就是不忘初心，在运行时能不能达到当时设计机器时的规定标准。这套东西进行调查核实以后，判断其是否能够达到指标。如果达不到，就要改造。

采访者：在改造设备的过程中，有没有比较难处理的问题呢？

盛卸华：有的，一个是发电机温度控制的问题，另一个就是机组漏油问题。检测发电机温度升高的原因，实际工作量很大，也很难弄。它主要有以下原因：一个是工艺关系，另一个是线棒里面绝缘材料的关系。当时遇到发电机温度升高的情况，我们就把整个机组吊起来，把里面的线棒拿出来，逐个进行试验，不合格的都要换掉。

还有机组漏油问题，后来我到紧水滩水电站也遇到类似问题。漏油的主要原因：一是机组密封圈的质量不好，二是上螺丝的程序不规范。因为机组比较大，密封圈只能先做成小块的再拼接起来，那拼接的时候就会出现接缝，导致漏油。还有就是工人上螺丝的时候比较随意，以前安装的时候不注意规范程序。比如说圆圈的这层螺丝怎么上？第一步，要先把螺丝一个个洗干净，洗干净以后上黄油，上好以后人工一圈圈地把它拧好，拧好以后再用扳手扳紧。第一步不能拧太紧，而是一半以上。第二步要两边合作，这边拧紧一个，对应的那边也要拧紧一个。否则你把这一边拧好，叶片另一边就翘起来了。这个时候要一圈圈相互配合地拧。如果螺丝都一样长，原来设计也是合理的，那么基本上拧两圈半，就可以保障不会漏油。但是有时候螺丝长短不一，短的受力不够，长的露在外面又很难看。解决这个问题我们也花了很大力气，包括后来紧水滩水电站在改造的时候也一样，我决定把短的螺丝都退掉不要，大螺丝也不能随便换，我安排设备班一个一个地去加工，加工到符合标准以后再来安装。之后一直采用这个办法安装，就能够保证不漏油。垫圈的话，当时我是在现场跟他们一起弄的，采用挂钩式，而不是平接式。具体做法就是把一个设备破开，挖一个槽，两边搭起来，中间形成个卡槽，卡进去再用胶水把它胶死。后来实验发现一点儿也不漏油，到了紧水滩水电站我也一样采用这个办法。

采访者：改革开放以后，有没有引入竞争、激励机制？或者说多种经营第三产业？

盛卸华：有的，但那个时候大家都是工人，素质还是不错的，好像对竞争这种事情也不大感兴趣。第三产业是改革开放以后，在发展经济的形势下推动的，刚开始是想解决忙闲不均问题，也是想利用一些富余设备，创造经济效益，运作则由劳动服务公司来做。富春江那个时候有个招待所，平时也没人住，就空在那里，改革开放以后就把它弄起来搞旅游，上海的客人来了就住在这里，白天把他们带去附近像桐庐那些旅游景点。这样就增加了招待所的收入，增加了地区经济收入。其次就是我们那个输配设备，输配设备不检修的时候是空闲的，好多时候处于夏天吹风扇、冬天晒太阳这种状况。所以后来就利用输配设备对外进行加工，获取加工费用。当时我在富春江搞这些项目的时候，一年收入也不多，整个经济收入不到一百万吧。当时搞这个的目的，主要是解决前面说的忙闲不均问题，其次也想解决一部分知青就业问题。

采访者：我们了解到20世纪80年代的时候有些大坝也会对外承接一些民营项目，您当时在富春江电厂有没有这个情况？您是怎样看待这种外包项目的？

盛卸华：这个情况当时确实是有的。一些水电厂利用施工时候开凿的排水洞，在每个机组大坝造好以后，利用这个排水洞，搞两台小电机在那儿发电。当时富春江也想搞，但这个项目我没有同意。我认为这个资源是国家的，大坝建成本身是要发电的。因为以前电厂包括这个生产指标任务、资金下拨都是属于国家计划内的，电厂不是一个独立核算单位，只是一个报账单位，是没有自主权的。这一点直到现在也是一样的。

三　开创紧水滩水力发电厂建设新模式

采访者：请您谈谈您是怎样调任紧水滩水力发电厂（简称紧水滩电厂），当时的情况大致是怎样的？

盛卸华：我是1987年年底调入，1990年5月任命为厂长的。当时情况是，紧水滩的班子是由乌溪江电厂配备。之前乌溪江电厂是由省局管的，所以就让他们来配备紧水滩的班子。原来那个电力局的老局长叫石青，还有副局长刘福诚和朱水林。这三个人到紧水滩去检查工作的时候，就发现领导班子力量较弱。回来跟局长建议，是否由新、富两厂来补充配备乌溪江的领导班子。省局局长同意后，就打报告到华东电管局①，由华东电管局批文让新安江电厂配备了领导班子过去。陈树森是厂长兼党委书记，派了一个副厂长叫吴明扣，还有一个副书记郑可敬，当时还派了很多的生产骨干去了那边，当时他就动员我去当副厂长，我也不太想去，后来因为他下面只有一个管生产的副厂长，在这种情况下，我就去了紧水滩。

我去了以后觉得厂里的企业管理存在不少问题，比如班子不够团结，干群关系也有些问题。陈厂长是个生产型的干部，管理经验弱一点。整个大坝设备的质量也有很多问题，比如交通洞漏水、机组漏水等。当时设备没有在投产后按照规定进行检修，技术和管理上都存在很多问题，引起下面不少的看法，出现一些矛盾，主要是人与人关系没有处理好。后来发展到职工向上反映问题，矛盾闹得比较大，省局局长曾到现场召开厂长办公会议解决问题。1990年我被任命为厂长。担任厂长以后，我就下定决心改变这种不符合现代化发展的管理状况。

采访者：那么请您谈谈您是如何整顿和调整紧水滩水力发电厂管理制度的？有没有遇到什么问题？

盛卸华：我是分两步来进行整顿的。第一步先整顿企业工作作风和工作

① 当时新安江、富春江两厂归华东电管局管，不由省局主管。

态度。整顿企业，首先是整顿机关作风，我当时专门讲过一个关于机关功能和干部作用的课，专门讲机关是干什么的，不是坐那里喝茶抽烟的。我为这个事专门讲过一个机关干部作风的讲座，并且把富春江一整套的管理制度全部带到紧水滩让他们参考。按照紧水滩的情况，大家进行修改和整顿，加强这方面的管理。机关作风弄好以后，再采取措施调整一些干部，把不合适的干部换掉。其次针对云和县赌博风气严重的情况，我把严重不服管教的人员清退二人，基本上到这一阶段局势就已经稳定下来了。第二步抓管理。首先就是把前面提到的管制度正规化起来。针对班组的管理我专门讲了一课，用意就是提高管理水平。为了提高人员的素质，我也专门讲了一课，包括伦理道德和怎么做人。我当时想，我搭班子最重要的是解决人的问题，解决管理使之能走向正规化、不乱来。后来大家对我讲的课还比较认可，大家觉得我文化程度不高，但理论水平还可以。其次就是采取民主管理的办法，建立民主管理制度和职工代表制度并定期召开大会。到 1990 年 8 月首次召开职工代表大会。职工代表选举都是由各个部门自行推荐的，工会制定一个条件再组织大家选举，第一届参与人比较少，大概只有 1/6。工作报告主要是安排来年工作并提出相关要求，再由代表审议、讨论。整个流程需要 2 天时间，最后再进行总结。通过这个会议就可以把大家分散的思想集中起来，有代表可以帮助大家发声、提要求，工人也就关心这个厂里的大事了。总结起来就是抓基层，抓班长，抓劳动纪律，最后我再抓管理。

采访者： 当时进行调整的时候关于人事调动的变化，有没有引起反弹？

盛卸华： 反弹的情况也是有的。实际上，各项指标达标后就没有什么多的反弹；假如说后续工作跟不上，就会出现反弹。为应对反弹，我当时也做了一些工作：第一步是整顿机关、调整班子；第二步是整顿劳动纪律。原来是凭工作证上班的，后来我全部改为岗位证，挂在脖子上。早上上班的时候，有门卫监督。两个多月，我和班子成员天天下现场，到班组去，跟他们讲怎样加强班组管理、技术管理，轮流给他们上课。后来因为我们天天到班组，就形成一种压力，员工自己也觉得厂长天天来，要注意自身言行。我坚守两个多月天天去，每个班组轮流去，每个班组都跟他们讲话，讲怎么加强管理。所以两个月下来以后，班组的管理，特别是班长的责任心提高了。后来他们就会自觉考虑班组会怎么开、要讲什么话、要注意哪些事、要怎么加强安全工作，会议质量也就提高了。

采访者：当时“双达标”① 是什么情况下提出来的？这和后来您立下军令状之间是怎样的关系？军令状立下以后，您是如何带领紧水滩水力发电厂完成任务的？

盛卸华：实际上在第一次职工代表大会的时候，我们对于达标任务已经有初步设想了，加上之前电力部已经发出号召，要达标，争创一流；省公司提出各单位“双达标”的要求，乌溪江电厂也已经开始着手准备。因而我在会议上提出“横下一条心，迎难而上，分步治理，两年实现安全文明生产，争创水平达标”的口号，但当时还没有具体操作步骤。之后省局通知我去参加电力部厂长轮训班，10 月份我到武汉水利学院参加为期三个月的学习班。1 月份回来的时候厂里发生了一件关键的且关乎后来我立“军令状”的事情，就是否定了达标的事情。当时省局一个姓万的女总经济师带了班子到厂里来检查工作，当时班子成员跟她反映紧水滩不具备条件达标，所以是不能达标的。当时已经讨论过这个达标问题了，主要班子成员还有底下工人都反对。这些反对意见传递到省局的时候，恰好改为张蔚文任局长，他在 1990 年 6 月份到过紧水滩检查工作。当时他看到紧水滩这个摊子，非常生气，把建紧水滩电厂的十二局的现场指挥员、总指挥、安装处的领导挨个批了一通。所以听到报告后，张蔚文也认为紧水滩是不具备达标条件的，我回来得知来龙去脉后感到压力非常大。

但我权衡以后，最终还是下决心要完成达标任务，我一定要借全国大好形势下达标的东风，彻底改变紧水滩的面貌。之后经过班子反复讨论，决定发动全厂干部和职工讨论紧水滩到底能不能达标，讨论的结果是少数人认为可以，反对意见也很少，大部分人还是随大流。在这种情况下，我就跑到省局，找主管生产的陈积民，把紧水滩电厂的整个情况都给他做了汇报。我跟他说：“我一定要抓住这个大好形势，借鉴外地创造达标的经验，抓紧清理、改造、改变紧水滩的面貌，保证两年达到双达标的目标。”他听后很支持紧水滩的双达标工作。所以我回来就下决心，开大会并且跟大家立下军令状：“两年不达标，我辞职！”

当时我认为有目标就有动力。有了目标，人才会端正自己的工作态度，增加责任心。所以军令状对电厂职工起到的鼓舞作用很大。大家都在讲厂长立军令状，全厂都在议论这个事。立军令状的来历就是这样的，如果没有前

---

① “双达标”指达成网局级、部级双重指标要求。

面的否定，可能我也不会去立军令状。

立完军令状以后，我就分两步走：第一步就是制订一个详细的计划安排，摸清全厂的基本状况。当时我们分两个队，一个就是由吴明扣带领并负责生产的电气分场、机械分场。我让他们带领班组把所有的设备，包括主机、辅机在内，存在的问题都摸清楚。一项项查清，并都把它记录下来。我则是带了基建科和水工分场，把整个混凝土大坝存在的问题，包括基建部分道路、大坝、轮机、廊道漏水、屋顶和坝面墙面都一一检查；一项项全部登记在册。第二步就是集中计划科、企管科的人员编制整改计划，编制工程项目的费用计划、完成的工期计划，并上报省局。省局发电处对我们的计划很支持，对我们报上来的计划基本上都同意。最后行文报省局领导再由陈积民局长审核批准，同意后就给我们拨款，就立项实施。我就组织一部分人外出学习，主要是去那些已经达标的单位学习，比如组织工会主席、党委副书记带队去乌溪江电厂考察研究，再把经验带回紧水滩。

另一方面，我们对整个工程项目进行了具体详细分工，明确负责人，有一部分自己干，有一部分转包给外面干。第一步是清理垃圾，先把这个环境清理出来。那时候十二局施工完成以后，都没带走施工垃圾，全部堆在一起，像小山似的。我们非常重视这一块问题，就发动全厂职工，特别是机关干部，去清理垃圾现场；发电机层、水轮机层等地方，安排他们在低负荷或者不发电的时候去清理。我们清理垃圾属于义务工作，大概1.5万人次，大部分是机关干部、保卫科的民警，生产干部比较少。总体来说，我们主要动员非生产人员，利用业余时间来分工合作清理垃圾，包括廊道、电缆沟、所有公路、沟里垃圾，都把它清理出来。总共清理出来1000多吨垃圾，用手扶拖拉机拉了1000多车才全部清运出去。清理完毕之后，存在的问题就显示出来，才能展开第二步，即按部就班，检修清理设备。按计划把每一件设备需要达标的项目、条件和按期检修的大型设备，一项项研究，再一一分类将条目罗列出来。比如按照标准，之前很多老旧设备里的元部件都要换掉，所以当时安排每年两台机组扩大性大修①、五台小机组小修，还有辅机的检修。刚开始的时候紧水滩整体技术经验和能力都不强，工人畏难情绪也很大。我就跟工人们说：“你们放手去做，哪里有问题，交给我来解决。我再到新安江、富春江去请专业人士过来协助。”最

① 一般正常大修需要30天，扩大性大修需要45~50天。

后也还好，大家都没有退缩，全部自己干的，一个外援也没请。为完成达标，紧水滩上上下下真正苦干了两年多时间，把所有的设备都清理好以后，再把全厂所有设备、厂房重新粉刷油漆一遍，同时把厂房的地面、墙壁、水轮机层和交通廊道都贴上面砖。这样一来就把所有的漏水问题，包括机组、调速机的漏水，基本都解决了。经过这一系列的工作，整个紧水滩的面貌看上去焕然一新。

还有最难的一个问题就是坝面清理。十二局在浇筑紧水滩水电站大坝坝面的时候，用了很多的模板。把木板模板拆掉以后，里面留有20多厘米的钢筋头没有清理，导致整个坝面充满钢筋头，像刺猬一样。我们没有合适的工具，处理这个钢筋头也是费了很大劲，最后让电焊工一个个割掉。具体是这样：我在坝顶用吊机做吊篮往下放，让电焊工在吊篮上，吊篮下面再装两个灌了水的水桶，方便截落钢筋的时候，钢筋头掉到水桶里。那么大的坝面，把钢筋头全部处理掉，再对整个坝面进行粉刷，遮盖电焊留下的烧焦印子。这整系列为达标而进行的工程，实际上是很有挑战性的，也是很辛苦的过程，每个部分都需要比较多的劳动力相互配合完成，我们花了两年多的时间才达成目标。

在以上工作完成之后，我们紧水滩电厂就差绿化工作了。众所周知，紧水滩坝区之前堆积的垃圾量非常大，外面光秃秃的，基本上没有绿化；加上紧水滩本身因为地形高低不平，基本没有平地，员工和家属宿舍周边环境也很差。为了更加顺利通过验收和提高员工生活质量，我们决定对紧水滩面貌进行美化并人工改造一块平地，以便工人生活。于是我就跟十二局负责人商量，想办法调度他们的人员和车辆，协助我们把厂房、宿舍门口的道路两边填埋扩宽。原本宿舍旁边的道路临河，且只有6米宽。按照规定，路面与河面的安全距离应该是房屋高程的1∶1到1∶1.2范围内。而实际上宿舍与河面的距离并不符合标准，承载力受不了就会造成房基的下沉，进而导致平台出现裂缝，这样一来房子的安全性就受影响。我们搭建平地不仅要解决安全距离的问题，还需要填补之前留下的裂缝，这个工程量也是很大的。首先要用沙石料把河床垫起来，垫了大概20公尺，之后再用推土机推平，这样一来宿舍门口垫出来20多米宽的一块场地，垫得跟厂房一样平。其次就是划定绿化区，并在里面种满树。直到现在紧水滩最美的地方还是绿化区，原先塌方的地方我们经过修整，保证没有安全隐患之后再全部种上杉树。现在放眼望去漫山遍野都是树，对环境修复很有帮助，还很漂亮，成为云和的旅游胜地。全部工作做完了以后，就是一个验收的问题了。

采访者：盛老，刚刚您说紧水滩电厂上下通过两年的努力完成“双达标”的任务，那具体是哪一年完成的？是一起达标还是分别达标？验收过程中是否发生过一些让您印象深刻的事情？

盛卸华：是的，我们紧水滩电厂是在1993年7月和1994年6月分别完成浙江省网局级、部级“双达标”的任务。验收的时候，是由省局邀请华东电管局来进行的。所以我到华东电管局找到当时的局长周祥根，把紧水滩电厂的详细情况向他汇报之后，他就下令让企管处处长跟省局联合，一同到紧水滩进行达标验收工作。后来我也找了陈积民，把整个情况跟他讲，陈积民当着我的面，给企管处打电话，把殷作友和企管处找来，说两家联合去验收。所以在完成达标的整个过程中，我非常感谢陈积民，陈积民对我们达标工作确实是很支持的，也给予了很多帮助。

验收的整个过程很顺利，验收队对我们评价是很好的。验收队来了以后，从坝顶往下一看，哪个地方的情况怎么样，一项一项都看得清清楚楚。在验收程序的最后做总结报告时，我们紧水滩电厂的全厂职工，包括班组长以下的职工，大家都统一服装，安静、严肃又认真地坐在报告厅里听报告，没有一个人交头接耳说话，这也给华东电管局的企管处处长留下很好的印象。后来他跟我说，紧水滩给他留下最好的两个印象：一个是从坝顶往下看，什么垃圾也看不到；第二个是开会时紧水滩职工素质非常好，之前两个验收单位开会时职工都是交头接耳的，而紧水滩不同，没有一个人讲话，大家都规规矩矩坐那里听。其实通过达标的全面工作也确实提高了我们内部职工的素质，这跟我之前花大力气着重整顿工作作风、强调员工素质也是分不开的。另一个是紧水滩电厂原先利用旧房改建招待所，在华东电管局验收的时候，对这一工作评价还是很高的，他认为其他电厂都是花大钱建招待所，而紧水滩利用旧房改建，整体而言对我们很满意。

采访者：盛老，现在大家提到紧水滩电厂，还会说起“科技兴厂”这样一个典故，也就是关于设备改造方面，据统计是达到了126项，包括计算机监控系统、水文监测系统。关于这方面的工作，您当时有没有参与？或者说主要负责的项目有哪些？

盛卸华：这就涉及我到紧水滩电厂以后办的三件事：第一件事，绿化达标，建成花园式工厂；第二件事，在达标基础上提出了“创一流”的目标；第三件事，就是进城，全力解决紧水滩职工的后顾之忧，解决进城问题。第二件要“创一流”，要无人值班，少人值守。这就涉及你问的“科技兴厂”问题，因为设备通过改造以后，基本上都有稳定期，也就是说，乐观估计在 10 年之内可能不会出太大的问题。10 年以后，随着机组的老化，需要逐步进行改造。那么 10 年当中，能不能采用无人值班或是少人值守的办法，来降低人力成本呢？我认为实现无人值班和少人值守，根本是解决监控问题。就像现在一样，在每个地方布置监控设施，任何地方出现问题，我都可以看到并且掌握实时情况；同时解决自动操作监控的问题。但是这个事情主要还是由管生产的吴明扣负责。总体来说，我们分为内部和外部两块来解决。首先是外部的线路问题。当时刚好有一个有利条件，因为 1996 年两岸关系比较紧张，国家在沿海地区布设部队并进行了线路布控。加上我们那时刚好要搬迁到丽水，解决职工进城问题，而丽水距离工厂有 60 公里，在丽水远程监控和操作工厂设施，就刚好与部队铺设的线路重合，因此我们就借这个东风来解决线路问题。我们敲锣打鼓去慰问，给他们送猪肉，再跟他们负责人说明情况，充分沟通之后，部队就同意了我们的想法。解决外部问题之后，再就是我们自己内部技术改造问题了。但我 1996 年退任书记之后，就不负责厂长工作了，这个技术改造问题具体都是由他们去完成的。

采访者：盛老，您到紧水滩电厂后，有没有发生像之前在新安江或者富春江电厂时期曾经出现过的事故？

盛卸华：也是有的。1999 年的时候，在紧水滩出过一次交通事故。当时组织员工进城，搬迁到丽水，每天就有车辆负责来回运送职工到紧水滩上下班。车辆接送职工时，在石塘水电站边上，因为山上开挖山石，出现塌方，刚好滚下大石块砸到运送我们的车顶上，结果整个车子就翻到水库里去。之后清理事故现场，发现我们紧水滩职工一共遇难 18 人，13 个女的，5 个男的。实际上这个事故并不是人为的，是外部造成的，但事故发生以后紧水滩电厂没有一个职工或是家属闹事，包括从外面赶过来的家属也都很服从组织安排。不过毕竟这是个事故，按电力部门规定，但凡出现事故并且有人命伤亡情况，必须要在 24 小时内上报，经过一级级上报后还是惊动了电力部，他们事后就派了一个叫陆延昌的总工程师过来检查紧水滩的情况。他对事故的处理和职工的表现很满意，认为紧水滩电厂职工素质不错。当时电厂向部里提出创一流的要求，只有大型厂矿的一类厂矿才具有“创一流”的条件，而紧水滩电厂原本属于大型厂矿的二类厂矿，不具备创一流的条件。看到紧水滩的情况后，陆延昌特批：紧水滩电厂可以“创一流”。

采访者： 盛老，您是1997年退休的，也就是说您到紧水滩电厂的十年间只发生了一次这样的事故是吗？

盛卸华： 是的。我在任的时候，确实非常重视安全问题，我认为安全要到位，首先是职工管理要严格，其次是设备检修要达标。在我退休之前，陈积民来视察工作，我跟陈积民说过觉得自己运气不错，十年来安全上没出现大问题。陈积民说，这是管理工作做到位，不能说运气好。在达标以后，陈积民来检查工作，因为他之前也是搞机械出身的，来了以后就打开调速柜的门看，发现里面一点油、水都没有，很干净。之后我带他到现场去看，现场的水轮机层、发电机层、发电机等设备，也看不到一滴油、一滴水。我记得当时他说：“老盛，我要明年再来。”我心想他是局长，工作忙得很，就没有把它当回事儿。到了第二年的同一天，陈积民就像第一次一样没有通知我，就来到紧水滩，同样再打开调速器柜，又到现场一项项去检查，依旧没有看到任何漏油、漏水现象。在这个时候他才说：“你们管理得不错。”这是他给我的第二句话。

采访者： 盛老，关于紧水滩电厂达标之后的工作，您还有没有其他需要补充的？

盛卸华： 确实还有，就是水库调度、防汛度汛的工作。因为紧水滩所在地域雨水量是比较大的，尤其每年4月15日到7月15日这段时间是汛期，防汛任务很重，厂长必须在厂内值班。一般到7月上旬，尤其是农历端午节前后会出现最大的一次洪水。电力工业部从1993年开始到我们紧水滩进行检查，电力部当时水电处处长杨金栋带队，检查得很到位，检查现场的时候现场都去看职工的实际操作，并且要求汇报水的利用率、水库调度等，关于防汛一整套的东西都要求给他汇报，汇报完他再进行核查。当时我们水工分场主任张尚兴汇报过程中，我听出有两个数据可能汇报得不准确，让他核查，他汇报完就去检查，结果经电脑核实之后确实是汇报错误。所以当时杨金栋说：“哟，这个厂长不错嘛，这么小的数你都记得牢！”虽然他以前可能不认识我，但第一次对我的印象还不错。后来连续两年，他都带队来检查紧水滩电厂。

我当时很困惑，就跟杨处长讲：“你年年检查我干什么，一般人家十年八年都不检查一次，你怎么连着三年来检查我？”他讲：“我是来看看你工作巩固得怎么样，你说话算不算。”他还说：“老盛啊，我来检查不是主要的，我就是带他们来学习的，让他们来向你们学习防汛管理。”这就说到我们紧水滩电厂在防汛这一块的工作了，这实际上是一整套的供需工作，包括防汛设备、管理制度、数据计算和天气预报等。首先是设备问题，比如要保证闸门不漏水，设备需要怎么操作。其次是天气预报，我们有一个自动的天气预报系统；再次就是数据计算问题和水库功能的发挥，包括雨量、发电量、耗水量、水库调度和利用率，所以这是一整套完整的东西，我们做得还是比较周全的。

1996 年 7 月，全国双文明单位授牌仪式（前排左二为盛卸华）

紧水滩电厂的水利资源调配掌握得很合理，利用率也很好。所以 1996 年电力工业部在大连召开表彰大会的时候，紧水滩电厂的防汛度汛工作获得了集体奖，被评为先进单位，我则被评为先进个人。第二次也是电力工业部在北京召开表彰大会时，我和陈积民，还有宣传处的处长潘金华，一起去参加的，这次紧水滩被表彰为文明单位，当时全国就两个水电厂为文明单位，其中一个就是我们紧水滩。紧水滩电厂在通过达标后，整体员工素质得到了提高，外部环境也得到了改善，这些工作都得到了外部的肯定和鼓励。首先是丽水市把我们评为文明单位，继而浙江省也把我们评为文明单位。再到后来就是电力工业部把我们评为文明单位，最后是全国的文明单位。所以从地区到全国范围内，四个文明单位的嘉奖，紧水滩电厂都拿到了。

盛卸华 同志：

荣获电力系统一九九五年防汛抗洪及抗旱先进个人称号。

中华人民共和国电力工业部

一九九五年十二月

电力系统 1995 年防汛抗洪及抗旱先进个人荣誉证书

1999 年 1 月，紧水滩电厂五届领导班子合影（前排左二为盛卸华）

四　寄语与展望

采访者： 盛老，您这数十年来历经三个水电厂，也给紧水滩电厂带来了巨大变化，对此您还有没有哪些感悟想跟我们分享？

盛卸华： 现在社会和科学发展得太快了，像我们这些人已经落后了，说不出所以然了，但对于水电厂我还是充满感情的。以前条件艰苦，水电厂大多位于山区里面，水电职工生活以及他们子女的教育和成长都有很大问题。以前有句话：为水电献青春，为水电献终身。他们为了国家的水电建设付出了很多，也牺牲了很多，是值得我们铭记的。

后　记

刘艳珂

回望历史，记忆有声。

浙江有电的历史可以追溯到1896年，但是，因为各种客观原因，国网浙江省电力有限公司（以下简称公司）本部馆藏档案最早是1977年的文书档案，共计72卷。很显然，公司本部馆藏档案在很长的历史跨度里是有缺失的，在公司发展辉煌而艰难的历程中，这不能不说是巨大的遗憾。

如何弥补缺失的历史、搜寻残缺的记忆？经过深入调研，我们认为，在档案资料不完整的情况下，企业发展重要事件的亲历、亲见、亲闻者的口述历史同样具有重要的文献参考价值。由此，我们决定开展“浙电记忆”口述历史档案采集活动。据了解，开展类似活动，国网浙江电力在全国央企中是第一家。

大英图书馆口述历史馆馆长 Robert Perks 先生曾经说过，“一个睿智老人的死亡带走的是一部历史。”“浙电记忆”口述历史档案采集活动具有史料抢救性质，主要探访浙江电力史上重大事件、重要活动的亲历者。公司系统内11家地市供电公司、67家县级供电公司、17家直属单位共推选了125位被采集对象，我们在深入了解和综合考量的基础上，最终确定55位受访者。在这55位受访者中，年龄最大的98岁，最年轻的也有81岁。其中，有受过毛泽东主席亲切接见的全国电力工业先进工作者，也有从丰满水电站到新安江水电站的新中国第一代水电人，还有浙江电力调度的第一任主任等，他们都是浙江乃至中国电力发展史的建设者和见证人。

这是一场和时间的赛跑。因为这些健在的老人就是我们企业的“活档案”，我们必须抓紧抢救，站在为企业负责、为历史负责的高度，认真做好此项工作。在采集活动中，我们坚持三个原则，即：以尊重史实为基础，以挖掘事实为本源，以客观记录为根本。2019年1月，“浙电记忆”口述历史档案采集活动分成浙东、浙西、浙南、浙北四个团队，全面启动。

我们先后赴上海、杭州、宁波、温州等12个省内外城市，采访公司80周岁以上离退休人员55名，采集音视频资料逾1万分钟，整理受访者口述实录300万字，征集实物档案100余件，为下一步建立“浙电记忆”口述历史专项档案库奠定了基础。

沧桑更迭，鸿志当歌。“浙电记忆”不仅仅是挖掘历史、填补档案空白的抢救活动，还是新老电力人相互了解和走近的传承活动。在采集过程中，很多老人提出想去工作过的地方看看，我们档案员都会满足老人的愿望，搀扶着他们来到工作现场，重温往事。看到老人脸上欣慰的笑容和泪水，我们的档案员也被深深地打动了。什么是企业文化？它不仅仅是易于识别的logo，也不仅仅是朗朗上口的标语口号，它是没有涂脂抹粉的历史，它是耳濡目染、代代传承的精神气质。

在这次“浙电记忆”口述历史档案采集活动中，我们收集到大量的珍贵史料。“浙电记忆”活动给了老人们倾诉的机会，老人们被感动着，同时也感动着我们。老人会感觉坐在对面聆听他讲述的人，替他留存了他的历史，替他安顿好他寄寓过经历和情感的每一个物件、每一份回忆。“浙电记忆”活动是感人的，因为有历史、有记忆、有温度，有铭记老一辈电力人奉献的尊重情怀，有永远雕刻在时空隧道里的不老芳华。

以史为镜，可知兴替。浙江电力发展的丰功伟业背后，积淀着先辈们的昭昭功绩和皎皎情怀，那些划破历史长夜的光明记忆，应当在最闪耀的时刻永铭汗青。钩沉难寻，光阴不待。如今应运而生的《浙电记忆》，记录着岁月长河里的珍贵往事，成为彰显浙电人优良传统和先进文化的电光史册。

图书在版编目(CIP)数据

浙电记忆．第一辑／国网浙江省电力有限公司编
．--北京：社会科学文献出版社，2020.12
ISBN 978-7-5201-5702-5

Ⅰ．①浙… Ⅱ．①国… Ⅲ．①电力工业-工业企业-企业史-史料-浙江 Ⅳ．①F426.61

中国版本图书馆CIP数据核字（2019）第216503号

浙电记忆（第一辑）

编　　者／国网浙江省电力有限公司

出 版 人／王利民
责任编辑／王玉敏

出　　版／社会科学文献出版社·联合出版中心（010）59367153
地址：北京市北三环中路甲29号院华龙大厦　邮编：100029
网址：www.ssap.com.cn
发　　行／市场营销中心（010）59367081　59367083
印　　装／三河市龙林印务有限公司

规　　格／开　本：787mm×1092mm　1/16
印　张：35　字　数：618千字
版　　次／2020年12月第1版　2020年12月第1次印刷
书　　号／ISBN 978-7-5201-5702-5
定　　价／198.00元